KB146811

미완의 프랑스 과거사

독일강점기 프랑스의 협력과 레지스탕스

미완의 프랑스 과거사

독일강점기 프랑스의 협력과 레지스탕스

이용우

푸른역사

책머리에

지난겨울 파리에 갔을 때 가장 인상적이었던 모습은 파리 시청 건물 전면에 내걸린 두 개의 대형 펼침막이었다. "우리는 샤를리다"와 "파리는 샤를리다"라는 문구로 2015년 1월 7일의 샤를리 엡도Charlie Hebdo 신문사 테러 사건에 항의하며 그 신문사에 대한 연대를 표명하는 펼침막이었다. 부근의 퐁피두 센터 건물 전면 중앙에도 샤를리 엡도 연대 시위 모습을 찍은 대형 사진이 걸려 있었다. 한편, 파리 시청과 퐁피두 센터에서 그리 멀지 않은 곳에 위치한 국립기록보관소Archives nationales에서는 "협력"을 주제로 한 전시회가 열리고 있었다. 전시회 포스터에는 비시Vichy 정부를 이끌었던 필리프 페탱Philippe Pétain의 사진과 나치 독일의 히틀러Adolf Hitler 사진이 위아래 대칭 형태로 배치되어 있었다. 샤를리가 프랑스의 음울한 현재와 미래를 대표—연대 시위가 보여주는 '희망'의 메시지에도 불구하고—한다면 〈협력〉 전시회는 프랑스의 훨씬 암울했던 과거를 대표한다.

프랑스인들에게 "협력"이란 무엇인가? 국립기록보관소가 전시회까지 여는, 대문자 'C'로 시작하는 "협력Collaboration"이란 무엇일까? 페

〈협력〉 전시회

프랑스의 국립기록보관소 박물관은 2014년 11월부터 2015년 3월까지 '독일강점기의 대독협력'을 가리키는 〈협력Collaboration〉을 주제로 한 전시회를 열었다. 전시회장 안팎의 포스터와 걸개 사진에는 비시 정부의 페탱과 나치 독일의 히틀러 모습이 나란히 들어가 있었다.

탱과 히틀러의 사진에서 유추할 수 있듯이, 그리고 같은 포스터의 연도 표기("1940~1945")에서 알 수 있듯이, 프랑스인들에게 '협력'은 무엇보다도 '독일강점기 프랑스의 대독협력'을 의미한다.

'독일강점기' 외에 '2차 세계대전기'로도 불리고 '비시 체제'나 '비시 프랑스'로도 불리는 이 시기(독일과의 휴전협정이 체결된 1940년 6월부터 파리가 해방된 1944년 8월까지, 혹은 독일이 항복한 1945년 5월까지)는 프랑스인들의 기억 속에서 언제나 "암울한 시기les années noires, les années sombres"였다. 역사상 여러 차례 유럽 최강국이었고 100년 전만 해도 영국 다음으로 많은 식민지를 보유한 나라이자 언제나 문화강국임을 자부하던 프랑스가 이웃나라에게 4~5년간 점령을 당했다는 것은 그 자체로 엄청난 충격이자 수치일 터였다.

2차 세계대전기/독일강점기/비시 체제기 프랑스에 대한 프랑스인의 기억은 단지 수치스럽고 암울하기만 한 것이 아니라, 《반목하는 기억*La mémoire désunie*》이라는 제목으로 이 시기에 대한 기억을 다룬 책을 펴낸 역사가 올리비에 비비오르카Olivier Wieviorka의 표현을 빌리면 언제나 "파편화되고 분쟁을 일으키고 정치화된" 기억이었다.[1] 1차 세계대전기에 대한 기억이 전투와 승리의 기억, 참전용사의 기억으로 대표될 수 있는 것과는 대조적으로, 2차 세계대전기의 기억은 1940년 5~6월 피난민의 기억에서부터 독일에 합병된 알자스-로렌Alsace-Lorraine 지역 주민의 기억, 5년 내내 독일군 포로수용소에 갇혀 지낸 전쟁포로의 기억, 독일에 맞서 싸운 레지스탕스의 기억, 홀로코스트에서 간신히 살아남은 유대인의 기억, 독일의 공장들로 끌려갔던 강제징용노동자의 기억, 그리고 비시파와 대독협력자의 기억에 이르기까지 다양하고, 종종 서로 충돌하고, 때로는 기억의

'시민권'을 다투는 분열된 기억이었다. 무명용사의 죽음으로 대표되는 1차 세계대전기의 죽음과 달리 2차 세계대전기의 죽음의 문제도 1940년 5~6월 프랑스 군인의 죽음에서부터 독일점령당국이나 비시 정부의 탄압에 의한 레지스탕스 대원의 죽음, 홀로코스트 유대인 희생자의 죽음, 연합군의 폭격에 따른 민간인의 죽음, 해방 전후 약식처형에 의한 대독협력(혐의)자의 죽음, 그리고 1944~45년 해방 전투 과정에서의 죽음에 이르기까지 다양하고 복잡했다.

이 책은 이렇듯 프랑스 현대사에서 가장 고통스럽고 수치스럽고 복잡하고 분열적인 시기, 해방 후 페탱 재판에서 검사장을 맡았던 앙드레 모르네André Mornet의 표현대로 "우리 역사에서 지워버릴 4년"(1949)[2]이 되기는커녕 대략 1970년대 초부터 폭로, 논쟁, 비방, 고소, 기소, 재판, 기념 등의 형태로 끊임없이 환기되고 분출되고 재분출된 시기, 그리하여 역사가 앙리 루소Henry Rousso와 언론인 에릭 코낭Éric Conan이 "지나가지 않은 과거"(1994)[3]라고 부른 시기인 독일강점기(비시 체제기)를 다룬 것이다.

필자가 이 시기를 연구하기 시작한 것은 2002년으로 거슬러 올라간다. 독일강점기(1940~44)의 역사 자체보다는 그 시기의 대독협력자들을 전후戰後/해방 후에 어떻게 처벌했는가라는 문제에 집중했고 이는 2008년 《프랑스의 과거사 청산—숙청과 기억의 역사, 1944~2004》(역사비평사) 출간으로 이어졌다. 이 책은 바로 그 후속작이다. 《프랑스의 과거사 청산》이 독일강점기 프랑스 과거 청산의 '입문편'이라면 이번 책은 그 주제의 '심화편'에 해당한다.

2008년의 책이 독일강점기 자체에 대해서는 〈프롤로그〉에서만 간

략히 다루고 넘어갔던 것과 달리 이번 책에서는 세 장(4, 7, 8장)에서 강점기의 유대인 박해, 초기 레지스탕스 등을 다루었다. 또한 《프랑스의 과거사 청산》에서 청산 대상이 대독협력/협력자이므로 부득이하게 협력/협력자에만 집중했다면 이번 책은 그 반대진영인 레지스탕스(7, 8, 9, 10, 11장)도 다루었다.

이 책은 크게 3부로 나뉜다. 1부는 대독협력자와 그에 대한 처벌 문제를 다룬다는 점에서 2008년 책을 보완하는 측면이 강하다. 1장은 해방 직후부터 1950년대 초까지 대독협력자가 어떻게 인식되었는지를, 2장은 대표적인 과거사 청산 방식인 협력자 사법처벌 중에서도 비교적 덜 알려진 국민부적격죄/공민재판부를 각각 다루었고, 3장은 해방 후의 과거사 청산 국면("숙청"이라 불리는)을 종결지은 1951, 53년의 사면을 살폈다.

2부는 독일강점기/2차 세계대전기의 경험 가운데 1980년대 이후 특히 주목받게 된 홀로코스트와 그에 대한 비시 정부의 협력에 집중했다. 4장은 독일강점기 프랑스에서 벌어진 유대인 박해와 비시 정부의 홀로코스트 협력 문제를 다루었고, 5장은 홀로코스트 협력의 핵심적 책임자인 비시 정부 경찰 총수가 반세기 뒤 재판 직전까지 가는 과정을 분석했다. 6장은 홀로코스트 협력의 대표적 사건이라 할 벨디브 Vél' d'Hiv 사건(1942)이 역시 반세기 뒤에 어떻게 기념되고 어떠한 논쟁을 불러일으켰는지를 살펴보았다.

3부는 나치 독일과 대독협력자들에 맞서 끝까지 싸운 레지스탕스를 다루었다. 7장과 8장이 독일강점기 초기의 레지스탕스를 다루었다면 9장은 레지스탕스 내부의 배반이 의심되는 사건과 그에 대한 전후戰後 재판들을, 10장과 11장은 1990년대 들어 레지스탕스의 주요 인물들을 둘러싸고 제기된 의혹과 논쟁들을 각각 분석했다. 이 책에 실린 11편의 글을 반드시 처음부터 순서대로 읽을 필요는 없다. 레지스탕스에 관심이 더 많은 독자는 3부부터 읽어도 좋고, 홀로코스트 문제에 더 관심 있는 독자는 2부를 먼저 읽어도 무방하다. 협력자 사면 문제가 가장 궁금한 독자는 3장부터 읽어도 될 것이다.

공교롭게도 5, 6, 10, 11장은 모두 1990년대를 다뤘는데 이는 우연이 아니다. 독일강점기로부터 정확히 반세기 뒤인 1990년대는 패전 및 비시 시작 50주년(1990년 6~7월), 벨디브 사건 50주년(1992년 7월), 파리 해방 50주년(1994년 8월), 독일 항복(=유럽에서의 2차 세계대전 종전) 50주년(1995년 5월)이 줄을 잇는 시기였다. 뿐만 아니라 마치 이 50주년들을 기념이라도 하듯, 비시 정부 경찰 총수 르네 부스케René Bousquet의 기소(1991년 3월)에서부터 민병대 간부 폴 투비에Paul Touvier의 면소 판결 파동(1992년 4월), 벨디브 사건 50주년 논쟁(1992년 7월), 미테랑François Mitterrand 대통령의 페탱 묘 헌화 파동(1992년 11월), 장 물랭Jean Moulin 소련첩자설 논쟁(1993년 2월), 부스케 피살(1993년 6월), 투비에의 반인륜범죄 재판(1994년 3~4월), 미테랑의 비시 전력前歷 논쟁(1994년 9월), 시라크Jacques Chirac 대통령의 비시 범죄 사과 연설(1995년 7월), 오브락Aubrac 부부 이중간첩설 논쟁(1997년 4월), 끝으로 강점기 도청 사무국장 모리스 파퐁Maurice Papon의 반인륜범죄 재판(1997년 10월~1998년 4월)에 이르기까지 반세기 전 과거를 둘러싼 스캔들, 논쟁, 재판 등이 그야말로 줄줄이 터져 나왔다. 그런 의미에서 이 책의 제목 "미완의 프랑스 과거사"는 바로 이 1990년대에 가장 잘 들어맞을 것이다.

21세기 들어 반세기 전 과거에 대한 강박적 열기—일찍이 1987년에 앙리 루소가 "비시 신드롬"이라 명명한 바 있는—는 다소 누그러진 듯하다. 독일강점기를 직접 겪은 사람들이 세월이 흐름에 따라 갈수록 줄어드는 상황, 더 이상 50주년이 아니라 70주년을 맞는 상황에서 이는 자연스런 현상일 것이다. 그럼에도 2010년 프랑스에서 벨디브 사건을 다룬 영화가 두 편이나 만들어지고(질 파케브레네Gilles Paquet-Brenner 감독의 〈사라의 열쇠Elle s'appelait Sarah〉와 로즐린 보슈Roselyne Bosch 감독의 〈라운드업La Rafle〉), 서두에서 소개했듯이 강점기가 끝나고도 70년이나 지난 2014~2015년에 〈협력〉 전시회가 파리 도심 한복판에서 열리고, 2014년 서점가에 《협력》이라는 제목의 대형 화보집 겸 역사서[4]—〈협력〉 전시회를 조직한 국립기록보관소와 국방부가 펴낸—와 900쪽 이상에 달하는 두툼한 분량의 《협력사전》[5]이 등장하는 것을 보면 강점기-비시-협력의 과거사에 대한 열기는 여전한 듯하다.

이렇듯 70년이 지나고도 열기가 식지 않은 것이나 1990년대에 유달리 반세기 전 과거에 집착한 것이 곧 해방 직후 프랑스의 과거사 청산, 즉 프랑스에서는 '숙청'이라 불렸던 대독협력자 처벌이 실패로 끝났음을 의미하는 것은 아니다. 1990년대에 반세기 전 대독협력자들에 대한 반인륜범죄 재판이 한창 벌어질 때(혹은 무산되거나 지연될 때), 비시가 전후에 전혀 단죄되지 않은 양 떠들어댄 언론과 일부 지식인들의 주장이 역사적 진실과는 거리가 멀다는 것은 이미 1994년의 앙리 루소에서부터 2011년의 베네딕트 베르제셰뇽Bénédicte Vergez-Chaignon에 이르기까지[6] 많은 역사가들이 논증하고 있는 바다. 프랑스판 과거사 청산은 실패로 끝났다고 보기에는 너무나 규모가 크고 넓고 깊었다. 일부의 불균등과 불공정, 과잉과 미흡함에도 불구하고 역사의 한 페이지를 확실히 넘긴 것이 사실이라는 생각은 2008년에

《프랑스의 과거사 청산》을 내놓을 때나 지금이나 변함없다.

과거사 청산은 우리에게도 낯익은 문제다. 물론 일제강점기 점령과 협력의 기간, 정도, 성격은 이 지구 반대편 나라와 매우 다르다. 하지만 그렇다고 해서 우리 사회의 과거사 청산이 제대로 이루어지지 않은 것이 정당화되지는 않는다. 이 책이 한국 사회의 과거 청산 문제 해결에 조금이라도 도움이 되었으면 하는 바람이다.

서두에서 깊은 인상을 주었다고 밝힌 파리 시청 펼침막의 구호 "우리는 샤를리다"는 사실, 그다지 공감이 가지는 않는다. 필자 역시 잔혹한 테러행위에는 강력히 반대하지만 소수파 종교에 대한 조롱은 "표현의 자유"라는 이름으로 정당화될 수 없다고 생각한다. 〈협력〉 전시회를 조직한 주체가 (전시회가 열리던 거리의 고즈넉한 분위기 못지않게) 국립기록보관소와 국방부라는 사실은 여러모로 의미심장하다. 이는 "협력" 문제가 프랑스 사회에서 더 이상 폭발적인 이슈가 될 수 없음을 보여주는 동시에 전후의 과거사 청산과 90년대의 강박적 국면을 거치면서 어느 정도 해결되었음을 말해준다.

필자가 수행한 연구는 2009년부터 2013년까지 매년 겨울방학을 이용하여 대략 2주씩 프랑스 현지의 도서관, 연구소, 자료연구센터 등에서 벌인 자료조사 작업에 기반한 것이다. 센Seine 강 변의 프랑스 국립도서관BNF(Bibliothèque nationale de France), 낭테르Nanterre의 파리 제10대학교 구내에 위치한 현대국제기록도서관BDIC(Bibliothèque de documentation internationale contemporaine), 몽파르나스Montparnasse 역 옥상에 위치한 '르클레르 장군-파리 해방 박물관 및 장 물랭 박물관Musée du Général Leclerc de Hauteclocque et de la Libération de Paris – Musée Jean Moulin'의 자료연구센터, 퐁피두 센터Centre Pompidou의 공공정보도서관BPI(Bibliothèque publique d' information), 파리 북서쪽 끝의 현재사연구소IHTP(Institut d' histoire du temps présent) 등이 이 기간에 필자가 주로 이용한 기관들이다. 이곳들에서 필자는 재판 기록, 레지스탕스 지하신문, 팸플릿, 당대 일간지, 주간지, 월간지, 격월간지, 계간지 등의 1차 사료를 복사하거나 촬영했다. 자료조사 작업에 도움을 준 이 기관들의 직원들에게 감사인사를 전하고 싶다. 이 책의 출간을 흔쾌히 수락해주신 푸른역사 박혜숙 사장님과 꼼꼼한 교정작업으로 좀 더 나은 글을 만들어준 정호영 편집자께도 감사드린다. 같은 길을 걷고 있고 나의 영원한 교수법 멘토인 아내 김선아에게도 이 자리를 빌려 고마움을 전하고 싶다. 끝으로, 진정한 학문의 세계에 발을 딛도록 이끌어 주시고 언제나 한국 사회를 위한 연구자가 되도록 가르침을 주신 최갑수 선생님께 깊은 감사의 인사를 드린다.

2015년 8월

이용우

OLLABO
RATION
1940
1945
EXPOSITION
DU 26 NOVEMBRE 201
AU 2 MARS 201
NOCTURNE LE
JEUDI JUSQUE 22 HEURES
OUVERT LE SAMEDI
JUSQUE 19 HEURES
ARCHIVES
NATIONALES
Le Destin
Français

I 대독협력자: 인식, 처벌, 사면

오늘날의 프랑스인들에게 누군가를 지칭하는 가장 수치스런 역사적, 정치적 용어는 아마도 '콜라보collabo'가 될 것이다. 독일강점기 프랑스의 대독협력자를 가리키는 '협력자collaborateur'의 약칭인 '콜라보'가 70여 년이 지나도록 수치스런 용어로 남은 것은 그만큼 독일강점기(1940~1944) 4년간이 오늘날까지도 프랑스인들에게 끔찍한 트라우마로 작용하고 있음을 말해준다. 대독협력자는 모두 몇 명이었을까? 1944년 10월에 임시정부 수반인 드골Charles de Gaulle 장군이 말했듯이 "한 줌의 불쌍한 자들과 비열한 자들"에 불과했던 것이 아니었음은 분명하다. 해방 직후 대독협력자 처벌을 위해 설치된 재판소들에서 서류가 검토된 대독협력 '혐의'자의 수로 보면 무려 35만 명에 달했고 그 중에 실제로 유죄가 선고된 자들로 범위를 좁혀도 약 9만 8,000명에 달했다. 이러한 수치들에, 이들 재판소들이 설치되기 전에 이미 약식처형된 9,000명, '행정숙청'이라는 이름으로 각종 징계를 받은 공무원, 공기업 직원, 군인 약 4만 2,000명, 공개삭발식이라는 수모를 겪은 여성 부역자 2만 명을 추가해야 할 것이다. 물론 이들 가운데 재판소들에서 서류가 검토된 35만 명에 이미 포함된 이들도 있을 것이고, 무고하게 약식처형 당하거나 공개삭발식을 당한 이들도 있을 것이므로 이상의 수치들을 그대로 모두 합산해서는 안 될 것이다.

하지만 이들 외에도 해방 직후에 용케 법망을 피한 대독협력자들도 있었고, 사회 각계각층에서 자신이 속한 업종과 분야에서 강점기의 대독협력을 이유로 각종 징계를 받은 자들도 있었으므로 '콜라보'의 실제 규모는 이상의 수치들보다 훨씬 더 클 수도 있다. 강점기 4년 내내(남쪽 절반 '자유지구'의 경우 점령이 전국으로 확대된 1942년 11월부터 2년간) 점령군의 존재를 일상에서 접하고 이들과 함께 살아야 했던 상황, 게다가 합법적으로 들어선 프랑스 정부인 비시 정부가 공식적으로 대독협력 정책을 추구했으므로 대부분의 공직자가 직간접적으로 대독협력 업무를 수행할 수밖에 없는 상황에서 콜라보의 규모가 (끊임없이 축소하려는 해방 후 프랑스인들의 바람과 달리) 엄청나게 컸던 것은 어찌 보면 당연하다 할 것이다.

1부는 이러한 대독협력자들의 문제를 다루지만 강점기 이들의 삶과 협력행위 자체를 분석하지는 않을 것이다. 강점기가 아니라 그 후, 즉 해방 직후부터 1950년대 초까지가 1부가 다루는 시기다. 1장에서는 그 시기에 대독협력자가 어떻게 인식되었는지를 당대의 중앙일간지, 시사주간지, 잡지 논설, 법령, 소설 등에 대한 분석을 통해 살펴볼 것이고, 2장에서는 해방 후 대독협력자 재판에서 '반역죄'나 '적과의 내통 죄'에 비해 훨씬 덜 알려졌지만 독특하면서도 가장 보편적으로 부과된 죄목인 '국민부적격죄'를 다룰 것이다. 3장의 주제는 사면이다. 해방 후의 대독협력자 '숙청'(이라고 쓰고 '처벌'이라고 읽는다) 국면을 종결지은 "사법적 망각"에 해당하는 1951년과 1953년의 사면법 제정 과정을 다룰 것이다.

1 협력자, 반역자, 콜라보

점령당국이나 식민당국에 대한 현지 주민들의 협력의 역사는 인류사에서 전쟁이나 점령의 역사만큼이나 오래된 것이다. 하지만 오늘날 서양어 '협력'이라는 단어(영어, 불어로는 collaboration, 독일어로는 Kollaboration)가 무엇보다도 '점령군이나 적국에 대한 협력행위'라는 의미를 포함하게 된 것은 독일강점기 프랑스의 대독협력 정부인 비시 정부를 이끈 페탱의 대국민연설에서 비롯된 것이었다. 프랑스에서 대독협력이 시작된 것은 1940년 6월 22일 독일에 대한 사실상의 항복조약인 휴전협정이 체결된 바로 그 순간부터였지만 그해 10월 24일 히틀러와 정상회담을 가진 페탱이 6일 뒤 라디오 대국민연설에서 "오늘 나는 협력의 길에 들어선다"라고 선언한 것[1]이 '협력'이라는 단어 자체의 의미가 바뀌는 계기가 되었다.

프랑스에서 4년간의 독일강점기(1940~1944)는 엄청난 수의 대독협력자와 트라우마를 남겼다. '국가적 협력'을 천명한 비시 정부 요인들과 경제적 협력을 수행한 기업가들에서부터 이데올로기적 협력을 수

페탱과 히틀러

1940년 10월 24일 몽투아르에서 페탱과 히틀러가 정상회담을 갖기에 앞서 악수하는 모습. 이 사진은 두고두고 독일강점기 프랑스의 대독협력, 특히 국가적 협력의 상징이 되었다.

행한 파리의 '협력주의자collaborationniste'들에 이르기까지,[2] 유대인 강제이송에 협력한 프랑스 경찰과 레지스탕스 탄압에 앞장선 민병대원에서부터 레지스탕스 대원들을 밀고한 일반 시민에 이르기까지 협력자의 종류는 다양했다. 협력의 동기도 국가 차원의 전략적 협력에서 물질적 이해관계나 출세욕에 따른 협력, 이데올로기적 신념에서 비롯된 협력, 압박에 못 이긴 협력, 생계형 협력에 이르기까지 다양했다.

강점기의 대규모 협력은 해방 후 대규모의 협력자 처벌로 이어졌다. 약 9,000명의 대독협력자들이 해방 전후에 거리나 숲 속에서 약식 처형되었고, 해방 후 설치된 정식 재판소들에서 모두 12만 명 이상이

① 필리프 페탱, ② 피에르 라발

① 1945년 8월 최고재판소에서 재판을 받고 있는 비시 정부의 '국가수반' 필리프 페탱. 그는 이 법정에서 사형을 선고받고 종신형으로 감형되었다.

② 1945년 10월 재판을 받고 있는 비시 정부의 총리 피에르 라발. 그는 사형을 선고받고 자살을 시도한 뒤 총살되었다.

재판을 받았으며 이 가운데 약 3만 8,000명이 수감되었고 약 1,500명이 처형되었다.[3] 하지만 이러한 전후戰後의 대규모 처벌로 협력자 문제가 말끔히 해결된 것은 아니었다. 1951년과 1953년의 대규모 사면 조치는 협력자 문제가 완전히 해결되었음을 선언한 것이 아니라 협력에 대한 기억의 억제가 시작되었음을 알리는 것이었다. 이렇게 억눌린 협력(자)의 기억은 1970년대 초 이후 다시 폭발한다. 1972년 민병대 간부 폴 투비에에 대한 현직 대통령의 비밀사면 조치 폭로 사건에서 1997~98년 모리스 파퐁의 반인륜범죄 재판에 이르기까지, 유대인 강제이송에 대한 프랑스 경찰의 협력 문제에서 미테랑 대통령의 비시 전력前歷 문제에 이르기까지 프랑스에서 강점기 협력(자)의 문제는 반 세기가 지나도록 여전히 현재진행형의 과거였다.

이 장에서는 바로 이러한 협력(자) 문제 연구의 일환으로 해방 직후 프랑스에서 대독협력자가 구체적으로 어떻게 인식되었는가를 살펴보고자 한다. 대독협력자를 대표하는 용어인 '협력자collaborateur'와 그것의 경멸적 약칭인 '콜라보collabo'는 해방 직후에 어떻게 정의되고 어떻게 인식되었는가? 대독협력자를 지칭하는 용어로 또 어떤 단어들이 존재했으며 각 용어들은 언제부터 어떠한 빈도로 쓰였는가? 그리고 그 의미와 이유는 무엇인가?

협력자의 정의定義

오늘날 프랑스에서 '협력자'라는 단어는 사전적으로 어떻게 정의되고 있을까? 이를 알아보기 위해 필자는 1960, 1970, 1980, 1995년의 사전들을 검토했다.[4]

네 사전 모두 '협력자'의 일반적 용법 혹은 첫 번째 용법으로 '공동의 작업에 다른 이(들)와 함께 참여한 사람', 즉 가치중립적인 '협력자', '공저자' 등을 제시한 점은 같았다. 두 번째 용법은 역사용어로서의 정의인데 세밀히 분석해보면 사전들 사이에 약간의 차이가 있다. 1960년에 간행된 《라루스 대백과사전》에 따르면 '협력자'는 "강점기(1940~44)에 독일인들과 협력한 프랑스인들"이다.[5] 이는 가장 단순하고 따라서 가장 포괄적인 정의이기도 하다. 10년 뒤의 사전 《누보 프티 라루스》(1970)에서 협력자의 정의는 "적에 대한 협력 정책을 실제로 수행한 사람"으로 바뀐다.[6] 시간(1940~44)과 공간(프랑스)이 명시되지 않았다는 점은 협력자라는 단어의 용법이 전全 시대, 전 세계로 확대되었음을 알려준다. 하지만 강점기 프랑스 자체로 초점을 맞추면 그 범위는 오히려 좁아졌음을 알 수 있다. 단순히 '독일인과 협력한 모든 프랑스인'에서 '협력 정책을 수행한 자'로 범위가 줄어든 것이다. 1980년에 간행된 《아셰트 사전》의 경우 '협력자'는 "2차 세계대전기에 협력을 수행한 자"로, '협력'은 "독일점령군을 이롭게 하는 행위"로 정의되었다.[7] 1995년의 《르 누보 프티 로베르》는 또 다르게 정의했다. 이제 협력자는 "독일강점기 프랑스(1940~ 44)에서 독일과의 전면적인 협력을 지지하는 프랑스인"이 되었다.[8] '전면적인' 협력을 지지하는 자라면 대독협력자 전반全般보다는 그중에서도 열성적인 '협력주의자'에 가까운 개념이라 할 것이다.

이상의 사전 분석에서 협력자에 대한 정의가 그렇게 자명하지는 않음을 알 수 있다. 독일인과 협력한 모든 프랑스인이 협력자로 불릴 수 있는 것인지, 아니면 그중에서 (아마도 비시 정부의 구성원들과 공무원들을 주로 의미하는) 협력 정책의 수행자들만을 협력자로 불러야 하는 것인지, 그도 아니면 열성적인 협력 지지자들을 주로 지칭하는 것인지 분명치 않은 것이다.

그러면 법적으로는 협력자를 어떻게 정의할 수 있을까? 프랑스에서 협력자가 오늘날과 같은 부정적인 용어로 쓰이기 시작한 것이 해방 전후이고 그 시기, 특히 해방 직후에 협력자는 사법처리 대상이었으므로 그러한 범주에 대한 법적인 정의를 살펴보는 것이 유용한 작업이 될 것이다.

해방 직후 몇 년간에 걸쳐 프랑스의 대독협력자 대부분은 부역자 재판소Cour de justice에서 처벌받았다. 따라서 이 한시적인 특별재판소의 설치를 규정한 프랑스 공화국 임시정부의 1944년 6월 26일 명령이 협력자의 법적 정의를 말해주는 가장 기본적인 법령이라 할 수 있다. 그 명령에 따르면 부역자 재판소는 "1940년 6월 16일 현재 효력을 발휘하고 있던 형법을 위반한 범법행위 중에서도 범법행위의 주체가 …… 적의 온갖 작업과 기도를 유리하게 할 의도를 가지고 1940년 6월 16일과 해방일 사이에 행한 행위를 재판"할 것이었다.[9]

즉 처벌 대상으로서의 협력자는 "적의 온갖 작업과 기도를 유리하게 할 의도"를 가지고 "1940년 6월 16일 현재 효력을 발휘하고 있던 형법을 위반"한 자였던 셈이다. 그런데 여기서 주목할 점은 그 명령의 총 36개조 가운데 어느 조항에서도 '협력자collaborateur'라는 용어는 찾아볼 수 없다는 것이다. 사실 '협력죄crime de collaboration'라는 개념은 프랑스 형법에 아예 존재하지 않았다. '1940년 6월 16일 현재 발효 중인 형법'도 형법의 제75~86조를 주로 지칭하는 것으로, 이 조항들이 규정하는 죄목은 반역죄(75~77조), 국가안보침해죄(79~86조), 국가방위침해죄(83조) 등이지 협력죄는 아니었다.[10]

프랑스 형법에 협력죄 개념이 없다는 것이 대독협력이 범죄가 아니었음을 의미하는 것은 아니었다. '협력죄'가 존재하지 않았던 것은 굳이 그러한 죄목을 신설하지 않고도 반역죄 등 기존 형법의 죄목으로 대독협력 행위를 처벌할 수 있어서였고 새로운 죄목을 도입하는 것이 불소급 원칙에 어긋나서였기도 했다. 하지만 기존의 형법 죄목들만으로는 모든 종류의 대독협력자를 처벌하기에 불충분했다. 그리하여 불소급 원칙을 어길 수 있음에도 새로운 죄목을 도입해야 했다. 바로

'국민부적격indignité nationale' 죄였다.

"국민부적격죄 도입 명령"인 1944년 8월 26일 명령 제1조에 따르면 "1940년 6월 16일 이후 프랑스 국내외에서 의도적으로 독일이나 그 동맹국들에 직간접적으로 도움을 주었거나 의도적으로 국가의 단일성이나 프랑스인의 자유와 평등을 훼손한 죄가 인정된 모든 프랑스인"이 국민부적격죄를 범한 자에 해당했다.[11] 여기서 "프랑스 국내외에서 의도적으로 독일이나 그 동맹국들에 직간접적으로 도움"을 준 자가 '협력자'를 의미함은 명백했다. 또한 같은 제1조에서 "국민부적격죄를 구성"하는 행위들로 "모든 종류의 협력단체……에 참여한 행위", "적에 대한 협력을 지지하는 …… 시위를 조직"한 행위, "적과의 협력……을 옹호하는 논설, 소책자, 서적을 발간하거나 그러한 강연을 한 행위" 등이 적시되어 있다.[12]

대독협력 공직자에 대한 각종 징계를 규정한 "프랑스 본토의 행정 숙청에 관한 명령"(1944년 6월 27일)에서도 (대독)협력행위에 해당하는 것들이 "적의 계획이나 행동을 이롭게 한 모든 행위", "프랑스 및 연합국의 전쟁 수행에 반하는 행위, 특히 밀고행위"라는 항목으로 "징계 조치의 대상"에 포함되고 있다.[13]

이렇듯 협력자와 협력행위가 해방 전후에 제정된 임시정부의 대독협력 관련 법령들을 통해 처벌과 징계의 대상으로 적시되고 있음은 분명하다. 하지만 '협력자'라는 표현이 이 세 명령의 본문 어디에도 없다는 것,[14] 그리고 '협력죄'라는 죄목이 존재하지 않는다는 것 역시 간과해서는 안 된다. 흥미롭게도 앞으로 독일강점기의 반민족행위자를 지칭하는 가장 보편적인 용어로 부상할 '협력자'가 정작 처벌법들에는 나오지 않는다. 이는 '이적利敵행위', '반역(자)', '국민부적격' 등의 용어와 달리 '협력(자)'이라는 단어가 단지 가치중립적인 공동행동 참여라는 의미로 해석될 수도 있기 때문인 것으로 보인다.

〈협력자란 무엇인가?〉와 《콜라보들》

해방 직후 프랑스에서 '협력자'는 어떻게 인식되었을까? 그 시기에 협력자의 실체와 특성을 논한 가장 유명한 글은 사르트르의 〈협력자란 무엇인가?〉이다. 사르트르의 이 논설은 1945년 8~9월 뉴욕에서 발간된 《프랑스 공화국》지에 처음 실렸다가 1949년 그의 산문집 《상황 III》에 재수록되었다. 《프랑스 공화국》지는 "공화주의-민주주의 이데올로기 월간지"를 부제로 내걸고 프랑스와 미국의 지식인들이 모여 만든 잡지로, 사르트르는 이 논설을 1945년 8월호에는 "협력의 사회적 측면"이라는 부제로, 9월호에는 "협력주의의 심리적 측면"이라는 부제로 두 차례에 걸쳐 실었다.[15]

이 글은 〈협력자란 무엇인가?〉라는 제목에도 불구하고, 그리고 "협력자라고 불리는 것이 무엇인지 정의해야 할 것"[16]이라는 사르트르 자신의 언급에도 불구하고, 협력자에 대한 정의를 시도하고 있지는 않다. 정확히 어떠한 행위들이 '협력'에 해당하는지, 협력자와 비협력자를 구분하는 기준은 무엇인지를 이 글을 통해서는 알 수 없다. 대신에 사르트르가 시도한 것은 "사람들이 협력하는 것은 우연이 아니라 일정한 사회적·심리적 법칙들의 작용에 따른 것"[17]이라는 생각에 따라 협력(자)의 사회적 측면과 심리적 측면을 밝히는 것이었다.

협력자의 사회적 측면으로 사르트르가 가장 강조하고자 한 것은 협

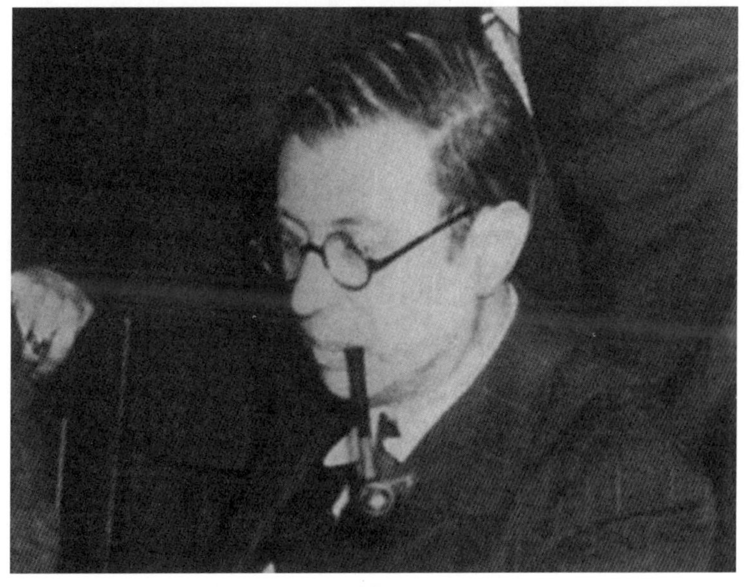

장폴 사르트르(1945년 1월 뉴욕)

력이 특정 사회계급의 산물이 아니라 개인적 선택의 결과라는 점이었다. 사르트르에 따르면 "대부분의 협력자들이 부르주아로 충원"되었지만 "**계급으로서의** 부르주아가 협력에 호의적"(강조는 원문)이었던 것은 아니다.[18] 따라서 "부르주아를 협력'계급'이라 부르는 것은 부당"하다.[19] 협력은 언제나 "계급적 입장이 아니라 개인적 결정"이었다.[20] 그러면 어떤 개인들인가? 기존 사회에 통합되지 못하고 동화되지 못한 개인들이다. 대大정당들에서 쫓겨난 주변적 인사들, "자신의 출신계급인 부르주아를 혐오하지만 그렇다고 프롤레타리아트에 합류할 용기는 없던 지식인들", 언론·예술·교육 분야의 "낙오자들"이 그러한 부류였다.[21] "평화 시였다면 무시해도 좋을" 이 "사회적 쓰레기"

가 "패전에 뒤이은 강점기에 매우 중요한 존재"로 부상하게 된다. 이들이 바로 사르트르가 본 '협력자'였다.[22]

협력이 무엇보다도 '개인적 결정'의 결과였던 만큼 사르트르가 좀 더 주안점을 두었던 측면은 협력자의 "심리학"이었다.[23] 협력자의 심리적 특성은 "현실주의, 보편성과 법에 대한 거부, 무정부상태, 철통 같은 속박에 대한 동경, 폭력과 술책의 옹호, 여성성, 인간에 대한 증오"로 요약된다.[24] 협력자들의 '현실주의'는 "프랑스의 패배라는 단 하나의 사실"에만 순응하고 다른 모든 사실들, 즉 "러시아의 군사력과 미국의 산업 역량, '전격전'에 대해 영국이 보여준 완강한 저항, 복속된 유럽인들의 반란, 존엄과 자유에 대한 사람들의 열망"을 무시했다는 점에서 "사이비 현실주의"였다.[25] 협력자는 또한 "국가들 및 인간들 사이의 호혜적이고 평등한 법적 관계를 주군과 봉신이라는 일종의 봉건적 관계로 대체"하려 한다.[26] 프랑스의 패배와 독일의 승리라는 "특수한 사실을 숭배하고 보편성이라는 법을 무시"함으로써 협력자는 "전적으로 개별적인 현실들, 즉 한 사람, 한 정당, 한 외국에 복종"하게 된다.[27]

특기할 만한 점은 사르트르가 협력자의 특성 가운데 하나로 '여성성féminité'을 꼽고 있다는 것이다. 사실 승전국이자 점령국인 독일을 남성에, 패전국이자 피점령국인 프랑스를 여성에 비유하는 것은 강점기 및 해방기 당시의 소설, 만평, 전단 등에서 자주 발견된다.[28] 사르트르는 여기서 더 나아가 협력자를 여성성을 적극 활용하는 존재로 묘사한다. "자신의 주인에 대한 협력자의 봉건적 관계는 성적인 양상을 띠"는데 "무력force"이 "주인의 전유물"이라면 협력자의 수단은 "약자와 여성의 무기"인 "술책ruse"이다. "협력자는 무력의 이름으로 말하지만 그는 무력이 아니라 술책이며, 무력에 의지한 교활함이며, 심지어 매력이자 유혹"이다. 나아가 사르트르는 "마조히즘과 동성애의 기묘한 결합"이라는 표현까지 쓰고 있다.[29] 끝으로, 사르트르가 "협력에 대한 가장 훌륭한 심리학적 설명"으로 제시한 것은 "증오"였다. 협력자는 "자신이 아무런 역할도 할 수 없던 이 사회를 증오"하고, "스스로를 증오"했다. 자신에 대한 증오는 결국 "인간에 대한 증오"가 되었다.[30]

사르트르의 협력자 인식은 해방 직후 드골이 표명한 '한 줌의 비열한 무리'라는 식의 논리보다는 확실히 진일보한 것이었다. 1944년 10월 14일 프랑스 임시정부 수반 드골은 대국민 라디오연설에서 "국가

LES CHEFS DE PARTI
SE REUNISSENT POUR COORDONNER LEURS EFFORTS ET RENFORCER LEUR ACTIVITÉ

De gauche à droite : MM. Costantini, Déat, Deloncle Doriot.
Photos Archives « Le Matin »

일간지에 실린 협력주의자들

왼쪽부터 피에르 코스탕티니, 마르셀 데아, 외젠 들롱클, 자크 도리오(1941년 10월 10일자 《르 마탱》지).

가 심판하고 있고 앞으로도 심판할 한 줌의 불쌍한 자들과 비열한 자들을 제외하면, 우리 가운데 압도적 다수는 선의의 프랑스인"이라고 주장했다.[31] 이와 달리 사르트르는 협력자의 수가 (노르웨이와 비슷하게) 전체 인구의 2퍼센트[32]에 달할 것이며 협력은 "자살이나 범죄와 마찬가지로 통상적인 현상"이라고 썼다. 협력자는 "자신의 일에 열심이고, 어쩌면 애국자일 수도 있"었다.[33]

하지만 이상에서 본 사르트르의 협력자관은 극도로 부정적인 모습임에는 틀림없다. 사르트르 자신이 예로 든 "자살이나 범죄"가 바로 그렇듯이 (그가 바라본) 협력 역시 일종의 일탈행위요, 병리현상이었다. '낙오자', '사회적 쓰레기', '인간에 대한 증오', '마조히즘' 등 협력자를 특징짓는 용어들은 협력이 강점기 4년 동안 어떻게 그렇게 광범위하게 벌어지고 일상적으로 이루어졌는지를 설명하기 어렵다. 기실, 사르트르가 묘사하는 협력자상은 독일에 대한 전면적인 협력을 주창하고 이데올로기적·정치적 협력을 수행한 작가, 언론인, 협력주의 정당 지도자 등 파리의 '협력주의자collaborationniste'들에게 가장 잘 들어맞았다. 하지만 그러한 협력자상은 '국가적 협력'을 집행한 비시 정부 요인들이나 일반 공무원들에게도, 일상생활에서 각종 협력행위를 한 평범한 시민들에게도 그다지 부합하지 않았다. 실제로 사르트르가 이 논설에서 실명實名을 거론한 협력자 14명 가운데 12명이 '협력주의자'로 분류할 수 있는 인물들이었다. 그중에서도 가장 많이 언급된(무려 여섯 차례) 인물은 대표적인 협력주의 정당인 인민민족연합RNP(Rassemblement National Populaire)의 당수 마르셀 데아Marcel Déat였다.

또 다른 문제점으로 지적할 수 있는 것은 사르트르가 협력자에 대해 어떤 고정된 '자질'을 상정한다는 점이다. "협력은 하나의 자질"로서,

마르셀 데아

협력주의 정당인 인민민족연합RNP의 창립자이자 당수인 마르셀 데아.

평화로운 시기이거나 전쟁에서 승리했더라면 발현되지 않았을 자질이 패전과 점령이라는 상황을 계기로 표출되고 발휘되었다는 것이다.[34] 이는 협력자가 될 수 있는 사람들의 범주를 선험적으로 미리 전제하는 것으로, 협력을 규정하고 협력자들을 양산하게 되는 역사적 상황과 구조의 역할을 경시한다는 점에서, 그리고 사람들의 성향이나 '자질', 사회적 지위 등과 무관하게 누구나 협력자가 될 수 있었다는 역사적 사실과 모순된다는 점에서 적절한 설명 방식이라고 보기 어렵다.

1946년에 단편소설집 《콜라보들》을 낸 장 프레빌Jean Fréville이 묘사한 협력자들의 모습은 훨씬 다양하다. '협력자'의 경멸적 약칭인 '콜라보'를 제목으로 내건 프랑스 최초의 문헌이기도 한 《콜라보들》에는 동명同名소설 〈콜라보들〉을 포함하여 모두 6편의 단편소설이 수록되어 있다.[35] 프레빌 자신이 밝힌 바에 따르면 이 소설들은 대부분 강점기에 비밀리에 쓰거나 구상한 것으로, "풍자화나 팸플릿이 아니라 실화이며 전반적으로 부인할 수 없는 증언들"이었다.[36]

프레빌은 책 서두의 〈머리말을 대신하여〉에서 "사람들이 경멸적으로 혐오감을 갖고 비난하는 표현인 '콜라보'들은 그 수가 많았"음을 강조했다. 앞서 인용한 드골의 "한 줌의 불쌍한 자들"이라는 표현과 대조를 이루는 대목이다. 뒤이어 "그 범죄는 무수한 모습을 띠었다"면서 프레빌이 열거한 콜라보의 군상은 모두 21가지에 달했다.

> 명령에 따르는 장관, 매수된 아나운서, 자신의 글을 싸게 팔아넘기는 작가, 이중 플레이를 하는 언론인, 실패한 지식인, 신경이 날카로워진 저소득자, 국가의 불행에서 자신의 실패에 대한 복수를 추구하는 비열한 야심가, 승자에게 여흥을 제공하는 가수와 아첨꾼, 나치와 함께 수백만 프랑을 긁어모은 투기꾼과 밀매상, 무력을 찬미하는 용병, 애국주의 전문가, 수동적으로 복종하는 무능한 사람, 굴종적이고 출세지상주의적인 공무원, 미친 듯한 부르주아, 자신의 구멍가게를 지키기 위해 바들바들 떠는 상점주인과 자기 소유지를 지키려고 바들바들 떠는 지주, 유실물 약탈자, 돈과 명예에 굶주린 악덕경관, 주문이 폭주하는 산업가, 익명의 서한을 보내는 비굴한 놈, 사형집행인들에게 아부하고 사형집행인들을 제공하는 보수주의자.[37]

사르트르의 협력자 인식이 주로 협력주의자들에 집중되었던 데 비해 프레빌은 작가, 언론인, 지식인 등의 협력주의자 외에도 장관에서부터 밀고자까지, 경제적 협력자에서부터 저소득자까지, 공무원에서부터 가수까지 그야말로 상정 가능한 모든 종류의 협력자들을 망라했던 것이다.

하지만 프레빌의 협력자 인식 역시 극도로 부정적인 수식어들로 점철되어 있고 신랄한 정도는 사르트르보다 더하면 더했지 결코 덜하지 않았다. 앞서 인용한 글에서 보이는 '비열한', '무능한', '미친 듯한', '악덕', '비굴한' 외에도 프레빌은 이들 모두를 뭉뚱그려 "부패하고 기생적인, 피 흘리고 우스꽝스런 사회"로, "대량살상의 비열한 세계"로, "괴물들"로 묘사했던 것이다.[38]

이들 모두의 공통점은 "비겁함, 이기주의, 개인적 이익과 계급적 이익 추구, 민중에 대한 증오와 두려움, 반공주의" 그리고 놀랍게도, 사르트르의 협력자 특성 가운데 하나였던 '여성성'이나 '동성애'를 연상시키는 표현인 "남자들을 사랑받는 지위로 낮추는 예속에 대한 선호"였다.[39]

언론상의 협력자, 반역자, 콜라보

해방 직후 프랑스인들이 '협력자'라는 용어를 일상적으로 접한 것은 잡지 논설이나 소설이 아니라 신문에서였을 것이다. 그러면 당시 신문들은 '협력자' 자체를 비롯해 대독협력자를 지칭하는 데 어떠한 용어들을 언제부터 얼마나 그리고 어떻게 썼을까?

필자가 분석한 신문은 공산당계의 《뤼마니테*L' Humanité*》지, 사회당계의 《르 포퓔레르*Le Populaire*》지, 중도좌파 성향의 《르몽드*Le Monde*》

지, 우파 성향의 《르 피가로*Le Figaro*》지, 이렇게 4종의 일간지와 시사 풍자 주간지인 《르 카나르 앙셰네*Le Canard enchaîné*》지다. 이 가운데 《르몽드》지는 〈숙청과 처벌〉이라는 제목의 대독협력자 처벌 보도 기사를 자주 싣긴 했지만 대체로 처벌 대상자의 이름과 강점기 때 직위, 죄목과 선고형량만 밝힐 뿐 '협력자'나 '반역자' 같은 용어들은 거의 쓰지 않았다.[40] 《르 피가로》지 역시 그러한 용어들의 사용을 극히 자제했다.[41] 따라서 필자는 그러한 용어들을 빈번하게 사용한 《뤼마니테》지와 《르 포퓔레르》지를 중심으로 분석했다.

프랑스 공산당PCF(Parti Communiste Français)이 간행한 중앙일간지인 《뤼마니테》지는, 당시 공산당이 강점기의 레지스탕스 전력前歷에 힘입어 1945~46년의 잇단 총선에서 제1, 2당을 다투었던 만큼[42] 신문

〈그래프 1〉《뤼마니테》지의 '협력자'와 '반역자' 사용빈도(1944~1945)

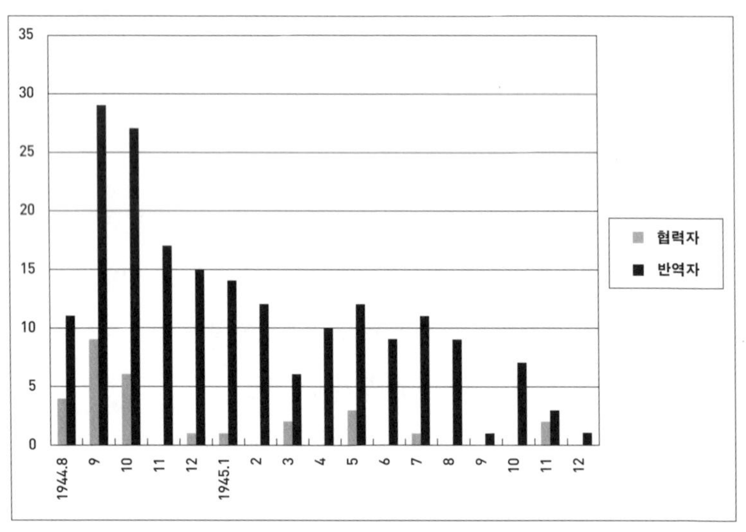

들 가운데서도 당대 최고의 발행부수를 기록했다.[43] 또한 프랑스 공산당이 해방 직후 대독협력자 숙청과 처벌을 가장 강력히 주장했던 정당이라는 사실을 반영하듯, 《뤼마니테》지는 대독협력자를 지칭하는 용어들을 가장 많이 사용한 신문이기도 했다.

그런데 주목할 점은 〈그래프 1〉[44]이 잘 보여주듯이 1944~45년에 《뤼마니테》지가 대독협력자를 가리키는 용어로 선호했던 것은 '협력자collaborateur'보다는 '반역자traître'였다는 것이다. 그 기간 내내 '반역자'라는 단어가 '협력자'에 비해 훨씬 더 많이 등장했다. 《뤼마니테》지는 1944년 8월 21일자부터 몇 달간 거의 연일 '반역자 처벌'을 강력히 요구하거나 '반역자' 누구누구가 체포되고 '대가를 치를 것'(혹은 대가를 치렀음)이라 보도하는 기사를 실었다. 파리의 협력주의 작가에서 비시 정부 요인에 이르기까지 주요 인물의 숙청 관련 기사 제목에는 해당자 이름 앞에 거의 언제나 '반역자'라는 용어가 따라붙었다.

'협력자'라는 용어도 일찍이 1944년 8월 21일자부터 등장했지만 '반역자'보다 훨씬 적게 사용되었다. 또한 '반역자'에 비해 상대적으로 범죄행위의 죄질이 덜 무거운 종류의 대독협력자들을 가리키는 용어로 사용되는 경우가 많았다. 1944년 9월 3일자의 '협력자'는 강점기에 거의 독일인들만 손님으로 맞았던 식당 주인 부부("사교계 협력자들")였고,[45] 9월 30일자의 '협력자'는 전前파리 제1구 구청장이자 파리 중앙청과물시장 위탁판매인("하찮은 잔챙이 협력자"),[46] 10월 19일자에서는 강점기에 피총살자의 미망인들에게 임시수당 지급을 거부했던 사장이었다.[47] 벨기에에서 사형선고를 받은 것은 300명의 "반역자"였고 20년 강제노동형을 선고받은 것은 두 명의 "협력자"였다.[48]

《뤼마니테》지가 '반역자'라는 용어를 '협력자'보다 훨씬 더 많이 쓴 것은 대독협력자 처벌이 보다 철저하게 이루어지기를 바라는 입장에서, 그리고 그러한 방향으로 여론을 조성하려는 의도에서인 것으로 보인다. 독자들로 하여금 좀 더 확실히 범죄행위임을 느끼게 하는 용어가 '반역자'였기 때문이다. 또한 앞서 보았듯이 형법상 '협력죄'는 존재하지 않았고 상당수의 대독협력자들이 '반역죄'로 처벌받았으므로 이는 법적으로 타당한 용법이기도 했다.

하지만 1945년 11월 29일 《뤼마니테》지가 대독협력자의 구체적인 수를 처음 거론했을 때 기사 제목으로 크게 내건 것은 '반역자'가 아니라 '협력자'였다. 그날 《뤼마니테》지는 〈'원탁의 점심식사'에 초대받은 자들과 1만 8천 명의 '협력자들' 정체가 드러나다〉라는 제목 아래 북부 독일에서 1만 8천 명의 "협력자들"에 대한 정보를 담고 있는 독

〈그래프 2〉《르 포퓔레르》지의 '협력자'와 '반역자' 사용빈도(1944~1946)

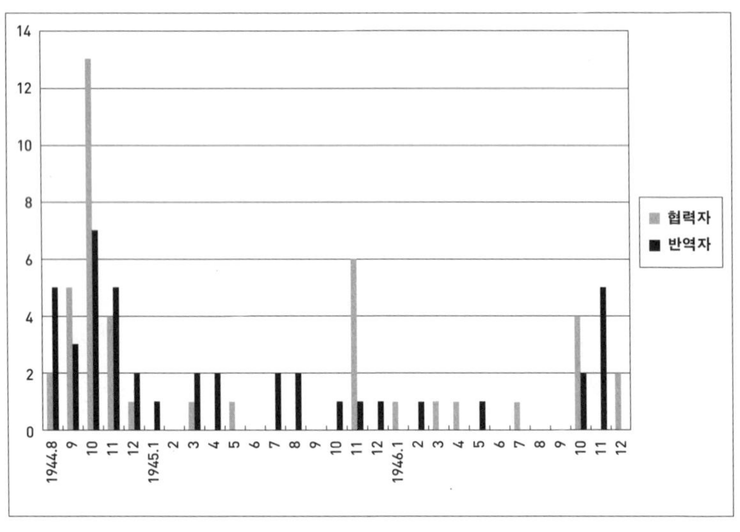

일 정부 문서들이 발견되었다는 소식을 큰 비중으로 보도했다.[49] 1만 8천 명이라는 수치는 실제 프랑스 전국의 대독협력자들을 집계한 것도 아니고, 단지 최근 독일에서 발견되었다는 정부 문서의 명단에 수록된 이름의 수(그 자체도 아직 진위 여부가 검증되지 않은)에 불과했다. 그러나 이제껏 프랑스 국내에 대독협력(혐의)자의 수가 거의 알려지지 않은 상황에서, 게다가 협력자 처벌이 미온적이라는 불만 여론이 존재하는 상황에서 그러한 수치 보도는 일종의 충격요법을 의도한 것으로 보인다. 협력자의 수가 1만 8천 명이나 되었으며[50] 그 많은 수가 아직 처벌되지 않았다는 것이 《뤼마니테》지가 이 기사를 실으며 말하고 싶었던 바였을 것이다. 1만 8천 명이 드골의 '한 줌'보다는 많은 수지만 사르트르의 '2퍼센트'(81만 명)는 물론이고 실제 재판소들에서 서류로 검토된 대독협력 혐의자(약 35만 명)[51]보다도 훨씬 적은 수라는 사실은 당대인들에게 그다지 알려지지 않았을 것이다.

다음으로 살펴볼 《르 포퓔레르》지는 〈그래프 2〉[52]가 보여주듯이 1944~46년에 '협력자'라는 용어와 '반역자'라는 용어를 거의 대등한 빈도로 썼다. 《르 포퓔레르》지를 발간한 사회당SFIO(Section française de l' Internationale ouvrière)은 공산당보다는 협력자 처벌을 주장하는 데 덜 열성적인 입장이었다. 따라서 이 신문은 의미가 너무도 강렬하고 분명한 '반역자'라는 용어를 《뤼마니테》지만큼 선호하지는 않았던 것으로 볼 수 있다.

《르 포퓔레르》지는 처음에는 (일찍이 1944년 8월 21일자부터) '반역자'라는 용어만 써오다가[53] 1944년 8월 26일에 '협력자'라는 단어를 처음 썼다. 그날 《르 포퓔레르》지는 "공화주의 정부"에 의해 "엄중한 감시 하에 놓이게 된 협력자들의 새 명단"을 발표했다. 이때 발표한 15명의 "협력자" 가운데 13명은 전前교육부장관, 재무부 무역국장, 군법회의 재판장, 의원, 교도소장 등 고위공직자였다.[54]

이후 《르 포필레르》지는 '협력자'라는 용어를 '반역자'와 비슷한 빈도로 썼을 뿐만 아니라 범죄행위의 경중輕重 면에서도 (역시 《뤼마니테》지와 달리) 두 용어 사이에 거의 차등을 두지 않았다. 두 용어는 서로 번갈아 쓰이거나 함께 사용되는, 호환 가능한 단어들이었다.

하지만 대독협력자의 구체적인 수치를 처음으로 거론했을 때 사용한 단어는 《뤼마니테》지와 마찬가지로 '협력자'였다. 《르 포필레르》지는 《뤼마니테》지보다 한 달 앞선 1945년 10월 27일에 1만 8천 명이 아니라 〈2만 2천 명의 '협력자' 명단?〉이라는 제목의 기사를 실었다.[55] 이는 한 달 뒤 제기된 '1만 8천 명설'[56]과는 또 다른 출처에서 나온 기사였다. 같은 날 《프랑스-수아*France-Soir*》지의 보도에 따르면 프랑스 경찰청이 '협력' 그룹의 파일을 발견했는데 이 파일에 모두 2만 2천 명의 명단이 수록되어 있었다는 것이다.[57] '협력' 그룹은 강점기의 대표적인 협력주의 단체이자 '협력Collaboration'이라는 단어를 그대로 조직의 명칭으로 내건 유일한 조직이기도 했다.[58]

1만 8천 명이든 2만 2천 명이든, 이러한 일련의 수치 보도들은 당시에 (아직 처벌받지 않은) 대독협력(혐의)자들과 그 가족들에게는 불안감을, 철저한 협력자 처벌을 열망하던 사람들에게는 이렇게 많은 수가 아직 처벌받지 않았다는 실망감과 이제야 본격적인 처벌이 가능해질 것이라는 희망을 동시에 주었을 것이다.[59] 하지만 이러한 수치들은 그 어느 것도 이후에 사실 여부(그 수치가 정확한 것인지, 그 명단에 누가 포함된 것인지)가 검증되지 않았다. 게다가 그러한 수치들보다 훨씬 더 많은 수의 대독협력자가 1945년 말 현재 이미 처벌받았거나 처벌받는 중이었다.

한편, 《르 포퓔레르》지는 1944~45년의 《뤼마니테》지에서 전혀 보이지 않았던 '콜라보'라는 용어도 1945년 말부터 사용하기 시작했다. 그 용어는 1945년 11월 25~26일자에 처음 등장했다. "생드니 시장이자 전前센 도의회 부의장"이 《르 포퓔레르》지에 등장한 최초의 '콜라보'였다.[60] 두 번째로 등장한 '콜라보'(1946년 3월 30일)는 "유명한 대서양 장벽을 건설함으로써 수억 프랑을 번" 자였다.[61] 첫 콜라보가 기사 내용 중에 자그마한 글씨로 등장했던 반면 이번에는 아예 기사 제목에 포함되었다. 둘 다 방금 체포되었다는 소식을 보도한 것이었고, 역시 둘 다 콜라보에 따옴표가 달려 있었다. 첫 콜라보는 악명 높은 협력주의 정당인 프랑스 인민당PPF(Parti Populaire Français)의 당수 자크 도리오Jacques Doriot의 협력자로 소개되었고 두 번째 콜라보는 몇 주 전에 동업자가 사형선고 받은 것으로 적혀 있었으므로 둘 다 꽤 무거운 처벌이 예상되는 협력자였다. 세 번째로 등장한 콜라보(1946년 10월 27~28일)는 "점령군과 암거래를 많이 했다는 혐의가 큰 대농장주"였다. 이번에는 콜라보가 (두 번째처럼) 기사 제목에서부터 나왔을 뿐만 아니라 처음으로 따옴표도 붙지 않았다.[62]

자크 도리오
프랑스 인민당의 한 팸플릿 표지에 실린 자크 도리오.

《뤼마니테》지에서는 필자가 분

《르 카나르 앙셰네》지의 만평(1944년 10월 18일)

석한 1945년 말까지 전혀 나오지 않고 《르 포퓔레르》지에서도 1945년 11월에야 처음 등장했던 이 '콜라보'라는 용어가 시사풍자 주간지인 《르 카나르 앙셰네》지에는 일찍이 1944년 10월부터 등장했다. 10월 18일자 만평에는 동료로 보이는 수염 달린 노인들이 지켜보는 가운데 한 대독협력자 노인을 의자에 앉힌 채 강제로 수염을 깎는 장면이 묘사되어 있다. 그림 밑에는 "하하!……콜라보!"라고 적혀 있다.[63] 이는 당시에 횡행하던 여성 대독협력자에 대한 강제삭발식[64]을 풍자한 것으로 볼 수 있다.

'콜라보'의 이미지는 다음해 3월에 수록된 한 게임판에도 등장했다.

《르 카나르 앙셰네》지의 주사위놀이판 〈해방 · 숙청 게임〉(1945년 3월 14일)

주사위놀이판 속의 '콜라보'

1945년 3월 14일 《르 카나르 앙셰네》지는 〈'카나르 앙셰네'의 해방 · 숙청 게임〉이라는 제목으로 주사위놀이판을 선보였는데 63개 칸으로 구성된 이 놀이판의 19번째 칸에 '콜라보'가 그려져 있었던 것이다.[65] 게임은 한 번에 주사위 두 개씩을 굴려 63번 칸에 가장 먼저 도달한 사람이 그동안 누적된 벌금과 내깃돈을 모두 가져가는 식이었다. 여기서 '콜라보'는 벌칙이 부여되는 6개 칸 가운데 하나였다.[66] 콜라보에 부여된 벌칙이란 벌금을 내고 다른 모든 게임 참여자가 두 번씩 주사위를 던질 때까지 그 칸(19번)에 머물러 있는 것이었다. 이는 대독협력자들이 재판소에서 유죄를 선고받을 경우 자동적으로 국민부적격죄가 부가되고 따라서 공민권이 박탈되는, 즉 시민권이 일시 '정지'되는 상황을 연상시키는 것으로 볼 수 있다.

흥미로운 점은 콜라보가 묘사된 양상이다. 이 19번째 칸의 콜라보는 왼쪽 가슴에 '콜라보COLLABO'라고 씌어 있는 별 모양의 배지를 달고 검은 모자를 쓰고 턱수염을 기른 채 눈을 부릅뜨고서 오른손을 치켜들고 있다. 검은 모자와 턱수염은 유대인을 연상시킨다. 왼쪽 가슴에 별을 단 것도 독일강점기에 (파리를 포함한) 점령 지구에서 다름 아닌 유대인들에게 강제되었던 사항이다. 유대인 박해에 앞장선 '콜라보'가 오히려 유대인의 모습을 한 것이 아이러니하다. 이는 해방 직후의 대독협력자가 강점기의 유대인과 마찬가지로 (정반대의 상황이기는 하지만) 낙인찍히고 탄압받고 있다는 인식을 보여주는 것으로 해석할 수 있다. 강점기에 인종적 이유로 독일점령당국에 의해 유대인이 탄압받은 것과 해방 후에 강점기의 범죄행위 때문에 대독협력자가 처벌받은 것을 동일선상에 놓은 것은 매우 부당하고 불쾌할 수도 있는 방식이다. 이는 강점기 유대인의 끔찍한 처지에 대한 인식, 그리고 그러한 처지를 낳는 데 프랑스인들 자신과 비시 정부가 한 역할에 대한 인식이 아직 미약했던 해방 직후 상황을 반영하는 것으로 볼 수 있다. 그러한 인식이 크게 진전된 1990년대 이후의 프랑스였다면 이 같은 방식의 묘사는 상상도 할 수 없었을 것이다.

한편, 유대인의 모습을 차치하고 본다면 이 주사위놀이판 속 콜라보의 또 다른 이미지는 신념에 찬 극렬분자의 모습(눈을 부릅뜨고 오른손을 치켜든)이다. 국가적 협력 정책을 수행한 비시 정부 요인, 경제적 협력의 주역인 기업가들과 암거래상, 레지스탕스 활동가들을 경찰에 넘긴 밀고자, 독일 군복을 입고 군사적 협력에 가담한 자 등 다른 수많은 종류의 대독협력자들을 제치고 《르 카나르 앙셰네》지가 채택한 콜라보의 전형은 이데올로기적 협력을 수행한 '협력주의자'였던 셈이다.

요컨대 《르 카나르 앙셰네》지의 만평들에서 묘사된 콜라보는 무력하게 숙청당하는 불쌍한 모습(수염을 잘리거나 '콜라보'라 쓰인 별 배지를 달아야 하는)이거나 극단적인 열성분자의 모습이었다.

한편, 《뤼마니테》지의 경우 1944~45년에는 '콜라보'라는 용어를 단 한 번도 쓰지 않다가 1951~53년의 사면법 제정 시기에는 매우 빈번하게 사용한다. 1951년 1월과 1953년 8월에 잇달아 공포된 사면법은 그동안 처벌받은 대독협력자들의 대규모 사면을 규정한 것으로, 이 사면법을 통해 1944년 가을부터 시작된 협력자 숙청은 공식적으로 종결된다. 《뤼마니테》지는 사면법들을 소개하면서 무엇보다도 '콜라보'라는 용어를 선호했다. 1951년 1월 3일자에도, 1953년 7월 25일자에도 "반역자들과 콜라보들에 대한 사면법"이라는 표현을 썼고, 1953년 8월 8일자에는 아예 '반역자'를 빼고 그냥 〈콜라보들에 대한 사면법……〉으로 기사 제목을 달았다.[67] 1951년 1월과 1953년 7~8월의 《뤼마니테》지에서 '콜라보'(총 8회 사용)는 '협력자'(총 3회)를 확실히 대체했으며, 1951년 1월 3일자와 1953년 8월 8일자에서는 1944~45년에 대독협력자를 대표했던 용어인 '반역자'보다도 많이 쓰였다. 특히 1951년 1월 3일자에서는 '콜라보'라는 표현이 무려 다섯 차례나 등장했다.

이상의 추이는 '콜라보'라는 경멸적 약칭이 《르 카나르 앙셰네》지에서 보듯이 이미 1944년 가을(어쩌면 그 전)부터 쓰이기는 했지만 본격적으로 대중화되기 시작한 것은 1945년 말이나 1946년부터이고 1950년대 초에 이르면 꽤 보편화되었음을 말해준다.

프랑스에서 독일강점기가 끝나고도 반세기가 지나도록 여전히 뜨거운 감자로 남아 있는 '협력자'는 앞서 사전들을 분석하면서 보았듯이 정의를 내리는 문제 자체부터 합의되지 않은 실정이다. 강점기에 독일인과 협력한 모든 프랑스인이 '협력자'인지, 아니면 '국가적 협력'을 수행한 비시 정부의 구성원들이나 파리의 '협력주의자'들을 주로 지칭하는 개념인지 사전 분석을 통해서는 알 수 없었다. 해방 직후 대독협력자 처벌 법령들에서는 사법적 처벌과 행정숙청의 대상이 되는 협력행위가 명시되어 있지만 '협력자'라는 용어는 전혀 등장하지 않았으며 '협력죄'라는 범주도 존재하지 않았다.

일찍이 1944년 10월에 드골은 대국민 라디오연설에서 협력자를 가리켜 (그 역시 '협력자'라는 용어는 쓰지 않으면서) "한 줌의 불쌍한 자들과 비열한 자들"이라고 표현했다. 또 10년 뒤 레지스탕스 출신 지식인 앙드레 프로사르André Frossard는 "민족의식이나 자존심이나 돈이 없는 몇 십 명의 프랑스인들"이라고까지 묘사했다.[68] 사르트르(1945)와 프레빌(1946)의 협력자 인식은 협력자의 수에 대한 문제를 제외하고는 이들과 근본적으로 다르지 않았다. '사회적 쓰레기'의 개인적 병리현상(사르트르)이나 '대량살상의 비열한 세계'(프레빌)나 모두 협력자에 대해 극도로 부정적이고 극단적인 인식을 보여준다.

《뤼마니테》지에서 '반역자'라는 용어가 대독협력자를 지칭하는 거의 대표적인 단어가 되고 《르 포퓔레르》지에서 '반역자'가 '협력자'와 엇비슷한 빈도로 많이 쓰였다는 사실 역시 협력자에 대한 해방 직후 프랑스인들의 극도로 부정적인 인식을 보여준다. 협력자는 무엇보다도, 그 죄과가 자명할 뿐만 아니라 죄질이 가장 무거운 '반역자'였던 것이다.

이렇듯 협력자의 수를 가능한 한 최소화하고('한 줌', '몇 십 명' 등) 협력자의 특성을 최대한 부정적으로 묘사하고 단순히 부정적일 뿐만 아니라 극단적이고 병리적이어서 주변적인 것으로 규정짓는 양상은 해방 직후 프랑스인들의 전반적인 정서와 바람에 부합하는 것이기도 했다. 4년('자유지구'의 경우 1942년 11월부터 2년) 동안 일상에서 적군(강점기 당시에는 종종 아군으로 느끼기까지 했던)과 부득이하게 어깨를 맞대고 살아야 했던 프랑스인들로서는, 특히 그러한 상황에서 소소하게 협력했거나 각종 범죄행위를 방관하고 묵인했던 상당수의 프랑스인들로서는 그렇듯 협력의 규모를 최소화하거나 협력자를 최대한 악마화하고 주변화하는 인식이 스스로 양심의 가책을 덜 느끼게 하고 부담감을 더는 데 더없이 유용했다.

한편, 해를 거듭함에 따라 '반역자'라는 용어는 갈수록 줄어든 반면 '콜라보'라는 협력자의 약칭이 점차 많이 쓰이게 되었다. 해방기의 뜨거웠던 열기가 식고 단죄의 시기가 종결된 마당에, 그리고 철저한 청산보다는 국민화합을 강조하던 시기에 '반역자'라는 용어는 의미가 너무 강렬했던 것이다. '반역자'보다 엄중함은 훨씬 덜하지만 경멸의 뉘앙스는 훨씬 더했던 '콜라보'는 일찍이 1944년 10월부터 주간지 시사만평에 등장했고 중앙일간지에는 1945년 말부터 등장한 데 이어 1950년대 초가 되면 '협력자'보다도 더 많이 쓰이기에 이른다.

비시 정부가 자발적이고도 적극적인 대독협력 정부였음을 밝혀낸 미국인 역사가 로버트 팩스턴Robert Paxton의 《비시 프랑스》[69]가 번역 출간되고 그동안 억제되어왔던 협력에 대한 기억이 재분출되기 시작한 1970년대 초 이후는 가히 '콜라보'의 시대라 할 만했다. 《협력》이라는 제목의 첫 사료집(1975)[70]과 《협력자들》이라는 제목의 첫 역사서(1976)[71]가 출간된 데 이어 1978년에는 2차 세계대전에 대해 "독일 편에

서거나 친독일적으로 쓴" 책들의 수가 전년도에 비해 10배로 늘었다면서 그해는 "'콜라보'의 해로 남을 것"이라는 기사가 《르몽드》지에 게재되었다.[72] 같은 해 대중적 역사가 앙리 아무루Henri Amouroux는 '강점기 프랑스인들의 위대한 역사' 총서 제3권을 내놓으며 제목을 《콜라보들의 전성기》로 달았다.[73] 《협력》이라는 제목의 첫 역사용어사전[74]이 발간된 1987년에는 한 시사주간지가 ('협력'도, '협력자'도 아닌) 〈콜라보들〉을 커버스토리 제목으로 내걸기에 이른다.[75]

'반역자'가 '콜라보'가 되었다고 해서 협력자의 정의가 보다 엄밀해진 것은 아니었다. 1970년대 이후 협력과 협력자들에 대한 연구가 많이 축적된 것은 사실이지만 협력자의 정확한 정의와 범위는 무엇인지, '콜라보'는 협력자의 동의어인지 아닌지, 협력과 순응의 관계 혹은 차이는 무엇인지 등에 대해서는 여전히 합의가 이루어지지 않은 상태다. 이러한 문제들은 앞으로 강점기 프랑스의 역사를 연구하는 데 반드시 구명해야 할 과제가 될 것이다.

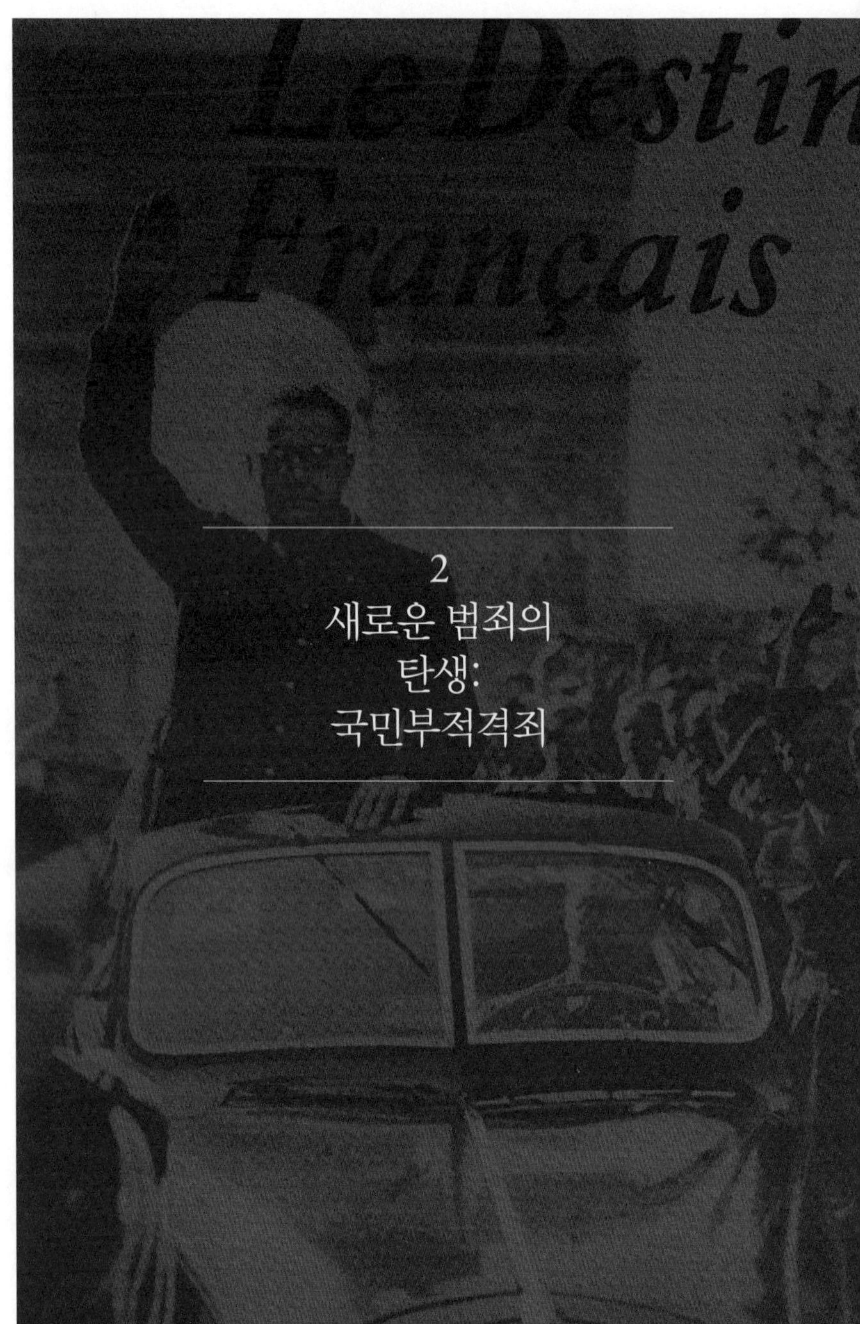

2
새로운 범죄의 탄생: 국민부적격죄

독일강점기라는 현대 프랑스사 최대의 비극과 수치는 해방 직후 몇 년간 '숙청épuration'이라는 이름으로 벌어진 대규모의 철저한 대독협력자 처벌이 없었더라면 이후 계속해서 프랑스인들의 의식을 무겁게 짓누르는 부담으로 작용했을 것이다. 많은 한계와 문제점들에도 불구하고 어쨌든 프랑스인들은 이러한 협력자 숙청의 국면을 통과했고 그럼으로써 역사의 한 페이지를 넘길 수 있었다.

협력자 숙청은 사회 전체에 걸쳐 매우 다양한 방식으로 진행되었다. 정식 재판을 거치지 않은 약식처형과 여성부역자 삭발식에서부터 특별재판소들을 통한 정식 사법처리에 이르기까지, 공무원들에 대한 각종 징계에서부터 각 직업단체에서의 자체 숙청에 이르기까지 거의 모든 부문에서 다양한 방식으로 이루어졌다. 이 장에서는 이러한 여러 형태의 협력자 숙청 가운데 가장 핵심적인 방식이라 할 사법적 처벌, 그중에서도 독특한 위치를 차지하는 '국민부적격indignité nationale' 개념과 공민재판부chambre civique에 의한 처벌을 살펴보고자 한다.

국민부적격죄는 반역죄에 비해 생소하고 공민재판부는 대독협력자에 대한 대부분의 사형선고와 징역선고가 이루어진 부역자 재판소 Cour de justice나 비시 정부의 수뇌급 인사들을 처벌한 최고재판소 Haute cour de justice에 비해 상대적으로 덜 주목을 받아온 게 사실이다. 하지만 독일강점기의 범죄에 대한 재판이 가장 많이 이루어진 곳은 부역자 재판소(5만 5,331명)가 아니라 공민재판부(6만 9,282명)였고, 대독협력자들에게 가장 많이 부과된 죄목도 '적과의 내통죄'나 '반역죄'가 아니라 '국민부적격죄'였다. 모두 4만 9,829명이 공민재판부에서 국민부적격죄를 선고받았고, 이들 말고도 부역자 재판소에서 유죄 판결을 받은 자 모두(4만 8,607명)가 자동적으로 "국민부적격 상태"에 들어갔으므로 도합 9만 8,436명이 국민부적격자가 된 셈이었다.[1] 독일강점기의 대독협력자들에게 가장 보편적으로 부여된 공식 명칭은 협력자도, 민족반역자도 아닌 국민부적격자였던 것이다.

이러한 보편성에도 불구하고 '국민부적격'이라는 개념이 다른 용어들에 비해 훨씬 덜 알려지게 된 이유가 무엇인가 하는 것이 이 장의 문제의식 가운데 하나다. '국민부적격'은 용어로나 죄목으로나 프랑스 역사에서 전례 없는 새로운 것이었는데 이는 독일강점기의 전례 없는 상황과도 관련이 있다. 독일군이 점령했지만 전국을 점령한 것도 아니고 점령당하지 않은 남쪽 절반 지역에서는 '비시 정부'라는 프랑스인 정부가 들어선 상황, 상하원의원의 압도적 다수(찬성 569 대 반대 80)에 의해 전권을 부여받은 정부가 공식적으로 대독협력 정책을 천명하는 전무후무한 상황이 '국민부적격'이라는 전례 없는 죄목을 낳았던 것이다. 따라서 이 개념에 대한 분석은 강점기의 모호한 상황과 그에 따른 해방 후 숙청 입법자들의 고충을 잘 보여줄 것이다.

새로운 죄목: '국민부적격'

프랑스에서 '국민부적격'이라는 개념이 처음 등장한 것은 언제일까? 해방 전후 프랑스의 대독협력자 처벌 관련 법령에서 '국민부적격'이라는 용어가 처음 등장한 것은 "국민부적격을 도입한" 1944년 8월 26일 명령이 아니라 "협력행위 처벌에 대한" 1944년 6월 26일 명령이었다. 총 36개조로 구성된 이 명령의 제35조는 재산몰수형과 추방형을 규정한 데 이어 "어떠한 유죄 판결도 그 판결을 받은 자로 하여금 국민부적격 상태에 들어가게 할 것"을 명시했다.[2] '부적격'이라는 용어가 처음 등장한 법령은 그보다 앞선 1943년 12월 21일 명령이었다. 이 명령은 "반민족단체들"에 해당하는 10개 조직이나 정당에 속한 고위공무원들을 "부적격"자로 규정하고 해직하도록 한 것이었다.[3]

사실 이러한 규정들은 앞으로 보게 될 '국민부적격' 개념, 즉 포괄적인 죄목으로서의 '국민부적격'과는 어느 정도 차이가 있었다. 1944년 6월 26일 명령의 '국민부적격'은 죄목이라기보다는 상태에 해당하는 것이었고, 1943년 1월 21일 명령은 오직 10개의 대독협력단체에 속한 고위공무원만을 다룬 데다가 그것도 사법적 처벌이 아니라 (해직이라는) 행정적 징계를 규정했던 것이다.

1944년 8월 26일 명령으로 탄생한 국민부적격 개념은 사실, 이 명령이 공포되기 1년여 전에 작성된 한 보고서에서 처음 등장했다. 해방 후 대독협력자 숙청 조치와 새로운 국가 체제를 준비하기 위해 결성된 레지스탕스 지하연구조직인 총연구위원회CGE(Comité général d' études)[4]가 1943년 6월에 작성한 보고서가 그것이다.[5] 〈임시정부가 취해야 할 조치들〉에 관한 것이라는 제목을 내건 이 보고서의 제9조는 앞으로 살펴볼 1944년 8월 26일 명령의 제1조와 놀라울 정도로 유사하다.

제9조: 1940년 6월 25일부터 …… 까지의 시기에

1) 자발적으로 프랑스나 외국에서 독일이나 그 동맹국들에 군사적, 정치적, 경제적, 정신적 도움을 직간접적으로 주거나
2) 자발적으로 프랑스나 외국에서 문서, 연설, 신문기사, 술책이나 어떠한 활동을 통해서든 프랑스인들의 통합, 자유, 평등, 형제애를 침해한 어떠한 프랑스인도, 기소된 행위가 형법이나 이 법의 규정들에 의해 정의된 죄목으로서의 대내외적 국가안전 침해죄를 이미 구성하지 않은 경우, 국민부적격이 입증될 것이다.[6]

비록 '국민부적격'이 정확히 무엇의 명칭인지, 범죄crime인지 상태état인지는 밝히고 있지 않지만, 이 개념은 막연히 협력행위로 인한 모든 유죄 판결에 자동적으로 수반되는 것도 아니고 대독협력자에 국한되는 것도 아니었다. '대독협력자'를 가리키는 "독일이나 그 동맹국들에 …… 도움을 직간접적으로 주"는 자뿐만 아니라 "프랑스인들의 통합, 자유, 평등, 형제애를 침해한" 자까지 그 정의에 포함시킨 것은 1944년 8월 이후 공식적으로 탄생할 국민부적격 개념의 중요한 특징들 가운데 하나를 미리 보여주는 것이었다. 이는 해방 이후 프랑스의 대독협력자 처벌에서 중요한 역할을 하게 될 국민부적격이라는 용어와 개념이 이미 이때부터 구체적인 형태를 갖추기 시작했음을 의미하는 동시에, (이 보고서를 작성한) 총연구위원회CGE가 국민부적격 개념을 창안하는 데 결정적인 역할을 했음을 말해준다.

국민부적격자의 범주가 대독협력자에 국한되지 않을 가능성, 혹은

대독협력자 외에 다른 부류도 해방 후에 과거사 청산 작업의 일환으로 처벌받을 가능성은 이 보고서가 나오기 전부터 이미 CGE에 의해 제기되었다. 1942년 가을과 1943년 봄 사이에 CGE가 레지스탕스 조직들의 책임자들에게 보낸 질문서에 따르면,

> 침공자에게 자발적으로 군사적, 경제적, 정치적, 정신적 도움을 직간접적으로 주었거나 히틀러주의 교의에 고무 받은 정치질서를 프랑스에 수립하는 데 열심이었을 모든 사람은 처벌 조치를 받을 것이다.[7]

여기서 "히틀러주의 교의에 고무 받은 정치질서를 프랑스에 수립하는 데 열심"이었던 사람을 처벌 대상에 포함시킨 것은 향후 '국민부적격' 개념이 포괄하게 될 범주를 가늠케 하는 것으로 볼 수 있다.

해방 후 프랑스에서 사법처리 대상의 주요 범주로 떠오른 '국민부적격(자)'이라는 개념은 이렇듯 일찍이 1942년 말부터 형성되기 시작했다. 그런데 누군가(혹은 이런저런 범주)를 처벌의 대상으로 규정짓고 그러한 규정을 담은 문건을 레지스탕스 조직들에 돌리는 것과 그러한 규정을 실제 법으로 만들고 실제 사법적 처벌에 활용하는 것은 동일한 수준의 행위가 아니다. '국민부적격'이 형사상 '범죄'의 명칭이 되고 그러한 죄목이 규정된 법이 제정되면서, 더 정확히 말하자면 그러한 법이 준비되는 과정에서부터 이미 가장 논란이 되었던 부분은 그러한 죄목과 법이 불소급성 원칙에 어긋난다는 것이었다. 어떠한 범죄도 그 범죄가 저질러진 당시에 이미 존재하던 죄목과 법에 의해서만 처벌될 수 있다는 것, 다시 말하면 그 범죄행위 이후에 새로 만들어진 법에 의해 소급 처벌될 수 없다는 것이 프랑스혁명 이래의 법원

칙이었다.

1789년의 〈인간과 시민의 권리 선언〉 제8조에 따르면 "어느 누구도 범법행위 이전에 제정, 공포되고 합법적으로 적용된 법에 의하지 않고서는 처벌될 수 없"었다. 또한 1803년의 민법전 제2조에 따르면 "법은 미래에 대해서만 규정하며 소급효과를 전혀 갖지 않는다." 1810년의 형법전 제4조도 "어떠한 위반행위, 경범죄, 중죄도 그것이 저질러지기 전의 법에 의해 표명되지 않은 형벌로 처벌될 수 없다"라고 못 박고 있다.[8]

따라서 독일강점기의 대독협력행위를 비롯한 각종 범죄에 대한 첫 입장은 기존의 형법만으로 충분히 처벌할 수 있다는 것이었다. 일례로 1943년 4월 6일에 작성된 "적에 대한 협력행위와 공화주의적 합법성에 대한 침해행위의 처벌"에 관한 명령안에 따르면, "'협력'죄라는 새로운 범죄를 프랑스 형법에 도입할 여지는 없는 것으로 보"이며 "적에 대한 직간접적인 협력행위와 관련되거나 공화주의적 제도들과 공화국의 통일성 및 통합성에 대한 침해행위와 관련된 모든 형사상의 범법행위는 1940년 6월 16일에 시행 중이던 법, 규정, 국제협정에 따라 재판"받게 되어 있었다.[9]

부역자 재판소의 설치를 규정한 대표적인 대독협력자 처벌법령인 1944년 6월 26일 명령도 제1조에서 처벌 대상을 "1940년 6월 16일 현재 시행 중이던 형법"에 대한 위반행위 가운데 독일강점기에 저질러진 이적행위로 명시하고 있다.[10] 1940년 6월 16일 현재의 형법이란 대체로 '적과의 내통'죄, '반역죄', '국가방위에 유해한 행위'를 한 죄, '국가의 대외적 안전을 침해'한 죄 등을 명시한 형법 제75~86조를 가리키는 것이었다.

그러나 독일강점기의 특별한 상황, 즉 공식적으로 대독협력을 천명했지만 합법적으로 구성된 비시 정부가 존재하는 상황에서 벌어질 수 있는 각종 범죄를 기존 형법만으로 모두 처벌할 수 없다는 인식 또한 일찍이 1943년부터 존재했던 게 사실이다. 앞서 보았던 1943년 6월의 CGE 보고서에 따르면 기존의 형법은 "반역이나 국가대외안전 침해라는 죄목으로 적에 대한 직접적인 협력행위"만을 다루며 "간접적으로만, 그리고 결과적으로만 적의 행동에 대한 협력에 해당했던, 비시 정부의 국내 활동에 대한 협력행위"는 다룰 수 없었다. 예를 들어 독일 경찰이 아니라 "비시 경찰에 프랑스인들을 드골파라고 밀고하거나 반유대주의 선동에 적극 참여한 행위는 형법상으로 반역으로도, 국가대외안전 침해로도 간주될 수 없었을 것"이었다.[11] 기존의 형법에 저촉되지는 않지만 (대독협력을 천명한) 비시 정부의 정책 수행에 도움을 줌으로써 간접적으로 적에게 도움을 준 협력자들은 "우리가 '국민부적격'죄라고 불렀던 것을 정의하고 이를 정치적 형벌로 처벌하는 새로운 법안"에 따라 기소되어야 할 것이었다.[12]

레지스탕스 조직들의 법률 문제 담당 기구 연맹체인 '법학자위원회 Comité des juristes'의 입장도 이와 유사했다. 1944년 3월 15일에 법학자위원회가 레지스탕스 조직들에 배포한 문서에 따르면 독일강점기 이전의 "입법자들이 예상할 수 없었던 상황 때문에 저질러질 수 있었고 (이 입법자들이) 상상도 할 수 없었기 때문에 처벌할 수 없었던 일련의 범죄 전체를 처벌하지 않은 상태로 두고 싶지 않다면 소급성을 받아들이는 게 반드시 필요"했다.[13]

요컨대 기존의 형법으로 강점기의 협력행위(및 여타의 관련 범죄)를 충분히 처벌할 수 있다는 입장과 그럴 수 없으므로 불소급성 원칙을 위배해서라도 새로운 죄목과 법안을 도입해서 모든 종류의 범죄를 처벌해야 한다는 입장이 서로 대립하는 형국이었다. 이러한 상황에서 1944년 6월 22일 드골 임시정부의 법무위원(법무부장관 격인) 프랑수아 드 망통François de Menthon이 국가입법개혁위원회 회의에서 제시한 첫 '국민부적격 도입' 명령안은 소급성을 피하자는 쪽이었다. '국민부적격'은 새로운 '범죄'의 명칭이 아니라 '상태'를 가리키는 것(제1조)으로 제시되었고, 피의자가 그러한 상태에 들어가는가 여부는 재판소가 아니라 '명예심사관'이 결정할 것(제3조)이었다.[14]

이러한 정부안은 결국 살아남지 못했다. 1944년 7월 10일 알제Alger의 임시자문의회 회의에서 통과된 법안은 애초의 CGE 보고서 입장에 가까운 것이었다. 그날 회의에서 새로운 법안의 보고자로 나선 뒤메닐 드 그라몽Dumesnil de Gramont의 다음과 같은 발언은 왜 기존의 정부안이 부적절하며 소급법이 필요한지를 잘 보여준다.

> 1940년 6월 16일 현재 통용되던 법에 전혀 저촉되지 않는 협력이 여러 종류 있다는 것은 분명하다. …… 정부는 국민부적격 도입법을 만들면서 순 언어적 인공물로 이 어려움을 벗어나고자 했다. 정부에게 국민부적격은 범죄도, 형벌도 아니라 몇몇 실격 조치를 수반하는 상태였다. …… 이러한 해결책은 명확하지도, 솔직하지도 않다.
>
> 우리는 레지스탕스 법학자위원회와 함께, 국민부적격이 패전이 야기한 특별한 상황이 낳은 새로운 범죄라는 것을 분명히 인정하는 게 더 나을 것이라고 믿는다. 따라서 우리는 그 형벌에 소급적 효과를 부여하는 데 전혀 망설임이 없어야 한다고 믿는다.[15]

이러한 인식에 따라 그날 통과된 법안에서 국민부적격은 다시 '범죄'의 명칭이 되었고(제2조), 그 범죄는 "각 부역자 재판소에 부설될 특별부"(제1조)라는 재판기구에 의해 "공민권 박탈"이라는 새로운 형벌(제10조)로 처벌받도록 규정되었다.[16]

7월 18일 회의에서 법무위원이 소집한 법무위원회는 소급성에 대한 반대를 재천명하고 기존의 정부안으로 돌아가겠다는 의지를 밝혔다.[17] 하지만 최종적으로 공포된 "국민부적격을 도입한 1944년 8월 26일 명령"은 결국 7월 10일 자문의회의 결정을 거의 받아들인 것이었다. 명령 제1조에서 정의된 국민부적격 개념은 앞서 살펴본 1943년 6월의 CGE 보고서와 매우 유사했다. 즉 "1940년 6월 16일 이후에 프랑스나 외국에서 자발적으로 독일이나 그 동맹국들에 직간접적인 도움을 주거나 국민통합, 혹은 프랑스인들의 자유와 평등을 자발적으로 침해한 어떠한 프랑스인도 국민부적격죄를 지은 것"이라는 규정은 앞서 인용한 CGE 보고서의 제9조와 매우 비슷하며, "국민부적격죄"라는 용어를 사용함으로써 '국민부적격'이 '상태'나 '형벌'이 아니라 '범죄'의 명칭임을 분명히 하고 있다. 명령 제1조는 이러한 개괄적이고 다소 추상적인 정의에 그치지 않고 "특히 국민부적격죄를 구성"하는 구체적인 행위들을 열거했다. "1940년 6월 16일과 프랑스 공화국 임시정부 수립 사이에 프랑스에서 권한을 행사한 정부들이나 의사疑似 정부들에 참여한 행위," "상기한 정부들의 중앙, 지역, 도 단위의 선전부서"와 "유대인문제총국의 중앙, 지역, 도 단위의 부서"에서 "간부직을 담당한 행위," "대독협력기구에 참여한 행위," "1942년 1월 1일 이후에 프랑스 인민당, 프랑시스트당, 혁명사회운동에 가입했거나 가입상태를 유지한 행위," "적에 대한 협력, 인종주의, 전체주의 교의들을 위한 예술, 경제, 정치 등의 행사를 준비하는 데 자발적으로 참여한 행위"가 그러한 범주에 속했다. 대독협력기구의 예로서는 민병대, 협력 그룹, 인민민족연합 등 모두 15개의 조직 명칭이 열거되었다.[18]

앞서 살펴본 1942~43년의 문건들에서 처벌 대상이 대독협력자라는 범주에 국한되지 않았듯이, '국민통합이나 프랑스인의 자유와 평등을 침해'한 행위라든가 '유대인문제총국의 간부직을 담당'한 행위, '인종주의, 전체주의 교의를 위한 행사를 준비'한 행위 등을 국민부적격의 범주에 포함시킨 것은 주목할 만하다. 국민부적격죄는 대독협력이라는 반민족행위만이 아니라 반反민주적·반反공화주의적·인종주의적(반유대주의로 대표되는) 행위도 포함했던 것이다.

그러면 앞서 거론한 소급성 문제는 어떻게 되었을까? 1944년 8월 국민부적격 도입령의 입법자들은 소급성 논란을 회피하거나 무시하는 쪽이 아닌 정면 돌파하는 쪽을 택했다. 1944년 7월 10일 자문의회 회의에서 드 그라몽이 "소급적 효과를 도입하는 데 전혀 망설임이 없어야 한다"고 말했듯이 8월 26일 명령은 "입법이유서"에서 "소급적 형태를 띤다"는 사실을 전혀 숨기지 않았다. 이 명령은 본문에 들어가기에 앞서 한 쪽이 약간 넘는 분량의 입법이유서를 포함시켰는데 여기서 소급성 문제가 분명한 방식으로 거론되었다.

> 본 명령은 그것이 신성시하는 원칙과, 형법 제4조가 공식화한 규정 사이의 대립을 낳을 수 있는 소급적 형태를 띤다. 그러나 불소급성의 문제는 국민부적격에 대해 제기되어서는 안 될 것으로 보인다. …… 국민부적격 제도는 엄밀한 의미에서의 형법 차원의 영역에 위치하지 않으며 의도적으로

정치적 정의正義의 영역에 도입된 것인데, 그 영역에서는 입법자가 …… 완전한 자유를 회복한다.[19]

요컨대 국민부적격 제도는 엄밀한 의미의 형법 차원에 속하지 않고 "정치적 정의正義"의 영역에 속하는 것이어서 불소급성의 원칙이 적용되지 않는다는 것이다. 국민부적격 제도는 단지 대독협력행위라는 반민족행위를 처벌하는 것만이 아니라 1870년 이래 70년째 이어져 오던 공화주의 체제가 무너진 상황에서 그 체제를 회복한다는 정치적 과업에 부합하는 제도였던 것이다. 앞서 언급한 1943년 4월 6일의 명령안 제목(《적에 대한 협력행위와 공화주의적 합법성에 대한 침해행위의 처벌》)이라든가 해방 후 프랑스 체제를 규정한 대표적인 명령인 1944년 8월 9일 명령 제목(《공화주의 합법성의 회복》)을 보면 항독운동 및 해방 후 정권 담당 세력이 협력자 처벌 외에 공화주의 체제 재건이라는 과업에 얼마나 고심했는가를 알 수 있다. 국민부적격죄의 범주에 반민족행위만이 아니라 반민주적·반공화주의적 행위가 포함된 연유도 바로 이 점에 있다.

그런데 여기서 반민주적·반공화주의적·인종주의적 행위가 반민족적 행위와 명확히 분리된 것은 아니었다는 점에 주목할 필요가 있다. 비시 정부에 참여하고 비시 정부의 선전부서에서 간부직을 담당한 행위는 반민주적·반공화주의적 행위일 뿐만 아니라, 비시 정부가 대독협력정부였다는 점에서 간접적·결과적으로 반민족적 행위이기도 했다. 또한 유대인문제총국의 간부직을 담당하거나 인종주의를 위한 행사를 준비한 행위는 극도로 반유대주의적인 나치 독일의 점령과 지배라는 상황에서 비롯된 동시에 그러한 상황에 일조했다는 점에서 역시 반민족적 행위와 무관하지 않았다. 1944년 8월 26일 명령의 본문은 물론이고 입법이유서에서조차 '반민주적,' '반공화주의적'이라는 용어는 전혀 나오지 않고 오직 "반민족적"이라는 용어만 나오는 이유도 여기에 있다.

불소급 원칙을 깨면서까지 국민부적격이라는 새로운 '범죄'를 도입한 것은 무엇보다도 기존의 형법이 강점기의 모든 정치적 범죄를 다룰 수 없었기 때문이다. 앞서 살펴본 1943년 6월의 CGE 보고서, 1944년 3월의 법학자위원회 문서, 7월 10일 자문의회의 드 그라몽 발언에서처럼 8월 26일 명령의 입법이유서에서도 이 점이 언급되었다. "적의 협력자들의 범죄적 행위가 …… 언제나 형사상의 분명한 죄목을 부여받을 수 있는 명백한 개인적 행위라는 양상을 띠는 것은 아니었"다. 국민부적격 제도는 이 같은 문제를 해결할 수 있는 적절한 대안으로 여겨졌다. 이 제도를 통해 "기존 형법 규정을 어기지 않고도 명백한 반민족적 활동의 죄가 있는 모든 프랑스인은 지위가 강등"될 수 있다는 것이다.[20] 70년 만에 공화주의 체제가 무너진 상황, 대독협력을 천명했으나 합법적으로 구성된 프랑스인 정부가 들어선 상황, 반유대주의적 행위가 국가 차원에서 수행되는 상황, 이 모든 전례 없는 상황은 기존 형법의 입법자들이 '예상할 수도, 상상할 수도 없는' 것이었다. 바로 이러한 사실이 새로운 죄목과 소급법을 낳았던 것이다.

공민권 박탈형: 새로운 처벌?

그러면 국민부적격죄에는 어떠한 처벌이 부과되었을까? 앞서 보았듯이 1943년 6월의 CGE 보고서는 "우리가 '국민부적격'죄라고 불렀던 것을 정의하고 이를 정치적 형벌로 처벌하는 새로운 법안"의 필요성을 언급했다.[21] '정치적 형벌'이란 무엇인가? 1944년 8월 26일 명령의 입법이유서에 따르면 "체형이나 자유박탈형을 선고하는 게 아니라 권리박탈을 공포하는 것"이었다.[22]

국민부적격죄에 부과되는 "권리박탈"은, 8월 26일 명령의 제9조에 따르면 무려 14가지에 달했다. 우선 "투표권, 선거권, 피선거권"이 박탈되었고, 모든 공직으로부터 추방되었다. 국민부적격죄가 선고된 자는 육해공군의 모든 계급을 박탈당했으며, "법인체가 제공한 사업권이나 보조금을 받는 기업들의 이사, 사장, 사무국장"이 될 수 없었다. 또한 법정의 배심원·전문가·중재인·증인이 될 수 없었고, 변호사·공증인·소송대리인도 될 수 없었으며, 학교를 운영하거나 교원이 될 수도 없었다. 그 밖에 직종을 대표하는 모든 기구·협회·노조에서 추방되었고, 사회보장·보건·공공부조기관의 간부직에서 해임되었으며, 언론·라디오·영화사를 운영할 수도, 회사의 이사나 경영자가 될 수도, 은행이나 보험사의 본점장이나 사장이 될 수도 없었다. 또한 가족회의에 참여하여 후견인이나 재산관리인이 될 수도 없었고, 훈장을 달 권리도, 무기를 소지할 권리도 없었다.[23]

이상의 권리박탈형은 이 명령을 개정한 1944년 12월 26일 명령(제21조)에서 "공민권 박탈dégradation nationale"이라는 명칭을 얻었다. "국민부적격은 공민권 박탈로 처벌된다. 공민권 박탈은 …… 명예형이다."[24] 1944년 8월 26일 새로운 '범죄'의 명칭으로 탄생한 국민부적격이 넉 달 만에 그에 상응하는 '형벌'로 '공민권 박탈'을 얻은 셈이었다.

국민부적격자에게 내려지는 형벌은 이상의 공민권 박탈형 외에도 두 가지가 더 있었다. 거주제한과 재산몰수가 그것이었다. 1944년 8월 26일 명령 제10조에 따르면 국민부적격죄를 선고받은 자는 "프랑스, 알제리, 식민지의 일정 지역들에 거주하는 것이 금지"될 수 있었다.[25] 재산몰수형은 애초의 8월 26일 명령에는 없다가 이 명령을 개정한 1944년 9월 30일 명령[26]과 12월 26일 명령에 도입되었다. 12월 26일 명령 제21조에 따르면 국민부적격죄를 선고받은 자는 공민권 박탈형 외에 "부가형으로" 재산의 전체나 일부를 몰수당할 수 있었다.[27]

이상의 형벌들, 즉 공민권 박탈형, 거주제한형, 재산몰수형은 부역자 재판소에서 대독협력자들에게 내려진 통상적인 형벌들인 금고, 징역, 사형보다 가벼운 처벌인 게 사실이다. 실제로 국민부적격 도입법의 입안자들 가운데 한 사람으로 알려진 레옹 쥘리오 드 라 모랑디에르Léon Julliot de La Morandière는 1949년 3월 15일의 한 증언에서 "그 법안이 너무 유혈적인 처벌을 피할 수 있게 해줄 것이라고 생각"했다고 말했다.[28] 1952년에 《형법주해*Code pénal annoté*》를 펴낸 법학자 에밀 가르송Émile Garçon 역시 "국민부적격이 존재하지 않았다면" 반역죄를 규정한 형법 "제75조(사형)나 제83조(전시에는 유기징역, 평화 시에는 금고)의 더 무거운 형벌을 내려야 했을 것"이라고 주장했다.[29] 가르송 자신을 포함해서 몇몇 법학자들과 숙청법령 입안자들은 국민부적격에 대한 형벌이 기존 형법의 형벌(사형이나 자유박탈형)보다 가벼우므로 소급성이 정당화된다고 주장하기도 했다.[30]

국민부적격죄를 선고받은 자는 생명의 위협을 느낄 필요도 없고 감옥에 갇힐 필요도 없었다. 따라서 사형이나 징역형만을 규정한 정치범죄 관련 기존 형법 조항들의 경직성을 피할 수 있었다. 바로 이것이 국민부적격 제도의 강점이자 그러한 제도를 도입한 이유들 가운데 하나일 것이다. 기존 형법 조항의 경직성을 피한다는 것은 단지 좀 더 가벼운 형량을 선고할 수 있게 되었다는 것만 의미한 게 아니다. 너무 무거운 형량만 존재해서 그러한 처벌을 피하기 위해 종종 무죄를 선고하거나 기소 자체를 포기하던 관행을 크게 줄일 수 있게 되었다는 것도 의미했다. 즉 국민부적격죄와 공민권 박탈형은 처벌 대상자의 수와 범위를 크게 늘렸던 것이다.

또한 국민부적격죄가 부과하는 형벌이 사형이나 징역보다는 상대적으로 가볍지만 전반적으로 그다지 가벼운 처벌은 아니었음에 주목할 필요가 있다. 우선 국민부적격자에게 부과된 '권리박탈'의 종류가 무려 14가지에 달했다는 점을 지적할 수 있다. 게다가 이 14가지의 금지조항은 부분적으로 부과되거나 면제될 수 없고 언제나 모든 조항이 한꺼번에 적용되는, 분리 불가능한 것이었다. 이후에 국민부적격 관련 법령은 여러 차례 개정되었는데 기존의 처벌 규정이 완화되기는커녕 대부분 더욱 강화되는 쪽으로 바뀌었다. 일례로 1945년 1월 25일 명령에서는 저축은행 이사회 참여 금지가, 1945년 8월 14일 명령에서는 선거권과 피선거권의 '영구적' 박탈이 각각 부가되었다. 1945년 12월 31일 명령에서는 세금이 10퍼센트 인상되었으며 1946년 10월 28일 명령에서는 종신형의 공민권 박탈을 선고받은 자에게 전쟁배상금을 주지 못하게 하는 조항이 부가되었다.[31] 1951년 1월의 사면법 공포 직전에 이르면 공민권 박탈에 포함된 금지조항은 애초의 14가지에서 총 27가지로 늘어났다.[32]

공무원, 교원, 법조인, 직업군인 등이었던 국민부적격자는 처벌 기간 동안(종종 그 기간이 끝난 뒤에도) 자신의 직종에 종사할 수 없었으므로 생계를 크게 위협받았다. 여기에 재산몰수형—일부에게만 선고되었지만—까지 부가되었음을 감안하면 공민권 박탈형은 "정치적 형벌"일 뿐만 아니라 경제적 처벌이기도 했다. 이러한 경제적 처벌은, 국민부적격 관련 법령에 나오지 않았지만 공민권 박탈형에 수반된 또 다른 불이익 규정으로 더욱 강화되었다. 예컨대 1924년 법은 공민권이 박탈된 기간에 연금 지급이 중지될 것을 규정했다.[33] 독일강점기에 유대인문제총국 국장을 역임하여 해방 후에 처벌받은 자비에 발라 Xavier Vallat는 자신이 주형主刑으로 선고받은 10년 금고형은 (자신이 지금까지 받아오던) 상이군인 연금을 박탈하지 않았는데 이 주형에 자동적으로 부가된 공민권 박탈형 때문에 연금을 받지 못하게 되었다고 불만을 토로하기도 했다.[34]

그러면 이러한 공민권 박탈형은 프랑스 형법의 역사에서 새로운 것일까? 점령국에 협력하는 자국 합법 정부의 존재, 이 전례 없는 상황이 낳은 새로운 범죄인 국민부적격죄에 부과된 처벌은 그다지 새로운 게 아니었다. '공민권 박탈dégradation nationale'은 일찍이 프랑스혁명기인 1791년에 제헌의회 의원들이 도입한 '시민권 박탈dégradation civique'을 계승한 것이었고, 각종 금지조항들도 프랑스 형법사에 이미 존재하던 것이었다. 1810년의 나폴레옹 형법에서는 모든 공직 임용과 공기업 고용 금지, 군복무 권리 박탈이 규정되었다. 1832년 법에서는 교직, 1881년 법에서는 언론사 경영진, 1930년 법에서는 은행가가 각각 금지업종이 되었다. 1931년 법에서는 저축은행, 보험사, 투자신탁사의 창립·운영·관리, 1935년 포고령에서는 일반기업의 운영이 유죄 판결 받은 자들 일부에게 금지되었다.[35] 재산몰수형도 19세기에 폐지와 부활을 거듭하다가 20세기에 들어와 "1914년 8월 2일 이후 반역자나 간첩이 받은 돈"의 몰수를 규정한 1918년 11월 14일 법과 국

가대외안전침해죄에 대한 재산몰수를 규정한 1939년 형법이 잇달아 제정되었다.[36]

그럼에도 이 모든 금지조항들이 국민부적격죄라는 특정한 하나의 정치 범죄에 집중된 것은 새로운 현상이라 할 만하다. 기존 형법을 위반하지 않았지만 '독일이나 그 동맹국들에 도움을 주거나 프랑스인의 자유, 평등, 국민통합을 침해한' 자에게 주어진 형벌은 이렇듯 체형도, 자유박탈형도 아니었지만 결코 가볍지 않은 처벌이었다.

공민재판부

국민부적격죄 여부를 판별하고 유죄로 드러난 경우 공민권 박탈형을 선고한 재판기구는 무엇일까? 해방 후 대표적인 대독협력자 재판소인 부역자 재판소도, 기존의 일반 재판소도 아니었다. 첫 국민부적격 도입령인 1944년 8월 26일 명령 제2조에 따르면, 국민부적격죄는 "1944년 6월 26일 명령이 규정한 각각의 부역자 재판소에 …… 부설된 특별부sections spéciales에 의해 선고"되도록 규정되었다.[37] '특별부'라는 명칭은 공교롭게도 비시 정부 시기 레지스탕스 운동을 탄압하던 특별재판소의 명칭과 동일하여 이후 9월 30일 명령에 의해 '공민재판부chambre civique'라는 명칭으로 바뀌게 된다.[38]

공민재판부가 구성되는 방식은 부역자 재판소와 비슷했다. 둘 다 1명의 재판장과 4명의 배심원으로 구성되었다. 단 부역자 재판소의 경우 재판장의 자격이 그냥 '재판소의 법관'으로 되어 있었던 반면,[39] 공민재판부의 재판장은 "적어도 항소법원 판사의 지위를 갖고 항소법원 수석 재판장이 임명한 법관"으로 되어 있었다.[40] 배심원단이 구성되는 방식은 부역자 재판소와 동일했다. 4명의 배심원은 "항소법원 수석 재판장에 의해, 1944년 6월 26일 명령에 규정된 명단에서 공개 추첨"되었다.[41] 1944년 6월 26일 명령에 따르면 배심원 명단은 해당 관할구의 모든 도 해방위원회들이 지명한 2명의 대표와 항소법원 수석재판장으로 구성된 위원회가 작성하게 되어 있었다.[42]

한편, 제소는 부역자 재판소의 경우 검사의 고유권한이었던 반면, 공민재판부에서는 검사 외에 "도 해방위원회"도 제소할 수 있었다.[43] 한시적인 재판소라는 성격은 두 재판기구에 공통적이었다. 즉 부역자 재판소는 "영토 해방의 완수로부터 6개월이 지나기 전에 기소된 사건들"만 다룰 수 있었는데, 공민재판부 역시 그러한 사건에 대해서만 국민부적격죄를 선고할 수 있었던 것이다.[44]

그러면 이러한 공민재판부에서 모두 몇 명의 프랑스인이 재판을 받았으며 각기 어떠한 판결을 받았을까? 우선 눈에 띄는 것은 대표적인 대독협력자 재판소인 부역자 재판소보다 공민재판부에서 처벌받은 자가 더 많았다는 점이다. 부역자 재판소에서 재판받은 자는 5만 5,331명이었던 데 비해 공민재판부에서 재판받은 자는 모두 6만 9,282명에 달했다. 유죄 판결 받은 자도 부역자 재판소가 4만 8,607명, 공민재판부가 4만 9,829명으로 공민재판부 쪽이 약간 더 많았다.[45] 이는 공민재판부에서 다루는 범죄가 부역자 재판소의 경우보다 비교적 경미한 데 따른 결과로 보인다.

부역자 재판소는 사형에서 유·무기의 금고형에 이르기까지 기존 형법에 따른 여러 가지 형량을 선고했다. 이와 달리 공민재판부는 오직 국민부적격죄의 유·무죄 여부만을 판결했고 유죄인 경우 유·무기의 공민권 박탈형(그리고 때로는 부가형으로 재산몰수형)만을 선고했다. 공민재판부의 선고형량 분포는 〈표 1〉과 같다.[46]

공민재판부에서 재판받은 자 가운데 71.9퍼센트에 해당하는 4만 9,829명이 유죄 판결을 받았다. 이 중 1만 4,701명이 종신형의 공민권 박탈을, 3만 1,944명이 유기의 공민권 박탈을 각각 선고받았다. 한편, 1944년 8월 26일 명령은 제2조에서 국민부적격죄 행위 뒤에 "독일이나 그 동맹국들에 맞선 전투행위나 점령국이나 프랑스 국가 의사정부(비시 정부를 지칭–필자)에 맞선 저항"에 "적극적으로 참여"한 경우 "국민부적격을 면제"해줄 수 있다고 명시했다.[47] 이러한 규정에 따른 '형 면제'는 모두 3,184명(4.6퍼센트)에게 돌아갔다.

〈표 1〉 공민재판부의 선고형량 분포

<table>
<tr><td rowspan="5">공민권 박탈</td><td rowspan="2">무기</td><td>출석재판</td><td>9,946</td><td rowspan="2">14,701</td><td rowspan="4">46,645</td></tr>
<tr><td>결석재판</td><td>4,755</td></tr>
<tr><td rowspan="2">유기</td><td>출석재판</td><td>30,617</td><td rowspan="2">31,944</td></tr>
<tr><td>결석재판</td><td>1,327</td></tr>
<tr><td colspan="2">레지스탕스
행위로 인한 형 면제</td><td colspan="3">3,184</td></tr>
<tr><td colspan="3">무죄</td><td colspan="3">19,453</td></tr>
</table>

무죄 판결은 28.1퍼센트에 해당하는 1만 9,453명이 받았다. 부역자 재판소의 무죄선고율 12.2퍼센트(6,724명)보다 훨씬 높은 비율이다.[48] 이는 공민재판부가 부역자 재판소보다 경미한 정도의 범죄를 다루었던 만큼 판결도 좀 더 관대했음을 말해주는 동시에 부역자 재판소에 비해 유죄를 확정짓기가 훨씬 더 어려웠음을 보여준다.

그러면 공민재판부에서 재판받은 자들은 어떤 사유로 법정에 서게 되었을까? "기존 형법 규정을 어기지 않고도" 저지른 "명백한 반민족적 활동"(1944년 8월 26일 명령의 입법이유서)[49]이란 구체적으로 어떤 활동들일까? "프랑스나 외국에서 자발적으로 독일이나 그 동맹국들에 직간접적인 도움을 주거나 국민통합 혹은 프랑스인들의 자유와 평등을 자발적으로 침해"(1944년 8월 26일 명령 제1조)[50]한 행위들에는 어떤 것들이 있을까? 반역죄, 국가안전침해죄 등의 기존 형법 위반자들은 부역자 재판소나 (비시 정부의 최고위급 인사들의 경우) 최고재판소에 회부되었으므로 공민재판부는 훨씬 더 경미한 죄질의 행위를 다루었을 것이다. 레지스탕스 출신의 역사가 마르셀 보도Marcel Baudot에 따르면 공민재판부는 "대독협력조직 가입이나 레지스탕스에 적대적인 태도 같은, 심각성이 덜한 범죄를 재판하기 위해 구성"된 것이다.[51] 도의회 명예의장 루즈롱G. Rougeron은 이 공민재판부에서 재판받은 자들이 "반민족단체들의 가입자, 독일에 자원해서 일하러 간 자, 독일 기관의 하급직에 고용되어 일했던 자, 반민족적인 발언을 한 자, 독일 군인이나 세관원과 성관계를 가진 여성, 암거래상, 점령군과 함께 인간사냥에 참여한 자"였다고 말한다.[52]

파리 법원 변호사 이브-프레데릭 자프레Yves-Frédéric Jaffré가 자신의 저작 《특별재판소들(1940~1962)》(1962)에서 제시한 사례들은 더욱 구체적이다. 주요 대독협력 인사들과 친교관계를 유지한 자, 독일인들을 식사에 초대한 자, 대독협력 정책에 우호적인 발언을 한 자가 법정에 섰다. 또한 재불독일대사 "아베츠Otto Abetz의 부인에게 꽃을 보낸 것이 재판 사유가 되었"는가 하면 장례식장 직원이 (레지스탕스에 의해 암살된) 비시 정부의 정보선전부 국무서기 필립 앙리오Philippe Henriot의 관 앞에서 파시스트식 경례를 한 죄로 국민부적격을 선고받은 일도 있었다. 그 밖에 협력주의 신문 《레 누보 탕*Les Nouveaux Temps*》

지 편집장의 딸이 독일 인사들과 친교관계를 가졌다는 이유로 10년의 공민권 박탈형을 선고받았고, 비시 정부 수반 피에르 라발Pierre Laval의 개인 운전사가 그러한 직업을 가진 죄로 5년의 공민권 박탈형에 처해졌다.[53]

이상의 여러 범주들 가운데 실제로 가장 큰 비중을 차지한 것은 대독협력조직 가입이었다. 1944년 8월 26일 명령(제1조)과 12월 26일 명령(제2조)에 각각 15개와 14개의 "협력기구" 명칭이 예시되었고 이 기구들에 가입한 행위가 국민부적격죄를 구성한다고 되어 있었다. 공민재판부에서 재판받고 처벌받은 이 가운데 가장 많은 수가 이 범주에 속했다. 강점기 초기에 탈퇴한 자를 구제하고자 1944년 8월 26일 명령에서는 프랑스 인민당, 프랑시스트당, 혁명사회운동의 경우 "1942년 1월 1일 이후 가입했거나 가입상태를 유지한" 자로 한정했고, 1944년 12월 26일 명령에서는 아예 14개의 예시된 협력기구 모두에 대해 "1941년 1월 1일 이후 가입했거나 가입상태를 유지한" 자로 제한했다. 또한 두 명령 모두 "어떠한 기구이든 협력기구에 가입"이라고 명시함으로써 14~15개의 예시된 협력기구는 단지 대표적인 협력기구일 뿐이고 그 외의 대독협력조직에 가입한 경우도 국민부적격죄가 선고될 수 있는 길을 열어놓았다. 특히 1944년 12월 26일 명령에서는 "적극적인 참여 없이도"라는 표현을 삽입함으로써 대독협력조직에 단순히 가입한 사실만으로도 국민부적격죄에 처해질 수 있게 되었다.[54]

센Seine 도(파리 시 포함) 공민재판부의 경우 국민부적격죄로 기소된 1만 1,058명 가운데 62.3퍼센트에 해당하는 6,885명의 기소 사유가 "정치협력조직 가입"이었다. 다음으로 높은 비율은 '반민족적 태도',

‘친독일적 발언’, ‘독일인과의 친교관계 혹은 성관계’, ‘1944년 8월 독일로의 자발적 피신’을 한데 묶은 범주인 “민족적 자존의 결여”로, 11.8퍼센트(1,311명)에 달했다. 그 밖에 독일인을 위해 일하거나 독일로 자원해서 일하러 간 경우에 해당하는 “민간경제협력”이 848명(7.7퍼센트), 독일 군사조직에 속해 일한 경우인 “군사경제협력”이 503명(4.5퍼센트), 독일군에 편입되거나 독일군과 함께 전투행위에 참여한 경우인 “군사협력”이 318명(2.9퍼센트)이었다.[55]

멘에루아르Maine-et-Loire 도의 공민재판부에서도 대체로 협력기구 가입에 해당하는 “정치적 협력” 범주가 692명 가운데 300명으로, 전체 기소 사유의 가장 높은 비율(43.4퍼센트)을 차지했다. 다음으로는 “경제적 협력”이 28.5퍼센트(197명), “독일인과의 우호적 관계”가 17.8퍼센트(123명), “밀고”가 5.1퍼센트(35명)를 각각 차지했다.[56]

‘국민부적격’의 쇠락: 사면

독일강점기라는 전례 없는 상황에서 비롯된 새로운 범죄인 ‘국민부적격’도, 그러한 범죄의 전담 재판 기구인 공민재판부도 그리 오래 존속하지 않았다. 사실 국민부적격죄가 단명하리라는 것은 애초에 그 개념이 탄생할 때부터 예정된 것이기도 했다. 그 죄목을 탄생시킨 1944년 8월 26일 명령의 입법이유서는 “정상적인 정치생활로 조속히 돌아가려는 의지”로 국민부적격은 “본토 해방의 완수로부터 6개월 뒤까지만” 선고될 수 있다고 밝혔고, 명령의 제11조에서는 (약간 늦춰져) “본토 해방의 완수로부터 6개월이 지나기 전에 제소된” 사건에 대해서만 국민부적격이 선고될 수 있다고 규정되었다.[57] 본토 해방이 완수된 날은 이후 1945년 8월 23일 법령에 의해 '1945년 5월 10일'로 정해졌다.[58]

따라서 전국 대부분의 공민재판부 재판은 해방 초기인 1945~46년에 이루어졌고, 상당수의 공민재판부는 1945~46년까지만 존속하고 문을 닫았다. 일례로 크뢰즈Creuse 도 공민재판부는 1944년 12월부터 1945년 5월까지, 코레즈Corrèze 도와 피레네조리앙탈Pyrénées-Orientales 도의 공민재판부는 1944년 12월부터 1945년 7월까지 각각 5~7개월만 문을 열었고,[59] 알리에Allier 도의 공민재판부는 1945년 1월부터 1946년 3월까지 1년 2개월만 존속했다.[60]

오트비엔Haute-Vienne 도의 공민재판부는 1948년 11월까지 문을 열었으나 총 182건 가운데 173건(95.1퍼센트)을 1945~46년에 판결했다.[61] 가장 많은 재판이 이루어진 센 도의 경우 공민재판부가 1945년 1월에 5개, 3월과 9월에 각각 1개가 설치되어 모두 7개 존재했는데 1945년 9월에 1개가 문을 닫은 것을 필두로 1947년 1월에 2개, 1948년 5월에 1개, 1949년 10월에 1개가 잇달아 문을 닫아 1951년 1월까지 2개만 존속했다.[62]

또한 국민부적격죄가 부역자 재판소에서 판결되는 기존 형법의 반역죄, 국가안전침해죄 등보다 경미한 것이었던 만큼 1947년부터 제정된 일련의 사면법들에서 언제나 우선적으로 고려되었다. 해방 후 프랑스의 대독협력자에 대한 첫 사면법인 1947년 8월 16일 법은 국민부적격 도입령(1944년 12월 26일 명령)에 명시된 대독협력조직들의 가입자 가운데 가입 당시 18세 미만이었던 자는 자동 사면되고 21세 미만이었던 자는 조직에서 어떠한 활동도 하지 않은 경우 법령에 따라 사면 받을 수 있다고 규정했다.[63] 이어서 1947년 8월 28일 법에서는 국민부적격죄로 선고된 형량이 10년 이하의 공민권 박탈형인 알자스인이 법령에 따라 사면 받을 수 있는 대상이 되었고,[64] 1949년 2월 9일 법에서는 (형기의 제한 없이) 국민부적격죄를 선고받은 모든 21세 미만의 미성년자가 자동 사면되었다.[65]

마지막 남은 공민재판부들이 문을 닫은 1951년 1월에 이르면 사면 대상은 알자스인이나 미성년자가 아닌 모든 국민부적격죄 피선고자로 확대된다. 1951년 1월 5일 법에 따르면 이미 형을 면제받거나 형량이 15년 이하인 국민부적격죄 피선고자는 자동 사면되었고, 형량이 15년을 넘더라도 주형으로 공민권 박탈형을 선고받은 경우 '법령에 따른 개별적 사면 가능'의 대상이 되었다. 또한 종신형의 공민권 박탈형은 20년 이하의 형량으로 자동 감형되었다.[66]

끝으로, 대독협력자 처벌의 시기를 종결지은 마지막 사면법인 1953년 8월 6일 법에서는 공민권 박탈형이 주형으로 선고된 경우 '개별적 사면 가능'이 아니라 무조건 자동 사면의 대상이 되었다.[67] 공민재판부는 주형으로 공민권 박탈형 외에 다른 어떤 형벌도 선고할 수 없었으므로 결국 전국의 공민재판부들에서 국민부적격죄로 유죄 판결 받은 4만 9,829명 모두가 그 죄를 벗게 된 셈이었다.

'국민부적격'이라는 프랑스 형법사상 전례 없는 죄목은 외국 점령 및 지배 하의 프랑스 합법정부의 존재라는 역시 전례 없는 상황에서 비롯된 것이었다. 2차 세계대전 이전의 프랑스 형법은 이러한 상황을 예상하지 못한 상태에서 제정된 것이었고 따라서 직접적인 이적행위 이외의 여러 복잡 미묘한 대독협력행위, 간접적으로만 혹은 결과적으로만 독일에 득이 되는 행위를 처벌하기에는 기존의 형법만으로 역부족이었다. 대독협력 정책을 천명한 비시 정부에 속하여 직무를 수행하거나 그러한 정부에 협력한 행위는, 그 정부가 아무리 합법적으로 구성된 정부라 해도, 간접적·결과적으로 대독협력에 해당했는데, 그러한 종류의 행위는 기존 형법의 '반역죄'나 '국가안전침해죄'로 처벌하기가 어려웠던 것이다.

또한 '반역죄'나 '국가안전침해죄' 등의 기존 형법 죄목들이 너무 무거운 형량만 규정하고 있어서 경미한 죄질의 각종 대독협력행위를 처벌하기에는 부적합하다는 점도 '국민부적격죄'라는 새로운 죄목을 도입하도록 하는 데 한몫했다. 이는 죄과에 비해 너무 무거운 처벌을 피하자는 것이었지만 뒤집어보면 비교적 가벼운 죄질의 협력행위까지 남김없이 모두 처벌하겠다는 의지에서 비롯된 것이기도 하다. 철저한 처벌의 의지는 경미한 협력행위만이 아니라 다른 종류의 정치적 범죄에까지 적용되었다. 직접적인 대독협력이라는 범주에 속하지 않지만 나치 독일의 점령과 지배라는 조건이 유발하거나 용이하게 한 반민주적·반공화주의적 행위와 인종차별주의적 행위(반유대주의적 행위)도 국민부적격죄의 범주 안에 들어갔던 것이다. 그러한 점에서 국민부적격죄는 대독협력이라는 수치스런 과거를 처벌하는 동시에 미래의 정치체제를 공화주의 체제로 확실히 못 박는 역할까지 담당했다.

철저하고 단호한 처벌 의지는 국민부적격죄에 부과된 '공민권 박탈형'의 내용에서도 드러났다. 공민권 박탈형은 사형이나 징역형보다는 상대적으로 가벼운 처벌이지만, 국민부적격자에게 제한되거나 박탈되는 권리의 종류와 범위를 보면 전반적으로 결코 가볍지 않은 처벌이었다. 어떤 이들에게는 (정치적 처벌만이 아니라) 경제적 처벌이기도 했다.

결국 이러한 국민부적격죄는 1951년 1월 5일과 1953년 8월 6일의 양대 사면법을 통해 사실상 사라진다. 하지만 그렇다고 그 죄목의 정당성이 문제된 것은 아니었다. 전국의 공민재판부들에서 국민부적격죄로 유죄 판결 받은 자 모두가 그 죄를 벗게 되었지만 범죄로서의 국민부적격도, 형벌로서의 공민권 박탈도 공식적으로 폐지되지는 않았다. 전국의 부역자 재판소들과 최고재판소에서 기존 형법의 죄목으로 유죄 판결 받은 자들에게 자동적으로 부가된 보조형으로서의 공민권 박탈형('국민부적격 상태'이므로 부가된)도 그대로 존속했다. 국민부적격죄에 대한 총사면은 그 죄목의 정당성이 문제가 되어서가 아니라 다른 대독협력행위에 비해 상대적으로 경미한 범죄여서 이루어진 것으로 보아야 할 것이다.

3
사법적 망각: 관용이냐, 복권이냐?

오늘날 프랑스에서 사면에 대한 여론은 그다지 좋지 않은 편이다. 20세기 프랑스의 최대 사면이 독일강점기의 대독협력자들에 대한 사면(1951~53)과 알제리 전쟁기의 범죄에 대한 사면(1962~81)이었던 탓이다. 그중에서도 강점기 대독협력(자)에 대한 사면은, 특히 1990년대 들어 반세기 전의 반인륜범죄에 대한 기소와 재판이 잇달아 이루어지면서 해방 후 대독협력자에 대한 처벌이 무산되거나 너무 일찍 종결된 주요인으로 간주되었다.

사실, 해방 직후 대독협력자에 대한 숙청과 처벌은 '무산'되었다고 보기에는 너무 큰 규모로 이루어졌다. '사법적 숙청' 즉 대독협력자에 대한 사법적 처벌의 규모는, 해방 전후의 약식 처형으로 8,000~9,000명이 사망한 '초법적 숙청'을 논외로 하더라도, 엄청난 것이었다. 전국적으로 약 35만 명이 대독협력 혐의자로 재판소들에서 서류가 검토되었고 이들 중 12만 명 이상이 재판을 받았다. 비시 정부의 총리, 장·차관, 식민지 총독 등 최고위급 요인들에 대한 재판은 최고재판소에서 이루어졌고, 이를 제외한 대독협력자들에 대한 사법처리는 부역자 재판소와 공민재판부에 의해 이루어졌다. 부역자 재판소는 반역죄, 적과의 내통죄 등 기존 형법 위반자들에게 사형, 유·무기의 자유 박탈형(금고와 징역), 공민권 박탈형 등을 선고했고, 공민재판부는 이보다 죄가 가볍거나 기존 형법을 적용할 수 없는 자들에게 '국민부적격'이라는 죄목으로 유·무기의 공민권 박탈형을 선고했다.

이 세 재판소에서 모두 약 9만 8,000명이 실형을 선고받았고 약 3만 8,000명이 수감되었다. 사형선고는 최고재판소에서 18명, 부역자 재판소에서 6,763명에게 내려졌고 이들 중 770명(군사재판소에서 사형선고를 받고 처형된 사람의 수를 더하면 약 1,500명)이 실제 처형되었다.[1]

이러한 대독협력자 처벌이 그렇게 오래 지속된 것은 아니었다. 최고재판소는 1949년 7월까지 재판 전 사망자(8명)를 제외한 100명 모두에 대한 판결을 마쳤고, 부역자 재판소와 공민재판부는 1946년에 전국 대부분의 도에서 활동을 종결지었다. 1948년에 이르면 파리, 리옹Lyon, 툴루즈Toulouse, 콜마르Colmar 등 4곳에서만 재판이 계속되었고, 1951년 1월 31일에 파리를 끝으로 모든 부역자 재판소가 문을 닫았다.[2]

이렇듯 해방 직후에 설치되었던 재판소들의 활동 마무리가 대독협력자 처벌을 사실상 종결지었다. 하지만 그러한 처벌의 국면을 완전히 종결짓고 역사의 한 페이지를 넘긴 것은 1951년과 1953년의 두 차례 사면법 제정을 통해서였다. 이 장에서는 바로 이러한 사면법 제정이 어떠한 과정을 거쳐 이루어졌으며 그 법안들의 내용과 성격은 무엇인지를 분석한다.

초기의 사면법들

해방 직후의 숙청 논쟁으로 유명한 작가 프랑수아 모리악François Mauriac은 일찍이 1944년 10월부터 '사면amnistie'이라는 용어를 썼고 그의 논적인 알베르 카뮈Albert Camus조차 같은 시기에 "그리도 많은 프랑스인이 저지른 실책에 대해서는 사려 깊은 망각"을 하자고 주장했다.[3] 하지만 대독협력자에 대한 숙청과 처벌이 한창 진행되던 해방 직후에 그러한 사면을 거론한다는 것은 어려운 일이었다. 해방과 종전終戰 직후의 강력했던 숙청 여론이 어느 정도 수그러든 1946년 봄까지도 '사면'은

① 프랑수아 모리악, ② 알베르 카뮈
해방 직후 대독협력자 처벌을 둘러싼 논쟁에서 관용을 촉구한 프랑수아 모리악(왼쪽)과 이에 맞서 철저한 단죄를 주장한 알베르 카뮈(오른쪽).

독일강점기의 대독협력자들을 대상으로 한 게 아니었다. 해방 후 프랑스의 첫 사면법이라 할 '1946년 4월 16일 법'에서 사면 대상은 1945년 5월 8일(2차 세계대전 종전일) 이전의 경범죄나 경제난에서 비롯된 범죄를 저지른 사람, 레지스탕스 행위로 처벌받은 사람, 강점기 독일군에 희생된 사람의 가족, 포로나 강제수용소 수감자 및 이들의 미성년자녀, 레지스탕스 조직에 속한 사람 및 이들의 가족, 2차 세계대전 초기에 부상당하거나 표창 받은 퇴역군인 등이었다. 대독협력자는 사면 대상에서 단순히 누락된 게 아니라 명시적으로 배제되었다. 그 법의 제16조에 따르면 "본 사면법은 어떠한 경우에도, 1944년 11월 28일 명령에서 규정된 협력행위에는 적용될 수 없"었던 것이다.[4] 그러한 의미에서 이 사면법은 대독협력자에 관한 한, 반反사면법이었다.

대독협력자가 사면 대상에 처음 포함되기 시작한 것은 그로부터 1년 4개월이 지난 1947년 8월이 되어서였다. 1947년 8월 16일 법의 제22조는 '국민부적격'을 규정한 1944년 12월 26일 명령에 명시된 대독협력조직들에 가입했던 자가 "가입 당시 18세 미만의 미성년자이고 사면되지 않은 다른 범법행위로 유죄 선고를 받지 않은 경우" 자동 사면된다고 규정했다. 아울러 제23조에서는 가입 당시 "21세 미만의 미성년자"이더라도 그 조직들에서 "어떠한 실제 활동도 하지 않았다면", 그리고 '협력행위'나 '국민부적격'이나 '적과의 거래'로 유죄 선고를 받았더라도 "행위 당시 18세 미만의 미성년자"라면 "법령에 따라 사면 받을 수 있"다고 규정되었다. 또한 프랑스 본토가 아니라 프랑스 식민지인 알제리에서 재판 받거나 알제리인인 경우 미성년자가 아니더라도 사면 받을 수 있었다. 즉 알제리에서 재판 받아 국민부적격으로 유죄 선고를 받은 경우 "적과의 내통, 국가안전에 반反하는 음모,

적과의 거래"에 해당하지 않는다면 법령에 따라 사면 받을 수 있었고, 알제리의 이슬람교도는 협력행위를 저질렀더라도 "프랑스 국가 정부를 자칭하는 사실상의 권위체나 그 대표들의 명령, 지시, 권고"에 따른 것이었음을 입증할 수 있다면 마찬가지로 사면 받을 수 있었다(제20조).[5]

하지만 이 사면법은 프랑스 본토의 미성년자와 알제리인을 제외하고는 절대로 강점기의 협력행위에 적용되지 않는다는 점을 다시 한 번 강조했다. 그 전해 사면법의 제16조와 마찬가지로 이번 법의 제25조는 앞의 두 범주를 예외로 하면 본 사면법이 "협력행위 처벌에 대한 …… 1944년 11월 28일 명령, 국민부적격에 대한 …… 1944년 12월 26일 명령, …… 적과의 거래를 처벌하는 1945년 3월 29일 명령에서 규정된 행위들에는 어떠한 경우에도 적용될 수 없"다고 못 박았던 것이다.[6]

미성년자와 알제리인에 뒤이어 이번에는 알자스인이 사면 대상에 포함되었다. 단일조항으로 제정된 1947년 8월 28일 법은 '국민부적격' 죄로 선고된 형량이 10년 이하의 공민권 박탈형이고 "그 행위가 바랭 Bas-Rhin 도나 오랭Haut-Rhin 도에서 저질러진 경우" 법령에 따라 사면을 요구할 수 있다고 규정했다.[7] 바랭 도와 오랭 도는 독일과의 접경지인 알자스 지역에 속하는 도로서 강점기에 다른 지역과 달리 (로렌 지역의 모젤 도와 함께) 독일에 합병되었다는 점이 사면에 다소 유리하게 작용했던 것이다.

1년 반 뒤에는 1947년 8월 16일 법의 '18세 미만'이 '21세 미만'으로 올라갔다. 연령만 올라간 게 아니라 사면 대상의 범위도 확대되었다. 반년 전 법에서는 18세 미만의 미성년자 중에서도 대독협력조직에 가입한 자만이 자동 사면되었는데 1949년 2월 9일 법에서는 (대독협력 조직 가입자만이 아니라) '국민부적격'(주형)으로 기소되거나 유죄 선고된 모든 21세 미만 미성년자가 자동 사면되었던 것이다. '법령에 따라 사면 받을 수 있는' 대상도 18세 미만에서 21세 미만('협력행위 처벌령에 따라 기소되거나 유죄 선고 받은')으로 확대되었다.[8]

그런데 이 1949년 2월 9일 법의 의의는 단지 미성년자 사면 대상의 범위를 확대한 데만 있지 않았다. 이후 사면론에서 중요한 위치를 차지하게 되고 1951, 53년의 본격적인 사면법들에도 거듭 포함될 제한 규정이 바로 이 법에서 처음 나타났다. 즉 제2조에 사면 받을 수 있는 21세 미만의 협력행위자는 "밀고죄가 없거나, 자신의 행위에 의해 의도적으로 사람들을 고문, 강제이송, 사망에 이르게 하지 않았거나 그러한 시도를 하지 않았거나 적의 조직의 첩자가 아니었던 경우"로 한정한다는 규정이 포함되었는데[9] 이러한 규정은 이후의 사면 법안들에서도 거듭 나타난다.

이상에서 보았듯이 초기의 사면법들, 즉 1950년대 들어와 본격적인 사면이 이루어지기 전의 사면법들 중 대독협력자를 대상으로 삼은 것은 1947년 8월 16일 법, 1947년 8월 28일 법, 1949년 2월 9일 법, 이렇게 3개였는데 모두 미성년자(18세 혹은 21세 미만), 알제리인, 알자스인이라는 특정 범주에 국한된 것이었다. 그리고 '법령에 따른 사면 가능'이 아니라 '자동 사면'의 경우 아무리 미성년자이더라도 '협력행위'로 유죄 선고 받은 자들은 언제나 배제되었고 오직 '국민부적격'('협력행위' 죄보다는 대체로 덜 무거운 것으로 간주된) 판결을 받은 자들로 국한되었음에 주목할 필요가 있다. 프랑스 본토의 성인이 사면 대상이 되고 (국민부적격 여부만을 판결하는) 공민재판부가 아니라 부역자 재판소에서 형사처벌 받은 대독협력자가 자동 사면의 대상이 되려면 다시 몇 년을 기다려야 했다. 그럼에도 이상에서 본 1947~49년의 사면법들은 강점기 대독협력자에 대한 사면의 첫 물꼬를 텄다는 점에서 그 의의가 적지 않다. 이후의 사면 논의와 사면법 제정은 이상의 법들을 선례로 삼고 또 이에 기반하여 이루어지게 된다.

관용이냐, 복권이냐?

사면에 대한 요구와 논의가 해방 직후 숙청과 처벌의 대상이 된 대독협력자 및 비시파 진영에서만이 아니라 사회 곳곳에서 본격적으로 이루어지기 시작한 것은 1949년이었다. 그해 3월 제를리에Gerlier 추기경은 "범죄를 저지르지 않고 격심한 혼란기에 길을 잃었던 사람들을 위해 오늘날 그리도 많은 선인들이 정당하게 요구하고 있는 이 사면"을 부활절을 맞아 실시하자고 주장했다.[10] 이러한 추기경의 발언보다 파급력이 더 컸던 것은 같은 3월, 강점기 레지스탕스 전국회의CNR(Conseil National de la Résistance) 의장과 해방 후 임시정부 수반 및 외무부장관을 역임한 조르주 비도Georges Bidault의 주장이었다. 당시 여권與圈 정당인 인민공화운동MRP(Mouvement Républicain Populaire)의 당수이기도 했던 비도는 MRP계 일간지인 《로브*L'Aube*》지에 〈잊을 수 있는 모든 것을 잊자〉라는 제목의 논설을 이틀에 걸쳐 실었다. "징벌의 시기가 완료되었"고 이제 "잊을 수 있는 모든 것을 잊을 때가 왔"으므로 "살인하지도, 밀고하지도, 추격하지도, 반역하지도 않은 사람들, …… 정치적 열정이나 집단적 충동을 따르거나 …… 악의 없이 규율

① 조르주 비도, ② 뱅상 오리올
대독협력자들에 대한 사면을 촉구한 인민공화운동 당수 조르주 비도(왼쪽)와 특사를 주장한 뱅상 오리올 대통령(오른쪽).

을 따랐던 이 모든 무명인사들을 이제 국민에 재통합"하자는 게 그의 주장이었다. "평온하게 정의가 실현되는 큰 결정"을 통해 "많은 이들이 선의로 길을 잃은 어두운 시대의 너무 길었던 비극을 종결짓지 않는 것은 불가능하고 비인간적이다."[11] 추기경도, 비도도 사면 대상을 '범죄를 저지르지 않은 자'로 한정하고 있고 그들을 단지 '길을 잃은' 자라고 인식하고 있다는 점이 주목할 만하다. 그달 말에는 당시 정계 밖에 머물러 있던 드골까지 합세했다. "오늘날 이 모든 게 끝나야 할 것이다. 확실히 재심해야 할 게 있고, 무엇보다도 특사grâce 조치를 취해야 할 게 있다."[12]

5월 말에는 뱅상 오리올Vincent Auriol 대통령이 이 대열에 합류했다. 5월 29일 알제의 알제리 의회에서 오리올은 자신의 특사권을 확대하겠다고 발언했다. 수감 중인 대독협력자들은 석방되고 공민권을 되찾을 것이었다. 단, "반역자, 밀고자, 고문자"는 제외되었다. "어떠한 프랑스인의 고통과 죽음에도 책임이 없고 적에게 자발적으로 봉사하는 행위도 전혀 하지 않은" 프랑스인들만 특사의 대상이 될 수 있었다. 하지만 오리올이 거론한 것은 '특사grâce' 혹은 "관용clémence 조치"이지 '사면amnistie'이 아니었음에 주목할 필요가 있다.[13] 즉 자동적·일괄적·전반적 성격이 강한 '사면'이라는 용어보다 사안별·개인별로 내려지는 조치를 뜻하는 '특사'라는 용어를 선호한 것이다. '사면'이 의회에서 통과된 사면법에 따른 것이고 '특사'가 대통령의 고유권한이므로 이는 대통령의 직분에 충실한 발언이기도 했다. 전반적 사면보다 개별적 특사를 선호한 것은 오리올 자신이 속한 사회당의 입장이기도 했다.

그러나 대통령 발언에 대한 일반 여론의 반응은 이러한 구분에 신경 쓰지 않았다. '여론조사통계국Service de Sondages et Statistiques'이 발간한 《프랑스 여론조사*Sondages de l'opinion publique française*》 1949년 6~7월호는 대통령의 발언에 대한 여론조사 결과를 발표했다. 조사용 질문의 내용은 "대통령이 반역, 밀고, 살인하지 않은 자들에 대해 **사면**을 발표했다. 이 결정에 찬성하는가, 찬성하지 않는가?"(강조는 인용자)였다. 조사 결과는 찬성 60퍼센트, 반대 23퍼센트, 의견 없음이 17퍼센트였다.[14] 유력 일간지인 《르 피가로》지(6월 21일자) 역시 이 조사 결과를 그대로 인용하면서 〈60퍼센트의 프랑스인이 사면에 찬성〉이

라는 문구를 기사 제목으로 내걸었다.[15]

대통령의 애초 발언 의도와 무관하게 여론이 그 발언을 '사면'에 관한 것으로 받아들이고 그러한 용어를 선호했다는 것 자체를 중요한 현상으로 봐야 한다. 대통령의 발언 자체와 무관하게 '사면'에 대한 찬성 여론이 60퍼센트나 되었다는 사실도 주목할 만하다. 이 60퍼센트 가운데 사면 찬성의 이유로 가장 많이 제시된 것은 "정의의 이름으로"였다. "잘못 생각하기는 쉬운 법"이었고 사면 대상이 될 대독협력자들은 "합법적 정부가 제시한 행동노선을 따랐"을 뿐이었다는 게 이러한 범주에 속했다. 두 번째로 많이 등장한 논거는 "국민적 이익의 이름으로"였다. "프랑스인들의 단합"이 이에 해당했다. 세 번째는 "인간적 자비의 이름으로"였다. "용서해야 한다"는 것이었다.[16]

한편, 대표적인 레지스탕스 신문 가운데 하나인 《콩바*Combat*》지는 4월 21일부터 5월 7~8일까지 〈관용이냐, 복권이냐?〉라는 제목으로 사면을 둘러싼 찬반여론 기사를 연속 발표했다.[17] 앞서 언급한 여론조사가 성性, 연령대, 재산 정도, 거주 지역('도시'와 '농촌') 등을 기준으로 사면에 대한 찬반여론을 통계 조사한 것이라면 《콩바》지의 기사들은 "프랑스 여론을 구성하는 각계각층의 대표자들"[18]에게 사면에 대한 구체적인 의견을 직접 물은 것이었다. 4월 23~24일자부터 5월 6일자까지 12회에 걸쳐 매일 한두 명씩 총 15명의 "프랑스 여론을 대표하는 인물들"[19]의 주장이 실렸다. 정치인, 작가, 법조인, 언론인, 종교인 등 발언자의 면면은 다양했다.

이 15명 가운데 사면이나 관용 조치에 찬성하는 쪽이 10명으로, 사면에 부정적인 견해를 표시한 쪽(5명)의 2배에 달했다. 그러나 여기서 특기할 만한 점은 사면찬성론자들 가운데 '사면'을 전면에 내세우거나 그러한 용어만을 쓴 사람은 소수(3명)라는 것이다. 나머지 논자들은 대체로 '사면'보다는 '관용clémence'이라는 용어나 '특사grâce' 조치를 더 선호했다. 사면반대론자들도 모든 관용 조치에 반대하기보다는 무엇보다도 총사면에 반대했다. "사면은 레지스탕스가 여전히 대표하는 것의 적들을 강화할 것"이라고 본 작가 다비드 루세David Rousset가 "절대 반대"한 것은 "정치적 총사면"이었고,[20] 전前장관이자 급진사회당 의원인 폴 지아코비Paul Giacobbi가 "지성과 감성 둘 다가 몹시 싫어"한다고 본 것은 "전면적·자동적 사면"이었다.[21] 또한 사면찬성론자들도 종종 사면에서 배제되는 범주를 명시했다. "밀고하지도, 고문하지도, 어떤 형태로든 침공자에 직접 협력하지도 않은" 경우(레미 루르)[22]와 "일반법 범죄, 즉 강간, 약탈, 살인을 저지르지 않은 경우"(알베르 피네)[23]에만 사면이 가능하다는 것이었다.

〈관용이냐, 복권이냐?〉라는 제목을 내건 마지막 기사는 5월 7~8일자의 〈결론〉이었다. 《콩바》지의 주간主幹 클로드 부르데Claude Bourdet는 이 〈결론〉이라는 논설에서 두 주에 걸친 찬반 여론을 종합했다. 그에 따르면, 논자들 다수는 "단순한 국민부적격의 경우를 제외"하면 "너무 쉽게 복수復讐로 변형되는 사면이 아니라 특사를 옹호"한 것으로 보인다.[24] 기실 〈사면이냐, 아니냐?〉라든가 〈사면이냐, 복권이냐?〉가 아니라 〈관용이냐, 복권이냐?〉를 기획기사의 제목으로 내건 애초의 의도 자체부터 분석해볼 필요가 있다. 이러한 기획기사를 연재하기 시작한 취지를 밝힌 첫 논설(4월 21일자)이 잘 보여주듯 사면을 둘러싼 "오늘날 분위기"의 위험성에 대한 우려가 이 기획의 출발점이었다. 이 논설을 쓴 부르데에 따르면 오늘날 "관용은 갈수록 거론되지 않고, 대신 사면과 '숙청이라는 범죄'에 대한 규탄이 갈수록 더 많이 거론된다. 이제 많은 이에게 중요한 것은 더 이상 자비와 관용이 아니라 어제 유죄 판결 받은 자들의 대규모 복권에 기반한 정치보복이란 느낌이 든다."[25]

즉 명백한 과오에 대한 용서나 관용으로서 사면이 추구되는 게 아니라 해방 후의 대독협력자 처벌 자체를 '범죄'로 보고 따라서 대독협력자들의 '복권'과 (해방 후의 처벌 주체에 대한) '복수'로서 사면이 추구되는 현재의 상황에 대한 위기의식과 질타가 《콩바》지의 기획의도였다. 이러한 문제의식에서 '관용이냐, 복권이냐?'는 결국, 지난날의 잘못에 대한 '관용'으로서 사면을 추구할 것인가, 아니면 (대독협력이나 비시가 아예 과오도, 범죄도 아니므로) '복권'으로서 사면을 추구할 것인가를 의미하는 것으로 볼 수 있다.

앞서 언급한 〈관용이냐, 복권이냐?: 결론〉 논설이 실린 5월 7~8일자 《콩바》지는 또한 〈'콩바' 협회 전국연맹 결의안〉이라는 제목으로 사면에 대한 자신의 입장을 발표했다. "우리나라가 겪은 가장 잔인한 시련으로부터 겨우 5년밖에 안 지났는데" 반역자, 밀고자, 고문자 등의 "범죄를 잊는다는 것은 수치스럽다고 판단"하지만, 대독협력자들에 대한 "유죄 판결에 보복이라는 성격을 부여하길 피하고 싶어 하고, 우리나라가 재건과 부흥 노력을 기울이는 데 반드시 필요한 단결과 유화의 분위기를 회복하고 싶어 하는" 것이 이 결의안을 발표하게 된 취지였다. 결의안이 내놓은 제안은 '부역자 재판소, 공민재판부, 군사재판소들의 피선고자들의 일괄 사면'이나 '재심'이나 '집단적 특사'가 아니라 "개별적 청원에 따라 관할위원회들이 단순 특사나 사면성 특사 여부를 검토"하는 것이었다.[26]

이상에서 살펴본 사면 여론에 힘입어 7월부터는 사면 법안들이 의회에 잇달아 제출되었다. 1949년 7월 1일, 앞서 〈잊을 수 있는 모든 것을 잊자〉는 논설을 발표한 비도의 정당이자 여권 정당인 인민공화운동MRP이 소속 의원 총 154명의 이름으로 사면 법안을 제출했다. 이 154명에는 해방 직후 대독협력자 숙청을 주도한 전前법무부장관들인 드 망통과 피에르-앙리 텟젠Pierre-Henri Teitgen도 포함되었다.[27] 이 법안의 '입법사유서'가 강조한 것은 '정의'와 '관용'이었다.

> 정의는 엄격함 없이도, 관용 없이도 이루어지지 않는다. 때가 왔으므로 관용이 엄격함을 완화해야 한다. 관용은 엄격함의 부정이 아니라 보완이다.[28]

또한 "일반법 범죄자, 살인 도발자, 고문자, 밀고자는 명시적으로 배제"되므로 "총사면은 아닐 것"이었다. 그러면 사면 대상은 누구인가? 주형主刑으로 10년 이하의 공민권 박탈형을 선고받은 자가 사면 대상이었다. 이는 앞서 살펴본 초기 사면법들(1947~49)과 달리 미성년자도, 알제리인이나 알자스인도 아닌 프랑스인이 처음으로 사면 대상(그것도 자동 사면)이 되었다는 점에서 큰 진전이다. 또한 주형으로 종신형의 공민권 박탈형을 선고받은 자는 20년 형으로 감형되고, '범죄가 아니라 과오'를 범한 부역자 재판소의 자유박탈형 피선고자는 가석방될 수 있었다. 단, 각료급 비시 정부 인사들을 처벌한 최고재판소의 피선고자들은 사면 대상에서 제외되었다.[29]

나흘 뒤에는 우파의 상원의원 베르나르 라페Bernard Lafay가 벌금형이나 5년 이하의 자유박탈형을 선고받은 자 모두를 사면하자는 법안을 제출했고, 11월 22일에는 미슐레Michelet 등 6명의 레지스탕스 출신 의원들이 좀 더 큰 폭의 사면 법안을 제출했다. 즉 벌금형이나 5년 이하의 금고형을 선고받은 자만이 아니라 선고받은 형기의 3분의 1을 이미 마친 자와 공민권 박탈형(형기가 어떻든지 간에)만 선고받은 자도 사면 대상에 포함시켰던 것이다. 이 법안의 입법사유서는 "망각을 말하기 위한 것이 아니고 복권은 더더욱 아니며 단지 관용과 평정"을 위한 것임을 강조했다.[30]

이어서 12월 21일에는 정부가 직접 법안을 제출했다. 두 달 전 총리가 된 비도, 법무부장관 르네 마이에르René Mayer, 국방부장관 르네 플레방René Pleven, 외무부장관 로베르 슈만Robert Schuman, 해외프랑스부장관 장 르투르노Jean Letourneau가 공동으로 법안을 제출한 것이다. 이 법안은 레지스탕스 인사들의 바로 앞 법안보다는 작지만 7월의 MRP 법안보다는 큰 범위의 사면을 규정했다. 10년 이하의 공민권 박탈형과 3년 이하 자유박탈형의 21세 미만은 자동 사면되고 10년을 넘는 공민권 박탈형과 단기 자유박탈형의 성인은 개별적으로 법령에 따라 사면 여부가 결정될 수 있도록 규정한 것이다. 최고재판소의 피선고자는 이번에도 사면에서 제외되었다.[31]

다음 해 5월에는 하원의 법무위원회가 정부 법안보다 더 큰 규모의 사면을 규정한 법안을 내놓았다. 이제 자동 사면의 대상은 (10년 이하가 아니라) 15년 미만의 공민권 박탈형과 (3년 이하가 아니라) 5년 미만 자유박탈형의 21세 미만, 그리고 이미 형벌을 면제받은 공민권 박탈형 피선고자가 되었다. 또한 공민권 박탈형은 최대 20년으로 제한되었다.[32]

요컨대 1949년 7월 이후에 제출된 사면 법안들에서는 이전까지의 사면법들과 달리, 공민권 박탈형(즉 국민부적격)의 경우 프랑스 본토의 성인도 사면 대상이 되었고 21세 미만인 경우 협력죄로 자유박탈형(단 3년 또는 5년 미만)을 선고받았더라도 자동 사면의 대상이 되었다.

1950년 10월 24일에는 의회(하원)에서 사면 문제를 놓고 처음 격돌이 벌어졌다. 사면찬성론자들은 대체로 해방 직후의 대독협력자 숙청을 비판하는 것으로 자신의 논의를 시작했다. 사면 법안을 제출한 바 있는 루이 롤랭Louis Rollin은 부역자 재판소의 배심원을 레지스탕스 출신으로 규정한 것과 대독협력자에 대한 선고형량이 시기별, 지역별, 재판관별로 불균등하다는 점을 문제 삼았다. 역시 사면 법안을 제출한 장 데쇼Jean Deshors는 이러한 점들 외에도 해방 전후의 무자비한 약식 처형, 지나치게 무거운 사법 처벌, '국민부적격'의 소급성, 특별재판소의 문제점 등을 비판했다.[33]

또한 사면론자들은 프랑스 국내의 사면 전통과 최근 외국의 사면 선례들을 강조했다. 법무위원회의 보고자 조아네스 샤르팽Joannès Charpin은 사면 조치가 "우리의 국민적 전통에 부합"하며 "주기적으로, 특히 우리 역사의 격동기들 뒤에" 사면이 이루어졌다고 밝혔다. 롤랭 역시 "우리 국민의 커다란 시련들 직후"의 "역사적 선례"를 거론했고 데쇼도 "국민 분열의 시기들에는 언제나 화해의 시기가 뒤따랐"음을 강조했다. 특히 데쇼는 1436년 샤를 7세의 사면 조치에서부터 16세기 말의 낭트칙령, 프랑스혁명기, 나폴레옹 시대, 복고왕정, 제3공화정의 사면 조치들을 거쳐 1924년 7월 18일 사면법에 이르기까지 사면의 역사적 선례들을 구체적으로 언급했다.[34]

이 세 의원은 최근 몇 년간 "다양한 정치 체제의 여러 나라들"이 사면 조치를 취했다는 점을 강조하는 데에도 의견을 같이 했다. 그러한 나라들로 이탈리아, 폴란드, 동독, 서독, 체코슬로바키아, 유고슬라비아, 룩셈부르크를 거론했다. 데쇼에 따르면 프랑스는 "유럽에서, 영토 해방 시 이루어진 유죄 판결들에 대해 망각의 베일을 드리우지 않은 거의 유일한 나라"였다.[35]

앞서 사면을 요구하거나 옹호하는 과정에서 강조되었던 사면의 속성들인 '망각', '관용', '정의'는 이번에도 거듭 환기되었다. 사면은 "동의된 망각"(샤르팽)[36]이며 "관용은 용서를 능가하여 망각에까지 이르는 것"(데쇼)[37]이었다. "관용 없는 정의란 없"으며(샤르팽)[38] "관용을 말하는 것은 보다 공정하고 보다 침착한 정의를 받아들이는 것"(데쇼)[39]이었다.

공산당과 사회당 의원들은 이러한 주장들에 격렬히 반발하고 나섰다. 법무위원회의 샤르팽의 사면을 옹호하는 장문의 보고서를 읽고 난 뒤 발언에 나선 공산당 의원 마리-클로드 바이앙-쿠튀리에Marie-Claude Vaillant-Couturier는 사면 법안이 채택된다면 "4년의 강점기, 그 원인인 반역, 조국에 맞서 저질러진 범죄……를 단번에 지우는 셈이 될 것"이라고 주장했다. 또한 "적에 대한 협력이 정상적인 태도가 될 것"이며 강점기에 조국을 위해 싸우다 죽어간 이들의 유족의 "고통에 대한 모욕이 될 것"이라 강조했다.[40] 앙리 부르봉Henri Bourbon 역시 롤랭의 발언에 대해서는 "반역 만세, 레지스탕스 타도!"를 외치는 꼴이라고 반격했고 데쇼에게는 "비시를 복권하고 있다!"라고 질타했다.[41] 이브 페롱Yves Péron도 데쇼의 발언을 계속 중단시키면서 그가 "관용이라는 미명 아래 반역자들을 변호"하고 있고 "레지스탕스를 모욕"했다고 비난했다.[42] 알프레드 비스카를레Alfred Biscarlet에 따르면 데쇼의 사면 주장은 "비시의 목소리"였다.[43]

사면법을 둘러싼 10월 24일의 원내 논쟁은 종결되지 않아 11월 4일과 7일에도 계속되었다. 해방 후 대독협력자 숙청을 주도했던 전직 법무부장관 텟젠은 이번 사면이 "적에 대한 협력을 복권하는 게 아니며" 해방 직후 대독협력자들에 내렸던 유죄 판결을 문제 삼는 게 아니라 단지 "2급 협력자들 일부에 망각을 부여"하는 것이라고 주장했다.[44] 그러나 사면반대론자들의 반격은 수그러들지 않았다. 공산당 의원 장 트리카르Jean Tricart는 사면 법안이 협력자들과 반역자들의 "범죄의 흔적 자체를 지우려" 하고 "범죄를 잊게 하"려 하지만 프랑스 민중은 결코 잊지 않을 것이라고 주장했다. 또한 사회당 의원 다니엘 마이에르Daniel Mayer는 "사면을 부과하길 원하는 자들"이 대독협력자들에 대한 "복권 분위기를 창출"하고 있다고 경고하면서 "사면이 힘의 표현"이어야 하는데 현재 "우리에게 요구되는 사면은 공화국의 약함, 우리 제도들의 약함을 드러낸다"고 아쉬워했다.[45]

1차 사면법: 1951년 1월 5일 법

1950년 10~11월의 격렬한 원내 논쟁 끝에 결국 본격적인 첫 사면 법안이 12월 4일 327 대 263표로 통과되었다.[46] 총 36개 조로 구성된 이 "1951년 1월 5일 법"은 자동 사면('법적 사면')의 경우 1950년 5월에 하원의 법무위원회가 선보였던 법안과 유사했다. 즉 이미 형을 면제받거나 형량이 15년 이하인 '국민부적격' 피선고자 그리고 협력행위나 적과의 거래로 벌금이나 5년 이하의 자유박탈형을 선고받은 21세 미만의 미성년자가 자동 사면의 대상이 되었다(1~3조). 처음으로 프랑스 본토의 성인(알자스 출신도 아닌)과 자유박탈형 피선고자(단, 21세 미만)가 자동 사면의 대상이 된 것이다. 단, 최고재판소의 피선고자들은 1949년의 MRP 법안, 레지스탕스 인사들의 법안, 정부 법안, 1950년 5월의 법무위원회 법안과 마찬가지로 여전히 사면 대상에서 제외되었다.[47]

이 법이 파격적으로 새로운 점은 자동 사면보다는 '법령에 따른 개별 사면 가능'의 범주(6~13조)에 있었다. 주형으로 선고받은 공민권 박탈형은 연령 제한(1949년 2월 9일 법의 '21세 미만')이나 형량 제한(1947년 8월 28일 법의 '10년 이하') 없이 모두 개별적 사면 가능 대상이 된 것이다. 또한 협력행위로 부역자 재판소에서 유죄 판결 받은 21세 이상의 성인도 벌금이나 3년 이하의 자유박탈형을 선고받았거나 1951년 1월 1일 이전에 형기가 만료된 경우, 그리고 밀고, 고문, 강제 이송, 살인을 저지르지 않고 경찰기구나 적의 첩자행위를 하지 않은 경우 이 법에 의해 처음으로 사면 받을 수 있게 되었다.[48]

그 밖에 독일군에 입대한 알자스-로렌 지역 프랑스인(단, 강제징집 시기인 1942년 8월 25일 이후 입대), 대독협력 군사조직에 속했던 북아프리카 이슬람교도, 협력행위를 한 상이군인, 범법행위 이후에 표창 받거나 훈장 받은 전투원도 법령에 따라 사면 받을 수 있게 되었다. 최고재판소의 피선고자들은 이 범주에서도 제외되었다.[49]

이상의 규정들에 따라 사면 받았다 하더라도 박탈당했던 레지옹도뇌르 훈장이나 무공훈장의 패용권까지 회복되지는 않았고(15조), 공직이나 장교계급으로 복귀할 수도 없었다(16조).[50]

이 법은 또한 사면 받지 못한 대독협력자들에 대한 관용 조치도 마련해놓았다. 종신형만 아니라면 형벌의 성격이나 잔류 형기와 무관하게 어떠한 수감자도 "가석방"될 수 있었다(20조. 여기서도 최고재판소의

피선고자는 제외되었다). 종신형의 공민권 박탈형은 20년 이하의 형량으로 자동 감형되었다(23조).[51]

끝으로, 이 법은 대독협력자에 대한 사면만이 아니라 반대편인 레지스탕스 대원들에 대한 사면도 규정해놓았다. "영토 해방이라는 대의에 봉사하거나 프랑스의 최종적 해방에 기여할 의도로" 1940년 6월 10일과 1946년 1월 1일 사이에 이루어진 모든 행위가 자동 사면되었고(30조), 비합법적으로 무기를 소지한 죄로 기소되거나 유죄 판결 받은 레지스탕스 조직 구성원들은 법령에 따라 사면될 수 있었다(32조).[52]

지금까지 살펴본 1951년 1월 5일 법은 전례 없는 규모와 범위의 사면을 규정한 법이었지만, 사면 찬반진영 중 어느 쪽에게도 그다지 만족스런 법은 아니었다. 대독협력자에 대한 어떠한 종류의 사면도 레지스탕스에 대한 모욕과 협력·반역·비시의 복권으로 간주한 공산당과, 일반 사면보다는 개별적 특사를 선호한 사회당(따라서 이 두 당은 사면 법안에 반대 투표했다)이 이 법에 불만스러워했던 것은 당연한 이치였다. 하지만 사면을 추구했던 진영도 논쟁과 절충의 결과, 기대했던 것에 못 미치는 정도와 폭의 사면에 실망했던 것이다. 법 공포 후 불과 1년 반 만에 훨씬 더 큰 규모의 사면을 규정한 법이 또다시 제정되었다는 사실 자체가 이 1차 사면법에 대한 불만과 실망을 잘 말해준다.

2차 사면법: 1953년 8월 6일 법

1차 사면법이 공포되고 나서 5개월 뒤인 1951년 6월 17일, 5년 만에 총선이 이루어졌다. 결과는 1차 사면법에 대한 실망과 불만을 어느 정도 반영하는 것이었다. 사면법 통과에 강력히 반대하고 토론 과정에서 사면의 폭을 좁혔던 사회당과 공산당은 둘 다 득표율이 하락했다. 사회당은 1946년 11월 총선의 13.7퍼센트에서 11.3퍼센트로, 공산당은 21.6퍼센트에서 20.1퍼센트로 각각 줄어 두 당의 도합 득표율은 5년 만에 35.3퍼센트에서 31.4퍼센트로 줄었다. 사면법 제정을 주도했으나 결국 기대에 못 미치는 법을 내놓은 것으로 평가된 MRP조차 19.9퍼센트에서 10퍼센트로 하락했다.[53]

이 총선 결과는 역사가 스테판 가콩Stéphane Gacon의 지적대로 "우파와 극우파의 정치적 복귀"를 의미하는 것이었다.[54] 1947년에 창당된 드골주의 정당이자 MRP보다 좀 더 큰 폭의 사면을 추구한 프랑스인민연합RPF(Rassemblement du Peuple Français)은 (MRP와 사회당보다도 높은) 17.3퍼센트를 득표했고, 해방 직후였다면 출마조차 상상도 못했을 극우 페탱파 의원들까지 당선되었던 것이다.[55]

이러한 선거 결과는 1차 선거법보다 훨씬 더 과감한 사면 법안들의 제출로 이어졌다. 해방 후 페탱 재판에서 그의 변호인 역할을 맡았던 자크 이조르니Jacques Isorni와 드 세브르de Saivre 의원이 1951년 8월에 제출한 사면 법안은 해방 후에 최고재판소, 부역자 재판소, 군사재판소가 반역죄, 적과의 내통죄 등 기존 형법 제75~86조 위반행위에 내린 모든 판결에 대해 완전히 사면하자는 것이었다. 비록 이러한 판결이 최종 판결이어야 하고, 재범再犯이 아니어야 하며, 고문·밀고·살인·첩자행위·경제적 협력인 경우 법무부장관이 두 달 안에 사면에 반대할 수 있다는 단서를 달았지만, 이는 사실상 해방 후의 대독협력자 처벌 자체를 문제시하고 무효화하는 것이었다. 이 사면 법안이 통과될 경우 공민권 박탈형은 폐지되고 이미 선고받은 모든 공민권 박

탈형은 무효화될 수 있었다.[56]

비슷한 시기에 RPF 역시 사면 법안을 제출했다. 이 법안은 이조르니-드 세브르의 법안처럼 대독협력자 처벌 자체를 문제시하는 것은 아니었지만 1951년 1월 5일 법보다는 훨씬 더 큰 폭의 사면을 규정했다. 즉 1차 사면법에서는 벌금이나 5년 이하의 자유박탈형을 선고받은 경우 21세 미만만 자동 사면의 대상이 되었는데, 이 법안은 21세 이상의 성인도 완전 사면 대상에 포함시켰으며 역시 1차 사면법과 달리 최고재판소의 피선고자까지도 (같은 형량이라면) 이에 포함시켰다. 이 법안대로라면 18세 미만의 경우 형량과 무관하게 모두 자동 사면되고 공민권 박탈형 피선고자도 나이와 무관하게 모두 자동 사면의 대상이 된다. 그 밖에 1차 사면법이 전혀 다루지 않았던 행정숙청과 피선거권 박탈 문제도 다루었다. 행정숙청의 경우 그 대상이 된 공무원이 3개월 이내에 재심을 요구할 수 있게 규정했고, 페탱에 전권을 부여하는 데 찬성 투표한 의원들과 비시 정부에 참여한 정치인들에게 내려졌던 피선거권 박탈 조치는 취소되도록 했다.[57]

12월 말에는 법무위원회가 RPF의 법안과 유사한 법안을 제출했다. 다른 점이라면 최고재판소의 피선고자는 (1차 사면법과 마찬가지로) 사면 대상에서 제외되었다는 것이다. 최고재판소를 제외하자는 안은 법무위원회에서 19명의 찬성과 16명의 반대로 확정되었다. 공산당과 사회당 의원들 외에 MRP와 급진당(4명)의 의원들도 이 결정에 찬성표를 던졌고 RPF, 독립농민파, 급진당(1명), 무소속 의원들이 반대표를 던졌다. 벌금이나 5년 이하의 자유박탈형, 그리고 1952년 1월 1일 이전에 형기가 만료되는 경우를 자동 사면한다는 조항은 14명의 찬성(급진당, 독립농민파, 무소속), 10명의 반대(공산당과 사회당), 12명의 기권(MRP와 RPF)으로 채택되었다. 18세 미만을 무조건 사면한다는 조항에는 26명이 찬성표를 던졌고 오직 공산당 의원 8명만 반대했다.[58]

이러한 법무위원회 법안의 내용이 알려지자 레지스탕스 단체들은 일제히 우려와 반대의사를 표명하고 나섰다. 전국레지스탕스-애국자강제이송자-수감자연맹FNDIRP(Fédération Nationale des Déportés et Internés Résistants et Patriotes)은 "조국을 배반한 자들의 전적인 복권"에 반대하는 공개서한을 법무부장관에게 보냈고, 프랑스 국내군-항독유격대FFI-FTPF(Forces Françaises de l' Intérieure—Francs-Tireurs et Partisans Français)는 "반역자들과 유죄 선고 받은 자들에 대한 사면에 반대"하는 공개서한을 의원들에게 보냈다.[59] 특히 '레지스탕스 행동위원회CAR(Comité d' Action de la Résistance)'는 1952년 2월 1일 장문의 결의안을 통해 법무위원회 법안의 대부분 조항들을 조목조목 비판하면서 해방 후 대독협력자들에게 내려진 유죄 판결을 "부인否認"하는 것이자 피선고자들의 "복수"에 불과한 "현재 논의 중인 사면 법안을 일괄 반대"한다고 선언했다.[60]

2차 사면법 제정에 이르게 될 원내토론은 1952년 7월 11일에 시작되었다. 그날 법무위원회 보고자로 나선 MRP의 로제 뒤보Roger Duveau 의원은 이제 "크고 인간적이고 관대한 사면"이 이루어져야 한다고 밝혔다. "해방 이후 8년이라는 세월이 흘렀"고 "오늘날 프랑스인 대다수가 과거 잘못의 망각과 유죄 판결의 말소를 요구하기 때문"이라는 것이다. 그가 보기에 "유죄 판결의 유지는 국민적 화합을 방해할 뿐이고 프랑스인의 통합을 해칠 뿐"이며 "제4공화국을 수호하고 그 제도들을 지키는 데에도 불필요"했다. 또한 "1951년 6월 17일에 선출된 수많은 의원들은 가능한 큰 사면이라는, 유권자들에 대한 공약을 지켜야 할 때가 왔다."[61]

1차 사면법 제정 시에는 1950년 10월 24일 회의에서 공산당 의원(바이앙-쿠튀리에)이 사면 법안에 대한 토론 자체를 거부(혹은 연기)하기 위해 '선결동의question préalable'를 요청했는데[62] 이번에는 공산당과 사회당 둘 다 선결동의를 요구했고 매번 부결되었다.[63] 그날 선결동의를 요청한 사회당 의원 장 맹조Jean Minjoz는 "그렇게 크고 그렇게 놀랄 만한 사면 법안을 논의할 때가 아직 오지 않았다"고 주장했다.[64]

1952년 10월 28일 회의에서는 사면법 제1조 앞에 비도의 다음과 같은 문구를 넣자는 안건을 놓고 찬반투표가 벌어졌다.

> 프랑스 공화국은 국경 안팎에서 전투를 통해 국민을 구한 레지스탕스에게 경의를 표한다.
> 프랑스 공화국이 오늘 관용이 베풀어지기를 원하는 것은 레지스탕스 정신에 충실해서다. 사면은 복권도, 복수도 아니며, 재판하고 처벌한다는 무거운 과업을 국민의 이름으로 수행한 사람들을 비판하는 것은 더더욱 아니다.[65]

이러한 문구를 굳이 사면법의 전문前文으로 넣자고 한 데에는 당시 극우파와 일부 우파가 해방 직후의 대독협력자 처벌 자체를 문제시하고 사면을 계기로 대독협력자들을 온전히 복권시키고 자신을 처벌했던 사람들에게 복수하려 했다는 사실이 어느 정도 작용했다. 그러한 움직임이 존재하는 상황에서 사면 반대세력(대표적으로는 사회당과 공산당)이 사면의 위상을 바로 그러한 성격('복권'과 '복수')으로 규정한 것에 사면법 제정 주체가 대응한 것으로 봐야 할 것이다.

이 문구를 넣을지 여부를 묻는 투표는 첫 단락과 둘째 단락, 그리고 문구 전체, 이렇게 세 번으로 나뉘어 진행되었다. 먼저 레지스탕스에게 경의를 표한 첫 단락("프랑스 공화국은 …… 경의를 표한다")은 거의 만장일치(찬성 613표, 반대 0표)로 채택되었다. 사면법 자체에 반대했던 공산당과 사회당도 이 문구를 넣는 데에는 찬성한 셈이다. 극우파 이조르니를 포함한 3명만 투표에 불참했다. 다음으로, 사면의 성격을 규정한 두 번째 단락도 압도적인 찬성으로 채택되었지만 찬성 의원의 수는 첫 투표에 비해 199명이나 줄었다(찬성 414표, 반대 3표). 사면 자체에 반대했던 공산당 의원들(95명)이 사회당(104명)과 달리 이번 투표에는 불참했던 것이다. 이들을 포함하여 모두 159명의 의원이 투표에 불참했고, 이조르니를 포함한 42명은 기권했다.

끝으로, 문구 전체에 대한 투표도 두 번째 단락의 경우와 비슷한 결과를 보였다. 424명이 찬성표를 던졌고 1명(이조르니)이 반대표를 던졌으며 공산당 의원들을 비롯한 나머지 의원들은 투표에 불참했다. 요컨대 공산당을 제외하고 모든 주요 정당(MRP, 사회당, RPF, 급진당)의 소속 의원들 전체 혹은 대부분이 비도의 문구를 사면법 첫머리에 넣자는 데 동의했던 셈이다.[66]

11월 말에는 여러 날에 걸쳐 법무위원회 사면 법안의 모든 조항에 대해 하나씩 토론과 수정 제안 및 (수정이나 채택 여부에 대한) 표결이 이루어졌다. 벌금이나 5년 이하의 자유박탈형을 선고받은 자에 대한 사면을 규정한 제1조에 대해 공산당 의원 고티에Gautier는 조항 자체의 삭제를 요구했고 사회당 의원 맹조는 '5년 이하'를 '3년 이하'로 변경하자고 제안했으나 둘 다 표결을 통해 거부되었다.[67] 반면 20만 프랑을 넘는 벌금형을 선고받은 경우는 사면에서 제외하자는 MRP의 그리모Henri Grimaud 의원의 제안은 거수로 채택되었다. 결국 그리모의 수정 제안이 반영된 제1조가 찬성 403표 반대 209표로 채택되었다.[68]

다음 제2조는 특사 조치로 5년 이하의 자유박탈형으로 줄었거나 1952년 1월 1일까지는 형이 만료되는 경우 처음에 5년을 넘는 형량을 선고받았더라도 사면한다는 것이었는데 이에 대해서도 공산당 의원의 삭제 요구는 표결로 거부되었고, 약간의 수정을 거쳐 1조와 비슷한 찬성률로 채택되었다(400표 대 210표).[69]

18세 미만에 대한 사면(4조)과 벌금이나 10년 이하 자유박탈형의 상이군인에 대한 사면(5조)의 경우 살인, 강간, 밀고 등의 범죄자를 제외하자는 공산당 의원(르바테)과 RPF 의원(드 립코프스키)의 수정 제안들과 상이군인 사면 조항을 아예 삭제하자는 공산당 측 제안은 거부되었고 상이군인 사면의 경우 '20만 프랑 이하의 벌금'으로 제한하자는 제안만 통과되었다. 레지옹도뇌르 훈장과 무공훈장 피수여자에 대한 사면(6조)의 경우에는 범죄자, 밀고자 등을 제외하자는 제안이 압도적인 찬성률로 채택되었다(492 대 109표).

공산당 측은 주형으로서의 공민권 박탈형을 사면한다는 조항(7조)도 삭제할 것을 요구했으나 거부되었고 이 조항은 그대로 채택되었다. 최고재판소 피선고자는 사면에서 제외한다는 조항(8조)도 그대로 채택되었고, 형기가 이미 만료된 경우에는 사면하자는 MRP 의원의 제안은 거부되었다.[70]

사면 법안의 나머지 조항들에 대한 토론과 표결은 11월 말에도 끝나지 않아 다음 해 2월 24, 26, 27일과 3월 5, 10일에도 계속 이어졌고 결국 3월 11일 새벽 4시 30분이 되어서야 모든 조항에 대한 토론과 표결이 종결되었다. 법안 전체에 대한 찬반투표에 앞서 8명의 의원이 최종발언에 나섰다. MRP의 위탱-데그레Hutin-Desgrées는 해방 직후의 대독협력자 처벌을 겨냥한 표현인 "열정적 기준들에 따른 복수심 강한 재판"의 결과를 사면법이 고쳐줌으로써 유화宥和를 용이하게 할 것이므로 그 법에 찬성 투표할 것이라고 밝혔다. 또 레지스탕스 민주사회연합UDSR(Union Démocratique et Socialiste de la Résistance)의 트레무일레Trémouilhe는 "열정 없이, 그러나 정치적·인간적 의무를 이행하는 사람의 평정심을 가지고" 찬성 투표할 것이라 주장했다. 한편 극우파의 드 세브르는 "토론 과정에서 협소해진 법에 실망"했으므로 기권하겠다고 밝힌 반면, 같은 극우파의 이조르니는 모든 것을 한꺼번에 얻을 수는 없고 기권한다면 통과되지 않을 위험이 있으므로 찬성 투표하겠다는 의사를 내비쳤다. 알제리 공산당 의원 파이에Fayet는 반대 투표하는 이유를 설명했는데 발언시간이 너무 길어져 의장으로부터 여러 번 발언을 제지당했고, 프랑스 공산당의 마통Maton은 "의회가 협력자 사면에 너무 많은 시간을 허비하여 신망을 잃었다"고 주장했다. 사회당의 다니엘 마이에르는 해방 이후 이번이 벌써 네 번째 사면인데 매번 법안의 사면 범위가 더욱 커졌음에도 마다가스카르 정치범들의 사면도, 레지스탕스 수감자들의 가석방도, 비시 정부에 의해 해직된 공무원들의 복직도 거부된 것에 유감을 표명했다. 끝으로, MRP의 라카즈Lacaze는 비도의 전문을 환기시키면서 사면법은 "용서와 망각의 법이지, 복권의 법이 아니며 복수의 법은 더더욱 아니"라고 주장했다.[71]

결국 1953년 3월 11일 새벽 6시에 사면 법안 전체에 대한 찬반투표가 이루어졌다. 투표 결과에는 이변이 없었다. 400표 안팎의 찬성과

200표를 조금 넘는 반대라는, 지금까지의 찬반율(특히 1, 2, 3, 5조)과 비슷하게 390표의 찬성과 210표의 반대로 사면 법안이 통과되었다. 반대표 대부분은 공산당과 사회당에서 나온 것이었고, MRP, RPF, 급진당, UDSR 등 나머지 정당들 모두(극우파 포함)의 소속 의원들 대부분이 찬성표를 던졌다.[72]

그러나 이 투표도 최종투표는 아니었다. 그로부터 넉 달 뒤인 7월 7~10일에 상원의 토론 및 법안 수정을 한 번 더 거쳐야 했다. 7월 7일 상원회의에서 공화좌파연합RGR(Rassemblement des Gauches Républicaines) 의원 바르동-다마르치Bardon-Damarzid는 상원의 법무위원회를 대표하여 작성한 보고서를 통해 "망각의 의지"와 "용서할 수 있는 모든 것을 용서하려는 의지"를 재차 강조하면서 "용서 없이는 정의도 없다"고 역설했고, 무소속의 티노Tinaud 의원은 프랑스가 세계에서 대사면을 부여하지 않은 유일한 나라라고 주장했다. 반면 사회당 의원 조프루아Geoffroy는 "반역범죄를 그렇게 빨리 용서"해서는 안 되며 총사면은 불필요하고 개별적 사면 조치로 충분하다는 기존의 사회당 입장을 되풀이했다. 공산당 의원 나미Namy 역시 사면 법안은 "국민통합을 공고히 하기는커녕 고통스런 기억과 정당한 분노를 활성화시킬 뿐"이며 "프랑스 레지스탕스와 생존자에 대한 모욕"이라고 주장했다.[73]

상원이 사면 법안에 가한 중요한 변경은 최고재판소 피선고자를 사면에서 제외한다는 조항(8조)을 삭제한 것이었다. 대독협력의 수뇌부를 사면할 수 없다는 사회당과 공산당 의원들의 강력한 반발에도 불구, 상원은 176표 대 73표로, 제8조를 삭제하자는 법무위원회 견해에 동의했다. 격렬한 논쟁 끝에 사면 법안이 상원에서도 통과된 것은 7

월 10일 새벽이 되어서였다. 220표 대 79표로 통과되었다. 역시 반대표는 공산당과 사회당 의원이 던진 것이었다.[74]

하원의 최종토론과 최종투표는 7월 24일에 이루어졌다. 상원이 삭제했던 최고재판소 피선고자 제외조항은 443표 대 169표로 다시 채택되었다. 법안 전체를 표결하기 직전에 공산당 의원 마통은 "협력 범죄를 지우는 것"은 용납할 수 없으므로 공산당은 반대 투표할 것이라 밝혔고, 사회당 의원 다니엘 마이에르는 사면의 범위가 갈수록 확대됨에 따라 사회당의 반대도 커질 수밖에 없다고 발언했다. 결국 사면법안은 지난 3월의 1차 투표 때와 비슷하게 394표 대 212표로 통과되었다.[75]

이 법은 "사면에 대한 1953년 8월 6일 법"이라는 명칭으로 공포되었다. 애초에 제1조 앞에 전문으로 넣기로 했던 비도의 문구는 제1조가 되었다. 세 범주만 자동 사면('법적 사면')의 대상이었던 1차 사면법과 달리 이번에는 자동 사면의 대상이 대폭 늘었다. '국민부적격–공민권 박탈형'은 이제 (공식적으로는 아니지만) 사실상 폐지되었다. 1차 사면법에서만 해도 15년 이하의 형량으로 사면 대상이 제한되었던 공민권 박탈형이 이번에는 다른 실형에 부가된 것이 아닌 한, 즉 주형으로 선고된 경우 형량과 무관하게 모두 자동 사면되었던 것이다. 벌금이나 5년 이하의 자유박탈형을 선고받은 경우 1차 사면법에서는 21세 미만만이 자동 사면의 대상이었는데 이제는 연령과 무관하게 모두 자동 사면되었다. 단, 20만 프랑을 넘는 벌금형이 자유박탈형에 수반된 경우는 제외되었다. 이전의 특사 조치로 5년 이하로 감형되었거나 1952년 1월 1일 이전에 형기가 만료되는 자유박탈형은 처음에 5년을 넘는 형량을 선고받았다 하더라도 자동 사면의 대상이 되었다. 단, 살인, 강간, 밀고, 고문 등의 죄가 있거나 간첩행위에 일조한 자는 제외되었다.

또한 미성년자의 경우 1차 사면법에서는 21세 미만이더라도 벌금이나 5년 이하의 자유박탈형을 선고받았을 때에만 자동 사면되었는데 이번에는 18세 미만은 형량과 무관하게 무조건 사면되었고 18세 이상 21세 미만은 살인, 강간, 밀고, 고문, 간첩행위 등을 하지 않은 한 역시 형량과 관계없이 자동 사면되었다.

그 밖에도 상이군인, 강제수용소 수감자, 양차 대전에서 표창이나 훈장을 받은 퇴역군인의 경우, 그리고 범법행위 이후의 행위로 레지옹도뇌르 훈장, 무공훈장, 레지스탕스 훈장을 받은 경우 10년 이하의 자유박탈형이나 20만 프랑 이하의 벌금형이 자동 사면의 대상이 되었다. 단, 레지옹도뇌르·무공·레지스탕스 훈장을 받은 경우에는 살인, 강간, 밀고, 고문 등의 죄를 저지르지 않았다는 조건이 부가되었다. 앞서 보았듯이, 최고재판소의 피선고자는 이번 사면법에서도 제외되었다.

15년 이하의 자유박탈형은 법령에 따른 개별적 사면이 가능한 대상이 되었다. 앞서 언급한 범주인 상이군인, 양차 대전 수훈자, 레지옹도뇌르 수훈자 등은 20년 이하의 자유박탈형이 그러한 대상이 되었다.

이번 사면법의 또 다른 중요한 특징은 사법적 처벌만 대상으로 하지 않았다는 데 있었다. 대독협력 공무원에 대한 징계 조치를 가리키는 '행정숙청'의 대상이 되는 행위도 사면되었고, 육·해·공군 장교에 대한 징계도 사면되었다. 비시 정부를 출범시키는 데 기여하거나 그 정부에 몸담았던 정치인들에 대한 피선거권 박탈 조치도 이 사면법에 의해 폐지되었다.[76]

〈그래프 3〉 대독협력 수감자 수(1946~1953)

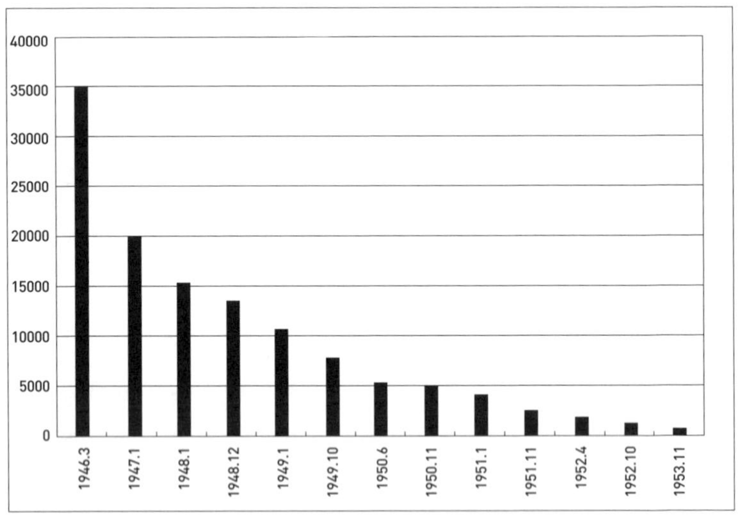

사실, 1차 사면법이나 2차 사면법이나 그 법의 주된 효과는 감옥을 비우는 게 아니었다. 〈그래프 3〉[77]이 잘 보여주듯이 대독협력 수감자 수는 이미 1947년부터 꾸준히(종종 큰 폭으로) 줄어왔던 것이다. 1차 사면법 통과 직전인 1950년 말까지 이미 대통령의 개별적 특사 조치가 4,768회나 이루어졌다는 사실은 이러한 사면법 제정 이전의 수감자 수 감소를 상당 정도 설명해준다.[78] 또한 1차 사면법과 2차 사면법 둘 다 5년 이하의 자유박탈형을 자동 사면 대상으로 규정했는데 대부분의 재판과 선고가 해방 직후인 1944~45년에 집중되었으므로 이 사면법 공포 당시에 5년 이하 형량의 피선고자들 대부분은 이미 석방된 뒤였다. 그러한 의미에서 사면법의 주된 효과는 수감자 석방이 아니라 현재 수감된 자이든, 이미 석방된 자이든 범죄기록을 말소하고 권

리를 회복하는 것이었다.

프랑스의 대독협력자 사면은 1950년대 초에 갑자기 이루어진 게 아니었다. 1947~49년의 초기 사면법들은 1951~53년의 대사면에 명백히 선례가 있었으며 그러한 선례들에 기반하여 그 선례들을 점차 확대하는 형태로 1951, 53년의 사면법이 제정되었음을 말해준다. 즉 1947년 8월 16일 법의 '18세 미만'에서 1949년 2월 9일 법의 '21세 미만'으로 확대된 사면 대상이 1951년 1월 5일 법에 이르러 성인 전체로 확대되었고, 성인의 경우 1947년 8월 16일 법에서는 알제리인, 같은 해 8월 28일 법에서는 알자스인으로 국한되었던 사면 대상이 역시 1951년에 프랑스 본토 전체 주민으로 확대되었다. 또한 1953년 법은 1951년 법이 확대된 형태였다. 공민권 박탈형의 경우 1951년에 15년 이하의 형량으로 제한되었던 사면 대상이 1953년에 모든 형량으로 확대되었고, 5년 이하 자유박탈형의 경우 1951년의 '21세 미만'이 1953년에 역시 성인 전체로 확대되었다. 이전 법들에서 '법령에 따른 개별 사면 가능'의 대상에 머물렀던 범주들은 다음 법에서 '자동 사면' 대상으로 승급되었다.

이러한 사면의 확대 및 사면법 제정 과정은 결코 순탄치 않았다. 일찍이 1949년 6월의 여론조사 결과는 프랑스 전체 국민의 60퍼센트가 사면에 찬성한다는 것이었다. 하지만 1차 사면법의 경우 1950년 10~11월에, 2차 사면법의 경우 1952년 7, 10~11월과 1953년 2~3월에 원내에서 격렬한 찬반토론이 벌어졌다. 사면 법안이 의제에 오를 때마다 매번 논쟁의 열기는 뜨거웠다. 종종 사회당과 공산당은 의제에 올리는 것 자체를 막거나 지연시키고자 했으며, 표결은 쉽게 이루어지지 않았고, 절충은 숱하게 이루어졌다.

사면을 옹호하는 의원들은 해방 직후의 대독협력자 처벌이 공정하지 못했고, 범죄자가 아니라 일시적인 착오로 '길 잃은' 자들에게 관용을 베풀어야 하며, 가뜩이나 인력이 부족하고 국가 재건이 급선무인 상황에서 국민적 화합이 필요하고, 해방으로부터 7~9년이나 지났으므로 이제는 쓰라린 과거에 대한 망각이 필요할 때임을 논거로 제시했다. 반면, 사면에 반대하는 의원들은 해방된 지 아직 10년도 채 지나지 않았으므로 망각할 때가 아니며, 강점기의 범죄는 망각할 수도, 용서할 수도 없고, 현재의 사면법은 결국 비시와 대독협력과 반역을 복권하고 해방 후 대독협력자 처벌의 정당성을 부인하는 것이라고 주장했다.

논쟁은 격렬했지만 투표 결과는 언제나 사면찬성론이 이기는 쪽이었다. 게다가 찬반율도 1952년 11월부터 1953년 7월까지 8개월 내내 거의 변하지 않았다. 법안 전체의 투표와 주요 조항들의 찬반투표 결과는 거의 언제나 400표 안팎의 찬성과 210표 안팎의 반대였다. 이는 사회당과 공산당 의원들이 언제나 반대표를 던지고 나머지 정당들의 의원들 대부분이 언제나 찬성표를 던졌음을 의미한다. 1차 사면법을 둘러싼 투표(1950년 12월)는 327표 찬성과 263표 반대를 기록했는데 이는 단지 (바로 전 총선인) 1946년 11월 총선의 결과를 반영할 뿐이다. 그 총선에서 당선된 사회당(105명)과 공산당(183명) 의원은 모두 288명이었던 것이다. 이 두 좌파 정당은 가장 레지스탕스 정신에 충실한 정당이었고 따라서 강점기에 가장 희생이 컸던 정당이었으므로 용서와 망각에 반대할 이유가 가장 큰 정당이기도 했다.

이러한 1, 2차 사면법을 둘러싼 투표 행태와 찬반율은 1950년대 초

프랑스의 대사면이 어느 정도 국내정치의 우경화에 연유했음을 잘 보여준다. 양대 좌파정당을 제외한 모든 정당이 사면(해방 직후에만 해도 극우파만 요구했던) 찬성으로 돌아서고 좌파정당들의 입지 자체가 1951년 총선으로 더욱 줄어든 현실이 1, 2차 사면법의 제정으로 이어졌던 것이다.

하지만 이러한 대사면이 사면반대론자들이 우려했던 것과는 달리 결코 총사면은 아니었음에 주목할 필요가 있다. 대독협력자 중에서도 가장 죄가 무거운 범주들은 언제나 사면에서 제외되었다. 즉 살인, 고문, 밀고, 간첩행위 등을 저지른 자와 대독협력의 수뇌부에 해당하는 최고재판소 피선고자들은 1차 사면법에서도, 2차 사면법에서도 배제되었다. 이러한 범주들에 해당하지는 않지만 5년을 넘는 자유박탈형이나 20만('적과의 거래'는 50만) 프랑을 넘는 벌금을 선고받은 자도 사면에서 제외되었다. 사면 받았다고 해서 박탈당했던 레지옹도뇌르 훈장이나 무공훈장까지 돌려받은 것은 아니었고 행정숙청이 취소되었다고 해서 예전 공직으로의 복직까지 보장된 것은 아니었다.

사실 대독협력자에 대한 최대, 최후의 사면법인 1953년 8월 6일 법의 가장 큰 특징은 입법 과정에서부터 논란이 많았던 '국민부적격' 개념과 그에 따른 공민권 박탈형을 사실상 폐지한 것이었다. 법이 제정되기 전의 행위를 소급 적용해서 처벌할 수 없다는 소급 불가 원칙에 어긋난다는 비판을 받은 동시에 비교적 가벼운 죄에 대한 처벌을 규정한 '국민부적격-공민권 박탈형'이 다른 형량에 수반된 것이 아닌 한 모두 무효화되었던 것이다.

끝으로, 이 사면법의 의미심장한 제1조, 즉 레지스탕스에 경의를 표하고 이 사면이 복권도, 복수도 아니며 대독협력자 숙청에 대한 비판도 아니라는 규정을 단지 위기의식이나 양심의 가책의 발로 혹은 위선이나 사족으로 봐서는 안 될 것이다. 또한 이 사면법으로 많은 대독협력자들이 사면 받았지만 길게는 9년에 이르기까지 충분히 긴 세월을 이미 처벌받았고(공민권 박탈형으로든 자유박탈형으로든), 약식처형으로든 정식 재판을 거친 처형으로든 이미 처형된 자들이 복권된 것도 아니었다. 해방 후의 대독협력자 처벌은 충분히 규모가 컸고 사면법 제정자들은 이러한 처벌 자체를 전혀 문제시하지 않았으며 사면의 폭은 충분히 제한적이었다. 그러한 의미에서 1950년대 초의 사면이 대독협력자 처벌을 무산시켰다거나 너무 일찍 종결지었다는 1990년대 이후 프랑스인들의 인식은 사실과 거리가 먼 것으로 봐야 할 것이다.

II 국가적 협력과 홀로코스트

독일강점기 4년 내내 비시 정부가 추구한 대독협력 정책을 지칭하는 '국가적 협력'은 정치, 경제, 군사 등 모든 부문에 걸쳐 진행되었다. 비시 정부는 '의무노동제'를 통해 모두 65만 명의 프랑스 국민을 강제징발하여 독일의 공장들로 보냈고, 항독抗獨운동 탄압을 위해 '특별재판부'를 설치하고 준군사조직인 '프랑스 민병대'를 창설했으며, 나치 독일의 유대인 박해 정책에 발맞추어 '유대인지위법'을 제정하고 '유대인문제총국'을 설치했다.

이러한 국가적 협력은 1940년 6월의 휴전협정이 부과한 가혹한 조건들을 완화하고, 파리를 포함한 점령지구에서 주권을 회복하거나 확대하고, 앞으로 독일이 지배할 '새로운 유럽'에서 제2의 지위를 차지하기 위해 추구된 것이었다. 그러나 출범 시 전혀 괴뢰정부가 아니었던 비시 정부는 그 어떤 목표도 성취하지 못한 채, 독일의 패색이 짙어지는 말년에 갈수록 오히려 괴뢰수준에 가까워져 갔다.

이러한 비시 정부의 국가적 협력이 야기한 최대의 비극이자 가장 끔찍한 측면은 아마도 나치 독일의 홀로코스트(유대인 대학살) 정책에 적극 협력한 것이 될 것이다. 비시 프랑스는 2차 세계대전기에 독일군의 점령을 받지 않은 지역에서 유대인들을 독일 측에 기꺼이 내준 유일한 국가였고, 처음에 독일 측에서는 16세 미만의 경우 오히려 이송을 요구하지 않았음에도 비시 정부는 이들 미성년 유대인들까지 강제이송 대상에 포함시켰다. 그리하여 모두 약 7만 3,000명의 유대인들이 아우슈비츠 등의 절멸수용소들로 끌려가 학살당했는데 이들 중 상당수가 비시 정부의 명령으로 프랑스 경찰에 의해 검거되어 프랑스 내 수용소들에 수감되었다가 이송되었다.

이 가운데서도 단일 검거로는 최대 규모였던 '벨디브 사건', 즉 1942년 7월 16~17일 파리 지역의 유대인 약 1만 3,000명을 검거한 사건은 규모도 규모지만 점령지구였음에도 게슈타포가 아니라 전적으로 프랑스 경찰력이 작전을 수행했다는 점에서 단연 가장 충격적이고도 끔찍한 사건으로 기록될 것이다.

4장은 이러한 벨디브 사건으로 대표되는, 홀로코스트에 대한 비시 정부의 협력만이 아니라 강점기 초기의 유대인지위법들에서부터 유대인문제총국, '아리안화', 유대인 수용소들에 이르기까지 유대인 박해 전반의 문제를 다루었다. 강점기 프랑스의 유대인 박해는 종교 문제라기보다는 무엇보다도 (극단적 반유대주의 국가인) 나치 독일에 대한 국가적 협력의 일환으로 봐야 할 것이다. 5장과 6장은 벨디브 사건에 보다 초점을 맞추었다. 5장은 벨디브 사건의 핵심적 책임자로 볼 수 있는 비시 정부 경찰 총수 르네 부스케가 해방 후 재판에서 미온적인 판결을 받았다가 반세기 뒤에 다시 고소, 기소되는 과정을 다루었고, 6장은 벨디브 사건 50주년을 계기로 공화국 프랑스가 비시 프랑스의 반反유대 범죄에 대한 책임을 공식 인정해야 하는가를 둘러싸고 벌어진 논쟁을 다루었다.

4
강점기 프랑스의 유대인 박해와 홀로코스트 협력

인류역사상 전무후무한 대량학살이었던 홀로코스트, 즉 나치 독일의 유대인 대학살은 2차 세계대전기에 어느 한 나라나 몇몇 나라에서만 벌어진 게 아니었다. 북쪽의 노르웨이에서 남쪽의 그리스까지, 서쪽의 프랑스에서 동쪽의 러시아에 이르기까지 유럽 전역의 스무 개 안팎 나라에서 총 600만 명의 유대인이 학살당했다.

이는 무엇보다도 2차 세계대전기 유럽 대륙에서 단 네 나라의 중립국(스페인, 포르투갈, 스웨덴, 스위스)을 제외하고는 모두가 나치 독일에 영토 전부나 일부를 점령당해서 점령당국의 지배를 받거나 '동맹국'이라는 미명 하에 사실상 독일의 위성국이 되었던 데에서 연유한다.

이 나라들 가운데 프랑스는 매우 독특한 위치에 있었다. 수도 파리를 포함하여 북쪽 5분의 3은 '점령지구'로 불리며 독일점령군 당국의 통치를 받았던 반면 남쪽 5분의 2는 비시를 수도로 하여 '자유지구'로 불리며 비시 정부가 관할했던 것이다. 비시 정부는 프랑스 정부였지만 온전한 주권을 발휘할 수는 없었던 대독협력정부였다.

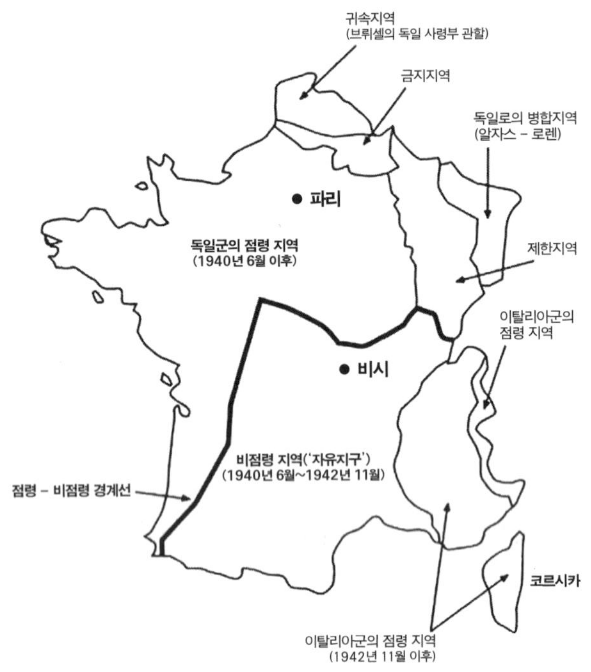

독일강점기 프랑스(1940~1944)

이러한 상황의 강점기 프랑스에서 유대인의 처지도 매우 독특했다. 우선, 프랑스는 1940년 현재 서유럽에서 유대인 인구가 가장 많은 나라(30~35만 명)였고 유럽 전체에서도 폴란드, 소련, 루마니아, 헝가리 다음으로 많았다.[1] 특히 외국 출신의 유대인이 차지하는 비율이 높았고(50퍼센트), 이들 가운데 절반은 1930년대에 온 이민자 혹은 난민이었다.[2] 실로 1930년대 프랑스는 이민자와 난민과 정치적 망명자를 받아들이는 데 가장 관대한 나라였다. 또한 일찍이 1790년대 프랑스혁명기에 유대인에게 온전한 시민권을 부여한 최초의 유럽 국가이기도 했다.[3] 하지만 동시에 프랑스는 19세기 말부터 반反유대주의 사조가 강력하게 존재해온 나라이기도 했다. 2차 세계대전에서 프랑스가 나치 독일에 패배해 독일군의 점령이 시작되고 대독협력정부가 들어서면서 힘을 얻은 쪽은 반유대주의였다.

이러한 독일강점기 프랑스에서 유대인들은 어떠한 박해를 받았을까? 1942년부터 본격적으로 시작된 유대인 학살의 충격이 너무도 강렬해서 그 이전의 유대인 박해 조치들은 상대적으로 덜 주목받아온 게 사실이다.[4] 그러한 점을 감안하여 절멸 정책 이전의 각종 박해 조치들에 대해서도 비교적 상세하게 살펴보고자 한다.

유대인지위법과 점령당국명령

독일강점기 프랑스에서 벌어진 유대인에 대한 각종 차별과 박해를 살펴보기에 앞서 가장 먼저 인지해야 할 것은 '유대인'이란 누구인가, 좀 더 정확히 말해서 독일점령당국과 비시 정부가 유대인을 어떻게 정의했는가라는 문제다.

점령당국은 1940년 9월 27일 명령과 1941년 4월 26일 명령, 비시 정부는 1940년 10월 3일과 다음 해 6월 2일의 두 '유대인지위법'을 통해 각각 유대인을 정의했다.[5] 이 네 법령의 공통점은 3명 이상의 조부모가 유대인이면 유대인이라는 것이다.[6] 그러나 공통점은 그것뿐이다. 강점기 프랑스의 첫 유대인 관련법인 1940년 9월 27일 점령당국명령이 "유대교를 믿거나 믿었던 자" 외에 '조부모 3명 이상이 유대인인 자'만을 유대인으로 규정했던 데 비해 나머지 세 법령은 모두 2명의 조부모가 유대인인 경우도 한두 조건을 충족시킬 경우 유대인에 포함시켰다. 즉 세 법령 모두 배우자가 유대인일 경우 자신의 조부모가 2명만 유대인이더라도 유대인으로 규정했다. 또한 1941년 4월 26일의 점령당국명령과 6월 2일의 2차 유대인지위법은 '유대교를 믿는 자'를 2명의 조부모만 유대인이더라도 유대인으로 정의되는 조건으로 덧붙였다.

이를 시간적으로 배열해보면 갈수록 유대인으로 정의되는 범위가 넓어졌음을 알 수 있다. 1940년 10월 3일의 유대인지위법에서는 '2명의 조부모가 유대인이면서 배우자가 유대인인 경우'가 추가된 데 이어 1941년 4월 26일 명령에서는 '2명의 조부모가 유대인이면서 그 자신이 유대교 신자인 경우'가 또다시 추가되었다. 게다가 1941년 4월 명령에서는 유대교를 믿는 시점이 "명령 공포일"(1941년 4월 26일) 현재나 그 이후였던 데 비해 6월의 2차 유대인지위법에서는 그 시점이 1940년 6월 25일(휴전협정의 발효개시일)로 앞당겨졌다. 따라서 1940년 6월 25일과 1941년 4월 26일 사이에 유대교에서 다른 종교로 개종한 사람도 이 마지막 법에 따르면 '유대인' 범주에 포함되는 셈이다. 또한 이 법에서는 2명의 조부모가 유대인인 자 가운데 배우자의 조부모가 2명만 유대인이더라도 유대인으로 규정함으로써 더더욱 유대인의 범위를 확대시켰다. 이는 1940년 9월의 독일명령, 10월의 비시법, 다음해 4월의 독일명령, 6월의 비시법으로 이어지면서 독일점령당국과 비시 정부가 서로 영향을 주고받았고(주로 바로 앞의 상대방 법령에 영향을 받았고) 이를 통해 유대인 범주가 갈수록 넓어졌음을 말해준다.

점령당국과 비시 정부가 서로 영향을 주고받은 것이 유대인 범위를 확대하는 쪽으로만 작용했던 것은 아니다. 독일당국명령이 비시법에서 '인종'이라는 용어를 넣도록 영향 받았다면 비시법은 독일명령에서 종교적 규정을 넣도록 영향 받았다. 기묘하게도 '유대인종race juive'이라는 용어를 처음 쓴 것은 독일이 아니라 비시 쪽이었다.[7] 이에 힘입어 1940년 9월명령에는 나오지 않았던 '유대인종'이라는 표현이 다음 해 4월명령에는 버젓이 등장했다. 한편, 1940년 9월의 첫 명령부터 '유대교를 믿는 자'를 유대인으로 규정했던 독일 측과 달리 비시의 1차 유대인지위법에는 종교에 대한 언급이 전혀 없었는데 다음 해 6월의 2차 유대인지위법에는 (독일명령과 똑같이) '유대교를 믿는' 조부모가 유대'인종'임을 규정하고 있다.

그러면 이상의 네 법령은 이렇게 정의한 유대인들에 대해 어떠한 차별 조치를 규정했는가? 사실, 강점기 최초의 유대인 관련법인 1940년 9월 27일 명령은 아직 점령지구 내의 유대인에 대한 모종의 차별 조치를 담고 있지 않다. 제2조는 일단 "점령지구를 떠난" 유대인이 점령지구로 돌아오는 것을 금하고 있고, 제3조와 4조는 차별 조치라기보다는 차별에 앞서 그 준비 과정으로 유대인으로서의 존재를 드러내게 하는 것이었다. 즉 3조는 "1940년 10월 20일까지 모든 유대인은 자신의 주소지나 통상적인 거주지가 속한 군郡의 군수 앞에 출두하여 특별등록부에 등록할 것"을, 4조는 "소유주나 보유자가 유대인인 모든 상점은 1940년 10월 31일까지 …… 특별게시문을 통해 '유대인 사업체'임을 적시할 것"을 규정했다.[8]

유대인에 대한 본격적인 차별 조치는 독일당국이 아니라 비시 정부의 법령으로 시작되었다. 1940년 10월 3일의 유대인지위법은 본격적인 유대인 차별의 시작을 알리는 것이었다. 이제 유대인은 프랑스 행정부, 입법부, 사법부의 고위공무원은 물론이고 교원, 육·해·공군 장교, 공기업 간부가 될 수 없었다. 외무부와 경찰부서의 경우 모든 직급의 임용이 금지되었다. 그 밖에 신문·잡지사, 통신사, 라디오 방송사, 영화 관련 기업의 간부, 영화감독, 촬영감독, 시나리오 작가 등도 될 수 없었다. 자유전문직, 각 부처의 중하급 공무원, 사법부의 모든 보조직은 "당국 규정이 정한 비율 이하"만 유대인에게 허용되었다. 중하급 공무원도 유대인 가운데 '1914~18년의 전투원증 소지자나 1914~18년 전투 중에 표창 받은 자', '1939~40년 전투 중에 군령에 따라 표창 받은 자', '군사 레지옹도뇌르 수훈자나 무공훈장 수훈자' 만이 될 수 있었다. 이에 해당하지 않은 모든 유대인 공무원은 본 법 공포일로부터 2개월 이내에 사직해야 했다. 단, "문학, 과학, 예술 분야에서 프랑스 국가에 특별한 공헌을 한 유대인"에게는 이상의 금지 규정들이 적용되지 않았다.[9]

비시 법령이 언론사나 영화 관련 기업과 공기업의 간부 이외에는 대부분 공직을 대상으로 했다면 1941년 4월 26일의 독일당국명령은 유대인의 경제활동을 문제 삼았다. 앞서 보았듯이 차별 조치는 담고 있지 않았던 1940년 9월의 독일명령과 달리 이번 명령에는 명백히 차별 조치를 규정했는데 전적으로 경제활동 부문을 대상으로 한 것이었다. '관리위원이 선임되지 않은 유대인 기업'과 유대인에게 금지된 업종이 총 18개에 걸쳐 적시되었다. 이제 유대인은 도매상과 소매상, 식당 및 숙박업, 보험사, 물류·창고업, 여행사, 운송업, 은행 및 환전소, 전당포, 경비용역회사, 광고사, 부동산거래사, 투자사, 결혼상담소 등의 업종들에 종사할 수 없게 되었다.[10]

독일당국명령이 공직 문제를 전혀 다루지 않은 것은 비시 법령이 이미 철저하게 유대인의 공직 임용 금지나 제한을 규정한 마당에 굳이 중복된 규정을 만들어낼 필요가 없었기 때문이다. 또한 점령지구의 프랑스인 공무원은 말단직에 이르기까지 비시 정부 인사규정의 적용을 받았던 반면 비점령지구 유대인(공무원이든 경제활동 종사자든)에 대해서는 독일점령당국이 직접적인 개입을 할 수 없었던 당시의 독특한 이중구조에 연유한 것이기도 하다.

한편, 1941년 6월 2일의 2차 유대인지위법은 유대인의 범위뿐만 아니라 차별의 범위도 확대시켰다. 공직 임용의 경우 지난 1차 유대인지위법에서 워낙 넓고도 철저하게 금지규정이 명시되었으므로 임용 금지 대상으로 몇몇 직위만 추가되었던 반면, 이번에는 경제활동의 금지 및 제한규정이 대폭 도입되었다. '은행가, 환전상, 은행상담원, 증권거래소 중개인, 광고사 직원, 부동산·대부업체 직원'이 될 수 없다는 규정(5조)은 명백히 지난 4월의 독일당국명령을 연상케 하는 것이었다. 또한 유대인은 "국가참사원 법령으로 정해진 조건과 한계 내에서만" '자유전문직', '상업·공업·수공업 직종'에 종사할 수 있게 되었다.[11]

1940년 9월의 독일명령이 위반 시 "투옥과 벌금 혹은 둘 중 하나로 처벌"할 것을 규정한 반면,[12] 비시의 1차 유대인지위법은 위반 시 처벌규정이 전혀 없었는데 2차 유대인지위법에는 처벌규정이 매우 구체적으로 적시되었다. 이 법이 금지한 업종에 종사하거나 종사하고자 한 유대인은 "6개월~2년의 징역과 500~1만 프랑의 벌금 혹은 둘 중 하나"로 처벌한다는 것이었다.[13]

한편, 이상의 차별 조치를 면제받을 수 있는 유대인의 범위도 약간 확대되었다. 즉 중하급 공무원이 될 수 있는 유대인의 범주에 1, 2차 세계대전의 전투를 직접 치른 퇴역군인만이 아니라 “국가가 인정하는 전쟁고아”, “프랑스를 위해 죽은 군인의 아내나 자녀”도 포함되었다. 또 고위공무원이 될 수 있는 범주도 “문학, 과학, 예술 분야에서”라는 한정조건 없이 “프랑스 국가에 특별한 공헌을 한 자”로 규정되었다. 그 외에 “최소한 5대째 프랑스에 정착했으면서 프랑스 국가에 특별한 공헌을 한 가문”에 속한 유대인도 이러한 범주에 포함되었다.[14] 이러한 면제조항들은 독일점령당국의 명령들에서는 전혀 찾아볼 수 없는 것이기도 했다. 이는 프랑스의 국가적·민족적 반유대주의와 독일의 인종적 반유대주의 사이의 차이에 따른 것이기도 했고, (독일이 아닌) 프랑스 국가에 공헌을 한 자에게 독일점령당국이 특혜를 줄 이유가 전혀 없다는 단순한 사실에서 비롯된 것이기도 했다.

앞서 1940년 10월 3일의 1차 유대인지위법에서 공직만이 아니라 자유전문직도 “당국 규정이 정한 비율 이하”만 유대인에게 허용되었다고 언급했는데 구체적인 비율은 1941년 6월의 2차 유대인지위법 공포 뒤에 일련의 시행령들을 통해 정해졌다. 1941년 6월 5일의 치과의사를 필두로 6월 16일 변호사, 8월 11일 의사, 9월 24일 건축가, 12월 16일 산파, 12월 26일 약제사에 대해 유대인의 허용 비율을 2퍼센트로 제한하는 시행령이 잇달아 공포되었다. 1941년 6월 21일에는 대학생에 대해서도 3퍼센트로 제한하는 시행령이 제정되었다.[15]

비시 정부의 유대인 차별법들은 철저히 시행되었던 것으로 보인다. 독일강점기 4년 동안 두 유대인지위법에 의해 해직된 공무원의 수는 총 3,422명에 달했다. 이 지위법은 원칙적으로 프랑스 전국에 적용되었지만 비시 정부가 제정한 것이었던 만큼 점령지구보다 (비시 정부가 관할하는) ‘자유지구’(비점령지구)에서 해직자 수가 훨씬 더 많았다.

전체 해직자 3,422명 중 자유지구의 해직자가 2,669명(78퍼센트)에 달했던 것이다. 부처별로는 육해공군부가 가장 많았고(1,284명), 이어서 교육부(1,111명), 체신부(545명), 재정부(169명) 순으로 많았으며, 내무부, 외무부, 법무부, 노동부 등은 각각 20~60명 선이었다.[16]

그러면 비시 정부는 이러한 유대인 차별법들을 왜 제정한 것일까? 해방 직후 프랑스에서 재판정에 오른 비시 관료들은 이상의 법적 차별에 대해 자신들보다는 독일당국 쪽의 책임을 더 강조하는 경향이 있다. 하지만 1970년대 이후 오늘날에 이르기까지 이 문제에 대한 역사가들의 진단은 비시법들이 철저히 '프랑스인들 자신의 법'이었음을 강조하는 편이다.[17] 분명 1940년 10월의 1차 유대인지위법도, 다음해 6월의 2차 유대인지위법도 제정 과정에 독일인들의 입김은 전혀 작용하지 않았다. 1차 지위법을 제정하는 데 가장 큰 역할을 한 비시 정부의 법무부장관 라파엘 알리베르Raphaël Alibert는 골수 반유대주의자였다. 또 1930년대에 난민, 이민자 등 외국인의 유입이 급증했던 프랑스로서는 유대인을 희생양으로 삼을 만한 나름의 이유가 있었던 것도 사실이다. 그러나 비시 정부의 각료 대부분이 반유대주의자였던 것도 아니고, 1940~41년 프랑스인들의 전반적인 여론이 반유대주의로 기울지도 않은 상황에서 이러한 유대인 차별법들이 제정된 것은 기본적으로 패전과 독일의 점령 및 지배라는 조건에서 연유하는 것으로 봐야 할 것이다. 비시 정부 내에서 소수의 반유대주의자가 큰 목소리를 내게 되고 유대인지위법까지 제정된 데에는 점령국이자 반유대주의 국가인 나치 독일의 호의를 얻는 동시에 유대인 정책 면에서라도 (국토의 5분의 3을 차지하는) 점령지구로 프랑스 국가의 주권을 확대하려는 의도가 작용한 것으로 볼 수 있다. 요컨대 1940~41

년의 유대인지위법들을 낳은 것은 프랑스판 반유대주의 전통이라기보다는 1940년 6월의 휴전 이후 비시 정부가 추구해온 국가적 협력정책이었다.

유대인문제총국과 '아리안화'

1941년 4월부터 비시 정부의 유대인 정책은 주로 유대인 전담부서인 '유대인문제총국CGQJ(Commissariat général aux questions juives)'에 의해 수행되었다. 이러한 기구를 만든다는 발상은 비시 정부 자체에서 나온 것이라기보다는 독일점령당국의 요구와 압력에 따른 것이었다. 즉 1941년 2월 말에 나치 독일 친위대의 제국보안국 유대인 문제 전담부서의 프랑스 담당관인 테오도르 다네커Theodor Dannecker가 독일의 유대인 문제 관련 당국 대표들이 모인 자리에서 프랑스인들로 하여금 유대인 전담부서를 만들게 하자고 제안했고 그러한 제안을 3월 초에 비시 정부가 받아들인 것이다.

하지만 앞서 본 유대인지위법의 경우처럼 독일인들은 발상만 제공했을 뿐이다. 이후의 과정은 전적으로 프랑스인들에 의해 이루어졌고, 역시 유대인지위법의 경우처럼 이 면에서도 프랑스인들은 한걸음 더 나아갔다. 독일의 애초 계획은 그러한 유대인 전담부서가 점령지구에서만 기능하는 것이었는데 비시 정부는 프랑스 전국(즉 비점령지구까지)으로 그 부서의 관할 영역을 확대했다. 유대인문제총국은 독일점령당국명령이 아니라 비시 정부의 1941년 3월 29일 법에 따라 설치되었다. 수장으로는 열렬한 반유대주의자이지만 동시에 '반反독

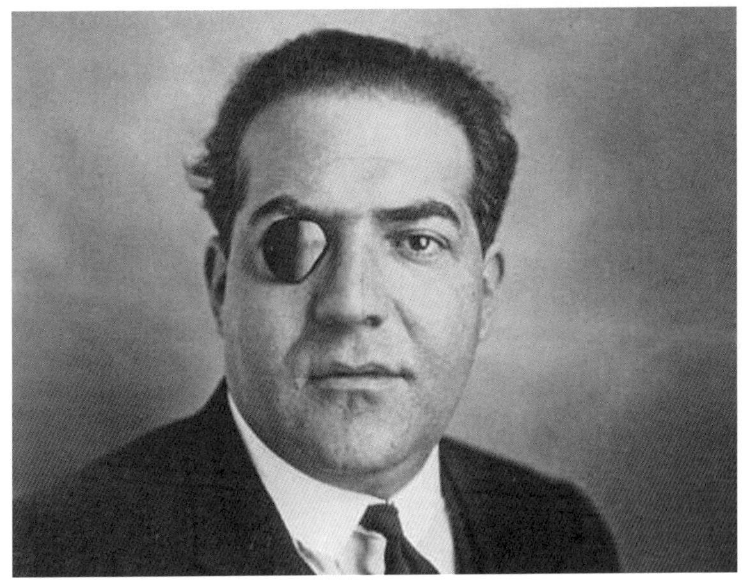

유대인문제총국 국장 자비에 발라

일 민족주의자'로도 알려진 자비에 발라Xavier Vallat가 임명되었다.[18]

1941년 3월 29일 법에 따르면 유대인문제총국의 기능은 유대인의 지위에 관한 법을 정부에 제안하고, 유대인에 관련된 조치를 시행하는 데 여러 담당부처 사이의 조율을 담당하고, "유대인 재산의 관리와 청산"을 준비하고, 유대인에 대한 모든 "치안 조치"를 주도하는 것이었다.[19]

실제로 앞서 본 1941년 6월 2일의 2차 유대인지위법도 바로 이 기구가 주도해서 제정한 것이었다. 유대인문제총국은 유대인지위법 제정에 그치지 않고 같은 날 유대인 인구조사를 규정한 법도 제정했다. 앞서 보았듯이 독일점령당국은 첫 유대인 관련법인 1940년 9월 27일 명령에서 이미 점령지구의 모든 유대인에게 자신이 속한 군의 군청에서 특별등록부에 등록할 것을 명했는데 이번에 유대인문제총국은 비점령지구의 모든 유대인을 대상으로 인구조사를 명한 것이다. 이제 모든 유대인은 "한 달 이내에 자신이 거주하는 행정구역의 도지사나 군수에게 자신이 법에 따라 유대인임을 밝히고 자신의 호적, 가족 상황, 직업, 재산상태를 기록한 서면신고서를 제출"해야 했다. 이 의무규정을 어길 경우에는 "1개월~1년의 징역과 100~1만 프랑의 벌금, 혹은 이 두 형량 중 하나에 처"해졌다.[20] 이러한 인구조사의 효과는 당장이 아니라 나치 독일의 유대인 절멸 정책이 가동되기 시작한 1942년 봄 이후에 가서야 감지된다.

그 밖에 유대인문제총국은 1941년 10월부터 '비非유대인종 증명서'를 발급했는데 이 증명서는 비점령지구에서 점령지구로 넘어오는 데 반드시 필요한 것이었다. 또한 독일의 여러 관련부서들과 긴밀히 협력하여 유대인 관련법들의 시행을 감독하는 것도 이 기구의 소관이었다.[21]

하지만 가장 주목할 만하고 가장 악명 높은 기능은 "유대인 재산의 관리와 청산", 즉 '아리안화Aryanization'였다. 사실상 유대인 기업 및 재산의 몰수를 의미하는 '아리안화' 역시 인구조사와 마찬가지로 점령지구에서 점령당국이 먼저 시작했다. 일찍이 1940년 10월 18일의 독일점령당국명령은 소유주나 경영자나 주주가 유대인인 점령지구의 모든 사업체를 임시관리인에게 맡겨 비유대인('아리안')에게 매각하거나 청산할 것을 규정했다.[22]

비시 정부의 1941년 7월 22일 법은 이러한 '아리안화'를 비점령지구로 확대했다. 그 법에 따르면 "국가경제에 대한 유대인의 어떠한 영향도 제거하기 위해" 유대인문제총국은 소유주나 경영자가 유대인인 모든 사업체, 유대인이 소유한 모든 부동산, 임대차 권리, 동산, 유가증권 등에 대해 임시관리인을 임명할 수 있었다(제1조). 허위신고나 기만술책으로 이 법의 규정을 피하거나 피하려고 시도한 유대인은 "1~5년의 징역과 1만~20만 프랑의 벌금, 혹은 이 둘 중 하나에 처해"(제24조)졌다.[23]

점령지구에서와 마찬가지로 이번에도 일단 임시관리인에게 맡겨진 유대인 기업과 재산은 프랑스 경제에 불필요하다고 간주될 경우 청산되었고 유용하다고 판단될 경우 비유대인에게 매각되었다.[24] 그 결과 1944년 5월 1일까지 프랑스 전국에서 모두 4만 2,227개의 유대인 사업체가 임시관리인에게 맡겨졌고 그중 9,680개가 비유대인에게 팔렸으며 7,340개가 청산되었다. 이 가운데 비점령지구에서 '아리안화'된 유대인 사업체는 1,954개로 추산된다. 강점기 4년 동안 이들 사업체의 매각과 청산을 담당한 임시관리인은 총 7,400명에 달했으며 이 가운데 1,343명이 비점령지구에 속했다.[25]

앞서 본 두 차례의 유대인지위법 제정이나 유대인 인구조사와 마찬가지로 '아리안화'라는 경제적 박탈도 독일인들이 점령지구에서 먼저 시작한 것을 비시 정부가 이어받은 것이었다. 비시 정부(그리고 유대인문제총국)의 의도는 스스로도 반유대주의 정책을 효과적으로 잘 수행할 수 있음을 독일점령당국에 입증해 보임으로써 점령당국이 그 분야에서 손을 떼게 하고 나아가 점령지구에서도 프랑스 정부의 온전한 주권을 회복하려는 데 있었다. 하지만 독일당국은 끝까지 손을 떼지 않았다. 따라서 반유대주의 부문에서의 비시 정부의 '국가적 협력'은 다른 모든 부문에서와 마찬가지로 주권 회복으로 이어지기는커녕 더욱 철저하고 큰 규모의 유대인 박해로 귀결되었을 뿐이다. 일례로 '아리안화'를 규정한 비시 정부의 1941년 7월 22일 법이 없었더라면 비점령지구에서 유대인 기업과 재산의 몰수는 훨씬 늦게(적어도 독일군의 점령이 전국으로 확대된 1942년 11월 이후), 그리고 덜 철저하게 이루어졌을 것이다.

수용소들의 프랑스

이상에서 본 유대인지위법, 인구조사, '아리안화'와는 달리 유대인을 수용소들에 감금한다는 발상은 놀랍게도 독일점령당국이 아니라 비시 정부로부터 먼저 나왔다. 첫 유대인지위법이 제정되고 바로 다음 날 제정된 1940년 10월 4일 법은 "유대인종 외국인 거류민"을 해당 도 지사의 결정에 따라 "특별수용소"에 수감할 수 있음을 규정했던 것이다.[26]

사실, 강점기 프랑스는 '수용소들의 프랑스'라 부를 수 있을 정도로 전국에 수십 개의 수용소들이 존재했다. 1940년 9월 말 현재 비점령지구에 31개의 수용소가 있었고 점령지구에는 독일과의 휴전 직후 15개가 존재했다. 그중 상당수는 2차 세계대전이 시작되기 전부터 이미 존재하던 것이었다. 일례로 바스피레네Basses-Pyrénées 도에 위치한 귀르Gurs 수용소는 1939년에 피레네 산맥을 넘어온 스페인 내전 난민들을 수용하기 위해 설치되었던 것이고, 피레네조리앙탈 도의 리브잘트Rivesaltes 수용소는 1차 세계대전 시 식민지 부대가 잠시 머물 용도로 세워졌으며, 아리에주Ariège 도의 르베르네Le Vernet 수용소는 1차 세계대전 시 포로수용소로 세워졌던 것이다.[27] 점령지구의 경우 파리 교외의 대표적인 유대인 수용소인 드랑시Drancy 수용소는

1939년에 서민주택단지로 건설되었다가 휴전 이후 독일군에 의해 잠시 포로수용소로 쓰인 뒤 1941년 8월부터 유대인 수용소가 된 것이고, 루아레Loiret 도의 본라롤랑드Beaune-la-Rolande 수용소는 1939년 말에 캐나다 군대 막사로 건설되었다가 역시 휴전 이후 독일군의 포로수용소로 쓰인 뒤에 1941년 3월에 유대인 수용소가 된 것이다.[28]

그러면 모두 몇 명의 유대인이 이 시기에 수용소들에 갇혔을까? 우선 확인할 수 있는 사실은 강점기 초기에 점령지구보다 비점령지구

파리 북부 교외의 드랑시 수용소

피티비에 수용소

이 사진은 다큐멘터리 영화 〈밤과 안개〉(1956)에 삽입되면서 왼쪽에 보이는 프랑스 경비병의 모습이 삭제되었다.

의 수용소들에 더 많은 유대인이 갇혀 있었다는 것이다. 1940년 9월 현재 전국의 수용소들에 약 5만 명의 유대인이 있었고 1941년 2월에는 비점령지구의 수용소들에만 약 4만 명의 유대인이 갇혀 있었던 것으로 추산된다. 1941년 11월에는 비점령지구의 수용소들에 1만 1,150명의 유대인이 있었고 점령지구에는 3대 수용소(드랑시, 본라롤랑드, 피티비에)에 총 7,443명의 유대인이 있었다.[29]

이러한 차이가 생겨난 원인은 비시 정부가 점령당국보다 수용소 감금 정책을 더 선호했다거나 워낙 비점령지구에 유대인이 더 많아서가 아니라 당시 나치 독일의 유대인 정책에서 찾아야 할 것이다. 강점기 초기(1940~41) 점령당국의 유대인 정책은 절멸(따라서 최대한 많은 유대인을 붙잡아 점령지구의 수용소들에 가뒀다가 절멸수용소들로 보내는 것)이 아니라 점령지구에서 가능한 한 많은 유대인을 쫓아내는 것이었다. 점령지구에서의 유대인 추방은 유대인들을 비점령지구로 대거 이송하는 것을 의미했다.

실제로 (점령지구에 속한) 보르도의 점령당국은 1940년 8월 8일 1,400명의 독일계 유대인을 비점령지구로 보냈고 11월 30일에도 247명의 룩셈부르크계 유대인을 비점령지구로 추방했다. 8월 8일에 이송된 1,400명의 유대인은 프랑스 당국에 의해 피레네조리앙탈 도의 생시프리앙Saint Cyprien 수용소에 그대로 감금되었다. 또한 1941년 2월 11일에는 (역시 점령지구에 속한) 마른Marne 도의 독일 경찰이 룩셈부르크계 유대인 38명을 비점령지구로 보냈다.[30]

이들 수용소의 환경은 매우 열악했다. 귀르 수용소의 경우 1940년에 수천 명의 유대인이 독일로부터 이송되었는데 이들이 이송되고 나서 첫 몇 달 동안에 총 1만 3,500명 중 1,000명 이상이 기아, 이질, 장티푸스 등으로 사망했다. 리브잘트 수용소도 1942년 1월의 사망률이 1,000명당 12명, 2월의 사망률이 1,000명당 15명에 달했다. 점령지구의 드랑시 수용소 역시 1941년 8월 유대인 전용수용소가 되고 나서 석 달 동안 기아, 수종 등으로 30명 이상이 사망했다. 나치 독일의 유대인 절멸 정책이 본격적으로 시작되기도 전에 이미 약 3,000명의 유대인이 프랑스 내의 수용소들에서 사망했던 것으로 추산된다.[31]

비점령지구에서 유대인들을 수용소에 억류하는 조치가 기본적으로 앞서 언급한 1940년 10월 4일 법에 따른 것이었다면 점령지구에서 그러한 조치는 대체로 1941년 5, 8, 12월의 세 차례 대규모 검거를 통해 이루어졌다. 세 차례 검거 모두 독일점령당국의 지시에 따라 프랑스 경찰의 협력으로 이루어졌고 총 8,831명의 유대인이 검거되었다. 비시 정부의 1940년 10월 4일 법이 외국계 유대인만을 대상으로 했듯이 이 경우에도 검거된 유대인의 5분의 4는 외국인이었다. 또한 이후에 절멸 정책의 일환으로 이루어진 1942년부터의 대량 검거와 달리 이때의 대량 검거는 기본적으로 레지스탕스 활동에 대한 사전 방지 혹은 보복이라는 차원에서 이루어졌다. 따라서 1942년 이후와 달리 1941년의 세 차례 검거는 모두 18~60세의 남성 유대인만을 대상으로 했다.

강점기 프랑스의 첫 대량 검거였던 1941년 5월 14일의 검거는 파리의 경찰서에 자진출두하게 한 뒤에 출두한 유대인들을 모두 수용소로 보내는 방식으로 이루어졌다. 총 3,710명의 유대인이 루아레 도의 본라롤랑드 수용소와 피티비에Pithiviers 수용소로 이송되었는데 이들 중 3,430명(92퍼센트)은 폴란드계 유대인이었고 나머지는 오스트리아계와 체코슬로바키아계 유대인이었다.[32]

두 번째 대량 검거는 1941년 8월 20~23일에 독일 헌병과 프랑스 경찰의 합동작전으로 이루어졌다. 5월의 첫 검거가 비시 정부의 동의로 이루어졌던 것과 달리 이번에는 비시 정부에 사전 통보조차 하지 않은 채 이루어졌고 역시 첫 검거와 달리 프랑스 시민권을 가진 유대인까지 검거 대상에 포함되었다. 나흘 동안 파리 시 전역에서 총 4,078명이 검거되었고 모두 파리 북동부 교외의 드랑시 수용소로 이송되었다.[33]

세 번째 대량 검거는 12월 12일, 역시 파리에서 독일 헌병과 게슈타포 요원들이 프랑스 경찰의 도움을 받아 수행한 것인데 이번에는 검거된 유대인 743명 모두가 프랑스 국적 보유자들이었다. 할당량인 1,000명을 넘기기 위해 드랑시 수용소에서 300명이 추가로 차출되어 모두 1,043명의 유대인이 콩피에뉴Compiègne 수용소로 이송되었다. 이 검거는 일련의 항독활동에 대한 보복 차원에서 이루어진 것으로, 이때 검거된 유대인 대부분이 기업가, 상인, 전문직 종사자들이었다.[34]

이 세 차례의 대량 검거에서 특히 주목할 점은 이러한 작전이 앞서 살펴본 1940년 9월 27일의 점령당국명령(3조)에 따라 이루어진 인구 조사의 결과물인 유대인 명부에 기반해 행해졌다는 것이다. 점령당국명령에 따라 프랑스 경찰은 1940년 10월 3~19일에 점령지구에서 유대인 인구를 세밀하게 조사했고 그 결과 센 도(파리 시 포함)의 유대인 인구는 프랑스계 8만 5,664명, 외국계 6만 4,070명, 도합 14만 9,734명으로 집계되었다. 이때 작성된 유대인 명부에 근거하여 1941년 5월에는 총 6,494명의 외국계 유대인(18~40세의 폴란드계, 18~60세의 체코슬로바키아계 및 오스트리아계)에게 경찰서 출두명령이 내려졌고, 8월에는 총 5,784명의 체포 대상자 명단이 작성되었다. 12월에 743명의 유대인이 체포될 때도 이 유대인 명부가 유용하게 쓰였음은 물론이다.[35]

요컨대 독일강점기 프랑스에서 유대인들은 프랑스 경찰이 작성한 유대인 명부에 기반하여 프랑스 경찰의 협력으로 체포되었고, 프랑스 행정당국이 관할하고 프랑스 경찰이 경비를 서는 수용소들에 수감되었다. 앞서 살펴본 여러 종류의 유대인 관련 조치들이 이들의 수용소 수감에 간접적으로 일조했다는 점도 간과해서는 안 될 것이다. 유대인이라는 범주를 법적으로 확실히 정의하고 공직과 자유전문직에서 축출하고 재산과 기업을 몰수하는 조치는 이들이 '유대인'임을 보다 분명히 드러나게 하고 사회-경제적 보호장치로 작용할 수도 있을 각종 자산들을 박탈했다. 이는 독일 경찰이나 프랑스 경찰이 이들을 체포하고 수용소에 수감하기가 훨씬 쉽도록 만들었다. 수용소에 수감된다는 것이 얼마나 고통스런 경험인지는 이미 3,000명이라는 사망자 수를 통해 알 수 있다. 하지만 그것의 훨씬 끔찍한 결과는 당장이 아니라 1942년 3월 이후에 가서야 드러나게 된다.

절멸을 향하여

이상에서 살펴본 법적 차별과 경제적 박탈, 유대인문제총국과 수용소 설치, 유대인 인구조사, 세 차례의 대량 검거 등은 나치 독일의 '최종적 해결', 즉 유대인 절멸 정책이 없었더라면 그냥 '박해' 정도로 끝났을 것이다. 그러나 나치 독일의 유대인 정책이 차별과 배제, 격리와 추방에서 전 유럽의 유대인을 절멸한다는 '최종적 해결'로 바뀜에 따라 강점기 프랑스의 유대인 관련 조치들 하나하나도 거대한 학살 기계의 톱니바퀴가 되어갔다.

강점기 당시 프랑스에 거주하던 유대인들은 1942년 3월 27일부터 1944년 8월 17일까지 총 74회에 걸쳐 모두 7만 3,853명이 독일 제국의 수용소들(대부분 폴란드 지역의 절멸수용소)에 열차로 강제이송되었다. 이들 외에 프랑스 최북단의 노르Nord 도와 파드칼레Pas-de-Calais 도에서 체포되어 벨기에에서 이송된 사례, 유대인 전쟁포로의 아내로서 이송된 사례, 여타 지방들에서 이송된 사례, 개별적으로 이송된 사례 등을 더하면 총 7만 5,721명의 유대인이 독일 수용소들로 끌려간 것으로 추산된다. 이들 가운데 1945년 현재 2,566명만이 살아남아 3.4퍼센트라는 극히 낮은 생존율을 보였다.[36]

74회의 강제이송 가운데 여섯 차례를 제외하고는 모두가 대표적인 절멸수용소인 아우슈비츠Auschwitz 수용소를 행선지로 삼았다는 사실은 이 강제이송의 목표가 명백히 학살이었음을 말해준다. 아우슈비츠로 가지 않은 여섯 차례 가운데 네 번도 역시 절멸수용소가 위치한 소비부르Sobibór나 마이다네크Majdanek로 가는 것이었다.

'최종적 해결'이 문자 그대로 '절멸'을 의미했다는 것은 이송 대상의 연령 분포에서도 잘 드러난다. 연령이 알려진 이송 대상자 7만 870명 가운데 1만 147명(14.3퍼센트)은 18세 미만의 미성년자였고 그 가운데 6세 미만의 영·유아도 1,893명이나 되었다. 60세 이상의 고령자도 8,687명(12.3퍼센트)에 달했다.[37]

시기별로는 절멸 정책이 본격적으로 시작된 첫 해인 1942년에 이미 절반 이상이 이송되었다. 7만 3,853명 가운데 4만 1,951명(56.8퍼센트)이 1942년 3~11월에 이송되었는데 특히 7~9월에 이송이 집중적으로 이루어졌다. 강점기 전체 피이송자의 절반에 육박하는(45퍼센트) 3만 3,057명이 이 석 달 동안 아우슈비츠 수용소로 끌려갔던 것이다. 다음 해인 1943년에는 1만 7,069명이, 1944년에는 1만 4,833명이 각각 이송되었다.[38]

프랑스의 유대인을 아우슈비츠로 실어 나르는 첫 기차는 1942년 3월 27일에 출발했다. 모두 1,112명이 열차를 탔는데 상당수가 지난해 12월 12일, 항독활동에 대한 보복의 일환으로 파리에서 체포된 프랑스 국적 보유자들이었다. 피이송자 모두가 성인남성이었고 출발지도 이후 대부분의 이송과 달리 드랑시 수용소가 아니라 지난 12월에 이들이 수감되었던 콩피에뉴 수용소였다. 또한 이 첫 이송은 프랑스의 유대인이 화차가 아니라 객차를 타고 아우슈비츠로 간 처음이자 마지막 사례이기도 했다. 이는 명백히 나치 독일의 '최종적 해결' 정책이 프랑스에서도 집행되기 시작했음을 알리는 사건이었지만 피이송자들의 구성 때문에 많은 사람들은 이 이송을 단지 프랑스에서의 항독활동에 대한 보복 조치의 일환으로 인식했다. 이때 이송된 1,112명 가운데 1945년까지 살아남은 유대인은 23명뿐이었다.[39]

아우슈비츠로 가는 두 번째 열차는 6월 5일에 역시 콩피에뉴에서 출발했다. 모두 1,000명의 유대인을 태웠는데 이번에도 모두 성인남성이었다. 첫 호송과 달리 이번에는 대부분 지난해 5월과 8월 파리에서 체포된 외국인이었다. 6월 22일에 출발한 세 번째 열차에는 처음으로 여성이 포함되었는데, 1,000명 가운데 66명이 여성이었다.[40]

한편, 6월 11일 베를린에서는 친위대 제국보안국의 유대인 문제 담당부서장인 아돌프 아이히만Adolph Eichmann이 프랑스, 벨기에, 네덜란드 담당관들과 독일 정부 외무부 대표가 모인 회의를 주재했다. 이 회의에서 네덜란드의 이송 대상 유대인은 1만 5,000명, 벨기에는 1만 명 그리고 프랑스는 비점령지구를 포함해서 10만 명으로 정해졌다. 이러한 수치 확정은 곧 프랑스 정부에 대한 압박으로 이어졌다. 6월 25일에 아이히만 부서의 프랑스 담당관인 다네커는 비시 정부 경찰 총수 르네 부스케의 점령지구 대표인 장 르게Jean Leguay를 불러 비점령지구에서 1만 명의 유대인을 인도할 것과 파리 지역(센 도와 센에우아즈 도)에서 2만 2,000명의 유대인(단, 40퍼센트는 프랑스 국적 보유자)을 체포하라고 프랑스 경찰에 지시할 것을 요구했다. 이틀 뒤에는 재불독일대사의 고문인 루돌프 란Rudolf Rahn이 비시 정부 총리 피에르 라발에게 비점령지구에서 5만 명의 유대인을 넘기라고 압박을 가했다.

비시 정부의 입장은 처음에는 답을 회피하거나 난색을 표하는 것—특히 파리 지역에서 2만 2,000명을 체포하는 것에 대해—이었지만 곧 독일 측의 압력에 굴복했다. 7월 2일에 부스케가 점령지구 독일경찰 총수 칼 오베르크Karl Oberg와 그의 고문 헤르베르트 하겐Herbert Hagen, 점령지구 게슈타포 총수 헬무트 크노헨Helmut Knochen 등을 만난 자리에서 '프랑스 영토 전체에서 독일 측이 원하는 수의 외국계 유대인을 체포'하겠다고 선언한 것이다. 부스케의 발언은 게슈타포가 직접 검거에 나선다면 프랑스계 유대인도 체포될 것이지만 프랑스 경찰은 외국계 유대인만 체포할 것이라는 계산, 나아가 이를

① 라발과 오베르크, ② 헬무트 크노헨

① 비시 정부의 라발 총리와 점령지구 프랑스의 독일경찰 총수 오베르크.
② 점령지구 프랑스의 게슈타포 총수 헬무트 크노헨.

계기로 (비점령지구만이 아니라) 프랑스 영토 전체에 대한 프랑스 경찰의 '주권'을 회복할 수 있으리라는 기대에서 비롯된 것이었다.

이틀 뒤인 7월 4일 부스케는 다네커에게 전날 국무회의에서 비시 정부 국가수반 페탱과 라발 총리가 "첫 단계로" 모든 무국적 유대인을 이송하는 데 동의했다고 말했다. 실제로 페탱과 라발이 "첫 단계로"라는 표현을 썼는지는 알 수 없다. 하지만 이러한 표현은 점령당국으로 하여금 다음 단계에서는 비시 정부가 결국 프랑스계 유대인도 넘기는 데 동의할 것이라고 생각하게 하기에 충분했다.[41]

같은 날 라발 총리는 점령지구 게슈타포 총수인 크노헨을 만난 자리에서 비점령지구의 외국계 유대인 가족들을 이송할 때 16세 미만

부스케와 라발과 페탱

1942년 7월 3일 국무회의가 끝난 뒤의 부스케, 라발, 페탱(왼쪽부터).

의 자녀도 같이 데려갈 것을 제안했다. 애초에 독일 측의 계획은 일단 16세 이상의 유대인만을 이송하는 것이었다. 이는 절멸수용소들에 아직 충분한 가스실 설비가 마련되지 않은 상태에서 일단 노동 가능한 인력부터 이송하려는 계획에 따른 것이었다. 라발로서는 (이송의 목표가 '절멸'이라는 사실을 많은 이들이 모르는 상태에서) 부모와 자녀를 분리시키는 것이 오히려 여론을 악화시킨다는 사실과 함께, 부모만 이송될 경우 남겨진 자녀들을 먹여 살려야 하는 부담감 때문에 그러한 제안을 했던 것이다. 결국 라발의 제안은 받아들여졌고 이는 유대인 아동의 검거 및 학살 시기를 앞당기고 희생의 규모를 더 확대하는 역할을 했다.[42]

한편, 3월 27일부터 6월 28일까지 다섯 차례의 이송(매번 1,000명 안팎씩)으로 수용소들이 어느 정도 비워지자 앞서 보았듯이 '파리 지역에서 2만 2,000명을 체포'한다는 계획이 본격적으로 추진되었다. 그 계획 시행을 구체적으로 준비하는 모임이 다네커의 주도로 7월 7일과 10일 두 차례 열렸다. 7월 7일에는 신임 유대인문제총국 국장 루이 다르키에Louis Darquier와 프랑스 경찰 관계자들이, 10일에는 르게와 파리 경찰 대표들, 프랑스 철도공사와 공공부조기관 대표들이 각각 참석했다. 이 모임들에서 작전명 '봄바람'의 개시일은 7월 16일로, 체포 대상은 외국계(영국과 미국 제외) 및 무국적 유대인 2만 2,000명으로 정해졌다.[43]

'봄바람' 작전은 7월 16일과 17일, 이틀에 걸쳐 벌어졌다. 강점기 프랑스에서의 유대인 검거 작전들 가운데 단연 최대 규모였다. 이틀 동안 4,500명의 프랑스 경찰관과 헌병이 투입되어 파리 및 교외 지역에서 모두 1만 2,884명의 유대인을 체포했다. 이 작전에서 독일 경찰은 거의 눈에 띄지 않았다. 1만 2,884명 가운데 독신 성인남녀들과 무자녀 부모들 4,724명은 드랑시 수용소에 수감되었고 나머지 8,160명은 동계경륜장Vélodrome d'hiver(일명 '벨디브Vél' d'Hiv')에 수용되었다(따라서 이 작전은 '벨디브 대검거'로 불린다). 동계경륜장에 수용된 8,160명 가운데 절반(50.4퍼센트)은 아동(4,115명)이었다.[44]

요컨대 1942년 7월 2일 비시 경찰 총수가 약속하고 다음 날 비시 정부 수반이 사후 승인한, 유대인 대량 검거에 대한 프랑스 경찰력의 협력 방침은 이렇듯 수도 한복판에서 전무후무한 규모의 유대인 검거로 귀결되었다. 비시 정부의 이러한 적극적인 '국가적 협력'이 없었다면, 즉 독일 경찰력만으로 그 작전이 수행되었다면 이런 엄청난 규모의 유대인 검거는 불가능했을 것이다. 사실, 부스케도, 라발도 두 유대인문제총국 국장(발라와 다르키에)과는 달리 반유대주의자가 아니었다는 점은 의미심장하다. 프랑스에서 나치 독일의 '최종적 해결' 정책에 가장 직접적인 도움을 준 결정을 내리는 데 굳이 반유대주의자가 될 필요는 없었던 것이다.

프랑스 경찰력에 의한 유대인 대량 검거는 곧 비점령지구에서도 이어졌다. 우선, 7월 4일 부스케와 라발이 동의한 바에 따라 다네커가 1주일 동안 비점령지구의 여러 수용소들을 돌며 이송 가능한 유대인 수를 점검했다. 이때 다네커는 애초 예상보다 훨씬 적은 유대인 수감자 수에 실망했던 것으로 보인다. 8월 초에 다네커는 몇 주 안에 비점령지구에서 1만 1,000명의 유대인을 점령지구로 넘겨줄 것을 비시 정부에 요구했다. 라발은 1만 1,000명이 아니라 1만 4,500명을 넘겨주겠다고 약속했고 부스케 역시 우선 1차로 3,000명을 8월 10일까지 점령당국에 인도하겠다고 호언했다.[45]

비점령지구에서 유대인 대량 검거는 8월 26일에 전격적으로 이루어졌다. 독일군의 점령지구가 아니었던 만큼 이 작전은 전적으로 프랑스 경찰력에 의해 행해졌다. 툴루즈 지역에서 1,679명, 몽펠리에Montpellier 지역에서 1,230명, 리옹 지역에서 1,016명, 리모주Limoges 지역에서 916명, 마르세유Marseille 지역에서 863명, 니스Nice 지역에서 655명, 클레르몽페랑Clermont-Ferrand 지역에서 225명 등 총 6,584명이 그날 체포되었다. 이들 중 상당수는 앞서 보았던 1940년 10월 4일 법에 따라 이미 '특별수용소'에 수감되었거나 '강제거주지'가 할당된 "유대인종 외국인 거류민"이었다. 이날 체포된 유대인들은 선별과정을 거쳐 석방되지 않는 한 대부분 드랑시 수용소로 이송되었고 곧 아우슈비츠로 보내졌다.[46]

이렇듯 1942년 7~8월 점령지구와 비점령지구에서의 유대인 대량 검거작전은 7월 17일부터 9월 30일까지 11주 연속으로 2~3일에 한 번 꼴로 어김없이 1,000명 안팎씩 태운 열차가 아우슈비츠로 출발할 수 있도록 해주었다. 아우슈비츠로의 유대인 이송은 10월 들어서 잠시 중단되었다가 11월 4~11일에 다시 네 차례 벌어졌고 다음 해 2월 9일에 재개되기까지 다시 석 달간 소강상태에 들어갔다.[47]

이러한 이송이 중단되든 계속되든 비시 정부의 협력은 계속되었다. 일례로 1942년 11월 6일에는 "1941년 6월 2일 법에 따라 유대인으로 간주된 프랑스의 …… 모든 외국인"은 자신이 거주하던 시·읍·면 내에서 계속 살아야 하며 경찰당국이 발급하는 통행증을 소지한 경우에만 해당 시·읍·면에서 벗어날 수 있다는 법이 제정되었다.[48] 또한 12월 11일에는 모든 유대인은 주거지가 속한 경찰서에 출두하여 신분증과 배급증에 '유대인'임을 표시하는 도장을 받아야 한다는 법이 통과되었다.[49] 비록 비시 정부가 점령지구에서 6세 이상의 유대인은 외출 시 반드시 황색별을 달고 다녀야 한다는 독일점령당국의 조치를 비점령지구에도 부과하라는 요구는 끝까지 거부했지만, 이상의 법들은 프랑스에 거주하는 유대인들이 언제라도 체포되고 이송되는 데 큰 도움을 주었다.

1942년 11월에 독일군의 점령 지역이 프랑스 전국으로 확대되면서 기존의 비점령지구 유대인에 대한 독일 측의 요구도 더욱 커졌다. 1942년 12월에 독일 측은 유대인 이송작업을 용이하게 하기 위한 사전작업으로 모든 유대인을 해안이나 국경 지역의 도에서 퇴거시킬 것, 영국·미국·중립국 출신을 제외한 모든 외국 유대인은 수용소에 가둘 것, 프랑스계 유대인과 감금되지 않은 외국 유대인은 내륙의 3~4개 도에서만 거주하게 할 것 등을 부스케에게 요구했다. 비시 정부는 이에 답하여 스페인이나 이탈리아와 접경한 도들, 비시가 속한 알리에 도와 그 접경 도인 퓌드돔Puy-de-Dôme 도 등 총 14개 도에 유대인 거주금지령을 내렸고, 외국계 유대인의 경우 모든 해안 및 접경 지역 도에서 퇴거시켰다.[50]

1943년 2월에는 1942년 7~8월에 비해서는 훨씬 작은 규모였지만 또 한 차례 대량 검거가 벌어졌다. 2월 11일 파리 및 교외 지역에서 총 1,569명의 유대인이 체포되었는데 이번에는 특히 60세 이상의 고령자가 4분의 3 이상(76.1퍼센트)을 차지했다. 60대가 689명, 70대가 447명, 80대가 54명, 90세 이상이 4명이었던 것이다.[51] 또한 남부지구(전前비점령지구) 전역에서도 프랑스 경찰에 의한 외국계 유대인 체포가 대규모로 벌어졌다. 툴루즈 지역에서 712명, 리모주 지역에서 618명, 몽펠리에 지역에서 200명, 리옹 지역에서 150명, 클레르몽페랑 지역에서 98명 등 총 1,778명의 유대인이 체포되어 대부분 귀르 수용소를 거쳐 드랑시 수용소로 이송되었다.[52]

이제는 독일군의 점령이 전국으로 확대되었던 만큼 남부지구에서 독일 경찰이 직접 유대인 체포에 나서는 일이 빈번해졌다. 1943년 1월 리옹에서 150명의 유대인이 독일 경찰에 의해 체포되었으며 같은 달 마르세유에서는 800명의 유대인이 독일 경찰과 프랑스 경찰의 합동작전으로 체포되었다.[53] 이러한 일련의 대량 검거는 1943년 2~3월에 절멸수용소들로의 8차례에 걸친 대량 이송을 가능케 했다.[54]

1943년 4월부터는 대체로 독일 경찰의 단독작전으로 유대인 검거가 이루어졌다. 4월 19일부터 남부의 님Nîmes, 아비뇽Avignon, 카르팡트라Carpentras, 액상프로방스Aix-en-Provence에서 독일 경찰에 의해 프랑스계 유대인 대량 검거가 벌어졌고, 4월 28일부터는 게슈타포가 마르세유 행 기차나 니스를 왕래하는 기차를 급습하여 유대인 도장이 찍힌 신분증을 소지한 모든 승객을 체포하는 일이 계속 벌어졌다. 또한 5월 6일에는 게슈타포가 마르세유의 프랑스 유대인총연합UGIF(Union générale des Israélites de France) 사무실을 급습하여 유대인 60명(80퍼센트가 프랑스계)을 체포하기도 했다.[55]

절멸수용소로의 열차 이송은 4~5월에 잠시 중단되었다가 6월에 한 차례, 7월에 두 차례 이루어졌고 9월 2일부터 1944년 8월 11일까지는 한 달도 거르지 않고 매달 1~2회씩(1944년 5월은 3회) 집행되었다. 한 차례(1944년 5월 15일)를 제외하고는 모두 아우슈비츠로 이송되었고 마지막 8월 11일(리옹 출발)을 제외하고는 모두 드랑시에서 열차가 출발했다. 파리가 해방되기 불과 25일 전인 1944년 7월 31일에도 아우슈비츠행 열차가 1,300명의 유대인을 태우고 드랑시 역을 출발했다. 파리 해방 8일 전인 8월 17일에도 절멸수용소는 아니지만 독일의 부헨발트Buchenwald 수용소로 가는 열차가 51명의 유대인을 태우고 드랑시 역을 출발했다.[56]

1942~44년에 프랑스에서 절멸수용소로 이송된 유대인을 출신 국가별로 보면 외국계 유대인 수가 프랑스계 유대인보다 훨씬 많았다. 프랑스 강제이송 유대인 자녀협회 회장인 세르주 클라르스펠드Serge Klarsfeld의 분석에 따르면 외국 출신 및 무국적 유대인이 67.4퍼센트, 프랑스 국적 보유 유대인이 32.6퍼센트로 추산된다.[57] 비시 정부가 점령지구에서든 비점령지구에서든 유대인을 검거하거나 독일 측에 넘겨주는 데 외국계 유대인만을 대상으로 하고자 애썼다는 사실을 감안하면 이는 당연한 결과라 할 것이다. 특히 비점령지구의 외국 유대인들을 독일 측에 대거 넘겨주면서 많은 프랑스인들은 이는 단지 강점기 초기에 독일점령당국이 '쏟아부었던' (독일이나 오스트리아 출신, 혹은 프랑스 점령지구로 피신했던 여타 외국계의) 유대인들을 되돌려주는 것이라 생각했다. 많은 비시 정부 관료들은 자신들의 정책이 나치 독일의 인종적 반유대주의를 따르는 게 아니라 1930년대부터 골치를 썩이던 자국의 이민과 난민 문제를 해결해주는 것이라고 판단(혹은 자위)했다.

독일강점기 프랑스에 거주하던 유대인 가운데 점령당국과 비시 정부의 정책으로 인해 사망한 유대인은 모두 몇 명이나 될까? 아우슈비츠 수용소를 비롯한 절멸수용소들에서 학살당한 유대인 약 7만 3,000명에 프랑스 내 수용소들에서 기아와 질병 등으로 사망한 약 3,000명, 그리고 항독활동에 대한 보복의 일환으로 인질로서 처형당한 몇

천 명을 더하면 약 8만 명이 사망한 것으로 추산된다. 이는 1940년 현재 프랑스 거주 유대인 인구의 24~25퍼센트에 해당한다.[58]

이러한 비율은 다른 유럽 국가들 대부분에 비해 낮은 편에 속한다. 대부분의 절멸수용소가 위치해 있고 유대인 사망자 수도 가장 많았던(290~300만 명) 폴란드(89.5퍼센트) 말고도 리투아니아(90퍼센트), 오스트리아(83퍼센트), 체코슬로바키아(82.5퍼센트), 그리스(81퍼센트), 유고슬라비아(80퍼센트)의 유대인 사망률은 80퍼센트 이상에 달했다. 인근의 네덜란드도 71퍼센트, 독일·루마니아·헝가리도 50퍼센트 선이었다. 오직 소련(23퍼센트)과 이탈리아(18퍼센트), 불가리아(17퍼센트), 그리고 덴마크(0.9퍼센트)만이 프랑스보다 낮은 사망률을 보이고 있다.[59]

이렇듯 프랑스의 상대적으로 낮은 사망률은 비시 정부가 자국 유대인을 보호하고 구제해준 덕분일까? 이를테면 1941~42년에 유대인문제총국 국장이었던 발라는 전후戰後 재판에서 "오스트리아, 벨기에, 체코슬로바키아, 독일, 그리스, 네덜란드, 룩셈부르크, 폴란드, 유고슬라비아에서는 92퍼센트의 유대인이 사라졌"지만 "프랑스 국적의 유대인 95퍼센트는 여전히 살아 있다. 이것이 내 답변"이라고 자신의 역할을 변호했다.[60] 페탱의 변호사 자크 이조르니 역시 1945년 8월의 페탱 재판에서 프랑스 유대인이 불행을 겪은 정도가 폴란드 유대인만큼 크지 않았던 것은 "오직 페탱 정부가 유대인들을 보호해준 덕분"이라고 강변했다.[61]

그러나 오늘날 많은 역사가들은 프랑스 유대인의 4분의 3이 희생을 모면하게 된 요인을 다른 데서 찾고 있다. 즉 비시 정부가 자국 유대인을 보호해서라기보다는 프랑스의 유대인들이 워낙 지리적으로 몇몇 특정 지역에 집중되어 있지 않고 전국에 걸쳐 거주하고 있던 점, 프랑스 국적을 보유한 유대인의 경우 상당 정도로 프랑스 사회와 문화에 동화되어 있던 점, 유대인들 자신이 위험을 의식하고 신분증을 교체한다든가 피신하는 등 성공적인 자구책을 세운 점, 그리고 이들이 붙잡히지 않도록 수천 명의 일반 프랑스인들(비유대인)이 직간접적인 도움을 준 점 등이 프랑스 유대인의 사망률을 낮추는 데 큰 기여를 한 요인들로 평가되고 있다.[62]

게다가 과연 비시 정부가 자국 유대인을 나치 독일의 절멸 정책으로부터 '보호'했다고 볼 수 있는가라는 물음에는 그렇게 볼 수 없다는 답변이 진실에 보다 가까울 것이다. '자국 유대인'을 '프랑스 국적을 보유한 유대인'으로 (좁게) 해석한다면 비시 정부가 (외국계 및 무국적 유대인과 구분하여) 이들을 보호하려 했던 게 사실이다. 앞서 보았듯이 특별수용소 수감을 규정한 1940년 10월 4일 법은 "유대인종 외국인 거류민"만을 대상으로 한 것이었고, 1942년 7월 초에 부스케와 라발이 독일 측에 프랑스 경찰의 유대인 검거 협력을 약속할 때에도 외국계 유대인만으로 국한했다. 하지만 프랑스에 거주하는 유대인 30~35만 명 가운데 외국계 유대인이 절반이나 되는 상황에서 이러한 '보호'란 별 의미나 정당성을 갖지 못할 것이다. 또한 프랑스에서 외국계 부모 사이에 태어난 자녀의 경우 프랑스의 속지주의 전통상 명백히 '프랑스인'(프랑스계 유대인)임에도 1942년 7~8월 프랑스 경찰의 대량 검거 시 부모와 함께 체포되었다. 그리고 1944년 대부분의 검거와 이송이 독일 경찰에 의해서만 이루어지던, 따라서 프랑스계 유대인도 대거 이송되던 상황에서 비시 정부는 자국 시민의 이송을 막는 데 헝가리나 루마니아보다 노력을 덜 기울인 것으로 평가되고

있다.[63]

사실, 비시 정부의 유대인 보호 여부(혹은 보호의 정도)를 좀 더 온전히 논의하려면 1942년 봄부터가 아니라 강점기가 시작된 1940년 여름부터의 정책을 살펴야 한다. 앞서 보았듯이 1940년 10월 3일과 1941년 6월 2일의 두 차례 유대인지위법을 통한 차별과 배제에서부터 1941년 7월 22일 법을 통한 아리안화, 그리고 1942년 12월의 신분증 '유대인' 표시 조치에 이르기까지 모두가 외국계 유대인만이 아니라 모든 유대인을 겨냥한 것이었다. 또한 그 모든 조치가 유대인의 지위를 약화시키고 그 존재를 더욱 두드러지게 함으로써 1942년 봄 이후 나치 독일의 절멸 정책이 집행되기 시작했을 때 유대인들(외국인이든 프랑스 시민이든)을 검거, 이송하는 데 큰 도움을 주었다.

이 모든 과정이 프랑스 사회 일각의 뿌리 깊은 반유대주의 전통에서 비롯되었다기보다는 비시 정부가 추구한 '국가적 협력' 정책—단순한 정책이 아니라 사실상 비시 체제의 존재이유였던—이라는 틀에서 이루어졌음에 주목할 필요가 있다. 페탱, 라발, 부스케 등 반유대주의자가 아니었던 비시 정부 요인들은 패전으로 점령지구에서 잃었던 프랑스 국가(혹은 적어도 프랑스 경찰)의 주권을 회복하기 위해, 그리고 유대인 정책 면에서 비시 정부의 '능력'을 점령국에 입증해 보이기 위해 반유대주의 정책을 추구했다. 비시 정부의 '능력'과 '효율성'은 입증되었을지 몰라도 주권은 회복되지 않았고 결국 유대인 희생의 규모만 키웠을 뿐이다. 절멸수용소로의 이송 규모가 가장 컸던 시기가 다름 아닌 1942년 7~9월이라는 사실은 비시 정부의 협력이 나치 독일의 '최종적 해결'에 얼마나 긴요했는지를 잘 말해준다.

5
반세기 만의 단죄: 비시 경찰 총수 부스케

1990년대 프랑스에서 벌어진 일련의 사건들은 4년간의 독일강점기가 프랑스 역사에서 얼마나 중요한 위치를 차지하며, 반세기나 지났음에도 프랑스인들의 기억 속에 얼마나 깊은 상처로 남아 여전히 '뜨거운 감자' 같은 쟁점이 될 수 있는지를 잘 보여준다.

1991년 3월 비시 정부 경찰 총수 르네 부스케의 기소에서부터 시작하여 1992년 7월 벨디브 사건 50주년 기념일을 전후한 '현재의 공화국이 과거 비시 체제의 범죄를 책임져야 하는가'에 대한 논쟁, 1993년 2월 프랑스 레지스탕스의 최대 영웅 장 물랭에 대한 소련첩자설 논쟁, 1994년 3~4월 프랑스인을 대상으로 한 최초의 반인륜범죄 재판인 폴 투비에 재판, 같은 해 9월 미테랑 대통령의 비시 전력前歷 논쟁, 1995년 7월 시라크 대통령의 비시 범죄 사과 연설, 1997년 4월 레지스탕스 '스타' 부부인 오브락 부부에 대한 배반 논쟁, 끝으로 1997년 10월부터 다음 해 4월까지의 모리스 파퐁 재판에 이르기까지 1990년대 프랑스인들은 끊임없이 반세기 전 과거를 놓고 논쟁을 벌이거나 재판하거나 사과했던 것이다.

이 가운데서도 르네 부스케(1909~1993)는 나치 독일의 홀로코스트에 대한 비시 정부의 협력을 대표하는 벨디브 사건의 직접적인 최고 책임자였다는 점에서나, 반인륜범죄 재판의 대상이 된 투비에와 파퐁보다 훨씬 더 높은 직위에 있었고 그만큼 비시 체제를 더 잘 대표한다는 점에서 독일강점기 프랑스의 수치羞恥와 범죄를 가장 잘 대표하는 인물이다.

2차 세계대전 전에는 제3공화정의 모범적인 고위공무원이었던 부스케는 1940년 9월 최연소 도지사직과 1941년 8월 최연소 지역지사직을 거쳐 1942년 4월부터 1943년 12월까지 비시 정부의 경찰 총서기직(경찰 총수에 해당)을 역임했다. 그가 경찰 총서기직을 수행한 시기는 마침 프랑스가 나치 독일의 유대인 절멸 정책에 본격적으로 협력하기 시작하던 때였다. 1942~44년에 약 7만 6,000명의 유대인이 프랑스에서 독일 제국의 수용소들(대부분 아우슈비츠를 비롯한 폴란드 지역의 절멸수용소)로 강제이송되었는데 이 가운데 약 5만 9,000명(77.6퍼센트)이 부스케가 경찰 총수로 있을 때 이송되었던 것이다.[1] 이들 대부분이 프랑스 경찰에 의해 체포되거나 이송되었고 그렇게 된 가장 큰 책임이 부스케에게 있었음에도 그는 1949년 재판에서 매우 관대한 판결을 받았다. 국가방위침해죄에 대해서는 무죄를, 국민부적격죄에 대해서는 5년의 공민권 박탈형을 각각 선고받았고 그나마 공민권 박탈형은 '레지스탕스 참여'를 이유로 즉각 면제받았던 것이다. 부스케는 이후 줄곧 유력한 재계 인사로 순탄한 삶을 살다가 1978년 한 시사주간지의 폭로 인터뷰 기사를 통해 그의 책임 문제가 처음으로 크게 알려지게 되었다. 그러나 1989년 반인륜범죄 혐의로

하이드리히와 부스케

나치 친위대 제국보안국 국장 라인하르트 하이드리히와 악수하고 있는 부스케(1942년 5월 6일).

유대인 대검거 당시 부스케

마르세유 지역 유대인 대검거 당시 독일군 장교들과 함께 환하게 웃고 있는 부스케. 이 검거는 독일 경찰과 프랑스 경찰의 합동작전으로 이루어졌다(1943년 1월 23일 마르세유 시청).

고소당하고 1991년 기소된 후 반세기 만에 법정에 다시 설 것이 거의 결정된 시점인 1993년 6월, 한 정신이상자에 의해 살해당함으로써 결국 그에 대한 재판은 무산되었다.

이 장에서는 바로 이러한 부스케 사건을 살펴본다. 필자는 1949년의 첫 재판에서부터 1993년에 암살당함으로써 두 번째 재판이 무산될 때까지를 다루고자 한다. 부스케를 다룬 프랑스 역사가의 본격적인 연구로는 피에르 위송Pierre Husson의 논문과 앙리 루소의 논문이 있을 뿐이다. 더욱이 위송의 〈한 고위공무원의 이력: 르네 부스케〉는 제3공화정 때부터 독일강점기까지 부스케의 공직 수행을 분석한 것이고, 루소의 〈불가능한 재판: 숙청과 비시의 반유대 정책〉은 부스케만이 아니라 페탱, 다르키에, 발라 등 여러 비시 체제 인사들의 반유대 정책에 대한 해방 후 재판을 함께 다룬 것이어서 둘 다 '부스케 사건'에 집중한 글은 아니다.[2] 그 밖에 부스케 암살로부터 한 달 뒤 《리베라시옹*Libération*》지의 부스케 사건 특집 부록에 실린 역사가들의 논문 6편 가운데 드니 페샹스키Denis Peschanski와 루소의 〈부스케는 자신의 변론서에서 역사를 왜곡했는가?〉와 루소의 〈최고재판소는 왜 부스케에게 무죄 판결했는가?〉 두 편이 본 주제에 관련된다. 전자는 1992년에 예심 중이던 부스케 자신이 쓴 변론서만을 비판한 것이고 후자는 1949년 재판만을 다룬 것이어서 반세기에 걸친 부스케 사건에 부분적으로만 관련될 뿐만 아니라 일간지에 실린 글의 성격상 분량 면에서나 깊이 면에서 본격적인 연구로 보기는 어렵다.[3]

프랑스 밖에서의 연구로는 미국의 프랑스어학자 리처드 J. 골샌Richard J. Golsan이 쓴 〈남용된 기억과 재판: 1949년의 르네 부스케 재판〉과 골샌이 편집한 《기억, 홀로코스트 그리고 프랑스의 재판: 부스케 사건과 투비에 사건》에서 자신이 쓴 〈서론〉이 있다.[4] 특히 〈서론〉은 본 주제처럼 독일강점기부터 1993년의 피살까지 전 시기를 다루고 있는 거의 유일한 글인데 투비에 사건도 함께 서술하고 있으며 '서론'이라는 위상에 맞게 심도 깊은 분석보다는 개관에 그치고 있다. 끝으로, 전기작가 파스칼 프로망Pascale Froment의 《르네 부스케》가 특히 1949년 재판의 전개 과정을 상세히 묘사하고 있어 해당 재판 기록을 직접 입수하지 못한 필자에게 유용한 자료가 되었다.[5]

필자는 이상의 논문들과 전기만이 아니라 부스케가 반인륜범죄로 처음 고소된 1989년 9월부터 살해당한 1993년 6월까지의 3대 중앙일간지인 《르몽드》지, 《르 피가로》지, 《리베라시옹》지에 실린 부스케 관련 기사들을 집중 분석했고, 1993년 7월 13일자 《리베라시옹》지에 부록으로 실린 〈부스케 소송자료〉(특히 담당검사의 논고안과 부스케 자신의 변론의견서)를 검토했다.

1949년의 재판

1942~43년에 비시 정부의 경찰 총서기를 역임하고 반세기 뒤 반인륜범죄로 기소된 부스케가 해방 후에 재판을 전혀 받지 않은 것은 아니었다. 그것도 대부분의 대독협력자를 처벌한 부역자 재판소가 아니라 최고위급 대독협력자들에 해당하는 비시 정부 요인 108명만을 담당한 최고재판소에서 재판을 받았다. 최고재판소는 프랑스 공화국 임시정부의 1944년 11월 18일 명령에 의해 설치된 것이다. 명령에 따르면 이 재판소는 국가수반, 정부수반, 장관, 국무서기, 총서기, 식민지 총

독 등의 이름으로 "1940년 6월 17일부터 프랑스 공화국 임시정부가 수립될 때까지 프랑스 본토에 존재했던 정부 혹은 의사擬似 정부의 활동에 참여했던 자들"이 직무수행 중에 저지른 죄를 재판하도록 되어 있었다.[6] 비시 체제의 국가수반 페탱과 정부수반 라발이 1945년에 사형을 선고받은 것도 바로 이 최고재판소에서였다. 부스케가 역임한 직위가 경찰 총수에 해당하는 경찰 '총서기'였으므로 그도 이 재판소에서 재판을 받았다.

재판 전에 사망한 8명을 제외하고 모두 100명의 비시 정부 요인이 1945년 3월부터 1949년 7월까지 최고재판소에서 재판을 받았는데 부스케는 이 가운데 98번째인 1949년 6월 21~23일에 법정에 섰다.[7]

법정에 선 르네 부스케
1949년 부스케는 이 재판에서 매우 관대한 판결을 받았다.

1945년 5월 23일에 수감되었던 부스케는 약 3년 만에(1948년 7월 1일) 가석방으로 풀려났고 그로부터 다시 1년이나 지나서야 재판을 받았던 셈이다.[8] 최고재판소가 설치되고 나서 이미 4년 반이나 지났고 그만큼 그 구성도 다소 바뀐 뒤였다.

애초에 최고재판소는 3명의 판사와 24명의 배심원으로 구성되었다. 배심원단의 절반은 1940년 7월에 페탱에게 전권을 위임하는 데 반대 투표했거나 기권했던 50명의 상·하원의원 가운데에서, 그리고 나머지 절반은 자문의회가 뽑은, 레지스탕스 활동에 적극 참여한 50명 가운데에서 각각 추첨으로 선출되었다.[9] 그러나 부스케가 재판받을 당시 최고재판소는 (1948년 4월 19일에 새로 공포된 법령에 따라) 배심원 수가 절반인 12명으로 줄었고 무엇보다도 레지스탕스 경력이 더 이상 배심원의 자격 조건으로 고려되지 않았다. 당시 하원의 정당별 의석 수에 따라 정해진 72명의 의원 가운데 추첨으로 선출되었던 것이다. 게다가 레지스탕스 성향이 가장 강했던 프랑스 공산당이 1948년 5월 이후 최고재판소의 '편파성'을 이유로 배심원단 불참을 선언함으로써 배심원단의 항독抗獨 성향은 더욱 약화되었다. 한 명의 재판장과 두 명의 부재판장을 포함하여 모두 15명의 최고재판소 구성원 가운데 기독교민주계의 중도파 정당인 인민공화운동과 사회당이 각각 4명, 중도파인 급진사회당과 레지스탕스 민주사회연합이 각각 2명, 기타 우파가 3명이었다.[10]

1949년 6월 21일의 공판은 검사장 프레트-다미쿠르Frette-Damicourt의 기소장 낭독으로 시작되었다. 검사장은 기소장에서 부스케가 "비시 정부가 참여한 인종박해 정책에 도움을 주는 데 동의"했으며 "독일인들이 자신들만으로는 그 정책을 수행하기가 보다 어려웠을 것"이라고 밝혔다. 하지만 이 대목을 제외하면 기소장의 내용 대부분은 부스케 자신의 변호 논리를 그대로 반복했다. 즉 기소장에 따르면 부스케는 독일점령당국이 요구한 조치를 거부하거나 완화시켰고, 박해받는 프리메이슨 단원들이나 의무노동 징용기피자들을 보호해주었으며, 일부 레지스탕스 대원들에게 도움을 주었다. 유대인 박해 조치와 관련된 내용은 기소장의 총 27쪽 가운데 한 쪽 반에 불과했는데 그나마 부스케 자신의 주장을 그대로 따랐다. 부스케가 유대인문제총국의 반反유대경찰을 폐지했고, 체포된 일부 유대인들을 석방시켰으며, 황색별 패용 조치를 비점령지구로 확대하는 데 반대했고, 무엇보다도 프랑스계 유대인들의 강제이송에 반대했다는 게 검사장의 주장이었다. 역사가 루소의 표현에 따르면 이러한 기소장은 사실상 "피고의 변론을 거의 줄 하나하나 반복한 긴 변론"이었다. 검사장은 결국 이상의 점들을 고려하여 부스케가 "상당한 정상참작을 받을 자격"이 있다는 주장으로 기소장을 끝맺었다.[11]

6월 21일과 22일, 이틀에 걸친 부스케의 진술은 자신감에 차 있었다. 비시 정부의 경찰 총서기로 임명된 상황에 대해서는 "후회하지 않"으며 동일한 상황에 다시 처해진다 해도 "나는 정확하게 동일한 방식으로 행동할 것"이라고 밝혔다. 자신을 경찰 총서기로 임명한 라발(4년 전 같은 재판소에서 사형선고 받고 처형된 비시 정부의 총리 겸 내무부장관)에 대해서는 "그의 친구들이 그를 버릴 때"조차 "나는 라발 씨의 친구라고 말할 용기"가 있으며 "나는 우정을 버리는 자가 아님"을 당당히 주장했다.

하지만 다른 한편으로는 자신의 상관인 라발에게 모든 책임을 전가하기도 했다. 자신은 라발이 내린 지시의 "단순한 집행자"일 뿐이며

"공문들은 장관의 지시로 발송되었기 때문에 내 책임이 있을 수 있다고는 생각하지 않는다"는 것이다. 인종박해 정책을 도왔다는 지적에 대해서는 자신의 협력을 '교수형에 대한 밧줄의 협력'(자신의 의지가 개입되지 않은 단순한 집행), 나아가 '번개에 대한 피뢰침의 협력'(피해를 최소화하는 역할)에 비유했다. 유대인 박해 문제에 대해 피고에게 질문할 것이 있냐는 재판장의 물음에 검사장도, 배심원들도 없다고 답했다.[12]

셋째 날이자 마지막 날인 6월 23일의 공판에서는 검사장의 최종논고와 변호인의 변론, 부스케의 최후진술이 이어졌다. 검사장은 "제한되고 줄어든 형기의 금고형과 공민권 박탈형"을 구형했고, 변호사 모리스 리베Maurice Ribet는 부스케가 "비난할 게 전혀 없는" 엘리트 공무원이며, 공직자가 상부의 지시에 불복종하지 않았다는 이유로 유죄 선고 받는다면 이후에 모든 정부 부처의 공무원이 "큰 불안감에 사로잡힐 것"이라면서 "전적인 무죄 판결"을 요청했다. 뒤이어 부스케는 최후진술에서 자신은 공화주의 사상을 수호하고 프랑스인들을 보호했으며 "내가 나 자신만 생각했다면 공화국과 프랑스를 위해서 내가 성취한 모든 것을 전혀 이루지 못했을 것"이라고 주장했다.[13]

끝으로, 한 시간 동안 배심원단의 심의가 있고 난 뒤 재판장 루이 노게르Louis Noguères가 판결문을 낭독했다. 경찰 총서기로서 부스케의 행동은 "아무리 유감스러워도" 그가 형법 제83조가 규정한 "국가방위를 해치는 행위를 의식적으로 한 것으로는 보이지 않으므로" 국가방위침해죄에 대해서는 무죄를 선고했다. 또 비시 정부의 구성원이면 자동적으로 부과되는 "국민부적격죄"에 대해서는 그대로 유죄를 인정하고 그에 따른 형벌로 5년의 공민권 박탈형을 선고했지만

"수많은 상황에서 자신의 행위를 통해, 점령국에 맞선 저항에 적극적이고 지속적인 방식으로 참여"했다는 사실을 인정해 형벌을 즉각 면제했다.[14]

〈표 2〉 최고재판소의 연도별 형량 분포

	사형 + 무기징역	유기징역	공민권 박탈	무죄	면소
1945	7	0	0	0	7
1946	6	5	4	0	4
1947	6	7	4	0	18
1948	2	7	5	2	6
1949	0	0	2	1	7

반세기 뒤 "경악할 만한stupéfiant" 재판이라고 불릴 정도로[15] 관대했던 이 판결은 대체 어떻게 나온 것일까? 우선, 재판이 이루어진 시기에 주목할 필요가 있다. 앞서 지적했듯이 부스케는 최고재판소에서 판결 받은 100명 가운데 거의 마지막인 98번째로 법정에 섰다. 대독협력(과 그에 따른 폐해)의 기억이 생생한 해방 직후일수록 처벌이 무겁고 시간이 지날수록 판결이 관대해지는 것은 전후戰後 프랑스의 대독협력자 처벌이 보여주는 전반적인 양상이었다. 〈표 2〉가 보여주듯 최고재판소의 선고형량 추세 역시 그러했다.[16] 최고재판소가 문을 연 첫 해인 1945년에만 해도 전체 재판의 절반(14건 중 7건)에 달했던 사형과 무기징역의 비중이 갈수록 줄어 마지막 해인 1949년에는 그러한 중형이 단 한 건도 선고되지 않았던 것이다.

또한 부스케 재판이 벌어지던 시기는 대독협력자 사면법 제정에 대한 논의가 한창 진행되던 시기이기도 했다. 이미 1947년 8월 16일 법과 8월 28일 법, 1949년 2월 9일 법을 통해 미성년자, 알제리인, 알자스인 대독협력자에 대한 사면이 이루어진 데 이어, 1949년 3월에는 강점기 레지스탕스 전국회의 의장과 해방 후 외무부장관을 역임한 비도가 〈잊을 수 있는 모든 것을 잊자〉라는 제목으로 사면을 촉구하는 글을 발표했고, 5월 말에는 오리올 대통령이 자신의 특사권을 확대하겠다고 발언했다. 여론조사통계국은 '반역, 밀고, 살인하지 않은 자들을 사면'하겠다는 대통령의 발표에 대해 찬반을 묻는 여론조사를 실시했다. 결과는 찬성 60퍼센트, 반대 23퍼센트, 의견 없음 17퍼센트였다.[17] 《르 피가로》지는 이 조사 결과를 그대로 인용하면서 "60퍼센트의 프랑스인이 사면에 찬성"이라는 문구를 기사 제목으로 내걸었는데 그날은 공교롭게도 부스케 공판이 시작된 6월 21일이었다.[18]

부스케 공판 둘째 날인 6월 22일에는 국무회의에서 총리실 공보담당 국무서기 미테랑이 대독협력자 사면안에 대해 보고했고,[19] 7월 1일에는 비도의 정당이자 여권與圈정당인 인민공화운동이 소속의원 총 154명의 이름으로 사면 법안을 의회에 제출했다.[20] 대독협력자들에 대한 대규모 사면을 규정한 사면 법안들은 결국 1951년 1월과 1953년 8월에 가서야 제정되지만 이렇듯 사면에 대한 본격적 논의는 부스케 재판이 이루어지던 시기를 전후해 시작되었다. 더 이상 단호한 응징이 아니라 망각과 관용을 통한 화합이 촉구되던 당시의 시대적 분위기가 법정에 선 부스케에게 분명 유리하게 작용했을 것이다.

게다가 1949년은 망각과 사면의 시기일 뿐만 아니라 냉전이 막 시작된 시기이기도 했다. 1947년 3월, 전후 미국의 외교 정책을 지배할 '봉쇄'와 '반공' 노선의 단초를 이루는 트루먼Truman 독트린이 발표되고, 9월에는 유럽 9개국 공산당 대표들이 모여 코민포름Cominform을 창립하는 등 냉전이 시작되었다. 이러한 국제적 냉전이 프랑스 국내에서는 그해 5월 5명의 공산당 소속 장관들이 내각에서 축출되는 것으로 표출되었다. 앞서 언급했듯이 1948년 5월에 공산당 의원들이 최고재판소 불참을 선언한 것도 바로 이러한 냉전적 분위기에서 비롯된 것이다. 부스케 자신이 워낙 반공성향이 강하고 비시 정부 경찰 총서기 시절 공산주의자들(레지스탕스이기도 했던)을 처벌하는 데 큰 역할을 했기 때문에 이러한 공산당의 불참 역시 부스케에 대한 관대한 판결을 끌어내는 데 적지 않은 영향을 미친 것으로 보인다.

그러면 부스케는 어떻게 이렇듯 자신에게 유리할 정도로 늦게서야 법정에 서게 되었는가? 일찍이 1945년 5월에 체포되었음에도 어떻게 4년이나 지나서야 재판을 받게 되었는가? 페탱(8월)과 라발(10월)은 물론이고 부스케의 후임 경찰 총수(공식 직위명은 "질서유지 총서기")인 조제프 다르낭Joseph Darnand도 1945년에 재판을 받고 사형을 선고받았으므로(라발과 다르낭은 처형되었다) 더더욱 부스케 재판이 지연된 이유에 대해서는 설명이 필요해 보인다. 이러한 재판의 지연에는 무엇보다도 부스케 자신이 제3공화정 때부터 맺어온 화려하고 탄탄한 인맥이 작용했다. 부스케는 독일강점기의 악명 높은 대독협력자 부류에 속하는 '협력주의자', 즉 반유대주의자, 파시스트, 친나치 이데올로그, 극우인사(후임인 다르낭이 그 전형인)가 아니라 제3공화정기의 모범적인 테크노크라트였다. 일찍이 만 20세인 1930년에 타른에가론Tarn-et-Garonne 도지사의 비서실장으로서 자신의 지역에서 홍수가 났을 때 익사당할 뻔한 주민들 수십 명을 직접 구제하여 레지옹도뇌르 훈장을 받았고, 2년 뒤 내무부장관의 부비서실장, 1935년에 농업부장관 비서실장, 1938년에 비트리르프랑수아Vitry-le-François 군수, 1939년에 마른 도청 사무국장을 역임했다. 이어 강점기가 시작된 뒤인 1940

년 9월에는 마른 도지사(31세로 최연소 지사), 1년 뒤에는 지역지사(최연소)직에까지 올랐다. 그러한 과정에서 특히 급진사회당의 유력 인사들과 두터운 교분을 맺었고, 이러한 인적 관계와 행정가로서의 화려한 경력과 평판이 전후戰後 재판 자체가 늦어지고 가석방이 이루어지고 나아가 결국 관대한 판결이 내려지는 데까지 큰 영향을 미친 것으로 보인다. 일례로, 부스케의 친구이자 그가 깊이 관여한 지역신문인 《라 데페슈 뒤 미디*La Dépêche du Midi*》지 사주이자 급진사회당 의원인 장 바일레Jean Baylet가 배심원단에 포함되기까지 했다.[21]

끝으로, 유대인 박해 문제나 홀로코스트가 (반세기 뒤와는 달리) 당시에는 그리 중시되지 않았다는 점 역시 1949년의 '기묘한' 판결에 영향을 끼쳤다. 1990년대에 부스케의 반인륜범죄 혐의와 관련하여 가장 중요한 증거로 부각되는 '1942년 7월 2일 회의' 문제의 경우 1949년의 사흘에 걸친 공판에서 전혀 언급조차 되지 않았다. 앞서 지적했듯이 유대인 박해 문제는 기소장의 총 27쪽 가운데 한 쪽 반에서만 다루어졌고 그나마 검사장의 최종논고에서는 아예 누락되었다. 이러한 부재나 경시는 어느 정도는 법리적 이유에서 비롯된 것이었다. 즉 유대인 박해나 홀로코스트와 직결된 죄목인 "반인륜범죄"는 아직 프랑스 국내법에 존재하지 않았던 것이다. 그러한 죄목이 처음 규정된 것은 1945년 8월이었지만 어디까지나 국제군사재판소에서 주로 나치 독일의 주요 전범들을 처벌하기 위해 만든 규정이었고 그 죄목이 프랑스 국내법 안에 들어온 것은 그로부터 20년 뒤인 1964년이 되어서였다.[22]

하지만 이러한 법적 이유를 넘어서 보다 큰 사회적·역사적 이유로, 해방 후 프랑스 사회 자체가 유대인 학살 문제보다는 반민족행위, 즉 대독협력 문제에 훨씬 더 큰 관심을 기울였다는 사실을 지적해야 할 것이다. 게다가 유대인 박해-학살 문제는 당시 상황에서 가해자나 공모자만이 아니라 피해자인 유대인들 자신조차 언급하기를 꺼리는 사안이었다. 자신들만 살아남았다는 자책감, 너무도 끔찍한 체험이어서 잊고 싶은 트라우마, 피해를 강조하기보다는 현재의 사회에 통합되고자 하는 열망 등이 유대인들로 하여금 침묵을 지키게 했다.

이러한 상황에서, 부스케가 1942~43년에 경찰 총수로 있을 때 프랑스의 유대인 5만 9,000명이 절멸수용소들로 강제이송되었다는 점도, 그것이 독일강점기 부스케의 가장 끔찍한 범죄라는 점도 아무도 지적하지 않았다는 것은 어찌 보면 전혀 놀랄 만한 일이 아닐 것이다. 이상의 사실들을 종합해서 봤을 때 1949년의 부스케 판결은 당대인들에게 전혀 "경악할 만한" 것도, 기묘한 것도 아니었다.

반인륜범죄의 발견: 폭로에서 기소까지

1949년의 재판에서 사실상 면죄부를 받은 부스케는 예전의 고위행정직으로 돌아가지는 못했지만 이후 수십 년간 재계에서 평탄한 삶을 살았다. 1952년에 인도차이나 은행의 국제사업부 부장이 된 데 이어 1960년에는 그 은행의 부총재직에까지 올랐고 이후 인도-수에즈 은행(구舊 인도차이나 은행)과 UTA(Union des transports aériens) 항공사의 이사회에도 들어갔다. 1957년에는 국가참사원의 결정으로 해방 후 박탈당했던 레종도뇌르 훈장도 다시 받았고, 1958년 1월에 사면복권까지 되어 그해 11월 하원 총선에 출마하기도 했다. 비록 그 선거에서 9

퍼센트의 표만 얻고 낙선하여 정계에 진입하는 데에는 실패했지만 1959년 자신의 친구이자 유력 지방일간지 《라 데페슈 뒤 미디》의 사주인 바일레가 사망한 이후 1960년대 내내 그 회사를 운영하며 툴루즈 지역의 언론을 이끌기도 했다.[23]

이렇듯 독일강점기의 경찰 총수라는 무시무시하고도 수치스런 이미지를 벗어던지는 데 성공한 유력한 재계인사로서의 순탄한 삶을 끝장낸 것은 한 시사주간지의 인터뷰 기사였다. 1978년 10월 28일 《렉스프레스*L' Express*》지가 1942~44년에 비시 정부의 유대인문제총국 국장을 역임했던 다르키에를 스페인에서 찾아내 인터뷰한 기사를 실었는데, 이 인터뷰에서 그는 1942년 7월의 벨디브 대검거를 비롯한 당시 유대인 검거 및 강제이송 조치의 주된 책임자가 다름 아닌 부스케였다고 밝혔던 것이다.[24]

이 폭로기사의 여파로 부스케는 1978년 12월 UTA 항공사의 이사직을 사임해야 했고 다음 해에는 인도-수에즈 은행의 이사회에서도 물러나야 했다. 하지만 이 폭로가 '부스케 사건'으로 이어진 것은 11년이 흐른 뒤에 가서야였다. 프랑스 강제이송 유대인 자녀협회 회장이자 '불굴의 나치 전범 사냥꾼'으로 유명한 세르주 클라르스펠드가 1978년 11월 15일에 (부스케가 아니라) 부스케의 점령지구 파견대표였던 장 르게를 반인륜범죄 혐의로 고소한 것이다. 클라르스펠드가 부스케가 아니라 르게를 고소한 것은 1949년에 이미 재판을 받은 부스케와 달리 르게는 해방 후 전혀 법정에 서지 않았다는 점을 고려해서였다. 다음 해 3월 르게는 정식으로 기소됨으로써, 앞서 밝혔듯이 1964년에 프랑스 국내법 안으로 처음 들어온 '반인륜범죄'라는 죄목으로 기소된 최초의 프랑스인이 되었다. 그러나 르게에 대한 예심 작

세르주 클라르스펠드

'불굴의 나치 전범 사냥꾼' 세르주 클라르스펠드. 그는 1989년에 부스케를 반인륜범죄 혐의로 고소했다.

업은 지지부진했고 기소되고 나서 무려 10년이나 지난 1989년이 되어서야 파리 중죄법원에서 재판받을 것이 결정되었는데 그는 곧바로 사망(자연사)함으로써 결국 재판은 무산되었다.[25]

재판은 무산되었지만 1989년 9월 11일 르게 사건의 예심판사는 공소권 없음 결정문에서, 그러한 종류의 사법문서로서는 이례적이게도 "1942년 7, 8, 9월에 저질러진 반인륜범죄에 대한 그의 참여를 확정" 한다는, 사실상의 유죄 선고를 했다. 그 결정문은 당시 《르몽드》지 기사의 표현을 빌리면 "프랑스 국민을 대상으로 반인륜범죄에 대해 입장을 표명한 최초의 사법문서"였다.[26]

부스케가 해방 후 최고재판소에서 재판을 받은 지 정확히 40년 만에 또다시 고소된 것은 바로 이러한 상황에서였다. 르게에 대한 공소권 없음 결정문이 발표되고 나서 이틀 뒤에 클라르스펠드와 샤를 리브만Charles Libman 변호사가 프랑스 강제이송 유대인 자녀협회의 이름으로 르게의 직속상관인 부스케를 반인륜범죄 혐의로 고소한 것이다.[27] 클라르스펠드는 9월 12일의 기자회견에서 "르게는 부스케다"라고 선언했는데 사실 이는 부스케 자신의 입장이기도 했다. 4년 전 부스케는 르게 사건 예심판사 앞에서 "르게는 자신의 직무에 관해 전혀 결정권이 없었"으며 "SS(나치 친위대) 당국의 정보와 명령을 나와 내무부장관에게 전달하는 역할을 담당"했다고 진술했던 것이다.[28]

르게가 반인륜범죄를 저질렀다면 그에게 지시를 내린 직속상관이자 프랑스 경찰의 최고책임자인 부스케 역시 그러한 범죄를 (그것도 더한 정도로) 저질렀다는 것은 어찌 보면 당연한 논리다. 문제는 부스케가 같은 시기 같은 직무 행위에 대해 이미 40년 전에 재판을 받았다는 데 있었다. 그리하여 클라르스펠드는 이러한 법리적 난관을 피하고자 새로운 증거 두 가지를 고소장에 추가했다. 벨디브 대검거를 프랑스 경찰이 수행할 것을 규정한 1942년 7월 2일 회의의 독일 측 회의록과, 부스케가 1942년 8월 유대인 아동들을 검거에서 면제했던 규정들을 취소한다고 비점령지구의 지역지사들에게 보낸 전보들이 그것이다.[29]

이렇듯 부스케는 1978년 《렉스프레스》지의 폭로기사 발표로부터 11년이 지나서야 반인륜범죄 혐의로 고소되었다. 하지만 이 고소가 법원의 기소로 이어지기까지는 다시 1년 반이 흘러야 했다. 프랑스 사법부는 이 전직 비시 정부 경찰 총수에 대한 사법처리를 추진하는 데 유난

집에서 칩거하던 부스케

1989년 자신의 집에서 칩거하던 부스케가 《렉스프레스》지 사진기자에 의해 촬영된 사진.

히 지체했다. 프랑스 최고법원에 해당하는 파기원의 형사부는 고소장 접수로부터 6개월이나 지난 1990년 3월 21일이 되어서야 부스케 사건에 대한 예심기관으로 파리 항소법원 중죄기소부를 지명했다. 중죄기소부는 두 달 뒤인 5월 16일, 자신이 이 사건의 예심 권한이 있는지 여부에 대한 결정을 파리 항소법원 검사장에게 맡겼다. 파리 항소법원 검사장은 다시 넉 달이 흐른 뒤인 9월 26일이 되어서야 중죄기소부에 예심 시작을 지시했다가 삼 주 뒤인 10월 19일, 기존의 결정을 번복하고 부스케 사건은 중죄기소부가 아니라 해방기에 창설되었던 최고재판소(1949년에 부스케를 재판한 곳이기도 한)의 소관이라고 발표했다. 최고재판소를 창설했던 1944년 11월 18일 명령이 아직 폐지되지 않았고 최고재판소의 관할이 다른 재판소들로 이관되지도 않았으므로 오직 그 재판소만이 부스케를 재판할 수 있다는 논리였다. 1990년 현재 그러한 재판소가 사실상 존재하지 않는 상황에서 이 같은 검사장의 발표는 결국 부스케 재판의 성립 자체를 지극히 어렵게 하는 것이었다.[30]

하지만 다시 한 달 뒤인 11월 19일, 파리 항소법원 중죄기소부는 검사장의 결정에 불복하고 자신이 예심 권한이 있다고 선언한다. 부스케는 이러한 결정에 대해 항고했지만 1991년 1월 31일 파기원 형사부가 부스케의 항고를 기각함으로써 예심에 대한 마지막 장애물이 제거되었다. 그로부터 한 달 뒤인 3월 1일에 결국 부스케를 기소하기로 결정되었는데 이 기소는 비밀리에 이루어져서 한 달 뒤인 4월 3일이 되어서야 언론에 알려졌다.[31]

이러한 일련의 과정은 프랑스 사법기구가 부스케에게 반인륜범죄 혐의를 적용하고 사법처리하는 데 얼마나 망설이고 미온적이었는지를 잘 보여준다. 이는 리옹 지역 게슈타포 간부였던 독일인 클라우스 바르비Klaus Barbie가 1983년에 볼리비아에서 체포되어 프랑스로 압송되자마자 전격 기소되고 르게 역시 고소장 접수에서 기소 결정까지 넉 달밖에 걸리지 않았다는 사실과 비교해보면 더욱 잘 알 수 있다.

당시 언론들도 이러한 점을 놓치지 않았다. 《르몽드》지의 언론인 로랑 그렐자메르Laurent Greilsamer는 1990년 9월 26일 〈르네 부스케, 혹은 느린 재판〉이라는 제목의 논설에서 "국가 최고당국은 진정으로,

르네 부스케가 재판받기를 원하는가?"라고 물으면서 "역사는 이미 1942년 7월 벨디브 대검거의 프랑스 책임자들을 밝혀냈지만 사법은 …… '고위공직의 협력'에 대면하기를 망설인다"라고 질타했다.[32] 3주 뒤 파리 항소법원 검사장이 부스케 사건은 최고재판소의 소관이라고 발표하자 그렐자메르는 〈시늉〉이라는 제목의 논설에서 보다 강도 높게 비판했다. 그에 따르면 부스케 사건은 1년이 넘도록 "파리 법원의 미로에 빠졌"고, 이처럼 "분주한 척하는 사법기구의 자발적 마비"보다 더 가엾은 것도 없으며, "이러한 시늉보다 사법부의 명예를 더 더럽히는 것"도 없었다. "우리의 최고위 법관들"은 "공화국의 광대"에 비유되기까지 했다.[33] 《리베라시옹》지의 언론인 아네트 레비빌라르Annette Levy-Willard 역시 〈최고재판소와 르네 부스케에 대한 고위층의 보호〉라는 제목의 논설에서 "프랑스 국가는 반인륜범죄로 고발된 비시 정부의 프랑스 고관들을 계속 보호"하려 한다고 질타하면서 "최고위층에서 정치적 악의가 지속"된다면 부스케가 자신의 책임에 대해 해명할 필요가 없어질 것이라고 주장했다.[34]

프랑스 강제이송 유대인 자녀협회에 이어 부스케를 고소하는 대열에 합류한 전국레지스탕스-애국자 강제이송자-수감자연맹FNDIRP의 변호인 조에 노르드만Joë Nordmann도 부스케 사건 처리의 지체 현상에 대해 "피의자가 (고령이므로-필자) 사망하기를 기다리며 시간을 벌려는 게 아니냐"라고 의혹을 제기했고,[35] 클라르스펠드 역시 "비시 정부와 그 정부의 경찰 및 행정당국의 반유대 활동이 재판받는 것을 보지 않으려는 국가 수뇌부의 정치적 의지"를 문제 삼았다. 클라르스펠드는 더 나아가, 최근 법무부 대리장관ministre délégué에 임명된 조르주 키에만Georges Kiejman은 "비시 경찰 총수가 처벌받지 않도록 하

기 위해" 임명된 것이라고 주장하면서 장관직 사직을 촉구했다.[36]

법무부 대리장관 키에만은 클라르스펠드의 이러한 발언에 바로 답변했다. "망각에 맞선 필요한 투쟁"만이 아니라 "시민적 평화를 유지하는 것"도 중요하며 "비시 체제의 비겁함을 규탄하는 데 재판이 아닌 다른 수단들도 있다"는 것이다.[37] "시민적 평화paix civile"라는 용어는 "내전guerre civile"에 반대되는 말로, 시민들 간의 평화를 의미한다. 즉 독일강점기의 반인륜범죄를 망각하지 않기 위해 투쟁하는 것도 중요하지만 부스케를 다시 법정에 세우려 함으로써 그러한 재판에 반대하는 시민들과 찬성하는 시민들 간의 불화를 야기해서는 안 된다는 것이다.

사실, 부스케 재판에 반대하는 논리로서 이러한 '시민적 평화'의 필요성을 제기하는 것은 단지 법무부 대리장관만의 견해가 아니라 미테랑 대통령도 공유했던 것으로 보인다. 키에만의 발언이 나오기 한 달 전에 이미 "역사뿐만 아니라 시민적 평화도 자신의 권리가 있다"는 주장이 "엘리제궁의 한 측근"의 입을 빌려 《르몽드》지에 보도되었고,[38] 법무부 대리장관의 발언이 나온 직후에도 그렐자메르는 "대통령은 의식적으로, 부스케가 재판받는 것은 시민적 평화에 유감스런 일이 될 것이라고 간주"했다고 썼던 것이다.[39]

앞서 보았듯이 1990년 9~10월의 일간지들이 부스케의 재판을 꺼려하고 그를 보호하려는 주체를 지칭하는 것으로 "국가 최고당국", "국가 수뇌부", "프랑스 국가", "최고위층" 등의 용어들을 계속 사용한 것도 부스케의 사법처리가 지연되는 데 단지 사법기구의 의지만이 아니라 정부와 대통령실의 입김도 작용했음을 암시한 것으로 볼 수 있다. 당시 대통령 미테랑이 독일강점기 레지스탕스 활동에 들어가기

미테랑의 자택 식사에 초대된 부스케(왼쪽)

1974년 미테랑이 대통령선거에 후보로 나왔을 때 그는 부스케의 도움을 받았다. 이 사진이 보도된 1974년에는 아무도 부스케의 존재에 주목하지 않았다.

전에 잠시 비시 체제에 가담했던 전력이 있고, 전후에 두 차례나(1965, 1974) 대통령 선거에 출마했을 때 부스케의 도움을 받는 등 상당기간 부스케와 교분을 유지해왔다는 사실을 감안하면 이러한 암시와 추정이 그리 불합리해 보이지 않는다.

부스케의 피살과 언론의 반응

《렉스프레스》지의 폭로 인터뷰 기사로부터 11년이 지나서야 반인륜 범죄 혐의로 고소되고 다시 1년 반이 지나서야 기소된 부스케는 반세기 만의 재판을 바로 눈앞에 두고 살해당했다. 기소된 시점으로부터 무려 2년 3개월이나 지난 1993년 5월 말이 되어서야 예심이 거의 완료되어 오는 9월에 파리 중죄법원에 소환될 예정이었는데 6월 8일 아침 9시경 자택에서 한 정신이상자(크리스티앙 디디에Christian Didier)가 쏜 네 발의 총탄을 맞고 쓰러진 것이다.[40]

피살 전 부스케
피살 직후 간행된 《목요일의 사건》지에 실린 부스케의 최근 사진.

인종주의-반유대주의 반대동맹 LICRA(Ligue contre le racisme et l'antisémitisme) 총서기인 파트릭 캉텡Patrick Quentin이 잘 표현했듯이 사람들은 이 소식을 듣고 "부스케가 죽어서가 아니라 이 살해가 …… 재판이 이루어지는 것을 막았기 때문에 경악"했다.[41] 6월 9일자의 《리베라시옹》지(21명)와 《르 피가로》지(10명), 6월 10일자의 《르몽드》지(13명)에 〈반응들〉이라는 제목으로 정치인, 시민단체 간부, 유대인 조직 지도자 등(각 신문 간의 중복을 제하면) 모두 25명의 부스케 피살에 대한 반응이 실렸는데, 필자가 분석한 바에 따르면 대부분의 인사들(25명 중에 17명)이 재판이 무산된 사실에 직간접적으로 유감을 표명했다.

이러한 견해는 '어느 누구도 스스로 정의를 집행할 권리는 없다'는 논리로 암살행위 자체를 규탄한 반응(8명, 물론 두 견해를 동시에 표현한 사람들도 있었다)보다도 훨씬 많았다. 25명 중에 5명은 상황이 여기까지 오게 된 주요인으로 지금까지 사법처리를 지체한 사법부의 '직무유기'를 비판했다. 역시 반인륜범죄로 기소된 파퐁에 대한 손해배상 청구인 측 변호인인 제라르 불랑제Gérard Boulanger에 따르면 부스케 재판이 지체된 이유는 "사법부 내에 있을 뿐만 아니라 사법부와 정치

피살 전 부스케

피살 직후 간행된 《르 누벨 옵세르바퇴르》지의 표지에 실린 부스케의 최근 사진.

권력 사이의 복잡한 관계에도 있"었다. 25명 중 오직 부스케의 동생 루이 부스케Louis Bousquet만이 피살 자체에 대해서는 어떤 논평도 하지 않은 채 단지, 부스케가 비시 경찰 총서기였을 때 독일인들이 프랑스 유대인과 외국 유대인을 구분 없이 체포하는 데 반대하는 등 "명예롭고 용기 있는 행동을 했다"고 변호했다.[42]

부스케를 "추적, 고소, 공격해서 1978~79년에 모든 직책으로부터 사직할 수밖에 없게 한" 장본인인 클라르스펠드는 의외로 담담한 반응을 보였다. 그는 그 살인이 "사법부에 분노했을 강제이송자 자녀의 복수"가 아니라 "정신이상자의 행위"여서 오히려 다행이라고 "안도감"을 표했다. 부스케가 자신의 무덤에 가져갈 비밀은 더 이상 없고 중요한 모든 문서들이 밝혀졌으므로 "전혀 유감스러워하지 말자"라고 말하기까지 했다.[43] 한편, 프랑스 대랍비 조제프 시트뤼크Joseph Sitruk는 "사후死後 재판"이라도 열려야 한다고 주장했으며 프랑스 유대인기관대표회의CRIF(Conseil représentatif des institutions juives de France) 의장 장 칸Jean Kahn 역시 "프랑스에서의 협력(대독협력—필자)을 재판할 수 있게 해줄" 부스케 재판에 "엄청난 교육적 가치를 부

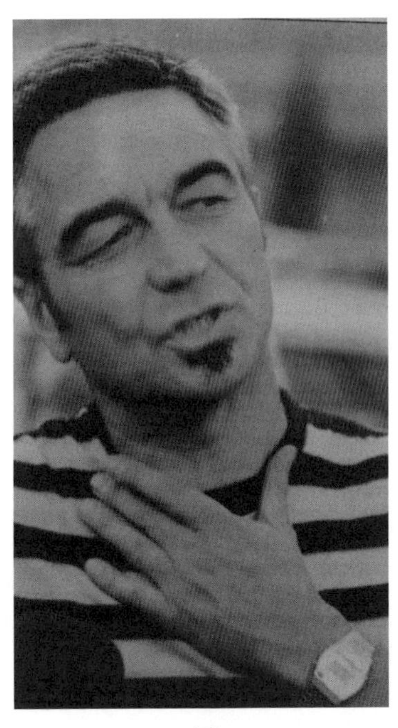

부스케를 살해한 크리스티앙 디디에

여"한다고 말하면서 이러한 재판이 무산된 것을 유감스러워했다.[44]

부스케 재판은 이렇듯 프랑스 대독협력의 재판일 뿐만 아니라 "프랑스 사회에는 승리였을 재판"(클라르스펠드)이었고, "역사의 한 페이지를 쓸" 재판(리브만)이었으며, 무엇보다도 "비시 재판"(아메트 자이드만Amette Zaidman)이었다.[45] 《르 피가로》지 언론인인 베지안 드 베쟁Véziane de Vézins은 "부스케 재판이냐, 비시 재판이냐"라고 묻고는 답하지 않았고,[46] 《르몽드》지 언론인 에두이 플레넬Edwy Plenel은 "비시라는 체제의 재판이 아니라 한정된 시기 부스케라는 사람과 그의 행위에 대한 재판"이라고 단언했지만[47] 상당수의 논평자들은 부스케 재판을 "비시 재판"에 비유하기를 망설이지 않았다.

사실 '비시 재판'이라는 용어는, 일찍이 클라르스펠드가 부스케를 고소하겠다고 발표한 1989년 9월부터 이미 쓰였다. 1989년 9월 13일자 《르몽드》지에서 그렐자메르가 그러한 고소 사실을 논평한 글 제목

〈르몽드〉지 만평

부스케 피살로 비시 재판이 무산되었음을 시사한 《르몽드》지 만평(1993년 6월 10일자).

을 〈비시 재판〉이라고 달았던 것이다. 그는 부스케 재판을 통해 "비시의 반유대 정책이 재판될 것"이라는 의미에서 그러한 용어를 썼다.[48] 1년 뒤 파리 항소법원 검사장이 부스케 사건은 오직 최고재판소만 다룰 수 있다고 발표함으로써 부스케 재판의 성사를 위기에 빠뜨렸던 1990년 10월에도 《르몽드》지에는 〈부스케 사건과 비시 재판〉이라는 제목으로 "비시 재판을 하기를 망설"이는 사법적 결정을 보도하는 기사가 실렸고, 같은 날 신문에 그렐자메르 역시 다시 한 번 부스케 재판을 '비시 재판'에 비유했다.[49]

한 달 뒤에는 부스케를 재판하는 것에 불편한 심기를 감추지 않았던 키에만 법무부 대리장관 자신이 〈유럽 1〉 방송에서 "해야 하는 것은 비시 재판만이 아니라 1949년의 재판을 재판하는 것"이라고 발언함으로써 은연중에 비시 재판이라는 비유를 받아들였다.[50] 부스케 피살 직후에는 《리베라시옹》지의 언론인 레비빌라르가 〈무산된 '프랑스 국가'(비시 체제의 공식 명칭–필자) 재판〉이라는 제목의 논설에서 부스케 재판이 성사되었다면 비시의 "프랑스 정부"가 재판받을 수 있었을 것이라고 아쉬워했다.[51] 《르몽드》지에도 부스케 암살이 비시 재판을 무산시켰음을 묘사하는 시사만평이 실렸다. 만평에서는 왼손에 천칭을 들고 오른손에 "비시"라고 적힌 법전을 든 정의의 여신이 디디에의 총에 맞아 쓰러진 부스케의 시신에 눌려 엎어진 모습이 그려져 있었다.[52] 일주일 뒤 《렉스프레스》지의 언론인 에릭 코낭 역시 〈르네 부스케: 한 부역자의 죽음〉이라는 제목의 논설을 "비시 재판은 없을 것이다"라는 문장으로 시작했다.[53]

사실, 부스케 재판을 비시 재판에 비유하는 것은 과장된 면이 없지 않다. 비시 체제가 심판받은 것은 정치적으로는 비시 정부가 일찍이 독일강점기부터 전후戰後에도 줄곧 합법정부가 아니라 불법정부, 나아가 "사실상의 권력체"에 불과한 것으로 규정됨으로써, 법적으로는 비시 정부의 모든 법령을 무효화한 1944년 8월 9일 명령에 의해, 사법적으로는 비시 정부 구성원 대부분이 해방 직후 최고재판소에서 유죄 선고를 받음으로써 이미 해방 전후에 이루어졌다.

그럼에도 많은 논평자들이 부스케 재판을 비시 재판에 비유한 것은 무엇보다도 당시 프랑스에서 반인륜범죄 재판들이 계속해서 무산되거나 지연되던 상황과 깊은 관련이 있다. 독일인인 리옹 지역 게슈타포 지휘관 바르비는 1983년에 체포되어 1987년에 반인륜범죄 재판을 받고 종신형을 선고받았다. 반면 앞서 보았듯이 반인륜범죄로 기소된 최초의 프랑스인인 르게는 1989년에 사망함으로써 재판이 무산되었고, 1981년에 반인륜범죄로 고소되고 2년 뒤 기소된 파퐁(강점기 지롱드 도청 사무국장)은 1987년에 공소가 기각되었다가 1992년에야 다시 기소되는 등 사법처리가 계속 지연되었다. 급기야 1992년 4월 13일에는, 바르비 못지않게 잔혹행위로 악명 높았던 민병대 간부 투비에가 파리 항소법원에서 면소 판결을 받는 일까지 생겼다.[54] 그러던 차에 부스케까지 살해당함으로써 재판이 무산된 것이다. 사실 부스케는 파퐁이나 투비에에 비해 범죄의 규모가 비교할 수 없을 정도로 컸고 직위 역시 훨씬 높았다. 파퐁이 보르도 지역 유대인 약 1,600명을 강제이송한 데 책임이 있고 투비에가 리옹 지역 유대인들을 체포하거나 살해하는 데 책임이 있었다면 부스케는 비시 정부 경찰 총수로서 프랑스 전국의 유대인 5만 9,000명을 절멸수용소로 강제이송한 데 책임이 있었던 것이다.

다음으로는, 이들 모두가 해방 직후 제대로 처벌 받지 않았다는 사

바르비와 투비에와 파퐁
1980~90년대 프랑스에서 반세기 만의 반인륜범죄 재판을 받은 바르비, 투비에, 파퐁(왼쪽부터).

실을 지적할 수 있다. 투비에는 1946, 47년의 결석재판에서 사형선고를 받았지만 계속 도피생활을 하다가 1989년에야 체포되었고, 부스케는 앞서 보았듯이 1949년 재판에서 5년의 공민권 박탈형조차 즉각 면제되었으며, 르게와 파퐁은 아예 법정에 서지도 않았다. 해방 직후 대독협력자 처벌 과정에서 모두 12만 명 이상이 재판을 받았고 그중 약 9만 8,000명이 실형을 선고받았다. 약 1,500명은 정규 재판소들에서 사형선고를 받고 처형되었다. 이렇게 독일강점기의 대독협력과 비시 체제에 대한 사법적 단죄는 대규모로 철저하게 이루어졌다.[55] 하지만 비시 체제와 관련된 일부 사람들이 자신의 행위에 상응하는 처벌을 면한 것 역시 사실이다. 투비에가 비시 정부가 창설한 준군사조직인 민병대의 범죄를 상징했고, 파퐁이 비시 정부의 지방행정 차원의 대독협력을 상징했다면, 부스케는 비시 정부의 경찰 총수였다는 점에서 비시 자체의 대독협력을 상징했다.

부스케가 골수 반유대주의자도, 협력주의 정당 지도자도, 파시스트 지식인도 아니라 제3공화정기부터의 모범적 공무원이었다는 점, 효율적으로 행정을 수행했기 때문에 열성적 반유대주의자보다 오히려 더 유대인 학살에 도움을 주었다는 점 역시 부스케가 비시 체제와 고위공무원들 전반의 대독협력을 더 잘 상징할 수 있게 된 요인이었다. 이러한 점은 부스케 피살 직후 언론인들도 놓치지 않았다. 1993년 6월 9일자 《르몽드》지에서 그렐자메르는 나치 독일의 친위대 총사령관 하인리히 히믈러Heinrich Himmler가 부스케를 칭한 용어인 "소중한 협력자"를 제목으로 내건 논설에서 부스케를 "나치 독일에 대한 협력의 악습과 암흑기 엘리트들의 과오를 상징"한 전前고위공무원이라고 규정했다.[56] 다음 날 같은 신문에서 플레넬은 부스케가 곧 "국가"이자 "공화국에 의해 만들어졌지만 공화국을 부정한 체제 하에서 지속된 …… 행정기구"였으며, 협력을 택한 "고위공직자들, 지사들, 법관들, 경관들의 상징"이자 "수많은 프랑스 엘리트들……의 직무유기"의 상징이라고 주장했다.[57]

끝으로, 부스케가 기소된 이후이자 살해당하기 전이고 한창 예심이 진행 중이지만 좀처럼 재판이 열리지 않았던 1992년은 바로 벨디브 사건 50주년이기도 했다는 사실을 지적할 수 있다. 벨디브 사건은 1942년 7월 16~17일 파리 지역에서 약 1만 3,000명의 유대인이 프랑스 경찰과 헌병에 의해 검거된 사건을 말한다. 이 50주년을 계기로 일부 지식인들이 미테랑 대통령에게 독일강점기 비시 정부의 유대인 박해와 범죄 사실을 공식 인정하라고 촉구했지만 미테랑은 이를 받아들이지 않았다. 독일강점기 내내 모두 7만 3,000명의 프랑스 거주 유대인들이 절멸수용소로 끌려가 학살당했는데 이 과정에서 단일 검거로는 최대 규모에 해당하는 바로 이 벨디브 대검거를 프랑스 경찰이 수행하도록 조직한 주된 책임자가 다름 아닌 부스케였다. 그의 재판에 대한 열망이 더더욱 컸던 이유다. 실제로 벨디브 사건 50주년 추념 행사가 열린 1992년 7월 16일에는 공식 행사와는 별개로 파리 법원 앞에서 프랑스 유대인 학생연합UEJF(Union des étudiants juifs de France) 회원들이 비시 체제에 대한 모의재판을 열었다. 동시에 부스케가 거주하는 아파트 앞에서는 항의시위가 벌어졌다. 시위자들은 그 아파트 앞에 "이 건물에, 유대인 이민자 1만 3,000명(그중에 4,000명이 아동)의 강제이송과 살해 책임자인 르네 부스케가 거주한다"라는 문구가 새겨진 동판을 부착했다. 아파트 입구에서는 약 40명의 젊은이들이 임시로 설치한 철조망 울타리 안에 갇혀 있는 모습을 연출했고, 벨디브 대검거 생존자인 모리스 라주푸스Maurice Rajsfus는 가슴에 황색별을 단 채 부스케 집 초인종을 눌렀다.[58] 그날의 모의 비시 재판이 부스케 재판을 상징하는 것은 아니었지만 그러한 동일시가 충분히 가능한 상황이었다.

이렇듯 일부 비시 체제 관련 인물들, 특히 유대인 학살이라는 반인륜범죄에 책임이 있는 자들이 전후戰後에 제대로 처벌받지 않고 최근 몇 년간 이들에 대한 반인륜범죄 재판이 진척되지 않는 상황에서, 그리고 벨디브 사건의 진상이 50주년을 맞아 본격적으로 알려지던 시기에, 벨디브 사건의 주된 책임자이자 비시 경찰 총수인 부스케의 재판이 비시 재판에 비유되는 현상은 (그의 피살 전에는 강렬한 염원을, 피살 이후에는 크나큰 안타까움을 각각 표현한다는 점에서) 자연스러운 것으로 보인다. '비시 재판'이라는 용어를 액면 그대로 비시 체제 자체에 대한 재판이라는 의미가 아니라(그런 의미라면 해방 직후 이미 성취되었으므로), 해방 직후 사법처리 물결에서 미진하고 누락되었던 비시 정부의 유대인 박해 정책 및 홀로코스트 협력에 대한 재판이라는 의미로 받아들인다면 말이다.

변론과 논고

비시 정부의 홀로코스트 협력에 대한 재판은 4년 전과 마찬가지로 피고인이 사망함으로써 무산되었다. 물론 재판 자체가 이루어지지 않았으므로 법정에서의 증인들의 증언도, 검사의 논고도, 변호인의 변론도, 피고인의 최후진술도, 판결문도 없었다.

하지만 재판이 벌어졌을 때 법정에서 낭독될 논고와 변론에 준하는 문서가 아예 없었던 것은 아니다. 최종본은 아니지만 검사가 작성한 논고안과, 피고인 부스케가 1992년 8월 19일 (예심을 담당한) 파리 항소법원 중죄기소부장에게 보낸 변론의견서가 그것이다. 이 논고안의 발췌문은 부스케 피살 직후인 1993년 6월 10일자《르몽드》지와《리베라시옹》지에, 변론의견서는 서론부와 결론부가 같은 날《르몽드》지에 각각 실렸다.[59] 이들 일간지에 실린 두 문서의 발췌문은 원문에 비해 극히 짧은 분량이었는데 법무부장관은 부스케 사건의 예심을 종결한 후 "검찰이 작성한 문서를 공개"하는 방안을 고려하고 있다고 발표했고[60] 결국 한 달 뒤인 7월 13일자《리베라시옹》지에 부록 형태로 포함된 꽤 두툼한 분량(무려 52쪽)의 〈부스케 소송자료Le Dossier Bousquet〉에 두 문서 모두 전문이 실렸다.[61]

이 문서가 공개되기 직전인 7월 12일, 부스케의 아들인 기 부스케Guy Bousquet는《리베라시옹》지가 부록 형태로 "논고 전문"을 발표하지 못하도록 파리 대심재판소에 가처분 신청을 냈으나 이 신청은 공판을 거쳐 기각되었다. 기 부스케는 이 공판에서 부록 출간이 민법 제9조 제1항이 규정하는 '무죄 추정'을 침해하고 "공판에서 읽히기 전에" 어떠한 소송문서의 발표도 금하는 1881년 출판법 제38조를 위반하는 것이라고 주장했다. 이에 맞서 《리베라시옹》지의 변호인들은 출판법 제38조의 적용 여부를 결정하는 것은 오직 검찰의 소관이며 민법 제9조 제1항은 사망자에게는 적용될 수 없다는 논지를 폈고, 검찰 측은 발표된 '논고'가 최종본이 아니라 계획안일 뿐이므로 소송문서가 아니라고 주장했다. 결국 파리 대심재판소의 가처분 담당 판사는 "사법문서들은 역사에 속할 것이고, 사람들은 역사의 흐름에 역행할 수 없을 것이며, 역사의 흐름은 재판보다 더 지속적일 것"이라는 《리베라시옹》지 변호인의 변론을 지지하면서 가처분 신청을 기각했다.[62]

그러면 최후변론에 해당하는 변론의견서에서 부스케는 과연 무엇을 주장했을까? 원본은 60쪽에 달하고 큰 판형의 일간지 지면으로도 12면에 달하는 꽤 많은 분량의 이 의견서에서 부스케는 43년 전의 재판에서 전개했던 논지를 거의 그대로 되풀이했다. 추가된 논지가 있다면 바로 1949년에 이미 재판받았다는 사실과 그 판결 내용이었다. 부스케에 따르면 자신에 대한 제소는 "40년 이상 전에 내가 이미 재판받았다는 사실을 고려하지 않"은 것이며 무죄와 공민권 박탈 5년형의 면제를 선고한 1949년의 "판결을 문제 삼는 것"이었다. 또한 "인간 사회의 역사에서, 수십 년 뒤에 동일한 인간에 대해 재판을 다시 하는 것은 선례가 없다"고 강변했다.[63]

변론의 가장 핵심적인 논지는 40여 년 전과 마찬가지로 자신이 독일군 점령의 부정적인 효과를 제한하고 '구할 수 있는 자를 구했다'는 것이었다. 자신이 경찰 총서기직을 맡기 전인 1941년에는 독일점령 당국의 주도로 파리 지역의 유대인을 세 차례 검거했는데(5, 8, 12월) 여기에는 상당수의 프랑스 국적 유대인이 포함되었고, 1942년 6월 이후에도 독일의 정책은 프랑스계 유대인과 외국계 유대인을 구분하지 않고 체포하는 것이었는데 자신이 이를 막았음을 시사했다. 명시적으로 언급하지는 않았지만 결국 자신이 경찰 총서기직을 유지하면서 프랑스계 유대인의 강제이송을 막았다는 주장이다.[64]

또한 부스케는 자신의 행위만이 아니라 비시 정부와 정부수반인 라발의 태도도 적극적으로 정당화했다. 일례로 "유대인 문제 해결에 대한 프랑스 정부와 당국 대표들의 신중하고 종종 적대적인 태도"를 언급한 독일 측 문서를 인용했고, "1942년 7월 3일의 국무회의는 프랑스계 유대인들을 보호하려는 정부의 의지를 확증"했다고 주장했으며, 라발 총리 역시 1942년 6월 29일 프랑스 담당 독일 경찰 총수인 칼 오베르크와 가진 대담에서 프랑스계 유대인들을 검거에서 제외하고자 했다고 기록했다.[65]

자신이 유대인 검거와 관련하여 독일 측과 합의한 사실에 대해서는 극구 부인했다. 그러한 합의가 이루어졌던 1942년 7월 2일의 회의에 대해서는 전혀 언급하지 않았고, "나는 1만 5,000명 유대인의 체포에도, 비점령지구의 1만 명 체포에도 합의한 적이 없다"라고 주장했다. 그러면서 자신에게 그러한 체포에 합의할 수 있는 권한 자체가 없었다고 밝혔다.[66]

또한 여러 문서들을 인용하면서 자신과 라발이 독일 측의 강압에 못 이겨 유대인들을 검거, 이송했다는 점을 강조했다. "라발과 부스케는, 파리 지역의 모든 프랑스계 유대인들을 체포하겠다는 독일의 협박을 받는 상황에서 남부 지구(비점령지구—필자)의 외국계 유대인들을 이송하는 것을 막을 수 없었다"라는 1949년 재판의 기소장과, "프랑스 경찰이 외국계 유대인들을 검거하지 않는다면 그 작전은 독일 경찰이 집행하도록 베를린이 지시를 보냈으므로 달리 하는 게 불가능했다"라는 1948년 9월 14일의 헬무트 크노헨(강점기 프랑스의 독일 보안대-보안경찰 사령관) 심문서가 그 예다.[67]

한편, 비시 정부 산하의 유대인 정책 전담기구인 유대인문제총국과 자신을 대비시키는 것 역시 변론의 한 방식이었다. 부스케는 "유대인에 대해 독일 측이 결정한 조치를 지지"하는 유대인문제총국과 그 조치를 "완화"하려는 자신과 라발을 대비시켰다. 또한 "유대인문제총국의 도움을 받으며 점령국이 수행한 이 공격 앞에서 나는 그 효과를 줄이기 위해 내가 할 수 있는 일을 했다"라고 주장했다.[68]

끝으로, 클라르스펠드를 비롯해서 자신을 고소하고 재판하려는 사람들에 대해 부스케는 "독일의 인종 정책의 결과를 내게 전가"하려는 것이며 "이 시기 생존자로서의 나를 이용해서 독일강점기의 유대인 문제에 대해 정부, 행정, 경찰을 재판"하려는 것이라고 보았다.[69] 자신을 통해 비시 정부를 재판하려는 것이라는 인식은 앞서 보았듯이 부스케 재판을 비시 재판에 비유하는 현상이라든가, 클라르스펠드가 이 재판을 통해 비시의 반유대 정책을 재판해야 한다고 몇 차례 밝힌 것과도 일맥상통한다. 부스케의 명백한 책임과 유죄를 주장하는 사람들과, 반대로 자신의 무고함을 주장하는 부스케가 이 점에 대해서만큼은 서로 일치했던 셈이다.

이상에서 본 변론의견서가 실린 《리베라시옹》지 부록에는 〈부스케 소송자료〉라는 제목답게 변론과 논고안 외에도 여러 관련자의 증언들, 1942년의 회의록과 전보들, 1949년 재판의 기소장과 판결문, 부스케와 그 사건을 소개하는 논설들이 수록되었다. 말미에는 역사가들의 논문도 여섯 편이 실렸는데 그중 첫 번째 논문이 바로 이 변론을 비판하는 글이었다. 역사가 페샹스키와 루소는 〈부스케는 자신의 변론서에서 역사를 왜곡했는가?〉라는 제목의 논문에서 변론의 문제점을 다음과 같이 일곱 가지로 제시했다.

첫 번째, 부스케는 변론서에서 비시 체제의 인종주의 이데올로기와 반유대 정책을 전혀 언급하지 않음으로써 자신이 비시 정부의 그러한 성격을 알고도 경찰 총서기직을 수락했다는 사실을 은폐했다. 두 번째, 비시 정부가 프랑스계 유대인을 구제했다는 주장은, 벨디브 대검거에 포함된 약 4,000명의 아동이 프랑스에서 태어났으므로 프랑스인이라는 점, 그리고 비시 정부가 이미 1940~41년의 반유대 정책을 통해 프랑스계 유대인을 포함한 유대인 사회 전체를 약화시켰다는 점에서 타당하지 않다. 세 번째, 변론서는 독일군이 점령하기 전인 1942년 11월 이전에 비시 정부가 비점령지구의 유대인을 대규모로 검거한 이유에 대해 설명하지 않았고 1942년 4~11월에 이미 1만 명 이상의 비점령지구 유대인을 강제이송한 사실을 언급하지 않았다. 네 번째, 아동 문제 역시 누락되었다. 독일 측은 1942년 봄부터 프랑스 정부에 16~60세의 유대인을 이송할 것을 요구했는데 라발은 16세 미만도 이송 대상에 포함할 것을 제안했고 독일 측 답변이 오기도 전에 벨디브 대검거에 아동을 포함할 것을 지시했다. 다섯 번째, 이송된 유대인들이 절멸수용소로 보내질 것이라는 사실을 전쟁이 끝난 뒤인 1945년 봄에야 알았다는 부스케의 주장은 여러 정황으로 미루어 신빙성이 없다. 여섯 번째, 독일이 유대인을 체포하는 데 굳이 프랑스 경찰을 필요로 하지 않았다는 주장은 1941년의 세 차례 대검거에서도 이미 대부분의 작전을 파리 경찰이 수행했다는 점, 그리고 1942년에 독일 측이 유대인 검거작전에 프랑스 경찰을 동원하도록 강하게 비시 정부를 압박했다는 점에 비추어 타당하지 않다. 일곱 번째, 부스케는 유대인문제총국의 실제 역할과 영향력을 과대평가했다.[70]

끝으로 살펴볼 논고안은 부스케 사건 담당검사가 작성한 것으로, 부스케의 반인륜범죄 혐의에 대한 가장 상세한 문서이자 현존하는 마지막 사법문서다. 1949년 재판에서 검사장이 작성했던 기소장이 앞서 보았듯이 또 다른 변론서에 가까웠던 것과는 달리 이번 논고안은 본연의 논고 취지에 충실했다. 우선, 논고안은 애초의 고소장에 적시된 부스케의 반인륜범죄 혐의행위를 세 가지로 제시했다. 1942년 7월 2일 회의 참여, 1942년 8월 18, 20, 22일 비점령지구의 지역지사들에게 내린 지시, 1943년 4월 16일 회의 참여가 그것이다.[71]

파리의 SS 및 독일 경찰 사령부에서 열리고 독일 경찰과 프랑스 경찰의 협력이 논의된 7월 2일 회의는 부스케의 혐의에서 가장 중요한 비중을 차지한다. 그럼에도 부스케 자신의 변론에서는 회의의 존재 자체가 완전히 누락되었고 페샹스키와 루소의 변론 비판 논문에서도 이 누락 사실이 언급되지 않았다.

이 회의에는 독일 측에서는 프랑스 담당 독일 경찰 총수 오베르크 장군을 비롯하여 모두 7명의 보안경찰 및 보안대 주요 책임자들이 참석했고 프랑스 측에서는 오직 부스케만이 참석했다. 여기서 부스케는 첫 번째, 점령지구에서의 유대인 체포는 프랑스 경찰이 수행하지 않을 것이고 두 번째, 외국 국적의 유대인들만 체포해서 독일 측에 넘기겠다는 라발의 제안을 밝힌다. 하지만 이에 대해 크노헨이 유대인 절멸 정책에 히틀러가 절대적 우선권을 부여했다고 발언하자 곧바로 한 걸음 물러선다. 프랑스 경찰로 하여금 프랑스 전국에서, 즉 점령지구와 비점령지구 둘 다에서 "독일 당국이 원하는 수"에 해당하는 외국 국적 유대인을 체포하도록 하겠다고 전격 제안한 것이다. 이는 라발의 애초 제안에서 두 번째 사항인 '외국 국적 유대인들만의 체포', 즉 프랑스계 유대인들의 체포 면제를 관철하기 위해 첫 번째 사항인 '프랑스 경찰의 점령지구 작전 불참'에 대해 "양보"한 것이었다. 독일 측은 이 제안을 받아들였고 비시 정부도 바로 다음 날 부스케의 제안을 사후 승인했다.[72]

이렇듯 점령지구에서의 유대인 체포작전에 프랑스 경찰이 참여하지 않는다는 게 원래의 비시 정부 방침이었다(비록 부스케의 제안을 사후 승인하기는 했지만). 따라서 7월 16~17일의 벨디브 대검거가 전적으로 프랑스 경찰력에 의해 수행된 것은 바로 7월 2일 회의에서 부스케가 다소 파격적인 제안을 한 데서 비롯된 것으로 볼 수 있다.

다음으로, 1942년 8월 18, 20, 22일 부스케가 비점령지구 지역지사들에게 내린 지시는 8월 5일에 내려졌던 지시, 곧 11가지 범주의 외국계 유대인에 대해 점령지구로의 이송을 면제해주는 규정을 취소하고 유대인 검거-이송작전을 강도 높게 수행할 것을 주문한 것이었다. 이 가운데 8월 18일의 지시는 기존의 면제 규정을 취소한 것으로, 이 지시에서 부스케는 이송 면제 범주를 6가지, 즉 60세 이상 노인, 이송 불가자, 명백한 임신상태의 여성, 2세 미만 유아의 부모, 프랑스인 배우자를 둔 사람, 부록 명단 수록자로 제한했다. 이렇듯 11가지 범주가 6가지로 줄면서 가장 치명적이었던 결과는 (기존 규정에 따르면 이송에서 제외되었던) 2세 이상 18세 미만의 미성년자 유대인 전체가 점령지구로 끌려가게 되었다는 것이다. 그 밖에 2세 이상 5세 미만의 자녀를 둔 부모도 추가로 끌려가게 되었다. 8월 20일의 지시는 유대인 검거-이송작전을 방해하는 자에 대한 행정구금을 규정했고, 8월 22일의 지시는 상당 규모의 경찰력을 동원하여 그 작전을 철저히 수행하라는 것이었다.[73]

끝으로, 1943년 4월 16일 회의는 오베르크, SS 지휘관들, 부스케, 지역지사들, 경찰지사들이 모여 남부지구(1942년 11월 이전의 비점령지구)에서 독일 경찰과 프랑스 경찰 사이의 협력 방식을 규정했다. 질서유지작전은 원칙적으로 프랑스 경찰이 수행할 것, 독일 경찰은 독일군 보호 임무만 담당할 것, 독일군이나 독일 군사시설을 공격한 자는 프랑스 경찰이 독일 경찰에 인도할 것 등이 이 회의에서 결정되었다. 또한 이 회의에서 부스케는 프랑스 경찰에 더 많은 자율성을 줄 것을 독일 측에 요구하기 위해 '테러리스트들, 공산주의자들, 유대인들, 드골주의자들, 외국 첩자들'에 의한 프랑스 정부 공격 증가를 비난했다. 이후 오베르크는 파리의 독일 대사관에 '공산주의자들, 테러리스트들, 적의 첩자들, 이들의 유대인-볼셰비키-영미英美 교사자들의 공격'에 맞선 투쟁을 강화해야 한다는 공문을 보냈다.[74]

논고안은 이상의 세 가지 행위 가운데 세 번째 것, 즉 1943년 4월 16일 회의 참여가 실제로 유대인들이나 레지스탕스 대원들에 대한 폭력행위의 강화로 표출되었는지가 "충분히 입증되지 않았"으므로 앞의 두 가지 것만 고려하겠다고 밝혔다. 이 논고안에 따르면 1942년 7월 2일 회의에서의 부스케의 제안은 "부스케와 그의 권한에 속한 당국의 책임 하에 유대인들의 대규모 체포, 수감, 강제이송을 실제로 가능케 한 상당 규모 수단의 사용을 초래"했고, 1942년 8월 18, 20, 22

일의 지시들은 "수많은 유대인 아동들을 체포, 수감하고 아우슈비츠 수용소로 이송하는 것을 직접적 목표로 삼았다." 결국 독일당국은 오직 "부스케로부터 받은 지시에 따라 행동한 프랑스 경찰 부서들이 …… 제공한 협력 덕분에만 동부 영토로의 대규모 강제이송과 그 결과인 살해를 실현할 수 있었다."[75]

논고안은 독일의 요구가 강압적이어서 부득이하게 협력했다는 변론에 대해서는 독일 측의 "압력이 피고인의 자유의지를 없앨 정도로 강력했다는 것은 입증되지 않았"다고 강조했다. 또한 부스케가 라발의 강제지시에 따라야 했다는 변론에 대해서는 그 지시는 목표 자체(무고한 주민들의 체포)로 보나 근거하는 법의 부재(비시 법은 1944년 8월 9일의 명령에 의해 모두 무효화되었다)로 보나 명백히 "불법"이었으며, (반인륜범죄를 처음 규정한) 국제군사재판소 헌장 제8조에 따르면 자기 정부나 상관의 지시에 따라 행동했다고 해서 그 책임을 면제받을 수 없다고 주장했다.[76]

앞서 페샹스키와 루소가 부스케의 변론에서 아동 문제의 누락을 문제 삼았듯이 논고안 역시 아동 문제를 특히 강조했다. 독일 측은 애초의 강제이송 계획에 16세 미만의 미성년자를 포함하지 않았고, 아동은 수용소들에서 실질적인 노동력을 구성할 수도 없으며, 이들 대부분이 자신의 부모와 다른 호송차량으로 이송되었으므로 아동들의 체포를 규정한 부스케의 지시들은 "정당화될 수 없고 용서할 수 없는 범죄를 구성"했다.[77]

또한 페샹스키와 루소가 부스케가 강제이송의 실제 결과(학살)를 몰랐을 리 없다고 반박했다면 이 논고안은 부스케가 몰랐다 하더라도 "비인간적 행위와 박해"만으로 반인륜범죄를 구성하는 데 충분하므

로 유죄 선고에 아무 문제가 없다는 입장이었다.[78]

이상의 논거들에 따라 부스케에게 구체적으로 적용된 죄목들은 반인륜범죄 중에서도 '자의적 체포 및 감금'과 그 공모, '개인적 자유에 대한 침해'와 그 공모, '아동학대', '아동납치', '사기나 폭력에 의하고 사망에 이르도록 한 미성년자 납치 혹은 유괴'와 그 공모였다. 처음 기소될 때 포함되었던 죄목인 '권한남용'과 '불법폭력'은 "경범죄를 구성"한다는 이유로 중죄기소부에 기소중지가 요청되었고, "1943년 4월 16일의 협정에 의해 규정된 지시들을 집행"한 것과 관련해서는 반인륜범죄 행위로서 충분한 추소사항이 없으므로 면소가 요청되었다.[79]

또한 이 논고안에는 구체적으로 부스케의 행위로 인해 사망하게 된 유대인들의 명단이 포함되었다. 1942년 7월 2일 회의에서의 제안으로 인해 벨디브 대검거 때 체포되어 9월 초에 아우슈비츠로 이송된 사람들 가운데 6명, 8월 26일의 대검거 때 비점령지구에서 체포된 사람들 가운데 6명, 벨디브 대검거 때 '폭력적으로 납치되어 사망에 이르게 된 미성년자' 가운데 26명(이 가운데 20명은 2~12세로 납치 당시의 연령이 이름 뒤의 괄호 안에 표기되었다)의 명단이 포함되었다. 여기에 1942년 8월 18, 20, 22일의 지시로 인해 체포, 감금, 인도의 대상이 확대됨으로써 사망하게 된 아동의 명단이 추가되었다. 아동들은 13개 수용소별로 적게는 9명(코레즈 수용소)에서 많게는 142명(리브잘트 수용소)에 달했다. 이 명단에 수록된 유대인 아동은 총 492명이었다.[80] 부스케의 제안과 조치로 인한 실제 사망자 수는 수만 명에 달하므로 여기에 수록된 명단은 아마도 고소장을 작성할 때 유족(혹은 그 후손)들에 의해 신고된 희생자에 국한된, 그야말로 극소수의 명단일 것이다.

결국 부스케의 행위는 "인종적·종교적 집단에 속했다는 이유로, 그러한 사람들에 맞서 이데올로기적 헤게모니 정책을 수행하는 국가를 위해, 그러한 국가의 이름으로 체계적 방식으로 자행된 비인간적 행위와 박해"에 해당하므로 "반인륜범죄의 성격을 띤다"는 것이 논고안의 결론이었다.[81] 이 논고안은 "중죄법원에서 르네 부스케의 기소장을 수리할 것"을 중죄기소부에 요청하는 것으로 끝났다.[82]

이상의 논고안은 비록 정식 기소장도, 최종논고도 아니었지만, 그리고 판결문은 더더욱 아니었지만, 부스케가 피살되기 직전까지 프랑스의 사법기구가 진행한 조사의 최종 결과물이라는 점에서 부스케의 범죄 혐의를 가늠하는 데 상당한 가치가 있다. 또한 같은 날 《리베라시옹》지 부록을 통해 동시에 공개된 부스케 자신의 변론서와 비교해 보더라도, 40여 년 전의 논리를 거의 그대로 반복한 변론과 달리 새로운 증거와 새로운 논리 및 새로운 죄목을 제시했다는 점에서 논고안 쪽이 좀 더 설득력 있었다. 부스케가 독일강점기에 비시 경찰 총수직을 수행하면서 벌인 행위 가운데 가장 책임이 막중했던 1942년 7월 2일 회의에서의 제안은 그의 가장 큰 범죄행위일 뿐만 아니라 나치 독일의 홀로코스트에 대한 비시 정부 협력의 역사에서도 최대 분기점이었다. 그럼에도 1949년의 재판에서나, 1992년의 부스케 변론서에서나 아예 누락되었다. 심지어 부스케의 변론을 비판한 두 역사가(페샹스키와 루소)의 논문에서도 언급되지 않았다. 그러던 것이 이 논고안에서 상세히 다루어졌던 것이다.

동일한 행위를 놓고 어떻게 반세기 만에 다시 재판을 받을 수 있느냐는 항변에 대해서는, 비록 같은 시기 같은 직무 수행 중의 행위이지만 유대인 박해(종교적 박해라기보다는 나치 독일의 유대인 절멸 정책에 대한 협력)와 관련해서는 1949년 재판에서 거의 다루어지지 않았거나 제대로 처벌되지 않았다는 사실을, 반세기 만에 새로운 재판(결국 무산되었지만)을 열어야 할 이유로 제시할 수 있을 것이다.

부스케가 암살당함으로써 재판은 무산되었지만 프랑스인을 대상으로 한 반인륜범죄 재판 자체가 완전히 무산된 것은 아니었다. 부스케가 사망한 바로 다음 해 민병대 간부 투비에와 3~4년 뒤 지롱드 도청 사무국장 파퐁이 둘 다 (부스케와 마찬가지로) 반세기 전 독일강점기의 반인륜범죄 행위로 결국 재판을 받았고 유죄를 선고받았다. 1992년 4월 항소법원이 비시 체제는 '이데올로기적 헤게모니 정책을 수행하는 국가'가 아니므로 투비에의 행위는 반인륜범죄가 될 수 없다며 면소 판결을 한 것은 1990년 10월 항소법원 검사장이 부스케 사건은 (사실상 존재하지 않는) 최고재판소의 소관이라고 발표한 것과 마찬가지로 엄청난 반발과 분노를 야기했다. 결국 부스케 사건과 마찬가지로 이 판결은 곧 번복되었지만 부스케와 달리 투비에는 1994년 4월 20일 반인륜범죄 공모죄로 종신형을 선고받았다.

한편, 부스케나 투비에와 달리 해방 후 아예 재판을 받지 않았던 파퐁은 정치인으로서의 꿈을 접었던 부스케와는 다르게 전후戰後 줄곧 정계에서 승승가도를 달려 파리 경찰청장(1958~67)과 예산부장관(1978~ 81)까지 역임했다. 하지만 한 주간지의 폭로기사(1981)로 독일강점기의 범죄행위가 알려지게 되었다는 점과 이후 계속해서 사법절차가 지체되었다는 점은 부스케와 유사했다. 결국 파퐁은 1997년 10월 8일 법정에 섬으로써 마지막 반인륜범죄 재판의 대상이 되었고 다음해 4월 2일 반인륜범죄 공모죄로 10년 금고형을 선고받았다.

부스케의 재판이 '비시 재판'으로 기대되었다가 무산된 탓에 이후의 투비에 재판과 파퐁 재판은 둘 다 (르게에 이어 부스케까지 두 차례나 잇달아) 무산된 비시 재판을 끝내 실현해줄 기회로 간주되었다. 그러나 투비에는 비시 정부가 창설한 준군사조직의 지방 간부였고 파퐁은 도청의 사무국장이었다. 비시 정부 경찰 총수에 비해 비시 체제를 대표할 가능성은 애초부터 현저히 떨어졌던 것이다. 그러한 의미에서 비시 재판, 엄밀하게 말해서 비시 체제 자체에 대한 재판이라기보다는 '나치 독일의 유대인 절멸 정책에 대한 비시 정부의 협력'이라는 측면에 대한 재판이라는 의미에서의 '비시 재판'은 부스케의 사망으로 영원히 무산된 셈이다.

1978년의 《렉스프레스》지 폭로기사에서부터 1993년의 부스케 피살에 이르기까지 언론을 통해 충분히 전모가 드러난 '부스케 사건'은 1949년의 재판이 얼마나 불합리했는지를 잘 보여준다. 하지만 이 '경악할 만한' 판결은 프랑스 자체의 반유대주의와 유대인 박해, 그리고 홀로코스트에 대한 프랑스 정부의 협력이라는 측면에 대한 인식과 기억이 억제되던 시기, 오직 반민족행위 대 레지스탕스라는 프리즘으로만 강점기의 행위를 판별하고 반인륜범죄에 대한 인식이 들어설 여지가 없던 시기, 게다가 그러한 프리즘마저 약화되고 기억과 단죄보다는 망각과 용서와 화합이 촉구되던 시기, 해방기가 끝나고 냉전이 시작된 시기의 산물이기도 하다.

한편, 이러한 시대적 한계와는 별개로 부스케의 사법처리 문제를 둘러싸고 해방 직후 시기나 1990년대나 동일하게 관철되는 하나의 현상이 감지된다. 1949년 재판을 보자. 투옥되고 나서 3년여 만에 가석방되고(1948), 재판 자체가 매우 늦어져 관대한 분위기가 조성된 상황에서 법정에 서게 되고, 검사장의 기소장조차 변론에 가깝고, 증인들이 피고인에게 압도적으로 우호적이고, 배심원단에 피고인의 지인까지 포함되었다. 그럼 1990년대 초 '부스케 사건' 처리 과정은 어떠했는가? 1989년 9월 처음 고소장이 접수되고 나서 기소되기까지 1년 반이나 걸렸고, 법무부 대리장관이 '시민적 평화'를 거론하며 사법처리 자체에 난색을 표했고, 기소 자체가 비밀리에 이루어졌고, 예심이 극도로 느리게 진행되었다. 둘 다에서 '부스케에 대한 권력층의 보호'라는 현상이 공통적으로 드러났던 것이다. 1940년대 말의 보호자가 제3공화정기부터 부스케가 고위행정직을 수행하며 교분을 쌓아온 급진사회당 인사들이었다면 1990년대 초의 보호자는 1960~70년대부터 부스케가 선거운동을 지원하는 등 좋은 관계를 유지해온 현직 대통령 미테랑이었다. 이러한 점에서 부스케 사건은 독일강점기 비시 정부의 홀로코스트 협력만이 아니라 전후 프랑스 사회와 정치의 한 단면을 잘 드러낸다.

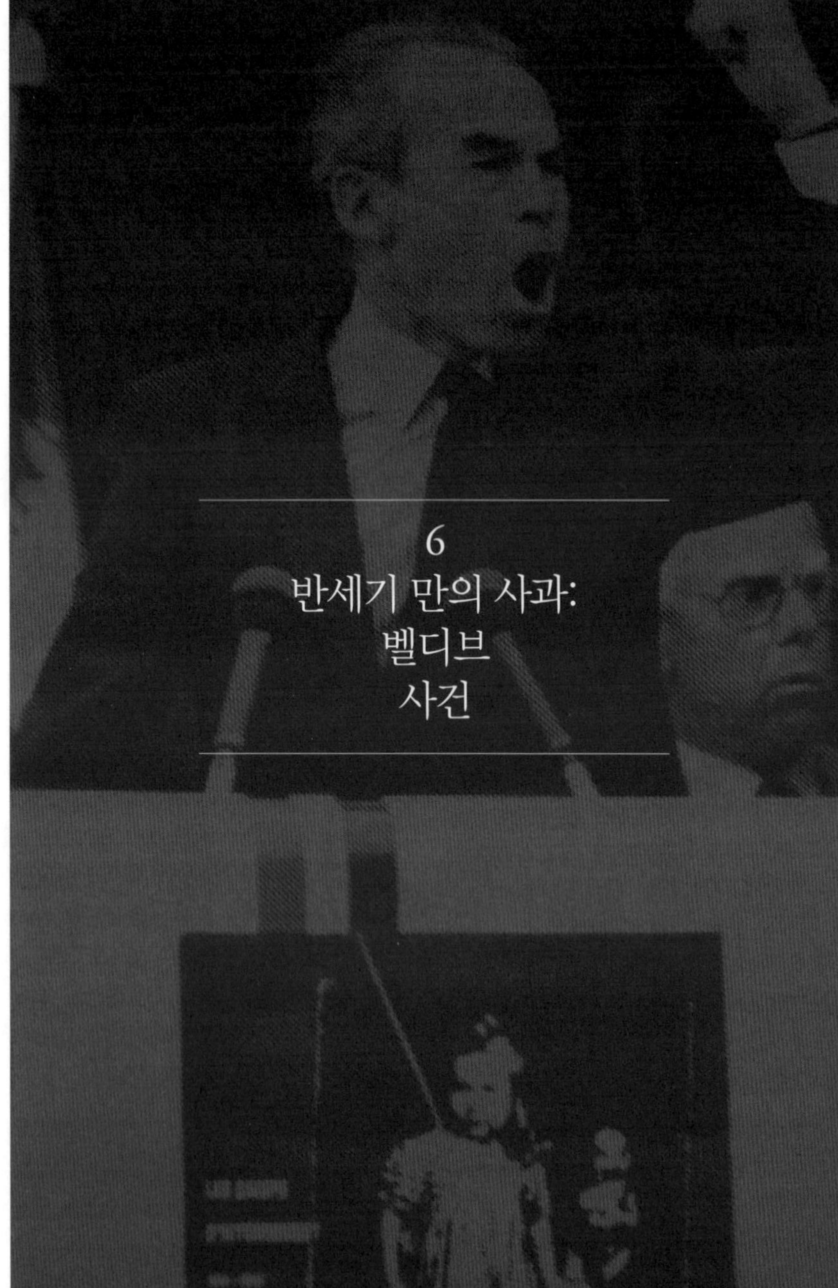

6
반세기 만의 사과: 벨디브 사건

독일강점기 프랑스에서 비시 정부의 대독협력 정책이 낳은 가장 끔찍했던 사건은 단연 1942년 7월 16~17일의 벨디브 사건일 것이다. 이틀에 걸쳐 파리와 교외 지역에 거주하던 외국계 유대인과 그 자녀들 1만 2,884명이 4,500명의 프랑스 경관들과 헌병들에 의해 검거된 것을 가리키는 이 사건은 그때 검거된 유대인들 대부분이 결국 아우슈비츠 등의 절멸수용소들로 이송되어 학살당했기 때문에 가장 끔찍했던 사건으로 기억되고 있다.[1] 게다가 이러한 대규모 검거를 독일군 병사나 게슈타포가 아니라 전적으로 프랑스 경관과 헌병이 수행했다는 점과 이때 검거된 유대인 가운데 아동이 4,115명이나 되었다는 점은 이 사건이 프랑스인들에게 끔찍할 뿐만 아니라 수치스러운 것이었음을 잘 말해준다. 이토록 끔찍하고도 수치스런 사건이었음에도, 아니 어쩌면 바로 그러했기 때문에 이 사건에 대한 기억은 수십 년 동안 억제되거나 묻혔다가 벨디브 사건 50주년 기념일인 1992년 7월 16일을 전후해서야 급격히 분출되었다. 11명의 좌파 지식인들로 구성된 '42 벨디

벨디브 사건 당시의 동계경륜장

1942년 7월 16일의 벨디브 사건 현장을 찍은 현존하는 유일한 사진. 동계경륜장(약칭 벨디브) 앞에 유대인들을 이송한 버스들이 늘어서 있다.

브 위원회'가 미테랑 대통령에게 비시 정부의 유대인 박해 및 범죄 책임을 공식 인정하라는 청원서를 보냄으로써 시작된 벨디브 논쟁은 미테랑의 반응과 50주년 기념식에서의 소란을 거치며 더욱 확대되었고 결국 다음 해 2월의 국가기념일 제정과 1995년 시라크 대통령의 파격적인 연설로 이어졌다.

이 장에서는 벨디브 사건 50주년에 해당하는 1992년부터 53주년인 1995년의 시라크 연설까지 벨디브 사건과 그 기념을 둘러싸고 벌어진 논쟁을 살펴보고자 한다. 이 주제에 대한 연구는 그리 많지 않다. 프랑스 자체 내에서 이 시기 벨디브의 기념을 심도 깊게 다룬 연구 성과는 역사가 앙리 루소와 언론인 에릭 코낭이 함께 펴낸《비시, 지나가지 않은 과거》의 한 장으로 실린 〈벨디브: 불가능한 기념〉이 거의 유일하다.[2] 그 밖에 세르주 바르셀리니Serge Barcellini가 〈'암울한 시기'의 강제이송과 박해를 기념하는 두 국가기념일에 관하여〉라는 제목으로 4월 말의 강제이송 기념일과 함께 벨디브 기념일의 제정 과정을 다루었고,[3] 역사가 아네트 비비오르카Annette Wieviorka가 〈벨디브: 기념의 역사〉라는 제목으로 간략하게 소개하는 수준의 글을 발표했다.[4]

프랑스 밖에서의 연구 성과로는 영국의 역사가들인 피터 캐리어Peter Carrier와 리베카 클리포드Rebecca Clifford의 연구서들이 주목할 만하다. 두 역사가 모두 '홀로코스트의 기념'이라는 문제에 대해 두 나라의 사례를 비교 연구하고 있다. 캐리어가 '기념물'을 중심으로 프랑스와 독일을 비교했다면, 클리포드는 '기념식'을 중심으로 프랑스와 이탈리아를 비교했으며, 둘 다 프랑스의 경우 벨디브 기념 문제를 비중 있게 다루고 있다.[5]

필자는 이상의 연구 성과들을 참조하되 당시의 정기간행물, 즉 벨디브 사건 50주년 기념일 전후인 1992년 7월, 미테랑 대통령의 페탱 묘 헌화 사건이 벌어진 같은 해 11월, 벨디브 국가기념일이 제정된 1993년 2월, 벨디브 기념물이 제막된 1994년 7월, 시라크 대통령의 연설이 행해진 1995년 7월, 이렇게 다섯 시기의 대표적인 중앙일간지 4종과 시사주간지 3종을 집중 분석했다. 일간지로는 중도좌파 성향의 《르몽드》지, 현존하는 가장 오래된 신문(1826년 창간)이자 우파 성향의 《르 피가로》지, 좌파 성향의 《리베라시옹》지, 1996년에 폐간된 《르 코티디엥 드 파리*Le Quotidien de Paris*》지, 시사주간지로는 《렉스프레스》지, 《르 누벨 옵세르바퇴르*Le Nouvel Observateur*》지, 《목요일의 사건 *L'Événement du Jeudi*》지를 각각 분석했다. 이상의 일간지들과 주간지들은 벨디브 기념식 때 벌어진 상황에 대한 구체적 묘사, 42 벨디브 위원회의 청원서, 미테랑 대통령의 인터뷰 발언, 벨디브 기념일 제정 법령 등 기본적인 정보들을 담고 있을 뿐만 아니라 벨디브 기념을 둘러싼 당대인들의 논평과 논쟁을 생생히 보여준다는 점에서 최적의 1차 사료다.

벨디브 50주년: 기념식과 42 벨디브 위원회

반세기 전의 벨디브 사건을 둘러싼 논쟁은 1992년 6월 17일 '42 벨디브 위원회'라는 다소 생경한 명칭의 조직이 미테랑 대통령에게 비시 정부가 독일강점기 유대인들에 대한 박해와 범죄에 책임이 있음을 공식 인정하라고 요구하는 청원서를 《르몽드》지에 발표하면서 시작되었다. '42 벨디브 위원회'(이하 벨디브 위원회)는 이 청원서를 작성하면서 결성된 조직으로, 11명의 구성원 대부분이 1968년 5월의 투쟁 경험을 공유한 '68세대'인 동시에 전前공산주의-마오주의 지식인들이었다.[6] 이 청원서를 작성한 이들 11명은 대체로 무명의 인물들이었으나 이 문건을 지지한 "200명 이상"의 1차 서명자 명단에는 프랑스 사회의 유력 지식인들이 다수 포함되었다. 철학자인 에티엔 발리바르Étienne Balibar, 자크 데리다Jacques Derrida, 앙드레 글뤽스만André Glucksmann, 레지 드브레Régis Debray, 사회학자 알랭 투렌Alain Touraine, 영화감독 루이 말Louis Malle과 마티외 카소비츠Mathieu Kassowitz, 전기작가로 유명한 장 라쿠튀르Jean Lacouture, 작가 겸 역사가인 막스 갈로Max Gallo, 고대사 역사가인 피에르 비달나케Pierre Vidal-Naquet, 폴 벤Paul Veyne, 장피에르 베르낭Jean-Pierre Vernant, 레지스탕스 출신의 오브락Aubrac 부부 등이 특히 눈에 띄는 인물들이었다.[7]

청원서는 다음과 같은 진단으로 시작된다.

> 2차 세계대전이 끝났을 때 비시 프랑스 국가의 몇몇 고위 책임자들이 반역죄와 적에 대한 협력죄로 정당하게 유죄 선고를 받았다. 반면 공화국 정부의 최고당국은, 이 동일한 비시 프랑스 국가가 유대인들을 박해했고 오직 그들이 유대인이라는 이유만으로 그들에게 범죄를 저질렀다는 것을 언제나 공식적으로 인정하거나 선언한 것은 아니었다.[8]

이 문건이 "비시 정부" 혹은 (그 정부가 '프랑스 공화국'을 대신하여 공식적으로 내건 용어인) "프랑스 국가État français"가 아니라 "비시 프랑스 국가État français de Vichy"라는 비교적 새로운 용어를 썼다는 점이 우선 눈에 띈다. 그냥 '프랑스 국가'라고만 썼을 경우에 독일강점기 비시 체제를 가리키는 용어가 아니라 프랑스(라는) 국가 일반으로 오독誤讀될 수 있어서 그러한 용어를 택한 것으로 보인다.

이하에서 청원서의 내용 대부분은 이러한 '비시 프랑스 국가'의 반反유대 정책 수행을 묘사하는 데 할애되었다. 비시 프랑스 국가는 1940년 10월 유대인지위법을 제정하여 "독일점령세력이 요구하지 않았음"에도 유대인들을 국민공동체에서 배제했고, 유대인에 대한 조직적인 차별 정책을 수행했으며, 프랑스 경찰과 헌병에 독일 군경과 "긴밀하게 협력하여" 유대인들을 체포하고 수용소들에 수감시킬 것을 명했다. 그리하여 그 국가는 프랑스에서 모두 7만 5,000명의 유대인을 독일에 넘기는 작업을 용이하게 했고 이들 대부분은 나치 절멸수용소들에서 학살당했다. 이렇듯 "프랑스에서 강제이송되어 나치 수용소들에서 살해당한 유대인들은 대체로 …… 프랑스 국가에 의해 추적되고 대량 검거되고 독일인들에 넘겨졌음에도" 지금까지 프랑스에서 행해진 공식 연설들과 프랑스 곳곳에 설치된 기념동판들에서 이 유대인들이 "오직 독일점령세력의 야만행위"의 희생자로만 등장한다는 것이 청원서를 작성한 벨디브 위원회의 주된 비판의 초점이었다.

따라서 이 위원회가 청원서를 통해 제기한 핵심적인 요구사항은 "오는 7월 16~17일 벨디브 대검거 50주년 기념일에 국가수반인 프랑스 공화국 대통령이 비시 프랑스 국가가 프랑스 유대인에 대한 박해와 범죄에 책임이 있음을 공식적으로 선언하고 인정"하라는 것이었다. 이러한 "상징적 행위"는 "희생자들의 기억과 그들의 후손"이 요구하는 것이고 동시에 "이 침묵으로 고통받는 프랑스의 집단적 기억"이 요구하는 것이라고 벨디브 위원회는 주장했다.

대통령에게 과거사에 대한 입장 표명을 요구하는 전례 없는 청원운동은 꽤 성공을 거두었던 것으로 보인다. 6월 17일 일간지에 청원서가 처음 발표되면서 이미 227명의 명단이 실린 서명자 수는 이후 한 달 동안 "하루에 100명씩의 속도로" 불어나 7월 중순에 이르면 "수천 명"에 달하게 되었다.[9]

애초에 다른 일정이 이미 잡혀 있다는 이유로 벨디브 대검거 50주년 기념식 행사에 대통령이 참석하지 않을 것이라고 밝혔던 엘리제궁이 7월 10일 기존 입장을 번복하고 대통령이 그 행사에 참석할 것이며 나아가 헌화까지 할 것이라고 발표한 것도 바로 이러한 청원운동의 압박에 따른 것으로 볼 수 있다.

무명의 좌파 지식인들에 의해 시작된 전례 없는 방식의 청원운동이 불과 한 달 만에 이러한 성공을 거두게 된 것은 무엇보다도, 반세기 전의 유대인 학살에 관련된 비시 정부 인사들에 대한 반인륜범죄 재판이 잇달아 무산되거나 지연되던 당시 상황에 크게 힘입은 것이었다. 독일인인 리옹 지역 게슈타포 지휘관 바르비가 1983년에 체포되어 1987년에 반인륜범죄 재판을 받았던 반면, 최초로 반인륜범죄로 기소된 프랑스인인 르게(비시 정부 경찰 총수의 독일군 점령지구 파견 대표)는 1989년에 사망함으로써 재판이 무산되었고, 비시 정부 경찰 총수 부스케는 1991년에 역시 반인륜범죄로 기소되었으나 계속해서 재판이 지연되었으며, 1983년에 반인륜범죄로 기소된 파퐁(강점기 지롱드 도청 사무국장)은 1987년에 공소가 기각되었다. 특히나 프랑스 사회의 분노를 폭발시킨 것은 1992년 4월 13일 파리 항소법원이 반인륜범죄로 체포되었던 민병대 제2국 국장 투비에에게 면소 판결을 내린 것이었다.[10] 비시 체제는 나치 독일과 달리 "이데올로기적 헤게모니 정책을 수행하는 국가"로 볼 수 없으며, 따라서 그러한 비시 체제에 속한 민병대의 간부로서 투비에가 저지른 행위는 "이데올로기적 헤게모니 정책을 수행하는 국가"와 관련되는 경우에만 적용되는 '반인륜범죄'에 해당하지 않는다는 것이 항소법원이 제시한 면소 판결의 이유였다.[11] 이러한 판결에 대해 일간지들은 "흥분과 분노", "격분과 경악"[12] 등의 제목으로 사회 각계각층의 분노를 연일 보도했다. 4월 말에는 역사학계 전체의 대표자 25명이 "비시 체제가 상징하는 우리 민족사의 고통스럽고 암울한 시기가 그럴싸한 논의, 언어의 위조, 확고한 무지에 의해 왜곡된 데 분개"하며 항소법원의 "판결에 수반된 이유서의 내용 대부분을 거부"한다는 항의문을 발표하기에 이른다.[13]

이렇듯 사법적 방식의 과거사 청산이 제대로 진척되지 않자 국가수반의 공식 선언이라는 정치적 방식의 과거사 청산이, 무산되거나 지연된 반인륜범죄 재판에 대한 일종의 대안이나 보완책으로 추구된 것이다. 요컨대 반세기 전의 반인륜범죄에 대한 재판들이 계속해서 지연되던 중에 특히 1992년 4월 투비에의 면소 판결이 기폭제가 되어 (프랑스 반인륜범죄의 대표적 사건이라 할) 벨디브 사건의 50주년 기념일을 앞둔 상황에서 청원운동이 시작되고 상당한 성공을 거둔 것이다.

그러나 이 운동의 '성공'은 수천 명의 서명자들을 끌어 모으고 미테랑 대통령을 벨디브 50주년 기념식 행사에 오게 한 것, 딱 거기까지 만이었다. 미테랑 대통령은 청원서가 《르몽드》지에 발표되고 나서 거의 한 달 만인 7월 14일이 되어서야 반응을 보였다. 내용은 벨디브 위원회의 요구를 정면으로 거부하는 것이었다. 미테랑 대통령은 7월 14일 샹젤리제 대로에서 프랑스혁명 기념일 군사 퍼레이드를 사열한 뒤 엘리제궁 정원에서 열린 가든파티에서 TV 방송사 기자들의 질문에 답했다. 청원서의 요구와 관련해서는 1940년에 존재한 "프랑스 국가"가

"공화국이 아니라 비시 체제"였으므로 "해명을 요구해야 하는 대상은 바로 이 프랑스 국가", 즉 비시 체제라고 주장했다. 또한 공화국은 탄생 이후 두 세기 내내 인종차별에 반대해왔고 "프랑스 유대인들"을 포함해서 모든 시민들에게 "전적으로 열린 태도"를 취해왔으므로 그러한 "공화국에 해명을 요구하지 말" 것을 여러 차례 강조했다. 미테랑의 이러한 주장에 깔린 핵심적인 전제는 공화국과 비시 체제의 근본적인 대립이었다. 답변 과정에서 그는 "레지스탕스, 이어서 드골 정부, 다음에 제4공화국 및 이후 공화국들은 이러한 프랑스 국가(비시 체제를 지칭 – 필자)의 거부에 기반한 것"임을 힘주어 강조했던 것이다.[14]

미테랑의 답변에 비추어 벨디브 위원회의 청원서를 다시 면밀히 검토해보면 대통령의 답변은 분명히 거부 입장이기는 한데 청원서의 요구사항에 적확하게 대응한 것은 아님이 드러난다. 벨디브 위원회가 청원서를 통해 미테랑에게 요구한 것은 공화국이 비시의 범죄에 대해 해명하라는 것도, 공화국이 비시의 범죄를 책임지라는 것도 아니었다. 단지 '비시가 프랑스 유대인에 대한 범죄에 책임이 있다는 것을 대통령으로서 공식 인정'하라는 것이었다. 그럼에도 미테랑은 공화국에 (비시의 범죄에 대한) 해명을 요구하지 말라는 주장만 거듭했던 것이다.

이러한 대통령의 답변에 벨디브 위원회는 즉각 불만을 표명했다. "국가가 벙어리인 것은 알고 있었는데 이제 귀머거리임이 드러났다"는 다소 원색적인 공격으로 서두를 연 벨디브 위원회는 미테랑에 따르면 "우리는 공화국이 자신이 저지르지도 않은 범죄들로 비난받기를 원하는 셈"인데 청원서 안에 "이러한 혼동을 정당화할 만한 요소는 전혀 없다"고 맞섰다. 그런데 흥미롭게도 이 위원회는 애초의 주장(6월 17일의 청원서)에서 한걸음 더 나아갔다. 청원서에서는 단지 비시의 책임만을 언급했다면 대통령의 7월 14일 발언에 대응하는 과정에서 공화국의 책임까지 강력히 시사했던 것이다.

> 사람들은 우리에게 공화국이 비시의 음모에 연루되지 않았으며 이 국가(비시 프랑스 국가-필자)는 이름만 프랑스라고 말한다. 그러나 프랑스 행정관들, 프랑스 법관들, 프랑스 경찰관들이 그 국가에 봉사했고, 이들은 공화국 국가에 의해 자신의 직위에 임명되었다는 사실을 잊은 채 페탱에게 선서하고 비인간적인 명령을 집행하고 때때로 범죄행위를 직접 주도했다. 프랑스의 이름으로 행해진 모든 것에 오늘날의 프랑스 국가는 책임이 있다.[15]

또한 한 달 전의 청원서가 비시 체제의 행위 중에서 오직 '유대인에 대한' 박해와 범죄만을 거론했다면 이번 문건에서는 그러한 영역을 전혀 적시하지 않음으로써 비시 체제를 보다 전면적으로 문제 삼았다. 게다가 "프랑스의 이름으로 행해진 모든 것"이라는 표현까지 쓰고 있다. 나아가 청원서가 대통령의 상징적 행위는 "희생자들의 기억과 그들의 후손들"이 요구하는 것이라고 주장함으로써 희생자(주로 유대인)에게 초점을 맞추었다면, 이번 문건은 동일한 행위가 "나치와 그들의 공모자들에게 저항한 모든 사람들의 기억"에 충실한 하나의 방식이라고 규정함으로써 저항자(레지스탕스)에게로 그 의미를 확대했다.

한편, 벨디브 위원회의 요구사항은 한 달 전과 거의 동일했다. "대통령이 7월 16일 벨디브 대검거가 벌어졌던 바로 그 장소에서 공식 선언을 할 것을 우리가 반복해서 촉구"한다고 썼는데, 대통령 자신이 기념식 참석의사를 이미 밝혔으므로 공식 선언을 할 구체적 장소를 명시한 것과 공식 선언 내용의 확대 가능성(유대인 박해에 대한 비시의 책임을 인정하는 것만이 아니라 "오늘날 프랑스 국가"의 책임까지 선포하는 것) 정도가 차이라면 차이였다.

미테랑이 벨디브 청원서와 관련된 입장을 처음 표명한 날 바로 다음다음 날이 문제의 7월 16일이었다. 정확히 50년 전 수도 한복판에서 프랑스 경찰이 약 1만 3,000명의 유대인들을 검거했던 날인 7월 16일, 옛 동계경륜장(약칭 벨디브) 부지에서 열리는 벨디브 대검거 50주년 기념식에서 과연 대통령이 어떠한 행동을 취할 것인지가 초미의 관심사가 되었다.

벨디브 기념식은 파리 제15구 그르넬Grenelle 대로 8번지 벨디브 건물(1959년에 철거된 이후에는 벨디브 부지) 입구에서 해방 후(1946)부터 반세기 내내 철저히 사적私的인 성격의 행사로 수행되어왔다. 1982년의 40주년 기념식에 파리 시장 시라크가 참석하고 1986년에 벨디브 사건의 정황과 정확한 희생자 수를 명시한 기념동판이 역시 시라크 시장의 제막으로 설치되기도 했지만, 1992년까지도 벨디브 기념식은 국가기관이 아니라 유대인 단체들(프랑스 유대인기관 대표회의, 유대인 강제이송협회들, 프랑스 유대인 강제이송자 자녀회)이 조직한 행사였다.[16]

이렇듯 주로 유대인들 고유의 행사였던 벨디브 기념식에 1992년만큼은 매우 이례적으로 정부요인들과 정치인들이 대거 참석했다. 대통령만이 아니라 상원의장과 하원의장, 여러 장관들과 의원들, 헌법위원회 위원장, 경찰청장, 일드프랑스 지역지사가 이 기념식에 모습을 드러낸 것이다. 그날 오후 6시 기념식이 시작된 그르넬 대로 8번지에는 모두 2,000명 이상에 달하는 전례 없는 규모의 인파가 운집했던 것으로 추산된다.[17] 참석한 인물들의 비중으로 보나 전체 참가인원으로 보나 1992년의 벨디브 기념식이 그 기념의 역사에서 전무후무했던 것은 그해가 50주년이라는 사실 외에도 앞서 지적했듯이 반인륜범죄 재판들이 제대로 진척되지 않던 상황, 그리고 대통령에게 이 기념식에서 모종의 행위를 하라고 촉구한 청원운동, 이에 따른 대통령의 기념식 참석 결정 보도 등이 크게 작용한 결과였다.

그러면 미테랑은 벨디브 50주년 기념식에서 어떠한 정치행위를 했을까? 기념식은 벨디브 사건 생존자의 증언, 프랑스 유대인기관 대표회의CRIF 의장 장 칸의 연설과 파리 제1부시장의 시라크 시장 기념사 대독으로 이어졌다. 우리가 해야 할 "선택은 진실과 거짓말 사이가 아니라 진실과 침묵 사이"라는 시라크의 기념사는 비시 범죄에 대한 반세기 동안의 공식적 침묵을 깨자는 벨디브 위원회의 촉구와 동일한 맥락의 것으로 해석될 수 있었다. 이어서 그날 기념식의 유일한 정부 요인의 공식 연설이었던 퇴역군인-전쟁희생자부 국무서기 루이 멕상도Louis Mexandeau의 연설이 있었는데 바로 이 연설 도중에 미테랑이 도착했다. 대통령의 모습이 보이자 청중 후미에서부터 격렬한 야유와 휘파람 소리가 급속히 터져나왔다.[18] 심지어 "미테랑을 비시로!"라는 구호까지 등장했다. 이러한 야유 소리가 점점 커져 대통령을 맞는 갈채 소리를 압도하자 기념식 사회자이자 CRIF 부의장인 앙리 불라브코Henry Bulawko가 급히 마이크를 잡고 야유를 퍼붓는 청중을 향해 이는 "고인들의 명예를 모독"하는 행위라고 외치면서 "품위 있게 대통령을 맞이할 것"을 촉구했다. 소란이 겨우 잠잠해지자 멕상도가 연설을 마저 끝냈고 이어서 칸이 "대통령의 참석은 공화국 프랑스가 강점과 협력의 암울한 시절을 은폐하기를 원치 않는다는 것을 확실히 보여준다"는 말로 미테랑에게 환영의 의사를 표했다. 그러나 미테랑이 벨디브 기념동판 앞에 헌화하기 위해 자리에서 일어서자 다시 야유

소리가 터져나왔고 이번에는 주최 측이 유도한 갈채 소리가 야유 소리를 압도했다.[19]

이때 헌법위원회 위원장인 로베르 바뎅테르Robert Badinter가 분노에 찬 표정으로 연단에 올랐다. 그 자신, 아버지를 절멸수용소에서 잃은 유대인인 바뎅테르는 "당신들은 나를 수치스럽게 했다! 입 다물든가 이곳을 떠나라! 당신들은 당신들이 기여한다고 믿는 그 대의를 모독하고 있다"라고 외쳤다.[20] 다음 날 일간지들은 일제히 제1면에 벨디브 기념식을 대표하는 사진으로 바로 이 모습, 즉 바뎅테르가 연단에

로베르 바뎅테르

1992년 7월 16일 벨디브 사건 50주년 기념식장에서 분노하며 연설하고 있는 헌법위원회 위원장 로베르 바뎅테르.

서 손가락을 치켜들고 분노한 모습을 실었다.[21] 이어서 바뎅테르는 정부의 공식 입장이 아니라 개인적 자격으로 발언하는 것이라고 밝히면서 주목할 만한 연설을 했다. 그는 50년 전 벨디브 대검거 작전에서 나치를 위해 체포를 지시한 것은 "비시 책임자들"로, "프랑스 당국의 적극적 협력이 없었다면" 이 작전은 "절대 실현될 수 없었을 것"이고, 비시 책임자들이 프랑스계 유대인들을 구하기 위해 외국계 유대인들을 독일 측에 넘겼다는 자기변호 논리는 "기괴"할 뿐만 아니라 "거짓말"이며, 벨디브의 어린이들은 유대인에 대한 비시의 범죄를 상징한다고 주장했다. 바뎅테르는 다소 길게 비시 정부의 책임을 거론하고 나서 연설 말미에 "공화국은 자신의 적들인 비시 사람들이 저지른 범죄에 책임이 있는 것으로 간주될 수 없을 것"이라고 못 박았다.[22] 이는 이틀 전에 미테랑 자신이 표명했던 입장과 정확히 동일한 것이자 벨디브 위원회의 요구(정확하게는 6월 17일의 1차 청원보다는 7월 14~15일 2차 청원의 요구)를 거부하는 것이었다.

결국 미테랑 대통령은 벨디브 기념식에 참석은 했으되 식장에서 단 한마디도 하지 않은 셈이었다. 어떤 이들은 그래도 현직 대통령이 (대통령으로서는 최초로) 벨디브 기념식에 참석하고 헌화까지 했다는 것, 그리고 대통령 자신은 발언하지 않았지만 최고위급 정부요인 바뎅테르의 입을 통해 비시 정부의 범죄와 책임을 명확히 인정했다는 것에 다행스러워하고 만족해했다. 반면 또 다른 이들은 대통령이 끝까지 침묵을 지킨 것과 바뎅테르의 연설조차 이틀 전 대통령의 입장과 다를 바 없다는 점에 대해 실망했다.

벨디브 위원회는 물론 실망한 쪽이었다. 하지만 7월 19~20일자 《르몽드》지에 실린 위원회의 3차 발표문(1차 청원서와 사흘 전의 2차 청원서에 이은)은 이 기념식에 대해 실망만 표현한 게 아니라 어느 정도의 성과도 인정했다.

> 드디어 비시 프랑스 국가의 범죄에 대한 진실이 신문과 미디어를 통해 백일하에 드러났다. 50년간의 공식적 침묵 끝에 마침내 국가의 최고당국이 벨디브 대검거의 희생자들에게 경의를 표하는 데 참여했고, 대통령이 자신의 참석을 통해 이 범죄를 고발하는 것을 지지했다.[23]

사실, 이는 다분히 과장된 논평이다. 벨디브 사건이라는 "비시 프랑스 국가의 범죄"의 진상이 알려진 것은 이번이 처음이 아니었다. 수십 년 전부터 역사가들이 그러한 사실을 이미 밝힌 상태였고, 언론에 처음 크게 알려진 것도 1992년 7월이 아니라 비시 정부의 경찰 총수 부스케가 벨디브 사건의 핵심적인 책임자였다는 사실이 폭로된 1978년 10월이었다. 앞서 보았던 한 달 전 청원서의 첫 문장에 표현된 '종전終戰 직후 비시 정부 소수 고위관료들의 유죄 선고'도 해방 직후의 대규모 대독협력자 처벌을 표현하는 것으로서는 매우 미흡한 수준이 아닐 수 없다. 해방 후에 소수 고위관료들만 유죄 선고를 받은 게 아니라 무려 12만 명 이상이 재판을 받았고 그중 약 9만 8,000명이 실형을 선고받았던 것이다. 이렇듯 벨디브 위원회의 역사인식은 매우 불철저했다. 하지만 이번 50주년 벨디브 기념행사에 처음으로 대통령을 필두로 국가기관이 대거 참여하고 그럼으로써 벨디브 사건이라는 비시 정부의 범죄에 대한 반세기의 "공식적 침묵"을 깬 것은 분명한 사실이다.

벨디브 위원회는 이러한 사실을 인정한 뒤에 "비시 프랑스 국가의 책임을 정당하게 규탄"한 바뎅테르의 연설을 높이 평가하면서도 "그리도 기대되었던 상징적 행위"를 대통령이 하지 않은 것에 아쉬움을 표했다. 나아가 위원회는 대통령의 상징적 행위에 대한 기존의 요구에 덧붙여 새로운 요구를 제기했다. 7월 16일을 "비시 프랑스 국가가 유대인들에게 자행한 박해와 범죄의 국가기념일"로 제정하는 법을 의회에서 통과시킬 것을 의원들에게 촉구했던 것이다. 이는 대통령의 입장 표명(7월 14일)과 침묵(7월 16일)으로 더 이상 대통령에게 기대하기 어렵다는 판단에서, 동시에 대통령의 기념식 참석과 헌화로 부분적이나마 기존 요구가 만족되었다는 인식에 따라 행정부에서 입법부로 요구 대상이 바뀐 것으로 볼 수 있다. 국가기념일 제정은 대통령의 선언보다는 여론에 대한 파급 효과가 덜하겠지만 영속성은 훨씬 클 수 있었다.

언론의 반응과 논쟁(1992년 7월)

그러면 1992년 7월 16일의 벨디브 사건 50주년 기념식을 전후해서 벨디브 위원회의 청원운동과 미테랑의 입장 표명, 기념식에서 벌어진 일 등에 대한 언론의 반응은 어떠했고 이를 둘러싼 논쟁은 어떻게 진행되었을까? 이를 살펴보기 위해 필자는 1992년 7월의 중앙일간지 4종(《르몽드》지, 《르 피가로》지, 《리베라시옹》지, 《르 코티디앵 드 파리》지)과 시사주간지 2종(《렉스프레스》지와 《르 누벨 옵세르바퇴르》지)을 분석했다. 크게 두 가지 입장, 즉 대통령에게 상징적 행위를 요구한 벨디브 위원회를 지지하는 입장과 이를 거부한 미테랑을 옹호한 입장으로 나누자면 전자가 후자보다 훨씬 많았다.

벨디브 위원회는 1차 청원서에서는 공화국 대통령에게 비시 정부의 책임을 인정할 것을 요구하고 나아가 2차 청원서에서는 공화국의 책임까지 시사했다. 따라서 전자의 입장을 보이는 논자들은 대체로 비시와 공화국 사이의 연속성을 강조했다. 1940년 7월 10일 압도적 다수로 페탱에게 전권을 부여함으로써 비시 체제를 탄생시킨 상하원 의원들은 다름 아닌 제3공화정기에 선출된 의원들이었다. 벨디브 대검거를 수행한 프랑스 공무원들 대부분도 제3공화국에 의해 임명된 자들이었다. 또 악명 높은 유대인지위법을 포함한 비시 정부 초기(1940년 7~10월)의 입법은 여전히 "프랑스 공화국" 관보를 통해 발표되었다. 전자 입장의 논자들은 이러한 것들을 제3공화국(1870~1940)과 비시 체제(1940~1944) 사이의 연속성을 말해주는 논거들로 제시했다. 《르몽드》지의 언론인인 브뤼노 프라파Bruno Frappat와 에두이 플레넬, 《리베라시옹》지의 언론인 마르크 크라베츠Marc Kravetz, 드골주의 정당인 공화국연합RPR(Rassemblement pour la République)의 상원의원 샤를 파스카Charles Pasqua, 프랑스 유대주의 재정비협회의 로베르 코보Robert Covo가 바로 그러한 주장을 폈다.[24]

비시 체제 이전인 제3공화국과의 연속성만이 아니라 비시 체제가 무너진 뒤인 제4공화국과의 연속성도 거론되었다. 플레넬에 따르면 해방 후 공화국에서 독일강점기의 행정기구가 "지속되어야" 했고 이는 "국가 주요기관들과 재계에서 비시와 제4공화국 사이의 두드러진 연속성"을 낳았다.[25] 따라서 비시가 프랑스 역사에서 "괄호"에 불과하고 "무효"라는 드골과 미테랑의 논거는 현실에 부합하지 않았다는 것이다(프라파).[26]

몇몇 논자들은 비시와 공화국을 넘어 "프랑스"의 책임까지 논의하기도 했다. 오라토리오 수도회 신부 장 뒤자르댕Jean Dujardin에 따르면 프랑스는 "깊은 악의 공모자"였고,[27] RPR 정치인 알랭 샤스타뇰Alain Chastagnol에 따르면 우리의 "집단적 기억" 역시 프랑스이므로 프랑스는 "헌법에 비추어서는 비시에 책임이 없지만 도덕과 명예에 비추어서는 비시에 책임져야" 했다.[28]

이들은 또한 벨디브 기념과 관련하여 미테랑 대통령의 행위가 미흡함을 질타했다. 플레넬은 '공화국이 비시의 반대명제이므로 비시 대신에 해명할 필요가 없다'는 미테랑의 발언은 "법적으로 올바르지만 역사적으로 틀리고 정치적으로 불충분하다"고 주장했고,[29] 프랑스 대랍비 조제프 시트뤼크도 "공화국에 해명을 요구하지 말라"는 미테랑의 입장 표명이 "불충분"하다고 평가했다.[30] 아우슈비츠 생존자이자 전前장관인 시몬 베유Simone Veil는 "언젠가는 대통령이 우리 고통을 누그러뜨리는 행위를 하기 바란다"는 말로 기념식장에서 미테랑이 침묵한 것에 아쉬움을 표했다.[31] 벨디브 위원회의 청원서 문구 하나하나에 반드시 동의하지는 않지만 서명했다고 밝힌 레지스탕스 출신 언론인 장 다니엘Jean Daniel은 "매우 온건하고 진부한 청원서를 문젯거리로 변화시킨 것"은 다름 아닌 "미테랑의 반응"이라고 비판했다.[32]

한편, 벨디브 위원회의 요구에 반대하고 미테랑의 입장을 지지한 논자들의 경우, 수는 훨씬 적었지만 필자가 분석한 정기간행물 거의 모두에서 발견되었고 논리도 선명했다. 우선, 이들은 앞서 살펴본 입장과 정반대로 비시와 공화국 사이의 연속성을 부정했다. 홀로코스트에 대한 기념비적 다큐멘터리 〈쇼아Shoah〉의 감독으로 유명한 클로드 란츠만Claude Lanzmann은 "비시와 공화국 사이의 단절"을 강조한 미테랑의 발언에 전적으로 동의했고,[33] 레지스탕스 출신의 드골파 전前장관

레오 아몽Léo Hamon은 "공화국과 1940년의 프랑스 국가 사이의 연속성" 여부를 묻는 인터뷰어의 질문에 "연속성은 없다"고 단언하면서 "공화국의 연속성은 레지스탕스에 의해 이루어졌다"고 답변했다.[34]

연속성을 부정할 수 있는 가장 강력한 논거는 1940년 7월 10일 (제3공화국의) 의회가 페탱 원수에게 전권을 부여한 투표의 적법성이 없다는 것이었다. 레지스탕스 출신의 언론인 앙드레 프로사르André Frossard에 따르면 1940년 7월의 의회는 자신이 "대표하는 것이지 보유하지는 않은" 인민주권과 "자신이 가지지도 않은" 제헌권력을 페탱에게 양도한 것이므로 원천적으로 부당하고,[35] 아몽에 따르면 (프랑스 영토의 북쪽 절반이 독일군에 점령되었으므로) 영토의 통합성이 보장되지 않을 때 어떠한 헌법 개정도 이루어질 수 없으므로 1940년 7월 10일의 투표는 "위임권 남용"이었다.[36]

이렇듯 탄생 과정에서부터 적법하지 않은 비시는 프랑스를 대표하거나 프랑스와 동일시될 수 없었다. 프랑스는 비시가 아니라 공화국이었고 프랑스의 대표성은 대독협력자가 아니라 드골과 레지스탕스에게 있었다. 《르 누벨 옵세르바퇴르》지의 언론인 자크 쥘리아르Jacques Julliard는 페탱이 프랑스의 합법적 대표자로 인정된다면 드골과 레지스탕스의 존재이유는 무엇이냐고 반문했고,[37] 프로사르는 비시가 저지른 범죄를 "프랑스에 전가"할 수 없다고 주장했다.[38] 따라서 "자신의 과오를 속죄해야 하는 유죄 프랑스"라는 관념은 전혀 받아들일 수 없는 것이었고,[39] "집단적 책임"을 거론하는 것은 형평성과 상식에 어긋나는 것이며, 미테랑이 "수치 국가기념일"이라는 형태로 일종의 "속죄 기념식"을 주재하기를 거부한 것은 잘한 일이었다.[40] 또한 파리 항소법원 변호사이자 공법학 교수인 다니엘 앙송Daniel Amson은 해방 직후 공화국 정부가 비시 정부의 모든 법을 무효화하고 비시 체제의 고위책임자들을 처벌함으로써 이미 '비시의 박해와 범죄를 공식 인정'했는데 이번에 또다시 그 범죄를 공식 인정하라고 요구하는 것은 일사부재리의 원칙에 어긋난다고 지적했다.[41]

요컨대 벨디브 위원회의 요구와 대통령의 대응을 둘러싼 상반된 두 입장의 논자들은 비시 체제와 공화국 사이의 연속성 문제에서부터 비시 체제의 적법성, 대통령의 태도와 행위(혹은 행위 부재)의 적절성, 프랑스의 책임 문제에 이르기까지 팽팽하게 맞섰다. 이 논쟁에서 한 가지 주목할 만한 점은 양 진영의 대립구도가 좌파와 우파의 대립도, 유대인과 비유대인의 대립도 아니었다는 것이다. 정당이든, 언론 매체든, 영화감독이든 좌파와 우파 모두에 양 진영의 논자들이 존재했고 양 진영 각각에 유대인도, 비유대인도 존재했던 것이다.

페탱 묘 헌화 파동

1992년 7월 16일의 50주년 벨디브 기념식 이후 벨디브 위원회가 더 이상 대통령에게 기대를 걸지 않고 의원들에게 국가기념일 제정을 촉구하자 의원들은 바로 화답했다. 7월 20일, 미테랑이 속한 당인 사회당의 의원이자 하원 재정위원회 위원장인 장 르 가렉Jean Le Garrec이 7월 16일을 국가기념일로 제정하는 법안을 제출하겠다고 발표한 데 이어 사회당의 하원의원 133명과 상원의원 28명이 서명한 법안을 10월 6일에 제출했던 것이다. 법안의 명칭은 "비시 프랑스 국가가 자행한 인종주의적, 반유대주의적, 외국인 혐오적 박해와 범죄"의 국가기념일을 제정하자는 것으로, 벨디브 위원회가 제안했던 용어와 거의 유사했다. 무엇보다도, 벨디브 위원회가 1차 청원서에서부터 사용한 '비시 프랑스 국가'라는 용어를 그대로 차용했다. 단지 '인종주의적'과 '외국인 혐오적'이란 수식어를 덧붙였을 뿐이다. 곧이어 나흘 뒤에는 공산당의 상원의원 샤를 르데르망Charles Lederman이 비슷한 법안을 상원에 제출했다.[42]

이렇게 벨디브 기념 문제, 보다 정확하게는 비시의 범죄를 국가가 인정하는 문제를 다루어야 하는 부담은 행정부에서 입법부로 공이 넘어가는 듯했다. 그런데 이 문제와 관련하여 또다시 대통령이 언론의 집중 조명 대상이 되도록 하는 사건이 터졌다. 1차 세계대전 종전기념일인 11월 11일, 서부 프랑스 일되Ile d'Yeu 섬의 페탱 묘에 대통령의 이름으로 헌화가 이루어졌던 것이다. 미테랑의 완강한 거부(7월 14일)와 침묵(7월 16일)으로 일단락되는 듯 보였던 비시 책임 문제가 미테랑 자신의 행위로 다시 불붙은 셈이었다.

비시 프랑스 국가의 수반인 동시에 1차 세계대전의 영웅이기도 했던 페탱 원수의 묘에 프랑스의 현직 대통령이 헌화한 것은, 미테랑이 처음은 아니었다. 1968년 11월 10일(1차 세계대전 승리 50주년)에 드골이 현직 대통령으로서는 처음으로 헌화한 데 이어 조르주 퐁피두Georges Pompidou 대통령이 1973년 2월 20일에, 발레리 지스카르 데스탱Valéry Giscard d'Estaing 대통령이 1978년 11월 11일(1차 세계대전 종전 60주년)에 각각 헌화했다. 하지만 '매년 헌화 전통'을 개시한 것은 미테랑이었다. 앞선 세 대통령이 모두 한 번씩만 헌화했던 것과 달리 미테랑은 1984년 9월 22일의 첫 헌화에 이어 베르됭 전투 70주년인 1986년 6월 15일 두 번째로 헌화했고 1987년부터는 매년 11월 11일

의 1차 세계대전 종전기념일에 헌화했던 것이다.[43]

물론 미테랑이 페탱 묘에 계속 헌화한 것은 비시 체제 수반으로서의 페탱이 아니라 1차 세계대전의 영웅으로서의 페탱을 추모한 것이다. 하지만 1차 세계대전(1914~18)의 기억보다는 독일강점기(1940~44)의 기억이 훨씬 더 생생한 상황에서, 게다가 비시 체제 인물들에 대한 반인륜범죄 재판의 가능성이 계속 논의되고 비시 체제의 대표적인 범죄라 할 벨디브 사건이 50주년을 맞아 계속 거론되던 상황에서 현직 대통령이 비시 체제 수반의 묘에 헌화한다는 것은 부적절한 일이 아닐 수 없었다.

7월 20일, 벨디브 50주년 기념식에서 미테랑이 끝내 침묵한 것에 실망한 프랑스 강제이송 유대인 자녀협회 회장 클라르스펠드가 대통령의 한 측근으로부터 들었다면서 앞으로 미테랑이 페탱 묘에 헌화하지 않을 것이라고 발표했다가 다음다음 날 엘리제궁이 클라르스펠드가 발표한 정보는 사실이 아니라고 밝히는 해프닝이 벌어졌는데 넉 달 뒤 미테랑은 기어이 헌화를 감행했던 것이다.[44]

게다가 헌화 방식도 그리 떳떳하지 않았다. 11월 11일 페탱 묘에 헌화하기 위해 온 페탱주의자들과 국민전선 당원들, 그리고 정반대로 대통령의 헌화를 저지하거나 (헌화가 이루어질 경우) 항의하러 온 유대인 학생들과 클라르스펠드가 마지막 배로 일되 섬을 떠나기를 기다렸다가 이들이 떠난 뒤인 오후 5시 15분경에 방데Vendée 도지사가 헬리콥터를 타고 그 섬에 가 대통령의 이름으로 헌화했던 것이다.[45]

대통령실은 곧바로 "1차 세계대전에서 지휘로 이름을 빛낸 프랑스 원수元帥들"의 묘에 헌화한 것이라고 공식 성명을 발표했다.[46] 하지만 비시에 대한 기억이 여전히 뜨거운 화두였던 시대에 이러한 해명은 받아들여지지 않았다. 11월 15~16일자 《르몽드》지의 시사만평은 두 명의 미테랑이 각각 "벨디브 희생자들에게"와 "페탱에게"라고 쓰인 화환을 들고 가는 모습으로 미테랑의 이중성을 풍자했다.[47] 프랑스 유대인 학생연합UEJF 소속 학생들 약 150명은 11월 12일 저녁 벨디브 부지에서 항의시위를 벌이며 "프랑수아 미테랑에게. 감사합니다. 서명: 필리프 페탱"이라고 쓰인 화환을 놓았다.[48]

특히 분노한 것은 유대인 단체들이었다. CRIF는 대통령이 "프랑스 유대인의 강제이송과 절멸, 레지스탕스 대원들에 대한 사냥에서 가장

《르몽드》지의 시사만평

1942년 11월 15~16일자 《르몽드》지의 시사만평. 두 명의 미테랑이 각각 "벨디브 희생자들에게"와 "페탱에게"라고 쓰인 화환을 들고 가고 있고, 이를 보던 한 아이가 "엄마, 저게 좌우동거Cohabitation('동거'라는 뜻으로 당시 프랑스에서 대체로 '좌우동거정부'를 지칭하는 용어로 쓰였다)야?"라고 묻고 있다.

중요한 역할을 한 페탱 전前원수의 묘"에 헌화한 것은 "이해할 수 없는 행위"로 "생존자들과 희생자 유족들에게 상처를 주는 것"이며 비시 체제를 그리워하는 자들의 힘을 북돋아줄 것이라고 경고했다. UEJF 역시 "몰래 헌화"한 대통령의 방식에 분노했고, 지난 벨디브 기념식 때 개진되었던 "희생자들의 기억을 존중하라는 호소"를 대통령이 듣지 않은 것에 "심한 충격"을 받았다고 밝혔다. 또한 클라르스펠드도 지난 7월 벨디브 기념식에 참석함으로써 일보전진했던 미테랑이 이번 헌화로 "일보후퇴"했으며 극우정당 국민전선의 당수 장마리 르펜Jean-Marie Le Pen이 보낸 꽃 옆에 자신의 꽃을 놓음으로써 르펜의 정치적 존재를 강화하는 데 일조했다고 질타했다. 나아가 클라르스펠드는 미테랑이 이 헌화를 통해 자신의 레지스탕스 활동 이전에 비시 체제에 가담했던 전력을 옹호하고 있으며, 지난 4월의 투비에 면소 판결에서 드러난 비시 체제 인식, 즉 유대인 박해의 책임은 오직 독일 측에만 있으며 비시 체제는 최선을 다했던 "상황적 체제"라는 인식을 공유하고 있다고 주장했다.[49]

헌화에 대한 분노는 유대인들에게 국한되지 않았다. 전국 레지스탕스 퇴역군인협회도 "어제와 오늘의 파시스트들이 민주주의를 쓰러뜨린 반역자들의 수장에 경의를 표한 것은 이해가 가지만 선출된 프랑스 대통령이 동일한 행위를 고집한 것은 이해할 수 없다"고 규탄했다. 벨디브 위원회 또한 11월 11일 아침에 아우슈비츠 생존자에게 훈장을 수여했던 미테랑이 그날 저녁에는 "공화국을 폐지하고 나치에 협력하고 레지스탕스 대원들을 뒤쫓고 프랑스 유대인들에 대한 범죄에 책임이 있는 자"에게 "수치스런 경의 표시"를 했다고 비난했다.[50]

정치인들도 국민전선과 골수 미테랑주의자를 제외하고는 정당과

정파를 초월하여 미테랑의 행위에 불만을 표명했다. RPR 의장이자 파리 시장인 시라크는 페탱 묘 헌화가 대통령직의 의무 가운데 하나라고 생각하지 않으며, 미테랑의 헌화에 "충격"을 받았다는 한 레지스탕스 출신 인사에게 "당신의 감정을 공유"한다고 말했다.[51]

미테랑 자신이 속한 사회당도 미테랑의 최측근인 교육-문화부장관 자크 랑Jack Lang을 제외하고는 헌화에 반감을 표하는 데 한목소리를 냈다. 전前총리이자 사회당 제1서기인 로랑 파비위스Laurent Fabius는 "역사 때문에, 그리고 나의 철학적 인식 때문에, 이 행위(미테랑의 헌화-필자)가 반복되기를 원하지 않는다"고 선언했고, 하원 부의장인 클로드 바르톨론Claude Bartolone 역시 "다음번엔 그(미테랑-필자)가 문 열린 꽃집을 찾지 못하기를 바란다"고 발언했다.[52] 랑 장관이 헌화를 통해 추념된 것은 "견딜 수 없는 억압 체제를 구현한 자의 기억이 아니라 1차 세계대전의 전쟁지휘관들 중 하나였던 자의 기억"이라고 발표하자 앞서 벨디브 기념일 제정 법안을 제출했던 사회당 의원 르 가렉은 이런 "기교"는 "아무도 속이지 못하는 가짜 코"이고 대통령의 태도를 이해할 수 없다고 반박했다.[53]

이러한 사회당의 반감이 11월 15일에 열릴 조정위원회에서 공식적으로 헌화에 대한 반대의사를 표명할 계획으로까지 이어지자, 엘리제궁은 11월 22일에 방송될 예정이었던 미테랑 대통령의 '라디오 J'(유대인 라디오 방송국) 인터뷰 내용을 11월 13일에 서둘러 발표했다. 인터뷰에서 미테랑은 헌화 논쟁에 답하여 1차 세계대전 시의 "베르됭의 영광"과 벨디브 사건을 가리키는 "1942년의 수치" 사이의 모순을 "다르게 관리"할 것을 고려하고 있으며 프랑스의 이름으로 비시 체제를 규탄하는 행위를 할 준비가 "완전히" 되어 있다고 발언했다. 단지 이

행위의 구체적인 방식은 밝히지 않은 채 이제 그 방식을 "결정"할 일만 남았다고 덧붙였다.

헌화 사건이 유발한 엄청난 불만과 분노에 부딪힌 끝에 결국 대통령이 지난 6월 중순에 벨디브 위원회가 청원서를 발표한 이래 계속해서 그토록 거부해왔던 모종의 상징적 행위를 하겠다고 선언한 것이다. 이는 중요한 변화였다. 하지만 과거사에 대한 미테랑의 근본적인 입장은 전혀 바뀌지 않았다. 모종의 행위를 하겠다고 밝힌 이 인터뷰 과정에서 미테랑은 또한 비시 체제의 범죄에 대한 "프랑스 공화국의 책임을 정식으로 인정하는 것"은 단호히 거부했다. 대통령에게 상징적 행위를 요구한 사람들은 종종, 1970년 12월 7일 독일 총리 빌리 브란트Willy Brandt가 폴란드의 바르샤바 게토 희생자 추모비 앞에서 무릎 꿇고 사죄한 것을 본받아야 할 사례로 거론했다. 하지만 미테랑은 이 사례를 언급하면서 독일과 달리 프랑스의 국민도, 공화국도 2차 세계대전기의 끔찍한 범죄에 연루되지 않았으며, 연루된 것은 오직 "새롭고, 다르고, 임시적인 체제"인 비시 체제일 뿐이라고 단언했다. 따라서 "프랑스의 이름으로 용서를 구한다"는 것은 "이해할 수 없는" 것이었다. 결국 이 인터뷰에서 미테랑이 가장 하고 싶었던 말은 "이해 부족이 확대되기를 원치 않는다"는 것이었다.[54] 여기서 미테랑이 말한 "이해 부족"이란 무엇보다도 자신의 헌화행위에 대한 것이었지만 비시의 범죄와 프랑스 국민, 공화국, 나아가 "프랑스" 그 자체 사이의 관계에 대한 '이해 부족'으로 봐도 무방할 것이다.

한편, 헌화 사건은 지난 7월의 벨디브 기념식에 이어 두 번째로, 비시와 공화국과 프랑스 사이의 관계를 둘러싼 논쟁이 벌어지는 계기가 되었다. 미테랑 정부에서 여러 차례 장관을 역임한 바 있는 장피에르 슈베느망Jean-Pierre Chevènement은 12월 18일자의 《르몽드》지에 실은 〈공화국은 유죄가 아니다〉라는 제목의 논설에서 미테랑의 입장을 전적으로 공유하는 논지를 폈다. 우선, 그는 앞서 미테랑을 옹호한 논자들과 마찬가지로 비시와 공화국의 불연속성을 강조했다. 특히 1940년 7월 10일 의회의 페탱에 대한 전권 위임투표를 문제 삼았다. 주권은 근본적으로 양도 불가능하므로 아무리 "1940년 이전에 합법적·민주적으로 선출"된 의회라 해도 한 사람(페탱)의 수중에 국민주권을 맡길 수는 없고, 그 투표는 "적의 압력 하에서 토의한" 의회가 "보통선거만으로는 절대 권좌에 오를 수 없는 자들에게 자기 권한을 내맡긴 것"임을 지적했다. 이후에 비시 정부가 채택한 대독협력 정책은 비시 체제의 토대 자체가 제3공화국이 아니라 "나치 군대의 승리"임을 확증하는 것이고, 제3공화국은 "비시 하에서 지속"된 것이 아니라 "공화국의 적들이 준비, 예기, 이용한 패전을 계기로 뒤집힌 것"이었다. 나아가 그는 '대독협력'과 '비시'를 프랑스로 간주하고 "나라 전체의 유죄를 인정"하는 것은 레지스탕스를 모욕하는 것이고, 프랑스와 "프랑스가 구현해야 하는 가치인 공화국"을 이해하지 못하는 것이라고 주장했다.

주목할 만한 점은 앞서 보았듯이 미테랑의 헌화가 비시를 그리워하는 자들과 르펜의 극우정당 국민전선을 도와주는 꼴이라고 격분했던 사람들과 마찬가지로 (이들과 반대진영에 속한) 슈베느망 역시 자신의 논지를 비시의 복권에 대한 우려와 연결지었다는 것이다. "프랑스를 정치적·도덕적으로 더 잘 규탄하기 위해 비시를 법적으로 복권해야 하는가?"라고 반문하는 것으로 자신의 논설을 시작한 슈베느망은 프랑스와 공화국이 비시의 범죄에 책임을 지는 것, 4년 동안의 비시를 프랑스로 "혼동"하고 "프랑스가 페탱"이라고 주장하는 것은 결국 국민을 극우파에게 내주고 비시를 복권시키는 것이라고 질타했다.[55]

11월 말에 CRIF 의장과 저녁식사를 같이한 자리에서 피에르 베레고부아Pierre Bérégovoy 총리가 비시의 반인륜범죄, 반反공화국 범죄, 반反조국 범죄를 저지른 "일부 프랑스인들"은 프랑스가 아니며 프랑스의 이름은 "드골, 크리스티앙 피노, 다니엘 마이에르, 앙리 프르네, 장 물랭……"이라고 주장한 것[56]도 슈베느망의 논지와 궤를 같이한 것으로 볼 수 있다.

한편, 철학자 다니엘 벤사이드Daniel Bensaïd는 두 주 뒤 같은 《르몽드》지에 슈베느망의 글 〈공화국은 유죄가 아니다〉를 정면으로 반박하는 논설 〈유죄는 아니지만 책임은 있다〉를 발표했다. 벤사이드에 따르면 페탱이 유일한 프랑스가 아니지만 공화국 역시 유일한 프랑스가 아니며, 페탱은 프랑스"이기도" 하고 프랑스는 페탱"이기도" 했다. 마찬가지로 '대독협력자 프랑스'가 유일한 프랑스는 아니었지만 그러한 프랑스가 강점기 4년 동안 존재했던 것은 분명한 사실이므로 "우리는 유죄는 아니지만" 그러한 프랑스에 대해 "책임이 있다"는 게 벤사이드의 반론이었다. 그가 무엇보다 주장하고 싶었던 것은 프랑스도, 공화국도 단일한 실체가 아니라는 것, 즉 "프랑스들, 공화국들의 역사를 받아들이는 것"이었다.[57]

슈베느망의 글과 같은 날 같은 지면에 실린 정치학자 알프레드 그로세르Alfred Grosser의 논설은 비시와 공화국 사이의 연속성을 보다 강조했다. 히틀러를 피해 프랑스로 망명 온 독일인들을 가둔 수용소들을 만든 것도, 독일과의 휴전협정을 체결한 것도 비시가 아니라 제3공화국이라는 점, 1940년 7월 제3공화국의 상하원이 페탱에게 전권을 부여한 것은 1933년 3월 독일 의회가 수권법을 통과시킴으로써 히틀러에게 전권을 부여했던 것과 마찬가지라는 점, 제5공화국의 드골 정부에서 외무부장관(1958~68)과 총리(1968~69)를 역임한 모리스 쿠브 드 뮈르빌Maurice Couve de Murville은 제3공화국과 비시 체제에서도 고위공무원을 지낸 사람이라는 점, 벨디브 검거를 수행한 파리 경찰이 해방 직후 레지옹도뇌르 훈장을 받았다는 점, 해방 후 페탱을 재판한 법관들이 비시 체제에도 충성했다는 점 등이 제3공화국에서 비시 체제를 거쳐 제4, 5공화국으로 이어지는 연속성의 증거들로 제시되었다. 따라서 비시 체제는 "프랑스 사회 밖에 있는 작은 섬"에 불과한 게 결코 아니었고, 비시의 희생자들은 바로 "프랑스"의 희생자, 즉 "찡그린 얼굴을 한 프랑스였지만 그럼에도 프랑스사의 연속성 안에 온전히 위치하는" 프랑스의 희생자였다.[58]

국가기념일 제정

1992년 7월 16일의 벨디브 50주년 기념식에서 대통령이 끝내 침묵을 지킨 데 실망한 나머지 벨디브 위원회가 처음 제기하고(7월 19일) 의원들이 화답한(10월 6, 10일) 기념일 제정 문제는 놀랍게도, 의회에서가 아니라 대통령의 결단이라는 방식으로 해결되었다.

11월 11일의 헌화 사건은 한 달 전 사회당 의원 르 가렉이 작성해서 동료 의원들의 서명을 받아 제출한 벨디브 기념일 제정 법안에 더욱 힘을 실어주었다. 미테랑의 페탱 묘 헌화에 유대인 단체들이 분노를 표명하는 동시에 이 법안을 통과시킬 것을 촉구했던 것이다. CRIF는 상하원에 "정식 문안文案"을 통해 "프랑스 국가가 프랑스 땅 위에서 저지른 비열한 행위의 기억을 영속화할 것"을 요구하는 게 반드시 필요하다고 주장했는데,[59] 여기서 이 '정식 문안'은 아마도 법안, 그중에서도 벨디브 기념일 제정 법안을 가리키는 것으로 보인다. UEJF는 아예 명시적으로 르 가렉 법안을 통과시킬 것을 요구했고,[60] CRIF 의장 칸 역시 보름 뒤 CRIF는 르 가렉 법안을 "전적으로 지지"한다고 베레고부아 총리에게 말했다. 칸의 이러한 의사 표명에 베레고부아 총리는 이 문제에 대해 대통령이 조속한 시일 내에 답할 것이라고 밝혔다.[61] 헌화 사건 직후 미테랑이 유대인 라디오 방송국 인터뷰에서 예고했던 '프랑스의 이름으로 비시 체제를 규탄하는 행위'의 정확한 형태이자 '대통령이 조속한 시일 내에 답할 것'이라고 총리가 밝힌 것의 구체적인 내용은 1993년 2월 3일 드러난다. 대통령령이 그것이었다. 벨디브 국가기념일은 의회에서 법으로 제정된 것이 아니라 대통령에 의해 대통령령으로 포고되었던 것이다.

미테랑에게 대통령령을 통한 벨디브 기념일 제정은 헌화 사건으로 맞게 된 정치적 곤경에서 벗어나는 길이자, 비시 책임 문제에 대해 모종의 행위를 하라는, 1992년 6월 이래 지속되어온 요구를 받아들이는 방식이자, 벨디브 기념과 관련하여 의원들에게 선수권을 빼앗기지 않는 방법이었다. 게다가 대통령령의 포고는 르 가렉 법안의 존재이유를 없앰으로써, 법안 통과를 위한 의회 토론—자신에게 별반 유리할 게 없는—을 건너뛸 수 있는 방식인 동시에 총선(1993년 3월 21~28일)이 얼마 남지 않은 상황에서 여론의 지지를 얻을 수 있는 방법이기도 했다. 이 모든 요인들 가운데서도 1992년 11월의 헌화 사건이 미테랑이 국가기념일 제정을 마음먹게 된 가장 결정적인 요인으로 보인다.

1992년 7월 16일 벨디브 50주년 기념식이 끝나고 난 뒤 미테랑의 확고한 거부 입장이 확인되어서든, '50주년 기념일'이라는 최적의 계기가 사라져서든 미테랑에 대한 압박은 갈수록 줄어들었다. 11월 11일의 헌화 사건이 터지기 전까지는 계속해서 그러한 상태였다. 따라서 헌화 사건이 터지지 않았다면 국가기념일 제정은 그렇게 일찍 이루어지지 않았을 것이다.

그러면 이렇듯 우여곡절 끝에 포고된 '1993년 2월 3일의 대통령령'은 구체적으로 어떤 내용을 담고 있는가? 먼저 눈에 띄는 것은 법령의 명칭이다. 명칭은 "이른바 '프랑스 국가 정부'라는 사실상의 권력체(1940~44) 하에서 자행된 인종주의적·반유대주의적 박해의 국가기념일을 제정하는 명령"이었다. 애초에 벨디브 위원회가 요구했던 것이나 르 가렉 법안(아직 상정되지 않은)의 명칭과 비교하면 그 차이가 확연히 드러난다. 벨디브 위원회와 르 가렉은 범죄의 주체로 "비시 프랑스 국가"라는 용어를 썼는데 이 법령은 "이른바 '프랑스 국가 정부'라는 사실상의 권력체"라는 꽤 긴 용어를 썼다. 대통령령의 용어는 드골이 비시 정부에 대해 2차 세계대전기부터 써왔고 해방 전후의 드골 임시정부 법령들에서도 공식적으로 채택된 것이었다. 즉 프랑스의 공식 정부가 아니라 "사실상의 권력체"에 불과하다는, 강점기 비시 정부에 대한 드골의 인식과 해방 후 프랑스의 공식적 입장을 그대로 반영한 용어였다. 보다 중요한 차이는 바로 다음 부분이다. 벨디브 위원회의 제안과 르 가렉 법안은 비시 프랑스 국가"가 자행한"이라고 쓰고 있는 데 비해 대통령령은 사실상의 권력체 "하에서 자행된"이라는 표현을 썼다. 벨디브 위원회와 르 가렉(및 사회당 의원들)이 범죄의 주체를 명확히 비시 체제로 규정하고 있는 반면, 미테랑은 단지 그 체제 "하에서" 벌어진 범죄라고 표현함으로써 범죄의 주체를 모호하게 처리하고 사실상 생략해버린 것이다.

법령의 내용은 총 세 개의 조항으로 구성되었다. 제1조는 "이른바 '프랑스 국가 정부'라는 사실상의 권력체(1940~44) 하에서 자행된 인종주의적·반유대주의적 박해의 희생자들을 추념하는 국가기념일"이 제정되며, 벨디브 대검거가 벌어졌던 7월 16일이 일요일인 경우 그날, 일요일이 아닌 경우 그 다음 일요일이 국가기념일이 된다고 규정했다. 제2조는 정부가 매년 그러한 기념일에 벨디브 부지에 세워질 기념물 앞에서 공식 기념식을 가지고 지방에서도 각 도의 도청 소재지에서 지사의 주도로 비슷한 기념식이 열린다고 명시했다. 끝으로 제3조에서는 퇴역군인부 국무서기가 벨디브 부지, 집결수용소들의 부지 등에 기념물을 세우고 각 도의 도청 소재지에 설치할 기념동판에 새겨질 문안을 작성하는 사업을 담당하는 위원회를 구성하도록 규정했다. 위원회에는 "희생자들의 기억 유지를 목표로 하는 단체들"이 참여하도록 되어 있다.[62]

이러한 국가기념일 제정은 압도적인 지지를 받았다. 1992년 7월 16일 벨디브 50주년 기념식 사회를 보았던 프랑스 유대인 강제이송자 우애회 회장 불라브코는 이 기념일 제정을 "우리가 기다려온" 조치로 보았다. CRIF 의장인 칸 역시 이를 "우리가 오래전부터 기다려온" 조치라고 환영하면서 "수치의 체제일 뿐만 아니라 프랑스 배반의 체제"인 비시 체제를 현직 대통령으로서는 최초로 규탄한 것으로 보았다.[63] 프랑스 유대인 강제이송자 자녀협회 역시 "안도와 만족감"을 표명했고 회장 클라르스펠드는 이제 "비시의 범죄에 대한 명시적 규탄"이 이루어졌으므로 "우리는 훨씬 더 많은 것을 요구할 수 없"음을 명확히 했다. 벨디브의 기념을 계기로 비시 범죄 책임의 공식적 인정 문제를 처음으로 제기하고 대통령의 공식 선언을 끌어내지 못하자 국가기념일 제정을 역시 처음으로 촉구했던 벨디브 위원회도 만족을 표시했다. 위원회의 선언문에 따르면 비시의 범죄에 희생자들이 존재했다는 것은 오래전부터 알려졌지만 이제 드디어 "이 범죄에 가해자들도 존재했다는 것을 공식적으로 인정"하는 일이 이루어졌고, "프랑스 유대인들에게 자행한 범죄와 박해에 대한 비시 프랑스 국가의 책임"이 이 법령을 통해 "공식적으로 인정"되었다.[64]

석 달 전 헌화 사건에 압도적으로 반감을 표했던 사회당도 환영의 의사를 표하는 데 한목소리를 냈다. 스스로 법안을 작성했던 르 가렉은 이 대통령령이 유대인 박해에 대한 비시 체제의 책임을 "모호함 없이" 인정했다고 환영했다. 사회당 제1서기 파비위스도 이 법령의 포고가 지금까지 대통령의 태도가 야기한 "모든 모호한 점들"을 없앨 수 있었다고 논평했다. 사회당 의원 크리스토프 캉바델리Christophe Cambadélis 역시 대통령의 이러한 조치가 프랑스로 하여금 "자신의 역사에 과감히 대면"하게 함으로써 "자신의 발로 서게" 해준다고 주장했다.[65] 《르몽드》지의 언론인 토마 페렌치Thomas Ferenczi는 이 법령이 벨디브 위원회가 애초에 요구했던 '대통령의 정식 선언'보다 "상징성이 더 강하고 교육적 가치가 더 지속적"이라고 평했다.[66]

미테랑의 이 조치를 그리 긍정적으로 받아들이지 않은 것은 몇 주 뒤 총선에서 사회당과 대결할 최대 맞수인 RPR과, 벨디브 기념 자체에 적대적인 극우정당 국민전선, 그리고 녹색당뿐이었다. 우선, 녹색당의 전국 대변인 앙드레 부크만André Buchmann은 이 조치가 "일련의 분노할 만한 실책들 뒤에 너무 늦게서야 이루어졌다"고 유감을 표명했다. RPR의 인권담당 전국서기 리샤르 카즈나브Richard Cazenave는 이 조치의 "선거적 동기"가 명백하다고 평가했으며, RPR 의원 자크 투봉Jacques Toubon 역시 미테랑이 "신념에 따라서가 아니라 계산에 따라 행동"했다고 질타했다. 한편, 국민전선 의장 르펜은 "상처를 다시 헤집는 것은 유익하지 않다"고 평했다. 국민전선과 유사한 입장의 극우 일간지인 《프레장*Présent*》지는 대통령령 포고를 "내전행위"라고까지 규정했다.[67]

비시의 범죄를 거론하는 것 자체에 반대하는 국민전선을 제외하면, RPR과 녹색당도 기념일 제정 자체를 반대하는 것은 아니므로 결국 이번 대통령령의 포고는 압도적인 지지를 받은 셈이었다. 앞서 지적했듯이 범죄의 주체를 교묘히 누락시킨 법령의 명칭(및 제1조)에도 불구하고 벨디브 위원회와 르 가렉을 비롯하여 어느 누구도 그러한 한계를 지적하지 않은 것은 자못 흥미롭다.

이렇듯 명칭부터 한계를 가진 법령이기는 하지만 자국의 수치스런 과거사를 국가기념일로까지 정한 것 자체는 용감한 행위라 아니할 수 없다. 단지 기념일로만 정한 것이 아니라 정부가 나서서 매년 자국의 과거 범죄행위를 상기시키고 반성하는 기념식을 가지고, 그것도 수도 파리에서만이 아니라 전국 각지에서 매년 그러한 의식儀式을 가질 것을 규정한 것이다. 페렌치가 옳게 지적했듯이 대통령의 일회성 선언보다 이러한 기념일 제정이 "교육적 가치"가 훨씬 더 "지속적"이었다.

또한 프랑스 정부의 벨디브 기념일 제정은 국제적으로도 중요한 의미를 갖는 것이었다. 1993년 2월 3일의 대통령령은 이스라엘 밖에서 홀로코스트에 관련된 국가기념일을 법으로 제정한 최초의 사례였다. 이 법령은 이후 세계 도처에서 수십 개 나라들이 잇달아 자국의 홀로코스트 기념일을 제정하는 물결을 촉발시켰다. 일례로 독일 정부는 1996년에 '국가사회주의 체제 희생자 추모일'을, 스웨덴은 1999년에 '홀로코스트 기념일'을, 이탈리아는 2000년에 '기억의 날'을 각각 제정했다. 이 나라들 정부 대부분이 아우슈비츠 절멸수용소 해방 기념일인 1월 27일을 기념일로 택했다.[68]

한편, 벨디브 기념일을 프랑스 국내의 다른 기념일들과 비교해보면 매우 독특한 의미를 가진다는 것을 알 수 있다. 코낭과 루소가 옳게 지적했듯이 2차 세계대전과 관련된 국가기념일 세 개(강제이송 기념일인 4월의 마지막 일요일, 독일 항복 기념일인 5월 8일, 벨디브 기념일인 7월 16일) 가운데 두 개가 '강제이송'과 관련된 것이고, 유대인 박해를 추모하는 국가기념일은 있는 반면, 레지스탕스를 기념하는 국가기념일은 오히려 전혀 없었던 것이다. 이는 레지스탕스의 기억을 찬미하고 유대인의 기억, 희생자의 기억을 억누르던 해방 후부터 1960년대 말이나 70년대 초까지와 비교해보면 "기묘한" 반전이다.[69]

이렇듯 2차 세계대전 관련 국가기념일의 무려 3분의 2가 강제이송에 관한 날이라는 것은 분명 역사적으로 불균형한 상태임에는 틀림없다. 하지만 두 강제이송일의 탄생 과정과 성격을 비교해보면 충분히 이해할 만한 상황임을 알 수 있다. 일찍이 1954년에 제정된 강제이송 기념일(4월의 마지막 일요일)은 5월 8일(독일 항복일이자 유럽에서의 2차 세계대전 종전일)이나 11월 11일(1차 세계대전 종전일)과 마찬가지로 퇴역군인단체의 제안으로 성립한 것이고, 절멸수용소들로 끌려간 유대인들이 아니라 주로 레지스탕스 대원들의 강제이송을 기억하려는 취지로 만들어진 것이었다. 그러다가 1985, 88년에 와서야 레지스탕스 대원들의 강제이송과 유대인 학살 둘 다를 상기하자는 의미로 법이 개정되었다.[70] 반면, 1993년에 도입된 벨디브 기념일은 처음부터 유대인들의 희생만을 다루는 것이었다. 이는 반세기 동안 누락되거나 억제된 유대인의 기억이 이제 거꾸로 폭발적으로 분출하는 시대를 반영하는 것이다. 그에 못지않게, 아니 어쩌면 더 중요한 사실은, 기존의 강제이송 기념일이 레지스탕스 탄압을 주로 다룬다는 점에서 저항의 기억과 나치 독일에 의한 억압의 기억을 반영하는 것이라면, 이번에 도입된 벨디브 기념일은 (단지 유대인으로 태어났다는 이유만으로 박해 당한 것이므로) 일방적 희생-피해의 기억과 (전적으로 프랑스 경찰이 검거작전을 수행한 7월 16일을 택했으므로) 자국 정부의 범죄에 대한 반성을 반영한다는 점이다.

나치 독일이 유일한 가해자가 아니라 프랑스 정부가 그 가해의 공모자라는 사실이 비록 전문역사가들에 의해서는 일찍부터 밝혀졌지만 이제 공식적인 국가기념일로도 표현되었다는 점에서 벨디브 기념일 제정은 그 의미가 크다.

시라크의 벨디브 53주년 연설

앞서 보았듯이 1993년 2월 3일의 대통령령은 벨디브 사건일을 국가기념일로 제정한 것만이 아니라 벨디브 부지에 기념물을 새로 세울 것 역시 규정했다. 이에 따라 벨디브 사건을 추모하는 기념물이 새로 건립되었는데 기존의 벨디브 기념식 장소가 아니라 새로운 장소에 세워졌다. 1946년부터 1993년까지 벨디브 기념식이 행해졌던 파리 제15구 그르넬 대로 8번지는 차량으로 붐비는 교차로 부근으로 너무 협소하고 번잡해서 새 기념물은 센 강 강변의 확트이고 보다 많은 사람이 모일 수 있는 공간에 세워졌다. 이 기념물이 제막된 1994년 7월 17일부터는 바로 이곳에서 벨디브 기념식이 열렸다.

새 기념물은 7명의 유대인이 동계경륜장에 수용되어 이송을 기다리는 모습을 조각한 것으로, 자신의 아이를 안고 있는 여성과 그 남편, 임산부와 그 남편, 인형을 만지작거리는 한 소녀, 짐 가방에 기대어 옆으로 누운 한 여성을 묘사하고 있다. 7명의 조각상 아래에 새겨진 문구는 이 기념물을 세우도록 규정한 1993년 2월 3일 대통령령의 명칭을 거의 그대로 따랐다. “프랑스 공화국은 이른바 ‘프랑스 국가정부’(1940~44)라는 사실상의 권력체 하에서 자행된 인종주의적·반유대주의적 박해와 반인륜범죄의 희생자들에게 조의를 표한다. 절대로 잊지 말자.” 즉 이 문구 역시 “사실상의 권력체”라는 드골주의적

벨디브 기념물(1994년 제막)

비시관과, "…… 하에서 자행된"으로 표현되는 범죄 주체의 누락을 그대로 반복했던 것이다.

1986년에 기존의 벨디브 기념식 장소에 설치되어 시라크 시장에 의해 제막된 기념동판의 문구와 비교해보면 그 차이가 확연히 드러난다. 1986년 동판의 문구는 다음과 같다.

> 1942년 7월 16, 17일에 1만 3,152명[71]의 유대인들이 파리 및 교외에서 검거된 뒤 아우슈비츠로 이송되어 살해되었다. 여기 세워졌던 동계경륜장에 4,115명의 아동, 2,916명의 성인여성, 1,129명의 성인남성이 나치 점령자들의 명령에 따라 비시 정부의 경찰에 의해 비인간적인 조건에서 몰아넣어졌다. 이들을 도우러 오고자 한 사람들에게 감사를 표한다. 행인이여, 기억하라!

이 동판의 문구는 벨디브 사건의 날짜, 사건 개요, 검거된 유대인의 수와 벨디브에 수용된 아동의 높은 비율 등을 명확히 보여준다. 반면, 1994년 기념물의 문구는 벨디브 사건의 내용에 대해 최소한의 정보도 담고 있지 않다. 이러한 차이는 1986년의 동판이 오직 벨디브 사건만을 말해주는 데 비해 1994년의 기념물은 벨디브 사건만이 아니라 비시 체제 하에서 벌어진 모든 반유대주의적 박해와 범죄를 포괄하는 데서 생겨난 것이다. 그럼에도 1942년 7월의 벨디브 상황을 묘사하고 벨디브 사건 장소에 세워진 기념물에, 그 사건 자체에 관한 어떠한 언급도 포함되지 않은 것은 아쉬운 점이 아닐 수 없다. 게다가 벨디브 사건을 묘사하는 7명의 유대인 조각상도 성인 5명에 아동 2명으로, 1942년 7월에 아동이 벨디브 수용자의 절반(50.4퍼센트)에 달했다는

벨디브 기념동판(1986년 제막)

사실을 제대로 보여주지 않는다.[72]

벨디브 기념일이 제정되고 치러진 첫 기념식, 따라서 최초로 국가가 주도하는 벨디브 기념식인 1993년 7월 16일의 51주년 기념식에는 총리만 참석하고 대통령도, 파리 시장도 참석하지 않았다.[73] 반면 이상에서 본 새 기념물이 제막된 1994년 7월 17일의 기념식에는 미테랑 대통령, 발라뒤르Balladur 총리, 시라크 시장 모두 참석했다. 이날의 기념식에서는 프랑스 유대인 강제이송자 우애회 회장 불라브코만이 연설했고 미테랑은 자신의 생애에서 마지막이 될 이 기념식에서 끝내 침묵을 지켰다.[74]

침묵을 깬 것은 후임 대통령 시라크였다. 미테랑 대통령이 벨디브 기념일 제정에도 불구, 임기를 마칠 때까지 그렇게도 거부했던 행위, 즉 비시의 범죄에 대한 책임을 공식 인정하는 행위를 당선된 지 두 달된 신임대통령 시라크가 벨디브 53주년 기념식에서 해냈던 것이다. 국가기념일 제정으로 국가가 주도하는 세 번째 기념식(1993, 94년에 이어)이자 현직 대통령이 참석한 세 번째 기념식(1992, 94년에 이어)인 1995년의 53주년 기념식에서 대통령이 직접 연설에 나선 것은 반세기 동안의 벨디브 기념식 사상 처음 있는 일이었다. 최초라는 사실보다 더 중요한 것은 연설 내용이었다.[75] 시라크는 이 연설에서 "프랑스인들과 프랑스 국가"의 책임을 명시적으로 언급했던 것이다. 시라크에 따르면 "점령국의 범죄적 광기가 프랑스인들과 프랑스 국가의 도움을 받았다." 벨디브 사건에서 이 도움이 구체적으로 어떠한 것이었는지도 명확히 밝혔다. "53년 전인 1942년 7월 16일 4,500명의 프랑스 경관과 헌병들이 그들의 지도자들의 권한 하에서 나치의 요구들에 응답했다." 이는 범죄의 주체가 누락된 1994년의 벨디브 기념물에 비

시라크 대통령의 벨디브 사건 53주년 기념식 연설

해서뿐만 아니라 1986년의 벨디브 기념동판에 비해서도 타당한 역사적 인식을 담고 있다. 앞서 보았듯이 1986년의 동판에는 "나치 점령자들의 명령에 따라 비시 정부의 경찰에 의해"라고 쓰여 있다. 하지만 독일점령당국이 비시 경찰에 직접 명령을 내린 것이 아니라 독일점령당국과 비시 정부의 합의에 따라 비시 정부가 자신의 경찰에 명령을 내린 것이므로 시라크의 연설 쪽이 역사적으로 더 타당한 언명을 한 것이다.

또한 시라크는 이 연설에서 벨디브 사건의 끔찍한 상황을 간략하게나마 구체적으로 묘사했다. "가족이 찢기고, 어미와 자식이 분리되고, 노인들이 거칠게 파리 버스들과 경찰청 호송차들에 던져졌"고, "동계경륜장으로 끌려간 희생자들은 끔찍한 조건에서 비시 당국이 연 경유수용소들 중 하나로 끌려가기 전까지 여러 날을 기다려야 했다." 그는 벨디브 사건만이 아니라 홀로코스트의 프랑스 희생자 전체 규모도 언급했다. 파리와 지방에서 열차가 모두 "74회" 아우슈비츠로 떠났으며 총 "7만 6,000명"의 유대인이 "프랑스에서 이송되어 결코 돌아오지 않을 것"이었다.

시라크의 연설이 진정으로 한 획을 그은 것은 여기서 한걸음 더 나아갔다는 데 있다. 그는 독일강점기의 일부 "프랑스인들"과 (비시 체제의 공식 명칭을 의미할 수도 있는) "프랑스 국가", 프랑스 경찰의 범죄행위를 인정하는 데 그치지 않고 "국가"의 과오와 "우리"의 책임까지 주장했던 것이다. 즉 그는 "비시 프랑스 국가"나 (비시 체제의 공식 명칭인) "프랑스 국가"가 아니라 어떠한 수식어도 달지 않은 그냥 "국가"가 저지른 "과오를 인정"한다는 표현을 썼고, "우리"는 프랑스에서 이송되어 학살당한 7만 6,000명의 유대인들에게 "용서할 수 없는 빚"을 졌다고 선언했다. 그냥 "국가"라는 표현을 쓴 것은 비시 체제의 '국가'로서의 합법성에 보다 힘을 실어주고 비시 체제와 공화국 사이의 연속성을 함축하는 것으로 해석될 수 있다. 또한 "우리"의 빚을 주장하는 것은 단지 과거 프랑스인들의 과오에 그치는 것이 아니라 현재의 우리까지도 그러한 과오에 책임을 져야 한다는 인식에 따른 것으로 볼 수 있다.

나아가 시라크는 ("국가"와 "우리"만이 아니라) "프랑스"가 1942년 7월 16일 "돌이킬 수 없는 행위"를 저질렀다는 표현과 "집단적 과오"라는 용어까지 썼다. 이렇듯 "국가", "우리", "프랑스", "집단적 과오" 등의 표현을 쓴 것은 지금까지 프랑스 국가수반들의 인식과 질적으로 다른 점이었다.

그런데 여기서 간과하지 말아야 할 것은 시라크의 연설이 드골 이래 미테랑까지 이어져온 전통과 완전히 단절한 것은 아니었다는 점이다. 미테랑이 벨디브 위원회의 요구를 거부하며 1992년 7월에 주장했던 것이 공화국에 비시 범죄의 책임을 묻지 말라는 것이었는데 시라크 역시 책임과 사죄(과오는 물론이고)의 주체로서 "공화국"이라는 용어는 전혀 쓰지 않았다. 비시와 공화국(제3공화국이든, 제4, 5공화국이든)의 연속성을 명시적으로 주장하지도 않았고, "사실상의 권력체"라는 표현을 쓰지 않긴 했지만 그렇다고 "비시 정부"라는 용어를 쓰지도 않았다. 무엇보다도 독일강점기의 프랑스는 "비시"나 "파리"가 아니라 "자유프랑스(드골의 항독운동 조직을 지칭-필자)가 싸우고 있는 모든 곳"에 있었고 "드골 장군에 의해 구현"되어 "런던"에 있었다는 주장은 시라크가 오랫동안 드골주의 정당(RPR)의 당수(1976~94)였음을 다시금 확인시켜준다. 아울러 "계몽주의와 인권의 나라, 환대와 피난처의 나라인 프랑스"라는 언명이나 "프랑스는 전혀 반유대주의적인 나라가 아니"라는 주장, "프랑스의 정체성의 토대가 되는 인간주의적 가치, 자유와 정의와 관용이라는 가치" 같은 표현들은 시라크의 프랑스관이 기존의 전통적인 인식에서 전혀 벗어나지 않았음을 잘 보여준다.

이러한 시라크의 연설은 2년 전의 국가기념일 제정보다 훨씬 더한 정도로 여론의 압도적인 지지를 받았다. 연설 4~5일 뒤《목요일의 사건》지가 18세 이상 프랑스 국민 1,001명을 대상으로 실시한 여론조사에 따르면 "벨디브 대검거 53주년에 자크 시라크 대통령이 프랑스 유대인의 강제이송에 대한 프랑스의 책임에 대해 말한 것"에 찬반을 묻는 문항에 72퍼센트가 찬성 입장을 표했다.[76]

이러한 지지는 중앙일간지들과 시사주간지들의 기사와 논설에서도 확인되었다. 우선, 유대인들이 전적인 만족을 표명했다. 프랑스 대랍비 시트뤼크는 시라크의 연설이 "기억의 의무와 프랑스의 책임"에 대해 분명하게 표현해주었다면서 "완전한 만족"을 표명했고, CRIF 의장 앙리 아이당베르Henri Hajdenberg는 "프랑스 국가의 책임 은폐를 종식"시켰으므로 "전환점"이라고 평가했으며, 클라르스펠드는 시라크가 "전임자로부터 듣지 못한 용어로 비시를 규탄하는 용기"를 가졌다고 평했다.[77]

시라크의 연설을 높이 평가한 것은 유대인들만이 아니었다. 파리 대주교인 장마리 뤼스티제Jean-Marie Lustiger 추기경은 대통령의 선언이 "프랑스와 민족사, 그리고 이 비극적 사건들이 대표하는 것에 대해 매우 공정하고 용기 있다"고 평했고, 급진당 당수 앙드레 로시노André Rossinot는 시라크에게 "감사"를 표하며 "대통령이 이런 말을 하기 위해서는 더 이상 전쟁 세대 대통령이 아니게 되기를 기다려야 했다"고

세대 문제를 지적했다. 시라크가 미테랑과 같은 전쟁 세대가 아니어서 이러한 연설을 할 수 있었다는 입장은 클라르스펠드 역시 공유했다.[78]

언론도 (극우파 계열을 제외하고는) 일제히 긍정적인 반응을 보였다. 《르몽드》지의 사설은 "수만 명의 프랑스인의 기억 속에 기록된 진리"가 대통령에 의해 인정되고 표현되는 데 "50년 이상이 필요"했고, 시라크는 "비시를 비난할 것이냐, 아니면 공화국을 비난할 것이냐"라는 미테랑의 딜레마를 극복했으며, "국가"가 아무리 공화주의 원칙들에 기반하여 세워졌다 해도 "범죄에 봉사"할 수 있음을 경고해주었다고 평가했다.[79] 《르 피가로》지의 언론인 베지안 드 베쟁Véziane de Vézins은 시라크가 "유대인 희생자 유족들이 53년 전부터 기다려온" 입장을 표명했고 "역사의 한 페이지를 넘겼다"고 평했다.[80] 《렉스프레스》지의 언론인 코낭은 시라크의 연설이 "미테랑적 모호함"을 종식시킴으로써 "여러 해 동안의 혼란을 결정적으로 해결"했다고 평가했다.[81]

한편, 미테랑이 속한 당이자 미테랑이 (기념일 제정 전까지) 상징적 행위를 하지 않은 것에 대부분 불만을 표명했던 사회당은 시라크의 연설을 놓고 둘로 분열되었다. 언제나 미테랑을 적극 옹호해온 자크 랑은 벨디브 국가기념일이 미테랑이 제정한 것임을 상기시키며 유대인 강제이송과 관련하여 "유일한 죄인"은 비시 체제이지 프랑스 공화국이 아니라고 발언했다.[82] 사회당 선거담당 전국서기인 클로드 바르톨론 역시 프랑스 공화국은 "비난받을 게 전혀 없"으며 "공화국을 살해한 자들의 이름으로 용서를 구해야 하는 것"은 공화국이 아니라고 주장했다. 나아가 바르톨론은 "우리 역사의 상이한 두 현실"인 비시 체제와 프랑스 공화국을 "뒤섞은" 것을 이해할 수 없다고 시라크를 정면으로 비판했다.[83] 미테랑 정부에서 여러 차례 장관을 역임한 멕상도 역시 시라크의 연설이 비시 체제의 책임과 프랑스 공화국의 책임을 "뒤섞"었다고 논평했고, 사회당 제1서기 앙리 에마뉘엘리Henri Emmanuelli는 사회당이 이 연설을 놓고 논전을 벌임으로써 "시라크가 파놓은 함정"에 빠지지 말 것을 촉구했다.[84]

반면, 또 다른 많은 사회당 정치인들은 이러한 입장에 맞서 시라크의 연설에 지지를 표명했다. 벨디브 기념일 제정 법안을 제출했던 르가렉은 바르톨론의 입장이 "역사적으로도, 법적으로도 잘못"된 것이라 받아들일 수 없으며 시라크의 연설은 자신의 법안과 "동일한 분석"을 보이고 있다고 주장했다. 파리 11구 구청장이자 사회당 의원인 조르주 사르Georges Sarre는 시라크가 비시 체제를 "모호하지 않게 규탄"한 것에 만족을 표했고, 역시 사회당 의원인 베로니크 나이에르츠Véronique Neiertz는 현 대통령이 "드골이나 미테랑보다 여론에 더 가깝다"고 평했으며, 파리 18구 구청장 겸 의원인 다니엘 바이앙Daniel Vaillant은 "미테랑이 작년이나 그 전에 동일한 행위를 했다면 우리 모두 갈채를 보냈을 것"이라고 발언했다.[85] 또한 미테랑 정부의 전前총리인 미셸 로카르Michel Rocard는 희생자들에 대한 프랑스의 빚을 떠안는 것은 대통령의 "명백한 의무"이며 "화해의 조건"이라는 말로 시라크를 옹호했고,[86] 사회당 의원 세골렌 루아얄Ségolène Royal은 현직 대통령이 프랑스 국가의 책임을 인정하는 것은 "필요한" 일이었으며 연설은 "나무랄 데 없는" 것이었다고 평했다.[87]

한편, 폴란드 출신의 유대인 작가 마레크 알테르Marek Halter는 《르 피가로》지(7월 19일자)에서 시라크 연설을 논박한 사회당 정치인들을 겨냥하여 "장 조레스와 레옹 블룸의 당"인 사회당이 어떻게 유대인 강제이송의 책임 문제에 대해 "르펜의 국민전선과 같은 편"에 설 수 있느냐고 반문했다. 그러면서 이에 대해 (지난 대통령 선거에서 시라크와 맞붙었던) 사회당 지도자 리오넬 조스팽Lionel Jospin의 의견을 묻자[88] 계속 침묵을 지키던 조스팽이 결국 입을 열었다.

7월 25일자 《리베라시옹》지에 발표한 글에서 조스팽은 자신의 입장은 일찍이 1992년 7월 15일부터 강점기 유대인 이송에 대해 "프랑스의 책임"이 존재한다는 것이었고, 이를 인정하는 것이 "프랑스의 유죄"를 단언하는 것도, 공화국과 비시 체제를 혼동하거나 레지스탕스 대원들과 대독협력자들을 혼동하는 것도 아니라고 주장했다. 이는 단지 "프랑스 정부"와 그 공무원들이 "역사의 한 시기에 비열한 행위에 참여했음을 정식으로 인정하는 것"일 뿐이었다. 또한 강점기의 프랑스 국가는 "의회에서의 투표로 탄생"했으며 그 국가의 결정들 중 일부는 "오늘날 우리 입법에서 여전히 시행 중"이었다는 그의 지적은 비시 체제와 공화국 사이의 연속성을 주장하는 논거로 볼 수 있다. 프랑스는 자신의 최근 역사에 "어두운 오점"이 있고 이를 "인정하고 심판해야" 하는데 "대통령이 방금 한 게 바로 그것"이라는 게 시라크의 연설에 대한 조스팽의 평가였다.[89]

시라크 자신의 당인 RPR에서는 마리프랑스 가로Marie-France Garaud와 피에르 쥐에Pierre Juillet가 시라크의 연설에 반감을 표명했다. 이 두 정치인은 《르몽드》지에 발표한 글에서, '비시 정부'가 "프랑스의 이름으로" 행동하고 결정했다는 것을 인정한다면 드골이 "반란자"이고 레지스탕스 대원들이 "모험가"이며 드골에게 반역죄를 선고한 것이 "적법"하다고 말하는 셈이 될 것이라고 주장했다. 예속된 국가는 국가가 아니며 "비시는 프랑스가 아니었다"는 이들의 주장은 전통적인 드골주

의적 입장을 그대로 반복한 것이었다.[90]

앞서 보았듯이 비시의 범죄를 거론하고 벨디브를 기념하는 것 자체에 적대적이었던 르펜의 국민전선과 극우언론은 예상대로 시라크의 연설에 대해 극도의 반감을 드러냈다. 르펜이 시라크의 연설은 그가 "선거에서 유대인 공동체에 진 빚을 갚"은 것에 불과하다고 발언한 데[91] 이어 국민전선 정치국은 시라크가 "집단적 책임"을 거론함으로써 "국민과 그 기억"을 더럽혔고 "승자 진영에 있던 프랑스를 죄인의 진영으로" 전락시켰다고 주장했다.[92] 또한 극우 일간지 《프레장》지는 "프랑스의 이름으로 프랑스의 유죄를 인정"한 것은 "프랑스의 국민감정을 모욕"하는 행위라고 질타했고, 극우 주간지 《미뉘트*Minute*》지는 "미테랑이 14년 동안 버틸 수 있었던 압력"에 시라크는 "두 달 안에 굴복"했으며 "국가의 주권, 독립성, 불편부당성을 유지"할 능력이 그에게 있는지 의심스럽다고 주장했다.[93]

요컨대 비시의 범죄와 "프랑스"의 책임을 현직 대통령으로서는 처음으로 공식 인정한 시라크의 연설은 사회당의 일부 정치인, RPR의 극소수 정치인, 국민전선과 극우언론을 제외하고는 유대인과 비유대인, 좌파와 우파를 불문하고 전반적으로 상당한 지지를 받았고, 2년 전의 국가기념일 제정 때보다도 그 지지도와 파급효과가 더 컸던 것으로 보인다. 앞서 언급했듯이 시라크의 입장 표명에 72퍼센트의 찬성을 보였던 한 시사주간지의 여론조사는 지지정당별 분석 결과도 내놓았다. 이에 따르면 반대 입장이 47퍼센트에 달했던 "르펜주의자들"과 달리 사회당 지지자도, RPR 지지자도 대다수(사회당은 70퍼센트, RPR은 86퍼센트)는 시라크의 입장에 우호적이었다.[94]

벨디브 사건 50주년 기념일을 계기로 시작되어 53주년 기념일의 시라크 연설로 일단락 맺은 '벨디브 논쟁'은 1942년 7월 16~17일의 벨디브 사건 자체의 성격과 책임 주체를 둘러싼 논쟁이 아니라 그 사건으로 대표되는, 독일강점기 비시 체제의 유대인 박해에 대한 책임을 현재의 프랑스 국가가 공식적으로 인정하는 문제에 대한 논쟁이었다. 이러한 논쟁은 크게 세 차례, 즉 1992년 7월 16일의 벨디브 50주년 기념식 전후, 그해 11월 11일의 헌화 파동 직후, 1995년 7월 16일의 시라크 연설 직후에 벌어졌다. 매번 논쟁은 현재의 국가권력(대통령으로 대표되는)이 반세기 전의 유대인 관련 범죄에 대한 책임을 공식 인정하는 것이 타당하다는 입장과 그에 반대하는 입장 사이에 벌어졌다.

이러한 두 입장의 대립은 그러한 범죄를 자행한 독일강점기의 비시 체제, 그 전과 후의 공화국, 그리고 프랑스 자체 사이의 관계라는, 훨씬 더 큰 문제에 대한 상반된 인식에서 비롯된 것이었다. 반세기 전의 범죄에 대한 책임을 공식 인정해야 한다는 쪽은 비시 체제와 공화국 사이의 역사적 연속성을 주장했고, 반대 진영은 그러한 연속성을 부정했다. 전자는 비시 체제를 출범시킨 1940년 7월 10일 상하원의 전권 위임투표가 제3공화정과 비시 체제 사이 연속성의 증거라면, 전후戰後의 인적·제도적 연속성은 비시 체제와 제4, 5공화정 사이 연속성의 증거라고 주장한다. 이들에 맞서 반대쪽 진영은 1940년 7월의 투표가 근본적으로 부당하며 비시와 공화국의 연속성을 인정한다면 드골과 레지스탕스를 모욕하는 것이라고 주장했다. 미테랑 대통령의 침묵과 모호한 태도에 분개했던 사람들은 시라크 대통령의 비시 체제에 대한 '전혀 모호하지 않은' 규탄에 환호했다. 반면, 반대쪽 사람들은 범죄를 저지르지도 않은 공화국이 비시의 범죄에 책임을 질 필요가 없다고 맞섰다. 따라서 비시와 공화국의 연속성을 강조한 쪽은 프랑스 자체가 반세기 전의 범죄에 대해 사과해야 한다고 주장했고, 반대 진영은 공화국도, 프랑스도 유죄가 아님을 강조했다.

사실, 비시와 공화국 사이의 연속성 강조는 1970년대 초부터 미국의 역사가 로버트 팩스턴Robert Paxton을 필두로 전문역사가들에 의해 행해져온 것으로, 이제는 대부분의 관련 전공 연구자들이 받아들이고 있다. 그러한 점에서 1992년 6월 벨디브 위원회의 청원서에서부터 1995년 7월의 시라크 연설에 이르기까지 첫 번째 입장의 역사 인식이, 비시 체제를 법적으로 무효화하고 프랑스 역사에서 괄호로 처리하려는 드골 이래의 전통적 입장(바로 두 번째 입장이 기반하는)보다 훨씬 더 타당하다고 볼 수 있다.

게다가 2차 세계대전 종전 이후 수십 년 동안 프랑스에서 강점기 유대인에 대한 기억이 억제되고 벨디브 대검거라는 끔찍한 작전이 (나치 독일이라는 외세가 아니라) 비시 정부라는 자국 정부에 의해 수행되었다는 사실이 제대로 알려지지 않은 상황에서[95] 벨디브 사건에 대한 비시 체제의 책임을 현재의 공화국 대통령이 공식 인정하는 것은 올바른 역사교육이라는 면에서도 바람직한 것으로 평가할 수 있다.

한편, 이러한 벨디브 논쟁은 '국가기념일'이라는, 보다 영속적인 유산을 남겼다. 미테랑 대통령의 비시 책임 인정 거부로 벨디브 위원회가 새로 내놓은 국가기념일 입법 요구를 반년 뒤 미테랑이 대통령령의 형태로 받아들임으로써 만들어진 것인데 이러한 기념일 제정 과정에는 1992년 11월의 페탱 묘 헌화 파동이 크게 작용했다. 미테랑의 비시 체제 수반 묘에 대한 헌화는 전국적인 분노를 야기했고 이러한 분노를 무마하고자 미테랑은 서둘러 비시 범죄에 대한 국가기념일을 제정했던 것이다. 특기할 만한 점은 기념일의 명칭이 '비시 정부의 박해'가 아니라 "이른바 '프랑스 국가 정부'라는 사실상의 권력체 하에서 자행된" 박해의 기념일로, 비시 정부의 합법성을 인정하지 않으려는 드골주의 인식을 여전히 고수할 뿐만 아니라 그나마 "…… 하에서 자행된"이라는 표현으로 범죄의 주체를 모호하게 처리했다는 것이다. 이러한 한계가 존재하기는 하지만 그럼에도 조국의 영광을 기리는 기존의 국가기념일 제정 전통에서 벗어나 자국의 수치를 과감히 상기시키는 기념일을 최초로 제정했다는 점은 높이 평가해야 할 것이다.[96]

III 레지스탕스: 역사, 기억, 논쟁

4년간의 독일강점기 프랑스가 오직 '대독협력 프랑스', '콜라보 프랑스', '비시 프랑스'로만 기억되거나 규정될 수밖에 없다면 전후/해방 후 프랑스의 새로운 국가 건설이라는 과업도, 강점기 대독협력자들에 대한 단죄라는 과업도 훨씬 어려웠을 것이다. 강점기 프랑스에는 협력자 프랑스, 체념하고 순응하는 프랑스만이 아니라 저항하고 투쟁하는 프랑스도 존재했다. 1940년 6월의 패전을 최종적인 패배로 받아들이지 않고, 대독협력을 거부하고, 점령당국과 비시 정부에 끝까지 맞서 저항한 '레지스탕스'가 존재했기에('레지스탕스'라는 역사용어의 기원 자체가 프랑스 레지스탕스였다!), 게다가 그러한 레지스탕스가 1944년 6월부터 1945년 5월까지의 해방 전투에 (결정적이지는 않더라도) 적지 않은 기여를 했으므로 그러한 저항세력이 존재하지 않았던 나라들에 비해 훨씬 더 자신 있고도 순탄하게, 그리고 외세의 개입 없이 과거와의 단절과 새 국가 건설을 수행할 수 있었다.

레지스탕스에 가담한 프랑스인들은 모두 몇 명이었을까? 지하신문을 제작, 배포하고, 철로나 전화선을 끊고, 무기를 들고 싸운 '직접행동'만을 레지스탕스로 간주할 것인지, 레지스탕스 대원이나 유대인을 피신시켜준 행위라든가 독일 군경의 움직임을 미리 알려준 경찰관의 행위 같은 경우도 레지스탕스에 포함시킬 것인지에서부터 정확히 언제부터의 활동을 레지스탕스로 인정해줄 것인지에 이르기까지 '레지스탕스'를 정의하기란 '대독협력' 못지않게 어렵고 레지스탕스가 지하 활동이었다는 점에서 대독협력행위보다도 인원수를 파악하기가 훨씬 더 어려운 편이지만 대략 30~50만 명 정도로 추산되고 있다.

이러한 규모는 해방 직후 숙청재판소들에서 서류가 검토된 대독협력 '혐의'자의 수 35만과 비슷하거나 더 많은 것이지만 해방 후 줄곧, 적어도 드골이 실각한 1960년대 말까지 프랑스의 공식적인 담론이었던 '2차 세계대전기 전 국민의 일치단결한 레지스탕스'라는 이미지에는 현격히 못 미치는 것이었다. 1970년대 초부터 이른바 '레지스탕스 신화'가 깨지기 시작하여 20세기 말에 이르면 거꾸로 레지스탕스 '흑역사'라 할 만한 측면들이 부각되는 조짐을 보였다. 이 책 3부에서도 점령지구 프랑스의 초기 레지스탕스를 다룬 7장을 제외하고는 모두 그러한 측면들과 관련되어 있다. 비시 정부가 대독협력 정부였으므로 항독 행위인 레지스탕스는 응당 반反비시여야 할 텐데 초기 프랑스의 레지스탕스(1940~41)는 비시에 대해 모호하거나 페탱에 우호적인 성향이 꽤 컸다는 점(8장), 레지스탕스 자체 내의 배반 내지 실책으로 장 물랭이 체포되었다는 점에서 프랑스 레지스탕스 최대의 비극적 사건으로 손꼽히는 칼뤼르 사건(9장), 그 사건 전후의 오브락 부부의 모호한 행적을 둘러싼 논쟁(11장), 레지스탕스 최대의 영웅인 장 물랭에 대한 '소련 첩자설' 제기와 이를 둘러싼 논쟁(10장)이 여기서 다룰 내용들이다.

7
레지스탕스의 탄생: '인류박물관'과 '북부해방'을 중심으로

1940년 5월 13일 프랑스가 독일의 급작스런 침공을 받고 그로부터 6주 만에 패전을 인정한 일은 당시 프랑스인들에게 너무나도 충격적인 사건이었다. 이 전쟁을 끝낸 6월 22일의 프랑스-독일 휴전협정은 사실상 항복조약이었다. 그 조약으로 시작된 것은 평화가 아니라 독일의 점령과 지배였다.

이러한 상황에 대해 대부분의 프랑스 국민은 분노하기보다는 체념하고, 새로운 비시 정부를 이끌 고령(당시 84세)의 페탱 원수元帥에게 기대를 걸었다. 페탱은 과거 20여 년 전 베르됭Verdun 전투를 이끈 '1차 세계대전의 영웅'이었고, 현재는 신속하게 휴전을 결정함으로써 그 이상의 전화戰禍를 막아내고 앞으로는 '민족혁명'으로 프랑스 국가를 쇄신할 프랑스 국민의 '구세주'로 인식되었다. 이러한 여론은 1940년 7월 10일 비시에 모인 상·하원의원들이 압도적 다수(찬성 569표 대 반대 80표)로 페탱에게 전권을 부여한 것으로도 표현되었다.

그러나 프랑스인들 모두가 체념하고 패전을 인정하고 페탱에게 기대를 건 것은 아니었다. 페탱이 전투 중지를 촉구한 1940년 6월 17일, 그러니까 휴전협정이 체결되기도 전에 이미 가톨릭민주운동가인 에드몽 미슐레Edmond Michelet는 "굴복하는 자가 아니라 굴복하지 않는 자가 옳다"는 문구로 시작하는 최초의 항독전단을 제작했고,[1] 같은 날 밤 외르에루아Eure-et-Loir 도지사 장 물랭은 점령군의 요구에 불응한 뒤 자살을 기도했으며,[2] 다음 날 드골 장군은 런던의 BBC 방송에서 "저항의 불꽃은 꺼져서도 안 되고 꺼지지도 않을 것"이라는 연설을 했다.[3]

또한 어떤 이는 프랑스 군대가 퇴각하며 버리고 간 무기들을 수거했고, 어떤 이는 독일군의 전화선을 절단했으며, 어떤 이는 벽에 점령당국을 비난하는 낙서를 했다. 그 밖에도 독일군의 포로로 잡힌 프랑스 군인이나 영국 군인 피신시키기에서부터 연합군에의 정보 제공, 애국시위, 항독전단 제작과 배포에 이르기까지 다양한 종류의 항독활동이 1940년 여름과 가을에 시작되었다.

항독행위, 즉 레지스탕스Résistance는 언제나 소수(초기에는 극소수)의 행위였고, 프랑스를 나치 독일의 지배에서 해방시키는 데 결정적인 역할을 한 것도 아니었다. 하지만 강점기 4년 동안 해를 거듭할수록 규모가 커졌고, 1944년 여름 프랑스를 해방시키는 전투에서 무시 못 할 기여를 한 것도 사실이다. 무엇보다 대부분의 프랑스 국민이 숨죽이고 체념하고 일상에 매몰될 때 목숨을 걸고 저항을 했다는 것만으로도 역사적 의의가 크다. 그러한 의미에서 2차 세계대전 종전 이후 프랑스에서 새로운 국민적 정체성을 형성하는 데 레지스탕스가 큰 역할을 한 것은 당연하다 할 것이다.

이 장은 그러한 레지스탕스가 프랑스에서 어떻게 탄생했는지를 보기 위해 해외 레지스탕스보다는 국내 레지스탕스, 그중에서도 비점령지구의 레지스탕스보다는 점령지구의 레지스탕스, 그중에서도 '인류박물관' 조직과 '북부해방' 조직을 중심으로 분석하고자 한다.[4]

분석 대상으로 프랑스 정부인 비시 정부가 통치한 비점령지구가 아니라 독일군당국이 직접 통치한 점령지구를 택한 것은, 이 지역이 독일군의 존재와 나치 독일의 직접 지배로 인해 레지스탕스가 시작되기가 훨씬 더 어렵고 위험한 동시에 독일에 직접 맞선다는 점에서 '레지스탕스'의 본연의 의미에 더 잘 부합하기 때문이다. 또한 점령지구에 존재했던 수많은 조직들 가운데 '인류박물관' 조직과 '북부해방'을 택한 이유는 두 조직이 갖는 대표성과 서로간의 두드러진 차이 때문이다. 사실, 이 두 조직은 점령지구의 레지스탕스 조직들 가운데 규모 면에서 가장 큰 조직은 아니었다. 크기는커녕 인류박물관 조직은 기관지 창간 후 몇 달 만에 파괴되었고 북부해방은 기관지를 첫 1년여 동안 1명의 지도자가 혼자서 제작했다.

그럼에도 두 조직은 각기 다른 이유로 점령지구 레지스탕스를 대표할 만하다. 우선, 인류박물관 조직은 '레지스탕스'라는 단어가 아직 '저항'이라는 뜻의 보통명사에서 '2차 세계대전기 점령국에 맞선 저항운동'을 의미하는 역사용어로 바뀌기도 전인 1940년 12월에 그 단어를 자신의 기관지 제호로 삼았다. 단지 제목만이 아니라 논설들의 어조와 내용 면에서도 대담하고 선진적인 주장을 펼쳤다. 나아가 프랑스에서 레지스탕스 운동이 본격적으로 발전하기 전인 1942년 초에 지도자와 구성원 10명이 사형선고를 받고 그중 7명이 처형당함으로써 이후 프랑스 레지스탕스에 대한 역사와 기억에서 두고두고 선구자와 순교자로서의 상징적 위치를 차지했다.

한편, 북부해방은 단명한 인류박물관 조직과는 대조적으로 독일강점기 4년 내내 살아남았다. 다른 레지스탕스 조직들 대부분이 월 1~2회의 주기로 기관지를 발간한 반면 강점기 4년 내내 거의 매주 기관지를 간행하여 프랑스 레지스탕스 조직들 가운데 가장 많은 호수(총 190호)의 지하신문을 냈다. 또한 초기에 독일점령당국에 모호한 중립을 취한 프랑스 공산당이나 역시 초기에 비시 정부와 페탱에 환상을 가졌던 상당수의 다른 레지스탕스 조직들과 달리 비교적 이른 시기부터 독일과 비시 정부 둘 다에 정면으로 맞섰다는 점에서 선명성과 선구성이 높이 평가된다.

이 두 조직은 극명하게 대비되는 존속기간 외에도 조직의 형성 과정, 구성원의 직업적·사회적·정치적 동질성 여부, 항독활동의 종류에 이르기까지 여러 면에서 대조적인 모습을 보여 독일강점기 초기 프랑스의 점령지구 레지스탕스를 연구하는 데 매우 의미 있는 사례가 될 것이다.

조직의 형성

'인류박물관' 조직

점령지구 프랑스의 레지스탕스 조직인 '인류박물관' 조직[5]은 명칭대로 인류박물관의 직원들에 의해 만들어지기 시작했다. 러시아 출신의 언어학자 보리스 빌데Boris Vildé와 인류학자 아나톨 루이츠키Anatole Lewitsky, 도서관 사서 이본 오동Yvonne Oddon이 이 조직을 처음 구성한 핵심이었다. 이 가운데 제1의 지도자는 단연 빌데였다. 1942년 2

보리스 빌데, 아나톨 루이츠키, 이본 오동(왼쪽부터)

월 17일 이 조직의 구성원 10명에게 사형선고를 내린 독일군사재판소가 '빌데 사건'이라는 표현을 쓸 정도로 중추적인 역할을 했던 빌데는 1908년 러시아의 수도 상트페테르부르크에서 태어나 잠시 독일을 거쳐 1932년(24세)에 파리에 왔고 4년 뒤 프랑스 국적으로 귀화했다. 파리의 동양어학교에서 일본어 학위를 취득한 빌데는 1936년에 계약직 언어학자로 인류박물관에 취직했고 2년 뒤 정식으로 임용되어 극지민족부를 담당했다. 1940년 5월 프랑스가 독일군의 침공을 받자 하사관으로 전투에 참여했던 그는 포로로 잡혔다가 탈출하여 7월에 파리로 돌아왔다.[6]

빌데보다 7년 연상인 루이츠키 역시 빌데와 마찬가지로 러시아 태생이고 만 24세(1925)에 파리에 온 것까지 같았다. 1931년에 트로카데로Trocadéro 민족학박물관에 취직한 그는 1935~38년에 인류박물관을 창립하는 데 핵심적인 역할을 했고 1939년 10월에 징집되었다가 1940년 8월에 동원 해제되어 파리로 돌아왔다.[7]

이상의 두 러시아계 프랑스인과 달리 프랑스 태생이었던 오동은, 1차 세계대전 시 부상으로 사망한 장교의 딸로, 파리의 미국사서학교를 졸업하고 미국에서 2년간 직업교육을 받은 뒤 귀국하여 트로카데로 민족학박물관의 도서관에 근무했고 1937년부터 인류박물관이 새로 만들어질 때 도서관의 재조직을 담당했다. 1940년 5~6월 독일군의 침공 시 38세였던 그는 도서관을 떠나지 않았다.[8]

조직의 구성원 모집이 시작된 곳도 바로 이 인류박물관이었다. 1940년 6~8월에 이상의 세 인물이 직장동료인 인류박물관 직원들, 즉 민족학자, 박물관 관장 비서, 보조사서, 경비 등을 '인류박물관 그룹'의 구성원으로 끌어들였던 것이다. 그리하여 오동 자신의 증언에 따르면 "8월에는 인류박물관 그룹이 완전히 구성되었다."[9]

인류박물관 그룹이 '인류박물관' 조직의 핵심부였던 것은 맞다. 하지만 인류박물관 조직 전체에서 보면 이 그룹은 극히 일부의 영역만을 차지했다. 인류박물관 조직은 인류박물관에 국한된 것도, (인류박물관이 위치한) 파리에 국한된 것도 아니었다. 그 조직은 (파리를 포함한) 점령지구 전체에 걸쳐 있었다.

역사가 쥘리앙 블랑Julien Blanc의 분석에 따르면 인류박물관 조직은 크게 세 개의 부문, 즉 빌데 부문, 라 로셰르La Rochère 부문, 오에-틸리옹Hauet-Tillion 부문으로 나뉘었다. 인류박물관 그룹은 이 중에서 빌데 부문에 속한 한 '세포'(인류박물관이 들어선 건물 이름을 따서 "샤이오궁 세포")에 불과했다.[10]

이 세 부문 가운데 가장 컸던 것은 빌데 부문으로, 이 부문은 9~10개의 그룹(혹은 세포)으로 구성되었다. 우선, 인류박물관 그룹과 성향상, 직업상으로 가장 유사한 '작가 그룹'이 존재했다. 민중예술전통박

인류박물관이 들어선 샤이오궁

물관 관리인 아녜스 윔베르Agnès Humbert와 작가 장 카수Jean Cassou가 이끌고 출판업자, 작가, 대학교수, 교사, 연구원 등 10여 명의 파리 지식인들로 구성된 이 그룹 역시 인류박물관 그룹과 비슷한 시기에 만들어졌다.[11]

파리 법원에서는 변호사들이 두 개의 세포를 각기 따로 조직했다. 첫 세포는 두 명의 변호사가 중심이 되어 노르망디Normandie 지역과 솜Somme 지역에 정보원들을 두고 군사정보를 수집했고, 두 번째 세포는 세 명의 변호사가 사회당계 법조인들로 조직했다. 또한 파리의 미국대사관에서는 워싱턴 국회도서관 파리 주재 대표와 미대사관 사서가 '미대사관 그룹'을 조직했고, 역사학 교수 로베르 포티에르Robert Fawtier는 파리의 소방대원들로 정보수집 그룹을 조직했다.[12]

빌데 부문은 파리 지역의 그룹들로만 구성된 것이 아니었다. 프랑스 최북단인 노르파드칼레Nord-Pas-de-Calais 지역의 소도시 베튄Béthune에서 주차장을 운영하는 실베트 를뢰Sylvette Leleu가 일찍이 1940년 6월 초부터 소모임을 결성했는데 초등학교 교장, 식당주인, 간호사 등으로 구성된 이 그룹은 8월부터 포로 탈주 지원조직으로 발전했다. 또한 브르타뉴Bretagne 지역의 켕페르Quimper와 브레스트Brest에는 기록보관소 직원, 의사, 약사 등으로 구성된 그룹이 존재했다. 주로 공군장교들로 구성된 '비행사 그룹'과 알자스 출신의 사진작가 피에르 발테르Pierre Walter가 조직한 알자스 그룹도 빌데 부문에 속했다.[13]

주목할 만한 점은, 빌데 부문을 구성하는 이상의 9~10개 그룹 가운데 어느 한 그룹도 인류박물관 그룹에 의해 만들어진 게 아니었다는 사실이다. 이들 그룹은 모두 자생적으로 결성되었다가 이후에 인류박물관 그룹에 연결되었다. 인류박물관 그룹에 가장 먼저 연결된 것은 미대사관 그룹이었다. 이 그룹의 한 여성 구성원과 인류박물관의 오동은 같은 사서학교 출신으로 오랜 지인 관계였고 이를 기반으로 두 그룹은 일찍이 1940년 7월에 연결되었다.

나머지 모든 그룹은 빌데와의 접촉을 통해 인류박물관 그룹과 연결되었다. 1940년 7월에 포티에르-소방대원 그룹이 연결된 것을 필두로, 8월 말에는 파리 법원 그룹, 9월에는 브르타뉴 그룹과 작가 그룹, 10월에는 베튄 그룹, 그해 말에는 비행사 그룹, 끝으로 1941년 1~2월에는 알자스 그룹이 잇달아 인류박물관 그룹과 연결되어 빌데 부문에 들어왔다.[14]

두 번째인 라 로셰르 부문의 명칭 역시 지도자의 이름을 딴 것이었다. 이 부문의 지도자 모리스 드 라 로셰르Maurice de La Rochère는 에콜폴리테크니크 출신의 전前대령이었다. 빌데가 자신의 부문을 처음부터 주도한 게 아니었듯이 라 로셰르 역시 그러했다. 심지어 라 로셰르 부문의 핵심적 그룹이었던 파리 지역의 '베리테 프랑세즈Vérité française' 그룹은 라 로셰르와 전혀 무관하게 형성되었다. 이 그룹은 보험사 직원, 기업가, 수의사, 신부 등으로 구성되었는데 '베리테 프랑세즈'라는 명칭은 이 그룹이 1940년 9월부터 발간한 지하신문의 제호에서 따온 것이다.[15]

한편, 이보다 앞서 앤Aisne 도의 수아송Soissons 시에서 헌병대위, 세관원, 중소기업주 등이 10여 명으로 구성된 그룹을 조직했다. 프랑스 군대가 퇴각하며 버리고 간 무기를 수거하고 포로수용소 탈주자들을 숨겨주는 활동을 벌이던 이 수아송 그룹은 1940년 12월에 베리테 프랑세즈 그룹에 흡수 통합되었다. 라 로셰르는 그 뒤에야 베리테 프랑세즈 그룹에 들어온 것으로 추정되는데 곧 그룹 전체에 지도력을 행사하게 되었다. 끝으로, 센 도청 내에 조직된 한 그룹이 1941년 초에 라 로셰르 부문에 들어왔다.[16]

세 번째이자 마지막인 오에-틸리옹 부문은 73세의 전前대령 폴 오에Paul Hauet와 33세의 여성 민족학자 제르멘 틸리옹Germaine Tillion이 중심이 된 부문이었다. 프랑스의 아프리카 식민지 문제에 대해 공히 관심이 컸던 이 두 사람은 1940년 6월 말에 서로 처음 만났고, 곧 '전국식민지병사연합UNCC(l'Union nationale des combattants coloniaux)'이라는 합법기구를 기반으로 레지스탕스 활동을 벌였다. 이 기구는 프랑스 식민지 출신의 포로군인들을 도울 목적으로 조직된 것인데 전국에 걸쳐 비밀리에 식민지 출신의 프랑스 포로 병사들을 수용소에서 탈주시키는 역할을 담당했다. 대체로 오에나 틸리옹의 지인인 대위, 소령, 식민도서관 사서, 전前식민지행정관, 퇴직교수, 대학생, 예수회 신부, 수녀, 간호사 등이 이 부문에 들어왔다.

앞의 두 부문처럼 이 부문에서도 독자적으로 조직된 다른 그룹들이 연결되었다. 일례로 마른 도의 기업가 샤를 위탱Charles Hutin이 이끈 위탱 그룹이 이 부문에 들어왔고, 1941년 3월에는 파리 지역과 블루아Blois에서 강점기 초기에 고등학생들이 조직한 프랑스-리베르테 France-Liberté 그룹이 새로 합류했다. 이로써 1941년 봄에 오에-틸리옹 부문이 완성되었다.[17]

이상의 세 부문 사이에 어떠한 협력도 이루어지지 않았다면 '인류박물관' 조직이라는 동일한 조직으로 불릴 수 없었을 것이다. 오에와 라 로셰르는 둘 다 70대의 전前대령인 데다가 젊은 시절 아프리카의 프랑스 식민지에서 전투에 참여한 이력과 1차 세계대전 참전 체험을 공유했고 게다가 에콜폴리테크니크 동창생이었다. 이 두 부문 지도자는 1940년 6월 말 파리의 앵발리드Invalides 부근에서 우연히 만나 서로 같은 입장임을 확인했고 이후 다시 만나서 정보를 교환할 것을 결의했다. 곧이어 두 사람은 인류박물관의 빌데 및 루이츠키와 만났다. 특히 라 로셰르는 박물관 사무실에서 루이츠키에게 정기적으로 독일군 관련 문서들을 제출했다. 한편, 인류박물관 사서 오동과 친구 사이였던 틸리옹은 논문을 준비하기 위해 인류박물관에 다니면서 오동을 다시 만났고 지하 그룹의 존재를 알게 되었다. 이상의 교류는 1940년 말부터 시작된 것으로 보인다.[18]

그러나 이러한 부문 간 교류 및 협력은 각 부문의 수뇌급 인물들 사이에서만 이루어졌다. 부문 대 부문의 통합 시도는 전혀 이루어지지 않았고, 어느 부문의 수뇌도 조직 전체를 장악하지 못했다. 그러한 통합과 장악은 시도되지 않았다기보다는 점령당국의 너무 이른 탄압으로 시작하기도 전에 무산되었다고 보는 편이 더 정확할 것이다. 1941년 2월에 오동과 루이츠키가, 3월에 빌데가 잇달아 검거됨으로써 인류박물관 조직의 핵심 부문인 빌데 부문이 사실상 파괴되었던 것이다.[19]

'북부해방'

인류박물관 조직이 학자, 사서, 작가, 퇴역장교, 기업가, 변호사, 소방대원, 간호사 등 다양한 직종의 사람들로 구성되었던 반면, '북부해방' 조직은 거의 전적으로 노동조합 간부들에 의해 결성되었다. 인류박물관 조직의 제1의 지도자가 언어학자 보리스 빌데였다면, 북부해방 조직을 주도한 인물은 노동총동맹CGT(Confédération générale du travail)의 은행사무직연맹 부서기를 역임한 크리스티앙 피노Christian Pineau였다.

'북부해방' 조직의 지도자 크리스티앙 피노

북부해방 조직이 공식적으로 결성되기 1여 년 전이자 그 기관지가 창간되기 보름 전인 1940년 11월 15일에 발표된 일명 '12인 선언'이 하나의 출발점을 이룬다. 〈프랑스 생디칼리슴 선언문〉이라는 제목의 이 문건에 서명한 12명의 노동계 인사들이 이후 북부해방 조직 결성을 주도했던 것이다. 노동총동맹CGT의 간부 9명과 프랑스 기독교노동자동맹CFTC(Confédération français des travailleurs chrétiens) 간부 3명이었다. CGT에서는 피노 외에 공무원연맹 부서기 로베르 라코스트Robert Lacoste, 건설목재연맹 서기 루이 사이양Louis Saillant, 금속연맹 총서기 프랑수아 슈발므François Chevalme, 전前섬유연맹 총서기 빅토르 방드퓌트Victor Vandeputte, 사무직연맹 총서기 오레스트 카포치Oreste Capocci, 교통연맹 총서기 외젠 자쿠Eugène Jaccoud, 파리 지역 사무직노조 총서기 알베르 가지에르Albert Gazier, 총동맹 사무국원 피에르 뇌이메이에르Pierre Neumeyer, CFTC에서는 전前총서기 가스통 테시에르Gaston Tessier, 전前부총서기 모리스 불라두Maurice Bouladoux, 전前의장 쥘 치른헬트Jules Zirnheld가 이 서명에 참여했다.[20]

사실, '12일 선언' 자체는 레지스탕스를 촉구하는 문건이 아니었다. "프랑스 생디칼리슴이 무엇이고 무엇이 되어야 하는지에 대한 우리의 관점을 요약"하겠다고 서두에서 밝힌 이 선언문은 프랑스 생디칼리슴의 "I. 과거"와 "II. 현재", "III. 프랑스 생디칼리슴의 원칙들", "IV. 생디칼리슴의 미래"로 구성되어 있으며, 문건 어디에서도 '독일', '점령', '저항', '(대독)협력' 등의 단어들은 전혀 찾아볼 수 없었다.[21] 선언문은 기본적으로 노총들의 해산을 명한 비시 정부의 1940년 11월 9일 법령에 대응한 것이고,[22] 나아가 비시 정부의 노동 정책에 맞서 전통적인 프랑스 생디칼리슴의 원칙들을 재천명한 것이었다.

이렇듯 독일의 점령 상황을 전혀 언급하지 않고 항독을 명시적으로 촉구하지도 않았지만 그렇다고 이 문건의 작성과 배포가 레지스탕스와 전혀 무관했다고 볼 수도 없을 것이다. 노총을 강제해산하는 비시 정부의 조치에 정면으로 맞서는 행위 자체가 대독협력 정부인 비시 정부에 저항하는 것인 데다가 "프랑스 생디칼리슴의 원칙들"을 명시한 제3장에는 (독일점령당국의 이념인) 나치즘 반대를 암시하는 내용이 포함되어 있었다. 즉 '프랑스 생디칼리슴의 6대 원칙' 가운데 네 번째 원칙인 "인종, 종교, 의견에 대한 어떠한 고려와도 무관하게 **인간 존중**을 단언"할 것과 다섯 번째 원칙인 "집단활동의 수행에서든, 각 구성원들의 개인적 자유의 행사에서든 **자유로워야** 할 것"(강조는 원문의 이탤릭체)[23]은 비시 정부만이 아니라 명백히 독일점령당국의 이념과 정책에 반대한다는 입장도 표명한 것이다. 특히 네 번째 원칙인 "인간 존중"과 관련해서는 프랑스 생디칼리슴이 "반反유대주의", "종교적 박해", "사상범" 규정 등을 받아들일 수 없으며, "인간을 개인적 사고와 행동을 할 수 없는 무의식적 기계로 만들어버리는 어떠한 체제에도 반대"한다고 선언하고 있다.[24] 이는 극단적인 반유대주의 체제이자 전형적인 전체주의 체제인 나치즘 체제를 겨냥한 표현이 아닐 수 없다. 선언문의 작성자인 피노 자신도 20년 뒤에 펴낸 회고록에서 그 문건이 "프랑스 생디칼리슴에 부과된 국가사회주의(나치즘—필자) 교의에 대한 우리 입장을 나타낸다"고 밝히고 있다.[25]

한편, 이 선언문은 피노 혼자서 작성한 것이었지만 CGT와 CFTC의 동료 노조간부들의 집단적 토론과 승인의 결과물이었다.[26] 선언문은 CGT 사무직 노조의 등사기로 찍혀 나왔고 곧 CGT와 CFTC의 산별연맹 서기들과 도道연합 서기들 및 노동계 지인들에게 대거(아마도 1,000부 이상) 발송되었다.[27]

12인 선언의 서명자들은 곧 '경제노조연구위원회Comité d'études économiques et syndicales'라는 이름의 합법기구를 결성했다. 이 기구는 CGT와 CFTC의 간부들로 구성되었고, 이들은 매주 피노의 사무실에 모여 토론을 거쳐 문건들을 작성하고 그 문건들을 경제노조연구위원회의 이름으로 전국의 노조들에 배포했다. 경제노조연구위원회는 한 달에 두 번씩 회보를 발간했고 전국의 노동계에 약 2,500부를 배포했다. 또한 이 조직은 전국 노동자들의 임금 문제와 작업 조건 등을 조사하기 위해 CGT와 CFTC의 산별연맹들과 도연합들에 질문지를 발송했는데 이 질문지를 수합하는 과정에서 투쟁적인 활동가들을 파악하고 선별하는 작업도 벌였다. 질문에 신속하고 열정적으로 답한 노조 간부들은 이후 레지스탕스 조직을 준비하는 데 우선적인 포섭 대상이 되었다.[28]

1940년 12월 1일 피노가 레지스탕스 신문인 《해방*Libération*》지를 창간하면서부터 경제노조연구위원회는 (비시 정부에 의해 용인되는 합법기구로서) 《해방》지 발간과 배포라는 비합법 레지스탕스 활동을 은폐해주는 역할을 했다.[29] 나아가 경제노조연구위원회는 이후 북부해방 조직을 만들어나가는 데 토대가 되었던 것으로 보인다. 30년 뒤에 피노가 "경제노조연구위원회를 레지스탕스 조직이 점차 대체해나가는 방식으로 우리 운동이 탄생했다"고 술회한 것도 바로 그러한 의미일 것이다.[30]

그러면 '조직'으로서의 북부해방이 만들어진 것은 언제일까? 북부해방 조직은 1940년 12월 《해방》지가 창간되고서부터 대략 1년 뒤에 결성된 것으로 보인다. 앞서 살펴본 인류박물관 그룹이 1940년 12월 15일 기관지인 《레지스탕스*Résistance*》지 창간호에서부터 자신의 조직 명칭이 "전국공안위원회"임을 밝혔던 반면(그러한 조직이 실재하지는 않았지만), 그보다 보름 앞서 나온 《해방》지 창간호는 어디에서도 발간 주체를 밝히지 않았다.

북부해방 조직의 결성 시점은 기관지 창간으로부터 1년 뒤인 1941

년 12월 북부해방 지도위원회가 처음 구성된 때로 봐야 할 것이다. 지도위원회는 CGT 간부 7명과 CFTC 간부 2명으로 구성되었는데, 이 가운데 7명은 '12인 선언'에도 참여했던 사람들(피노, 가지에르, 라코스트, 뇌이메이에르, 사이양, 테시에르, 불라두)이었다.[31]

조직의 탄생은 1941년 11월 30일의 《해방》지 제52호에 실린 선언문에서도 감지된다. 창간호에서부터 제51호까지 조직의 존재를 전혀 드러내지 않았던 이 신문이 제52호에 이르러 처음으로 북부해방 조직의 존재를 강력히 암시했던 것이다.

> **해방**은 침략자가 우리 영토 위에 유지하는 "유일"당들 가운데 하나인 새로운 당이 아니라 프랑스의 진정한 운명에 대한 믿음을 유지하는 모든 사람들에게 열린 전국적 운동이다(강조는 원문의 이탤릭체 – 필자).[32]

또한 이 선언문에 따르면 "'해방'이라는 단어 주위에, '해방'의 행동을 위해 당신은 당, 신앙, 계급의 구별 없이 모일 것"이고 "거의 모두가 이미 애국자들의 소집단에 속해 있"는 "당신은 이제, 스스로 설정한 개인적 임무를 포기하지 않은 채" 우리 조직의 "행동지침들을 따르고, 지시를 받아들"여야 한다.[33]

그룹들이 모여 하나의 조직을 이루게 된다는 점은 인류박물관 조직과 북부해방 조직 둘 다에 해당되는 사실이지만 공통점은 그것뿐이다. 인류박물관 조직이 각기 독자적으로 형성된 그룹들이 핵심적 그룹들에 연결됨으로써 형성되었다면, 북부해방은 독자적으로 형성된 그룹들이 조직에 들어오기도 했지만 그룹들 자체가 지도위원회 위원들의 의식적 노력으로 만들어지기도 했다.[34]

보다 주목할 만한 차이는 북부해방이 인류박물관 조직과 달리 구성원들을 모집하거나 그룹들을 결성하는 데 기존의 노조와 정당 조직을 상당 정도 활용했다는 점이다. 프랑스의 양대 노총인 CGT와 CFTC, 그리고 사회당이 북부해방 조직이 형성되는 데 주된 기반이 되었다. 12인 선언의 서명자와 지도위원회의 구성에서 보듯이 CGT와 CFTC는 북부해방의 가장 핵심적인 기반이었다. 특히 사무직, 공무원, 목재, 금속, 교통, 섬유 부문의 노조들이 주로 활용되었다.

또한 12인 선언 서명자 중 5명(가지에르, 라코스트, 뇌이메이에르, 카포치, 자쿠), 지도위원회 위원 9명 중 3명(가지에르, 라코스트, 뇌이메이에르)은 CGT 간부인 동시에 사회당 소속이기도 했다. 게다가 12인 선언 서명자들과 사회당 조직인 '사회주의 행동위원회Comité d'action socialiste' 사이에 두 차례 회합(1940년 12월과 1941년 6월)이 있었고 이 회합은 사회당 활동가들이 북부해방 조직에 대거 합류하는 계기가 되었다.[35]

초기 레지스탕스의 활동

그러면 이 조직들은 구체적으로 어떤 활동을 벌였을까? 점령지구 프랑스에서 초기에 벌어진 레지스탕스 활동은 실로 매우 다양했다. 레지스탕스 활동으로 분류할 수 있는 것 가운데 시기상으로 가장 먼저 이루어진 방식은 프랑스 군대가 퇴각하면서 버리고 간 무기들을 회수하고 은닉하는 것이었다. 이는 강점기가 시작되기 전, 즉 독일과 프랑스의 휴전이 이루어지기도 전인 1940년 5월부터 이미 행해졌다. 벨기에와의 접경 지역인 아르덴Ardennes 도와 바로 옆 앤Aisne 도에서 그러한 일이 벌어졌고 곧 노르망디와 브르타뉴 지역 등에서도 같은 일이 행해졌다.[36] 6월 22일 체결된 휴전협정은 프랑스군의 모든 무기와 군 장비를 독일군 측에 인도할 것(제4, 5조)을 규정했으므로[37] 이러한 활동은 명백히 항독행위에 해당하는 것이었다.

독일군의 포로로 붙잡힌 프랑스 군인들과 영국 군인들의 수용소 탈주와 피신을 돕는 일 역시 비슷한 시기에 시작되었다. 포로수용소에서 이들을 탈주시키고, 탈주한 포로들에게 민간인복이나 위조신분증을 제공하고, 이들을 숨겨주고, 영국이나 비점령지구로 갈 수 있도록 돕는 것이 이러한 범주에 해당했다. 처음에는 개인적 행위로 시작된 이 활동은 곧 탈주 조직의 결성이라는 집단적 행위로 발전했다.[38]

태업이나 기물 및 설비 파괴를 통해 독일군의 업무를 방해하는 행위 역시 레지스탕스 활동에 속했다. 노르망디 지역의 오른Orne 도에서 전화선 부설이 1년 연기되고 상트르Centre 지역의 루아레Loiret 도에서 체신부의 과장, 수석기사, 감독관이 독일군이 요구한 업무의 연구 및 실행을 여러 달 지연시킨 것이 이러한 범주에 해당했다. 레지스탕스는 1940년 9월 서부의 렌Rennes 시와 생나제르Saint-Nazaire 시에서 전화선과 전기 케이블을 파괴하는 일도 벌였는데 가담자들은 곧 체포되어 총살되었다.[39]

가장 즉흥적인 항독행위로는 영화관에서 뉴스영화 상영 시 야유하기, 독일점령당국의 선전벽보 훼손하기, 벽에 낙서하기 등이 있었다. 이러한 행위들은 일찍이 1940년 7월 초부터 점령당국에 적발되었지만 그해 10월까지 여러 도시들에서 잇달았다. 당국의 벽보를 찢고 벽에 낙서하는 행위가 대체로 개인적인 행위였다면 벽보나 전단을 만들어

벽에 붙이고 살포하는 행위는 보다 의식적이고 조직적인 행위였다. 이러한 방식의 레지스탕스 활동은 1940년 9월부터 파리, 브르타뉴 지역, 프랑슈콩테Franche-Comté 지역, 아르덴 도 등지에서 나타났다.[40]

점령지구 프랑스의 초기 레지스탕스 활동 가운데 가장 진전된 형태의 것은 단연 지하신문의 발간이었다. 1회성의 스티커, 전단 등을 만들어 벽에 붙이거나 살포하던 소모임들이 이제 비합법신문을 정기적으로 간행하고 배포했던 것이다. 일례로, 1940년 9월 파리에서 교사, 보험사 직원, 상인, 은행원 등으로 구성된 '발미Valmy' 그룹은 그해 말까지 전단을 제작하여 벽, 상점 진열창, 지하철역 등에 붙이다가 다음해 1월에는 동명의 지하월간지를 창간했다.[41] 1940년 10월에는 역시 파리에서 악보사 사장 레몽 다이스Raymond Deiss가 《팡타그뤼엘*Pantagruel*》지를, 정치학교수 쥘 코레아르Jules Correard가 《라르크*L'Arc*》지를 각각 창간했다.[42] 앞서 보았듯이 인류박물관 조직의 라 로셰르 부문은 1940년 9월에 《라 베리테 프랑세즈》지를, 빌데 부문은 12월에 《레지스탕스》지를, 북부해방은 같은 달 《해방》지를 창간했다. 지방의 경우, 노르 도의 루베Roubaix에서 1940년 10월 사회당 소속의 전前노동-체신부장관인 장 르바Jean Lebas가 《롬 리브르*L'Homme libre*》지를, 같은 도의 릴Lille에서 1941년 4월 사회당 소속 경찰관과 전前시장이 《라 부아 뒤 노르*La Voix du Nord*》지를, 그리고 서부의 낭트Nantes에서 1940년 7월 기독교민주계의 대학생들이 《앙 캅티비테*En Captivité*》지를 각각 창간했다.[43]

지하신문은 여러 가지 기능을 동시에 수행했다. 독일점령당국과 비시 정부의 선전에 맞서 역선전을 펴고, 점령당국의 거짓 정보 제공이나 정보 은폐에 맞서 올바른 정보를 제공하는 역할뿐만 아니라 레지스탕스 조직의 존재를 대중에게 알리고 그 조직을 더욱 확대하는 역할을 해냈다는 점에서 지하신문은 강점기 초기 국면의 레지스탕스에 가장 필요하고 가장 선진적인 수단이었다.

그러면 인류박물관 조직과 북부해방은 이상의 활동들 가운데 어떤 활동을 수행했을까? 인류박물관 조직의 경우 지금까지 살펴본 활동들을 대부분 수행했다. 앞서 보았듯이 라 로셰르 부문의 수아송 그룹은 프랑스 군대가 버리고 간 무기를 수거하고 포로수용소 탈주자들을 숨겨주는 활동을 벌였고, 빌데 부문의 베튄 그룹은 휴전 이후 몇 주에 걸쳐 그 지역 포로수용소들에서 총 57명의 프랑스 군인들이 탈주하는 것을 도왔으며 200명의 영국 군인들을 숨겨주고 영국으로 돌아갈 수 있게 해주었다. 또한 빌데 부문의 파리 지역 구성원들은 500~600명의 프랑스 군인들을 포로수용소에서 탈주시켰고, 오에-틸리옹 부문의 전국식민지병사연합은 수천 명에 달하는 프랑스 식민지 출신 포로들을 비점령지구로 피신시켰다.[44]

베튄 그룹은 포로 탈주 원조 외에 노르파드칼레 지역에 주둔한 독일군에 대한 정보를 수집하고 독일군에 유용하게 쓰일 설비를 파괴하는 역할도 담당했다. 전국식민지병사연합과 라 로셰르 역시 군사정보를 수집했고, 빌데와 라 로셰르와 오에는 주기적으로 만나 각자 수집한 정보를 서로 교환했다. 이들은 정보를 수집하는 데 파리의 미대사관, 비시의 네덜란드 공사관, 휴전군의 몇몇 장교 등의 도움을 받기도 했다.[45]

또한 빌데 부문의 작가 그룹은 지하신문 《레지스탕스》지를 만들기에 앞서 (다른 이들이 만든) 항독문서나 전단을 여러 부 복사하여 돌리고, 자체적으로 전단을 제작하여 벽에 붙이거나 공공장소에 살포했다. 이 그룹에 속한 윙베르의 1940년 9월 1일자 일기에 따르면 “우리는 전단을 배포하는 것으로 시작”해서 “우리 자신의 전단을 제작할 것”이었다.[46] 실제로 이 그룹은 일찍이 8월부터 장 텍시에르Jean Texcier의 항독 팸플릿인 《피점령자에게의 조언*Conseils à l'occupé*》을 타자기로 쳐서 여러 부를 만들어 배포했고, 9월에는 인류박물관 관장인 폴 리베Paul Rivet가 페탱에게 보냈던 비판적인 공개서한을 등사기로 약 100부를 찍어내 배포했다.[47]

또한 이 그룹은 “드골 장군 만세”라고 타자기로 친 스티커를 벽에 붙이거나 공중화장실, 공중전화 박스, 지하도 등에 살포했고, 9월 19일에는 〈비시가 전쟁을 한다〉는 제목의 첫 전단을 제작하기에 이른다. 이 그룹은 작가 카수가 쓴 이 전단을 인류박물관의 등사기를 이용하여 수천 부를 찍어낸 뒤 지하철역, 우체국, 우체통, 백화점 등에 살포했다.[48]

인류박물관 조직이 존속했던 짧은 기간 동안 수행했던 최고 수준의 레지스탕스 활동은 역시 레지스탕스 신문의 제작과 배포였다. 먼저 라로셰르 부문의 ‘베리테 프랑세즈’ 그룹이 1940년 9월에 동명의 신문을 창간했다. 다음 해 11월까지 총 32호를 발간하여 《레지스탕스》지보다 수명은 훨씬 길었지만 내용과 형식은 훨씬 빈약했다. 인류박물관 조직의 명실상부한 기관지는 1940년 12월 15일 창간된 《레지스탕스》지였다. 빌데가 기획과 사설 집필을 담당하고 빌데 부문의 작가 그룹이 나머지 글들의 집필과 편집을 담당한 이 신문은 1941년 3월 말까지 모두 다섯 호만이 발간되었지만 분량은 (창간호를 제외하고는 2~3면에 불과했던 《라 베리테 프랑세즈》지와 달리) 3~6면에 달했다.[49]

요컨대 인류박물관 조직은 프랑스 군대가 버리고 간 무기를 수거하고, 포로 군인들을 피신시키고, 독일군에 필요한 설비를 파괴하고, 군사정보를 수집·교환하고, 전단을 제작·살포하고, 지하신문을 제작하는 등 강점기 초기 프랑스의 레지스탕스가 벌인 거의 모든 종류의 활동을 수행했다. 반면 북부해방은 (적어도 초기에는) 오직 지하신문의 제작과 배포라는 단일 분야에 집중했던 것으로 보인다. 이는 이 조직을 이끈 피노의 의도적인 선택의 결과이기도 했다. 20년 뒤에 출간한 회고록에서 그는 당시 상황에 대해 "너무 넓은 망을 만드는 것은, 상당수가 수다쟁이거나 경솔한 자인 사람들을 모으는 것"이어서 "우리는 여전히 신중했고, 무익한 접촉을 피했"으며 "몇몇 레지스탕스 운동들은 너무 빨리 행동에 들어가서 무용하게 파괴당했다"고 밝혔다. 또한 "돈도, 무기도, 런던과 직접 접촉할 수단도 없는" 상황이라 "정보 수집 및 전달, 결집, 조직화라는 과업"에 그칠 수밖에 없었고, 결국 "우리는 우리 신문을 배포하고 희망을 갖는 데 만족"했다.[50]

즉 피노는 철저한 보안 유지와 조직의 보존 필요성을 특히 강조했던 것이고 이는 조직을 확대하는 데 매우 신중하고, 정보 제공과 조직화라는 과업을 동시에 가장 잘 수행할 수 있는 분야인 지하신문 제작 및 배포 분야에 집중하는 전략으로 이어졌던 것이다.

한편, 인류박물관 조직이 보여준 다양한 종류의 활동은 빌데를 비롯한 지도자들의 의식적 선택의 결과라기보다는 조직 자체의 독특한 상태에서 비롯된 것이기도 했다. 빌데뿐 아니라 다른 어느 누구도 조직 전체를 통솔하지 못하는 상황에서, 다양한 종류의 활동들은 중앙에서 의식적으로 배치·할당한 것이 아니라 (독자적으로 구성된) 각 그룹들이 (종종 인류박물관 조직에 들어오기 전부터 이미) 독자적으로 수행했던 것이다.

지하신문

《레지스탕스》

인류박물관 조직은 레지스탕스 조직으로서의 온전한 형태를 갖추기(결국 그러한 날은 영원히 오지 않았지만) 전에 공식 기관지부터 먼저 창간했다. "전국공안위원회공보"를 부제로 내걸고 《레지스탕스》를 제목으로 삼은 이 신문은 1940년 12월 15일 첫 호가 나왔다. 제목과 부제 둘 다 의미심장하다. 단순히 '저항'이라는 뜻의 보통명사였다가 독일강점기(1940~1944)를 거치며 '2차 세계대전기 점령국에 맞선 저항운동'을 뜻하는 역사용어로 변모한 '레지스탕스'를 제목으로 삼은 최초의 레지스탕스 신문인 데다가 부제에 명시된 '공안위원회'라는 조직 명칭은 프랑스혁명기 가운데서도 가장 혁명적인 국면이었던 '혁명력 2년'(1793~94)의 핵심적인 권력기구에서 따왔던 것이다.

이 신문의 제작과 배포는 두 팀이 수행했다. 총노선을 정하고 각자에게 역할을 분담시킨 것은 빌데였다. 언제나 제1면의 전면全面에 실린 사설 역시 빌데가 주로 집필하고 루이츠키가 보조했다. 나머지 글들의 집필과 신문 전체 편집은 카수, 윙베르, 아블린Aveline, 마르탱-쇼피에르Martin-Chauffier 등 작가 그룹이 담당했다. 편집이 완료되면 인쇄와 배포는 다시 인류박물관 그룹이 수행했다.[51]

인쇄 방식은 원시적이었고 발행부수는 적었다. 《레지스탕스》지는 인쇄기가 아니라 타자기와 등사기로 인쇄되었고, 인쇄에 사용된 종이와 잉크, 등사기는 모두 인류박물관 것이었다. 대략 400~500부가 간행되었던 것으로 보이며, 400개의 이름과 주소가 수록된 발송지 목록이 작성되었고, 발행부수 절반 이상이 우편으로 발송되었다. 인류박물

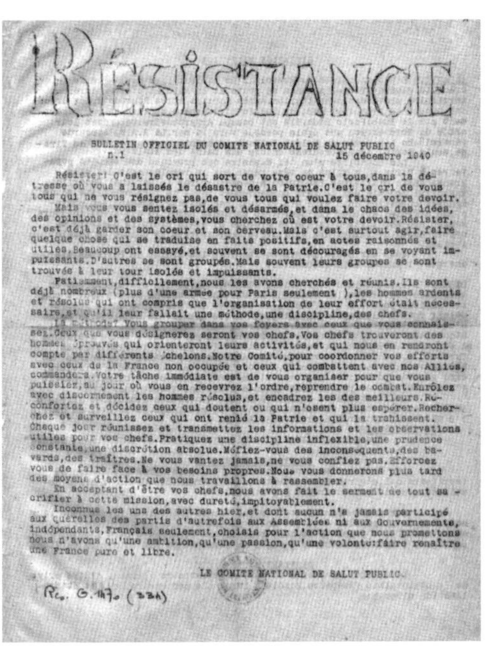

RÉSISTANCE

BULLETIN OFFICIEL DU COMITE NATIONAL DE SALUT PUBLIC

n.1 15 décembre 1940

Résister! C'est le cri qui sort de votre coeur à tous, dans la détresse où vous a laissés le désastre de la Patrie. C'est le cri de vous tous qui ne vous résignez pas, de vous tous qui voulez faire votre devoir.

Mais vous vous sentez isolés et désarmés, et dans le chaos des idées, des opinions et des systèmes, vous cherchez où est votre devoir. Résister, c'est déjà garder son coeur et son cerveau. Mais c'est surtout agir, faire quelque chose qui se traduise en faits positifs, en actes raisonnés et utiles. Beaucoup ont essayé, et souvent se sont découragés en se voyant impuissants. D'autres se sont groupés. Mais souvent leurs groupes se sont trouvés à leur tour isolés et impuissants.

Patiemment, difficilement, nous les avons cherchés et réunis. Ils sont déjà nombreux (plus d'une armée pour Paris seulement), les hommes ardents et résolus qui ont compris que l'organisation de leur effort était nécessaire, et qu'il leur fallait une méthode, une discipline, des chefs.

La méthode? Vous grouper dans vos foyers avec ceux que vous connaissez. Ceux que vous désignerez seront vos chefs. Vos chefs trouveront des hommes éprouvés qui orienteront leurs activités, et qui nous en rendront compte par différents échelons. Notre Comité, pour coordonner vos efforts avec ceux de la France non occupée et ceux qui combattent avec nos Alliés, commandera. Votre tâche immédiate est de vous organiser pour que vous puissiez, au jour où vous en recevrez l'ordre, reprendre le combat. Enrôlez avec discernement les hommes résolus, et encadrez les des meilleurs. Réconfortez et décidez ceux qui doutent ou qui n'osent plus espérer. Recherchez et surveillez ceux qui ont renié la Patrie et qui la trahissent. Chaque jour réunissez et transmettez les informations et les observations utiles pour vos chefs. Pratiquez une discipline inflexible, une prudence constante, une discrétion absolue. Méfiez-vous des inconsequents, des bavards, des traîtres. Ne vous vantez jamais, ne vous confiez pas. Efforcez vous de faire face à vos besoins propres. Nous vous donnerons plus tard des moyens d'action que nous travaillons à rassembler.

En acceptant d'être vos chefs, nous avons fait le serment de tout sacrifier à cette mission, avec dureté, impitoyablement.

Inconnus les uns des autres hier, et dont aucun n'a jamais participé aux querelles des partis d'autrefois aux Assemblées ni aux Gouvernements, indépendants, Français seulement, choisis pour l'action que nous promettons nous n'avons qu'une ambition, qu'une passion, qu'une volonté: faire renaître une France pure et libre.

LE COMITE NATIONAL DE SALUT PUBLIC.

《레지스탕스》 제1호(1940년 12월 15일)

관에서 등사된 이 신문은 곧 파리 교외인 오베르빌리에Aubervilliers의 '민중항공클럽' 건물에서 400부 이상 재등사되기도 했다.[52]

그러면 이 신문에는 어떠한 내용이 실려 있었을까? 짧게는 세 면(제4호), 길게는 여섯 면(제1, 3호)으로 구성된 이 신문은 언제나 제1면에 조직의 총노선을 밝히는 논설을 실었다.[53] 그런 점에서 1940년 12월 15일의 창간호 제1면에 실린 논설은 매우 중요한 의미를 갖는다. 이 글의 첫 번째 의미는 무엇보다도 조직의 존재 자체를 밝힌 것이다. "전국공안위원회"라는 명칭과 달리 실제로는 전국적 조직도, '공안위원회'라는 명칭의 조직도 존재하지 않았지만 이 논설은 그러한 조직이 이미 실재하는 것처럼 주장했다. 즉 각자의 위치에서 항독행위를 시도했으나 "고립되고 무력하다"는 것을 느낀 사람들을 "우리는 끈기 있고도 어렵게 찾았고 결집시켰다." 또한 "우리 위원회"는 "당신들의 활동을 비점령지구 프랑스 사람들의 활동에 맞추고, 우리 연합국과 함께 싸우는 사람들의 활동에 맞추기 위해 지휘할 것"이다. 따라서 "우리는 당신의 지도자"이며 "당신에게 …… 행동수단을 나중에 줄 것"이다.[54]

이 논설은 조직의 존재("우리", "우리 위원회")를 단순히 밝히는 데 그치지 않고 독자에게 구체적인 지시를 내렸다.

> 당신의 본거지에서, 당신이 아는 사람들과 함께 모임을 조직하라. 당신이 지명하는 사람들이 당신의 지도자가 될 것이다. 당신의 지도자들은, 그들의 활동의 방향을 결정하고 다양한 층을 통해 우리에게 그 활동에 대해 보고할 검증된 사람들을 찾을 것이다. …… 당신의 당면 임무는 당신이 명령을 받는 날 전투를 재개할 수 있도록 스스로를 조직하는 것이다. 분별력 있게, 단호한 사람들을 모집하고 가장 훌륭한 사람들을 간부로 배치하라. …… 조국을 부인하고 배반한 자들을 색출하고 감시하라. 매일 당신의 지도자들에게 유용한 정보와 견해를 모아서 전달해라. 불굴의 규율을 준수하고, 언제나 신중하고 절대 보안을 지켜라.[55]

즉 모임을 조직하고, 지도자를 뽑고, 배반자를 경계하고, 규율을 지키고, 보안을 철저히 지키라는 것이 '전국공안위원회'가 독자들에게 내리는 지시였다. 그런데 전국공안위원회라는 조직이 애초에 존재하지도 않았으므로 이상의 진술과 지시는 허구에 기반한 것이고 무의미한 것일까? 빌데와 그를 포함한 인류박물관 조직(혹은 적어도 《레지스탕스》지 편집진)이 다분히 허세를 부린 것은 사실이다. 이 논설은 또한 "우리가 집결시킨" 사람들의 수가 "이미 많고" "파리에만 한 부대 이상"의 규모라고 주장하고 있는데 이 역시 명백히 허세였다.

그러나 이 허세는 레지스탕스 조직들이 온전한 형태를 갖추기 전인 초창기에 어느 정도 부득이하고, 잠재적 레지스탕스 대중에게 상당한 효과를 발휘할 수 있는 허세였다. 즉 독일과의 전쟁이 아직 끝난 것이 아니라고 생각하고 독일군의 점령이라는 현실과 비시 정부의 대독협력 정책을 받아들일 수 없던 사람들에게, 그러한 현실과 정책에 분개하고 저항할 방법을 모색하던 사람들에게 전국적인 항독조직이 존재한다는 소식은, 나아가 자신들을 지도할 준비가 되어 있는 조직이 존재한다는 소식은 엄청난 희망과 기쁨과 자신감을 주었을 터였다.

비록 전국적인 조직망도, '공안위원회'라는 명칭의 조직도 존재하지 않았지만 '인류박물관 조직'(어떤 명칭으로 불리든 간에)이라는 실체는 분명 존재했던 것이고 그 실체가 이제 기관지를 발간하는 수준에 이른 것 역시 명백한 사실이었다.

또한 독자들에게 레지스탕스 조직이 존재한다는 사실을 알리고, 각자의 위치에서 모임을 조직하고 지도자를 뽑고 규율과 보안을 철저히 지키라고 말한 것은, 인류박물관 조직의 가입자를 모집하는 데에만 기여한 것이 아니라 다른 어떤 조직이든 레지스탕스 조직에 가입하거나 스스로 그러한 조직을 결성하고 (이미 조직원인 경우) 규율과 보안을 지키도록 하는 데에도 일조했을 것이다. 특히 강점기 초기인 당시에 다른 레지스탕스 지하신문들 대부분이 주로 정보 제공과 선전에 자신의 역할을 제한했기 때문에 조직 자체의 중요성과 조직원으로서의 행동방침에 대해 이렇듯 큰 비중을 부여한《레지스탕스》지의 선진성과 선구성을 높이 평가해야 할 것이다.

이상에서 살펴본 제1면의 논설과 달리《레지스탕스》지 제1호의 나머지 다섯 면에서는 다른 지하신문들과 마찬가지로 국내외 상황에 대한 각종 정보 제공과 선전 역할에 집중하고 있다. 가장 앞쪽에 실린 정보는 당시 군사적 상황이었다. 알바니아와 리비아에서 이탈리아군이 각각 그리스 군과 영국군에 패배한 소식, 아프리카의 프랑스 식민지인 차드Chad에서 드골의 자유프랑스 군이 승리한 소식 등이 실려 있었다.[56] 비시 정부와 관련해서는 〈비시 미스터리〉라는 제목으로 1940년 12월 13일 페탱의 지시로 부총리 라발이 실각하고 체포된 사건이 실렸다. 이 사건은 "독일 언론, 즉 파리의 신문들이 …… 침묵"하고 미국 라디오와 스위스 언론을 통해서만 알 수 있던 터라 "점령지구 프랑스인들이 소문으로만 알게 된 것"이었다.[57] 외국 소식으로는 유일하게 미국의 입장에 대해 실렸다. "프랑스 정부와 인민은 미국인의 압도적 다수가 영국의 승리와 유럽에서의 나치 지배의 붕괴를 원한다는 것을 알아야" 했다.[58]

가장 많이 실린 기사는 독일점령당국이 프랑스인들에 미친 폐해에 대한 것이었다. 프랑스의 포도주, 소, 돼지, 쌀, 면綿 등에 대한 독일의 수탈 조치, 프랑스 유대인 기업과 상점에 대한 점령당국의 몰수 조치, 알자스 지역 청년들의 독일군 강제입대 조치, 로렌 지역의 나치화 조치, 독일의 선전부장관인 괴벨스Goebbels가 프랑스의 식민지들을 빼앗으려는 의지를 표명한 것 등이 제5면과 6면에 실렸다.[59]

《레지스탕스》지는 독일점령당국과 비시 정부가 은폐했던 정보를 폭로하는 데 그치지 않고 구체적인 항독행위를 촉구했다. 런던에서 망명 중이던 드골의 자유프랑스 라디오 방송이 프랑스인을 대상으로 한두 시간의 침묵시위를 촉구한 문안을 그대로 실었던 것이다. 1941년 1월 1일에 비점령지구에서는 오후 2시부터 4시까지, 점령지구에서는 오후 3시부터 4시까지 모든 프랑스인은 집 밖으로 나가지 말라는 촉구문이 〈희망의 시간〉이라는 제목으로 게재되었다. 끝으로, 프랑스 국가國歌인 라마르세예즈La Marseillaise 제2절이 실렸다.[60]

보름 뒤에 간행된《레지스탕스》지 제2호 역시 제1면에 사설을 실었다. 이 사설에서는 지난 호 사설의 논지를 더욱 발전시켜 특히 규율의 중요성을 여러 차례 강조했다. "우리는 규율이 잘 잡힌 조직 없이는 유용하고도 효과적으로 행동할 수 없을 것"이며 "규율은 지도자들의 권위를 인정하는 것이고, 특히 그들에게 복종하는 것"이다. "복종은 맹목적이지도 기계적이지도 않"고 "사고思考를 허락"하고 "심지어 이해를 요구"하지만 "토론은 더 이상 허락하지 않"을 것이다. 또한 "당신의 개인적 행동은 공동행동의 한 요소가 되어야" 했고 "분산된 행동, 고립된 행위는 없어야" 했다.[61]

총 4면으로 이루어진 제2호의 나머지 세 면 역시 제1호와 비슷한 구성을 보였다. 영국의 계속된 항전, 리비아에서 이탈리아 군에 대한 영국군의 승리, 프랑스 식민지들에서 자유프랑스 군의 승리 등 추축국들에 불리한 군사적 상황, 미국 대통령 루스벨트Roosevelt의 영국 원조 계획, 영국과 스페인의 무역협정 체결, 영국에 대한 터키의 우호적 태도, 추축국에 대한 발칸 국가들의 유보적 태도 등 역시 추축국에 불리하게 돌아간 국제적 상황, 그리고 히틀러가 알자스의 공무원들에게 강요한 "파렴치한 선서문", 로렌 지역에서 쫓겨나 비점령지구로 온 7만 명의 프랑스인들에 대한 페탱의 연설 등 프랑스 국내의 열악한 상

황이 세 면에 걸쳐 기술되었다.[62]

끝으로는 역시 제1호와 마찬가지로 자유프랑스 라디오 방송과 라마르세예즈 가사가 실렸다. 저명한 프랑스 탐험가이자 기메 박물관 관리자인 나캥Nackin 소령이 자유프랑스 라디오에서 "자유프랑스의 목표는 전체주의 열강을 패배시킴으로써 프랑스 영토의 본래 상태를 회복하는 것"이라고 말한 것을 〈영불해협 저편의 목소리〉라는 제목 아래 실었고, 라마르세예즈 1절을 실었다.[63]

한 달 만에 출간된 제3호(1941년 1월 31일)는 분량이 다시 6면으로 늘었지만 기사의 개수는 대폭 줄었다. 제1면의 사설에 이어, 제2면에는 로렌 지역 프랑스인들의 추방 조치에 대해 1940년 11월 비시 정부의 지시로 휴전위원회 프랑스 대표단 단장이 휴전위원회 위원장에게 보낸 항의서가 실렸다.[64] 이어서 제3~5면에는 1940년 12월 29일 미국의 루스벨트 대통령이 유럽 국가들에 대한 나치 독일의 침공과 점령을 비판한 담화문과 그에 대한 미국 언론과 여론의 우호적 반응을 실었다.[65]

제6면에는 노벨문학상 수상자이자 아카데미 프랑세즈 회원인 철학자 앙리 베르그송Henri Bergson의 죽음에 대한 기사를 실었다. 이 기사에 따르면 베르그송의 사망은 "독일의 점령이 프랑스인들에게 부과한 가혹한 생활조건"에 기인한 것이었다. 끝으로 〈희망의 목소리〉에서는 지난 두 호가 런던의 자유프랑스 라디오 방송을 실었다면 이번 호는 국내 레지스탕스 신문들의 발췌문을 실었다.[66]

다음 호인 제4호는 1941년 3월 1일에야 총 3면의 분량으로 줄어든 형태로 간행되었고, 3월 말의 제5호를 끝으로 더 이상 발간되지 않았다. 이렇듯 출간 간격이 계속 벌어지고 그나마 석 달 반 만에 종간된 것은 무엇보다도 1941년 2~3월에 오동, 루이츠키, 빌데 등 핵심 지도자들이 모두 검거된 탓으로 봐야 할 것이다.

《레지스탕스》지는 비록 단명했지만 '레지스탕스'라는 용어를 제호로 내건 최초의 레지스탕스 신문이라는 상징적 의미 말고도 앞서 보았듯이 당시 대부분의 다른 지하신문들과 달리 정보 제공과 선전의 역할에 국한하지 않고 조직과 규율의 중요성을 일찍이 역설했다는 점을 높이 평가할 수 있을 것이다. 게다가 이 신문이 제공하는 정보들 자체가 매우 정확하고 적절하고 체계적이어서 더더욱 독일에 "위험"했던 것으로 보인다. 1942년 2월 17일 독일점령당국의 군사재판소는 빌데에게 사형선고를 내리면서 판결이유서에서 다음과 같이 언명했다.

> 이 정기간행물은 잘 작성되었고, 다른 반反독일전단들에서 읽을 수 있는 관습적이고 조잡한 거짓말들을 포함하지 않았다. 사실들을 적절히 모아서 체계적으로 제시했으므로 더더욱 위험하다. 그 정기간행물은 점령에 반대하는 사람이면 누구나 반드시 열광시킬 수밖에 없다. 이 정기간행물이 독일에 보일 수 있는 위험은 분명, 이러한 진지하고 체계적인 성격에 있다.[67]

《해방》

인류박물관 조직의 《레지스탕스》지가 1940년 12월부터 다음 해 3월 말까지 총 5호로 단명했던 것과 대조적으로 북부해방 조직의 《해방》지는 독일강점기 4년(1940~1944) 내내 발간되었다. 대부분의 다른 레지스탕스 신문이 월간지나 반半월간지였던 것과 달리 주간지여서 1944년 8월 14일까지 무려 190회나 간행되었다.[68]

또한 《레지스탕스》지가 적게는 3면에서 많게는 6면까지 간행했던

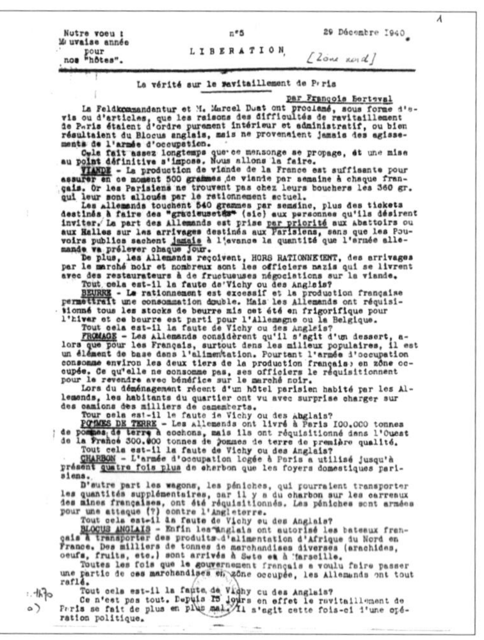

Nutre voeu : Mauvaise année pour nos "hôtes".

n°5

LIBERATION [Zône nord]

29 Décembre 1940.

La vérité sur le ravitaillement de Paris

par François Berteval

La Feldkommandantur et M. Marcel Déat ont proclamé, sous forme d'avis ou d'articles, que les raisons des difficultés de ravitaillement de Paris étaient d'ordre purement intérieur et administratif, ou bien résultaient du Blocus anglais, mais ne provenaient jamais des agissements de l'armée d'occupation.

Cela fait assez longtemps que ce mensonge se propage, et une mise au point définitive s'impose. Nous allons la faire.

VIANDE - La production de viande de la France est suffisante pour assurer en ce moment 500 grammes de viande par semaine à chaque français. Or les Parisiens ne trouvent pas chez leurs bouchers les 360 gr. qui leur sont alloués par le rationnement actuel.

Les Allemands touchent 540 grammes par semaine, plus des tickets destinés à faire des "gracieusetés" (sic) aux personnes qu'ils désirent inviter. La part des Allemands est prise par priorité aux Abattoirs ou aux Halles sur les arrivages destinés aux Parisiens, sans que les Pouvoirs publics sachent jamais à l'avance la quantité que l'armée allemande va prélever chaque jour.

De plus, les Allemands reçoivent, HORS RATIONNEMENT, des arrivages par le marché noir et nombreux sont les officiers nazis qui se livrent avec des restaurateurs à de fructueuses négociations sur la viande.

Tout cela est-il la faute de Vichy ou des Anglais?

BEURRE - Le rationnement est excessif et la production française permettrait une consommation double. Mais les Allemands ont réquisitionné tous les stocks de beurre mis cet été en frigorifique pour l'hiver et ce beurre est parti pour l'Allemagne ou la Belgique.

Tout cela est-il la faute de Vichy ou des Anglais?

FROMAGE - Les Allemands considèrent qu'il s'agit d'un dessert, alors que pour les Français, surtout dans les milieux populaires, il est un élément de base dans l'alimentation. Pourtant l'armée d'occupation consomme environ les deux tiers de la production française en zône occupée. Ce qu'elle ne consomme pas, ses officiers le réquisitionnent pour le revendre avec bénéfice sur le marché noir.

Lors du déménagement récent d'un hôtel parisien habité par les Allemands, les habitants du quartier ont vu avec surprise charger sur des camions des milliers de camemberts.

Tour cela est-il la faute de Vichy ou des Anglais?

POMMES DE TERRE - Les Allemands ont livré à Paris 100.000 tonnes de pommes de terre à cochons, mais ils ont réquisitionné dans l'Ouest de la France 300.000 tonnes de pommes de terre de première qualité.

Tout cela est-il la faute de Vichy ou des Anglais?

CHARBON - L'armée d'occupation logée à Paris a utilisé jusqu'à présent quatre fois plus de charbon que les foyers domestiques parisiens.

D'autre part les wagons, les péniches, qui pourraient transporter les quantités supplémentaires, car il y a du charbon sur les carreaux des mines françaises, ont été réquisitionnés. Les péniches sont armées pour une attaque (?) contre l'Angleterre.

Tout cela est-il la faute de Vichy ou des Anglais?

BLOCUS ANGLAIS - Enfin les Anglais ont autorisé les bateaux français à transporter des produits d'alimentation d'Afrique du Nord en France. Des milliers de tonnes de marchandises diverses (arachides, oeufs, fruits, etc.) sont arrivés à Sete et à Marseille.

Toutes les fois que le gouvernement français a voulu faire passer une partie de ces marchandises en zône occupée, les Allemands ont tout raflé.

Tout cela est-il la faute de Vichy ou des Anglais?

Ce n'est pas tout. Depuis 15 jours en effet le ravitaillement de Paris se fait de plus en plus mal. Il s'agit cette fois-ci d'une opération politique.

《해방》 제5호(1940년 12월 29일)

반면 《해방》지는 1943년 2월 20일(제116호)부터 1944년 4월 21일(제177호)까지의 기간(4면 발행)을 제외하고는 언제나 2면만 발행했다.

보다 중요한 차이로는, 《레지스탕스》지의 경우 사설 집필은 인류박물관 그룹(빌데와 루이츠키)이, 나머지 기사의 작성과 편집은 작가 그룹이 각각 맡아 역할 분담이 이루어졌던 반면, 《해방》지는 1942년 2월 1일의 제61호까지 첫 1년여 동안은 오직 피노라는 단 한 사람이 모든 논설과 기사를 작성했다는 점을 들 수 있다.[69]

인쇄기가 없어서 타자기와 등사기로 제작되어 발행부수가 매우 적었다는 점은 두 신문이 동일했다. 그래도 《레지스탕스》지는 앞서 보았듯이 처음부터 400부 이상은 간행했던 것으로 보이는데 《해방》지 창간호는 피노 자신의 증언에 따르면 "휴대용 타자기로 7부"만 제작되었다. 피노는 그중 한 부를 자신의 집 지하실에 숨겨두었고 나머지 6부를 "등사기를 가진 동지들 주소"로 우편 발송했다.[70]

1941년에는 100부, 1942년에는 350~1,000부, 인쇄소를 이용할 수 있게 된 1943년에는 4,000부, 1944년에는 5만 부까지 발행하게 되었지만, 처음부터 인쇄기를 사용해서 발행부수가 훨씬 많았던 《콩바 *Combat*》지(최고 30만 부)나 《데팡스 드 라 프랑스*Défense de la France*》지(최고 45만 부) 등과는 비교할 수 없을 정도로 발행부수가 적었다.[71]

그러면 《해방》지에는 어떠한 논설과 기사들이 실렸을까? 필자는 피노가 단독으로 제작한 창간호부터 제60호까지의 내용을 분석했는데,[72] 1940년 12월 1일의 제1호 제1면에 실린 첫 논설은 여러 면에서 앞서 본 《레지스탕스》지 제1호의 사설과 달랐다. 《레지스탕스》지 사설과 달리 《해방》지 첫 논설에는 조직의 존재에 대한 언급도, 조직 구성원으로서 해야 할 일에 대한 언급도 없었다. 제목부터 〈우리 신문〉이었던 이 논설은 오직 (방금 창간된) 《해방》지에 대한 소개에 집중했다. '전국공안위원회'의 존재를 당당히 선포했던 《레지스탕스》지에 비해 전망과 포부가 훨씬 협소했던 셈이다.

이 논설에 따르면 "독일인들에 의해 혹은 독일인들에게 매수된 언론인들에 의해 불어로 작성된 신문들은 파리에서 몇 천 부씩 발행"되고 있는데 이 "언론 괴물들에 비하면 《해방》지는 전단지에 불과"하며 "우리는 보조금도, ……광고도 없"고 오직 "무보수의 기자들과 확고한 신념만 있"었다. 이런 점에서 보면 "우리는 약하다."

> 그러나 우리는 강해질 수 있다! 우리 신문을 읽고, 끈기 있게 줄 하나하나 필사하고, 그들 스스로 찍어낸 사본을 배포하고, 자신의 친구들에게 필사하고 배포하기를 권하는 자유 프랑스인들 덕분에 강해질 수 있다.
> …… 우리 야심은 언젠가는, 여전히 자신의 나라와 그들 자신을 믿는 모든 프랑스인에 의해 읽히는 것이다.[73]

조직의 존재도 거론하지 않고 (역시 《레지스탕스》지 첫 논설과 달리) "저항"이라는 단어조차 전혀 쓰지 않았지만, 위 인용문에서 보듯이 "자유 프랑스인"이라든가 "자신의 나라와 그들 자신을 믿는 모든 프랑스인"이라는 표현에서 항독 의지를 간접적으로 읽을 수 있다. 게다가 신문을 단지 읽는 데 그치지 않고 필사하고 스스로 사본을 찍어내고 배포할 것을 암시하는 부분은 바로 그러한 방식 자체가 당시 중요한 항독행위(종종 그 개인의 첫 항독행위)에 해당했기 때문에 더더욱 의미심장한 구절이다.

〈표 3〉《해방》지(제1~60호)의 주제별 기사 분포

대독협력자 비판	32
군사적 상황	31
독일의 경제적 수탈, 암시장	28
비시 정부 및 페탱 비판	25
레지스탕스	21
파리 언론 비판	11
점령당국 정책 비판	9
노동 문제	6
미국 정부 입장	4
기타	12

또한 이 논설에서 피노는 "우리는 100부를 찍"었다고 쓰고 있는데 20년 뒤 회고록에서 실제로는 "7부"만 간행했다고 밝혔으므로 이는 명백히 허세로 봐야 할 것이다. 《레지스탕스》지의 첫 사설이 (있지도 않은) 전국공안위원회를 거론한 것이나 "파리에만 한 부대 이상"이라고 자신의 규모를 부풀린 것을 연상케 한다. 양쪽 다 잠재적인 레지스탕스 신입자들에게 동기를 부여하고 자신감과 희망을 불어넣기 위한 허세로 해석할 수 있을 것이다.

《해방》지에 실린 논설과 기사들 대부분은 당시 다른 레지스탕스 신문들과 마찬가지로 프랑스 국내외 상황에 대한 정보 제공과 대독협력자들 및 협력 정책에 대한 비판, 항독 촉구 등에 할애되었다. 제1면의 사설은 거의 언제나 '프랑수아 베르트발François Berteval'이라는 필명, 제2면의 첫 기사는 대체로 '브레쿠르Brécourt 대위'라는 필명으로 실렸으나 실제로는 모두 피노가 집필한 것이었다.[74] 이 역시 《레지스탕스》지가 전국공안위원회의 존재를 가장한 것과 비슷한 이유와 의도로, 《해방》지가 한 사람에 의해 제작된 것이 아니라 마치 편집진이 존재하고 역할 분담이 이루어진 듯한 인상을 독자들에게 주기 위한 것으로 볼 수 있다.

필자가 첫 60호의 기사들을 분석한 바에 따르면 가장 많이 다루어진 주제는 〈표 3〉에서 보듯이 대독협력자 비판이었다.[75] 특히 대표적인 대독협력주의 정당인 인민민족연합RNP에 대해서는 〈이것이 프랑스의 나치당이다〉(제11호), 〈NA-PU의 실패〉(제13호) 등의 제목으로 두 차례나 제1면 사설의 주제로 다루어졌다.[76] 파시스트 지식인 드리외 라 로셸Drieu La Rochelle, 협력주의 언론인 장 퐁트누아Jean Fontenoy, 협력주의 정치인 외젠 들롱클Eugène Deloncle, 비시 정부의 공업생산부장관 프랑수아 르이되François Lehideux 등 각 분야의 대표적인 대독협력자들도 여러 차례 〈우리의 수뇌급 배반자들〉이라는 제목(제5, 11, 13, 15, 16, 23호)으로 다루어졌다.[77]

다음으로는 군사적 상황이 많이 취급되었다. 1941년 6월 이전까지는 주로 지중해와 북아프리카 등지에서 영국군이 선전善戰하는 상황에 대해, 6월 22일 독일의 소련 침공 이후에는 동부전선에서 독일군이 부딪힌 난관에 대해 자주 다루었다. 특히 7월부터는 소련군의 완강한 저항으로 독일군이 어려움을 겪는 상황에 대해 거의 매주 생생한 정보를 제공했다.

세 번째로 많이 다루어진 주제는 독일의 경제적 수탈과 암시장 등 프랑스의 열악한 경제 상황이었다. 제5호(1940년 12월 29일)의 사설 〈파리 배급에 대한 진실〉에서 피노는 파리 배급난의 원인이 영국의 봉쇄조치나 비시 정부의 잘못이 아니라 독일점령당국의 육류, 버터, 치즈, 감자, 석탄 등에 대한 수탈과 징발에 있음을 역설했다.[78] 특히 육류의 수탈이 자주 언급되었고(제26, 29, 35호), 그 밖에 우유(제27호), 달걀(제14호), 치즈(제34호), 땅콩(제41호), 구리(제37호) 등의 징발 조치에 대한 기사들도 실렸다. 또한 암시장의 존재를 부추기는 주원인이 점령당국에 있음을 강조했다(제1, 13호).[79]

다음으로는 비시 정부나 페탱에 대해 비판하는 글이 많이 실렸다. 비시 정부에 대한 《해방》지의 초기 입장은 모호하고 이중적이었다. 첫 호부터 마르세유에 이탈리아나 독일의 군수물자 선적항 역할을 부여하여 폭격 당하게 만든 "프랑스 정부"를 비판하고, 비시 정부의 "생산부장관의 호의로" "경제적 대大과두집단들이 …… 권좌에 올라섰"다고 지적했다.[80] 하지만 다른 한편, 파리의 배급난은 비시 정부의 잘

못이 아니라 독일의 경제적 수탈 때문이라고 주장하고(제5호),[81] 라발의 실각을 둘러싼 독일과 비시 정부의 갈등을 묘사하면서 "독일의 원한을 산" 비시 정부 장관 6명의 이름을 하나하나 적시하기도 했다(제7호).[82]

나아가 파리의 협력주의자들이 비시 정부에 반대하고 압박을 가하는 상황이 여러 번 언급되었다. 1941년 1월 12일의 제7호에 따르면 "파리의 음모자들, 즉 라발, 아베츠, 데아, 드 브리농de Brinon"은 "비시에 맞서" "전적으로 친독일적인 정부"를 수립하고자 했다.[83] 또한 2월 9일의 제11호에 따르면 협력주의 정당인 민족인민연합은 "파리에서 프랑스인들 서로를 이간질함으로써 비시에 압력을 가"하려고 했다.[84]

그렇다면 비시 정부를 이끈 페탱에 대한 《해방》지의 입장은 어떠했을까? 초기에는 대체로 비시 정부의 정책이나 특정 부처나 장관들이 비판의 대상이 되었지, 페탱 자신은 도마 위에 오르지 않았다. 도마 위에 오르기는커녕 독일의 압박에 "양보하지 않"고,[85] "예기치 않은 저항"으로 독일의 군사 계획을 실패로 돌아가게 만든 이[86]로 묘사되었다. 그러나 비시 정부와 페탱을 분리하려는 이 같은 인식은 그리 오래가지 않았다. 1941년 4월 20일의 제20호에서 페탱에 대해서도 확실히 선을 그었던 것이다.

> 최근까지 프랑스 인민은 원수元帥(페탱을 지칭 – 필자)의 가치와 선의에 대해 우호적 의심을 여전히 가질 수 있었다. 그러나 오늘날은 더 이상 망설이는 게 허용되지 않는다. 국가수반(페탱 – 필자)은 자신의 총리의 반역을 은폐한다. …… 그는 더 이상 프랑스인들의 신임을 받을 수 없다.[87]

다음 달(제24호) 이 신문은 페탱에게 영원히 "작별인사"를 고하는 공개서한을 제1면에 실었다. 제목은 〈나는 약속을 지킨다. 내 약속을 제외하고(페탱 원수)〉였다.[88]

다음으로 많이 실린 글은 레지스탕스와 관련된 것이었다. 《해방》지는 (앞서 본 《레지스탕스》지와 동일하게) 1941년 1월 1일 15~16시에 침묵시위를 할 것(제5호),[89] 잔 다르크 축일인 5월 11일 15~16시에 "자유와 명예를 여전히 믿는 모든 프랑스인은 집 밖으로 나올 것"(제22호)[90] 등을 촉구했다. 또한 "그들이 숨기는 몇몇 진실, 루스벨트의 연설과 행동, 이탈리아의 패배, 억압자에 맞선 피침략국들의 대응에 대해 듣고 싶다면 영국 라디오 방송을 들"(제7호)[91]으라고 촉구하면서, 독일이 영국 라디오 방송의 청취를 방해하므로 이 방송을 재전송하는 "벨기에령 콩고 라디오 방송을 통해 단파로 런던 방송을 들을 수 있다"(제5호)[92]는 정보를 제공하기도 했다.

나아가 가장 바람직한 항독행위에 대해 조언하기도 했다. 〈사보타주의 합리적 형태들〉이라는 제목의 논설(제8호)에서 피노는 "적을 모욕하거나 심지어 타격하는 순수하게 정신적인 기쁨을 위해 자기 목숨을 위험에 처하게 하는 사보타주는 전적으로 무익"하다고 강조한다. 이어 농업 생산을 줄이는 방식의 사보타주도 독일인들보다 "프랑스인들에게 더 해를 끼칠" 것이기 때문에 "훨씬 덜 위험하고 더 효과적"인 방식으로 "독일 무기생산에 대한 사보타주"를 적극 권고했다.[93]

다음으로는, 파리 협력주의 신문들의 왜곡보도를 비판하는 기사가 많이 실렸다. 이 신문들은 거의 언제나 "불어로 된 독일 신문"으로 묘사되었고 특히 당시의 군사적 상황에 대한 왜곡보도가 신랄하게 비판되었다. 〈사진의 사기詐欺〉(제11호),[94] 〈원문 왜곡 기술〉(제14호)[95] 등은 기사 제목부터가 그러한 범주의 기사임을 잘 보여준다.

그 밖의 주제들로는 〈표 3〉에서 보듯이 독일점령당국 정책에 대한 비판이 9개, 노동 문제가 6개, 미국 정부 입장 보도가 4개였다. 주목할 만한 것은, 당시 프랑스를 점령하고 지배한 독일인들을 문제 삼은 기사보다 그에 협력한 프랑스인들에 대해 비판하는 기사가 훨씬 많았다는 점이다. 단일 범주로도 '대독협력자(대체로 파리의 협력주의자) 비판'이 가장 많았고(32개), 몇몇 범주를 합해도 '프랑스인 비판'에 해당하는 대독협력자 비판(32개), 비시 정부 및 페탱 비판(25개), 파리 언론 비판(11개)이 도합 68개로, '독일 비판'에 해당하는 '독일의 경제적 수탈'(28개)과 '점령당국 정책 비판'(9개)을 합한 수치(37개)의 두 배에 가까웠다.

이는 파리의 협력주의자들과 비시 정부의 대독협력이 그만큼 심했고 프랑스에 대한 독일의 순탄한 지배에 이들의 협력이 반드시 필요했다는 사실을 잘 보여준다. 동시에 북부해방 조직의 주공격 대상이 파리의 협력주의자들이었음을 말해준다.

끝으로, 《레지스탕스》지가 첫 호부터 자기 조직의 존재를 밝히고 조직과 규율의 중요성을 강조했던 반면, 《해방》지는 1년 뒤인 제52호가 되어서야 조직의 존재와 정체성을 밝혔다는 점에 주목할 필요가 있다. 이는 그만큼 북부해방이 인류박물관 조직에 비해 조직 결성 속도가 느렸던 데 연유하는 것이지만 동시에 북부해방이 자체 조직이 어느 정도 틀을 갖추기 전까지는 정보 제공과 선전에 자신의 역할을 철저히 국한했음을 말해주는 것이기도 하다.

인류박물관 조직은 조직으로서의 온전한 틀을 갖출 틈도 없이 점령당국의 신속한 탄압으로 급속하게 파괴되었다. 기관지인 《레지스탕스》지가 창간되고 나서 불과 한 달 뒤인 1941년 1월에 주요 구성원인 변호사 레옹-모리스 노르망Léon-Maurice Nordmann이 체포되었다. 뒤이어 2월에는 루이츠키와 오동, 3월에는 빌데, 4월에 윙베르가 잇달아 검거되었다. 7월에는 라 로셰르가 체포되었으며 11월에는 베리테 프랑세즈 그룹의 구성원들 약 150명이 체포되었다. 다음 해 1월 8일 "인류박물관 사건"에 대한 재판이 시작되었고 2월 17일 독일 군사재판소는 10명에게 사형선고를 내렸다. 이 가운데 3명의 여성은 곧 유형流刑으로 감형되었지만 빌데, 루이츠키, 노르망, 발테르 등 7명은 선고 후 6일 뒤에 총살당했다. 70대의 두 전직 대령 라 로셰르와 오에는 수용소에서 사망했다.[96]

북부해방도 탄압을 면한 것은 아니었다. 1940년에 3명, 1941년에 34명, 1942년에 54명, 1943년에 233명, 1944년에 473명이 체포되었고 이 가운데 29명은 총살당했다.[97] 피노 자신도 두 차례나(1942년 9월과 1943년 5월) 체포되었고 두 번째로 체포된 뒤에는 1945년 4월이 되어서야 부헨발트 수용소에서 풀려났다.[98] 그럼에도 조직 자체는 살아남았다. 1943년 5월에는 전국의 다른 7대 레지스탕스 조직들과 함께 레지스탕스 전국회의에 참여했고, 기관지 《해방》지는 1944년 8월의 해방기까지 무려 190호나 발간되었다.

어찌 보면 이러한 대조적인 운명은 두 조직의 기관지 각각의 창간호에서부터 예견된 것이라 할 수 있다. 인류박물관 조직의 《레지스탕스》지가 '전국공안위원회'라는 이름을 내걸고 완성된 전국적인 항독 조직과 그 지도부가 있는 양 주장함으로써 독일점령당국을 공포에 빠뜨렸다면, 북부해방의 《해방》지는 조직의 존재를 전혀 밝히지 않고

"우리 신문"만 거론했다. 또한 인류박물관 조직이 프랑스 포로군인과 영국군인 피신시키기, 독일군에 필요한 설비 파괴, 군사정보 수집, 전단과 지하신문 제작 및 배포 등 초기 프랑스 레지스탕스가 벌인 거의 모든 활동을 수행한 반면, 북부해방이 일정 기간 오직 지하신문 제작과 배포라는 단일 분야에 집중한 것도 특히 초기에 점령당국의 탄압에 덜 노출된 요인으로 볼 수 있을 것이다.

북부해방 조직이 보다 안정적이었던 또 다른 요인으로는, 기존의 어떠한 정치-사회조직에도 의존할 수 없었던 인류박물관 조직과 달리, 북부해방 조직은 전국 최대의 노총인 노동총동맹CGT과 두 번째로 큰 노총인 프랑스 기독교노동자동맹CFTC, 그리고 대표적인 좌파 정당인 사회당SFIO의 기존 구조를 충분히 활용할 수 있었다는 점을 들 수 있다. 사회당과 양대 노총의 산업별, 지역별 조직구조는 북부해방이 조직을 구성하고 확대하고 지하신문을 배포하는 데 유리하게 작용했다. 또한 양대 노총의 간부들로 구성된 경제노조연구위원회라는 '합법' 기구는 북부해방의 비합법적 항독활동을 은폐하고 보조하는 역할을 해냈다. 이 조직의 구성원 대부분이 노동조합 간부와 조합원, 사회당 활동가였던 반면, 인류박물관 조직의 구성원은 학자, 사서, 작가, 교수, 교사, 변호사, 대사관 직원, 의사, 약사, 간호사, 전·현직 장교, 기업가, 신부, 수녀, 소방대원, 사진작가 등 너무나도 다양한 직종에 속했는데 이는 그만큼 취약한 조직력을 드러내는 것이기도 하다.

8
초기 레지스탕스의 비시-페탱 인식

프랑스 현대사에서 독일강점기가 무엇보다도 '암울했던 시기les années noires'로 기억되는 것은 독일이라는 외세에 지배당하고 국토 절반 이상(1942년 11월부터는 전체)을 점령당했기 때문만이 아니다. 바로 그러한 지배와 점령이 프랑스인 수십만 명의 협력으로 유지되었기 때문이다. 이러한 협력/협력자의 대척점에 저항/저항자, 즉 레지스탕스가 존재한다. (대독)협력자가 전쟁에서 독일이 승리했다고 판단하고 휴전협정과 그것이 낳은 새로운 질서를 받아들였다면, 레지스탕스는 독일이 아직 이긴 것이 아니라고 판단했고 휴전협정을 거부했으며 독일의 지배에 맞서 투쟁했다. 결국 역사에서 이긴 쪽은 레지스탕스였고 그리하여 전후戰後에 레지스탕스는 프랑스(인)의 새로운 정체성을 형성하는 데 큰 역할을 했다.

하지만 레지스탕스의 실제 역사가 그렇게 장밋빛 이미지만은 아니었다. 프랑스 전 국민의 일치단결한 레지스탕스 지지라는 드골주의 신화와 달리 실제 레지스탕스는 소수였고, 상당 기간 분열되어 있었으며, 프랑스를 독일의 지배에서 해방시키는 데 결정적인 역할을 한 것도 아니었다. 이 장에서 다룰 주제인, 비시 정부와 그 수반인 페탱에 대한 레지스탕스의 인식이 어떠했는가 하는 문제도 매우 복잡 미묘하고 전후의 프랑스인들(오늘날에 이르기까지)에게 그다지 마음 편한 것이 아니었다.

비시 정부는 독일의 괴뢰정부가 아니었고 프랑스인의 합법정부였지만 태생부터 분명 대독협력 정부였다. 1940년 6월 16일에 레노Reynaud 총리가 사임하고 다음 날 페탱 내각이 구성된 것은 독일 측에 휴전협정을 요구하자는 세력이 집권했음을 의미하는 것이었다. 그러한 새 정부에 의해 6월 22일 사실상의 항복조약인 휴전협정이 체결되었다. 10월 24일에는 페탱이 히틀러와의 정상회담에서 대독협력을 정식으로 받아들였다. 기실, 비시 정부의 대독협력은 페탱이 "오늘 나는 협력의 길에 들어선다"고 대국민성명을 발표한 10월 30일이 아니라 강점기 4년 내내 프랑스의 지위를 규정할 휴전협정이 체결된 6월 22일에 이미 시작되었다.

레지스탕스가 기본적으로 패전('휴전'으로 불리든, '항복'으로 불리든)을 받아들이지 않고 독일의 점령과 지배에 맞서 저항하는 것을 의미하는 한, 휴전협정을 맺고 대독협력 정책을 수행한 비시 정부에도 반대하는 것이 논리적으로 당연한 이치일 터였다. 그러나 실제 현실에서는 꽤 많은 수의 레지스탕스 조직들과 구성원들이 비시 정부에 대해 모호한 태도를 보였고 페탱에게는 우호적인 입장을 보이기까지 했다.

이 장에서는 레지스탕스 내부의 그러한 성향이 특히 두드러졌던 독일강점기 초기에 레지스탕스가 비시 정부와 페탱을 어떻게 인식했으며 어떤 태도를 보였는지 분석하고자 한다. 이를 위해 1940년 7월부터

1942년 5월까지 레지스탕스 조직 및 개인이 발간한 각종 신문, 잡지, 소식지에 실린 논설이나 기사, 그밖에 이들이 발표한 선언문 등 총 48편의 글을 분석했다.[1] 1940년 7월은 프랑스 공산당이 비시 정부에 대해 처음으로 입장을 표명한 성명서를 발표한 달이고, 1942년 5월은 남부지구(비점령지구)의 대표적인 비非공산당계 레지스탕스 신문인 《콩바》지가 처음으로 페탱에게 결별선언을 한 달이다.

친페탱 레지스탕스

독일강점기 프랑스의 자국정부인 비시 정부가 나치 독일의 괴뢰정부까지는 아니더라도 대독협력을 적극 천명하고 수행한 정부였으므로, 독일의 점령과 지배에 저항한 프랑스 레지스탕스가 그러한 비시 정부와 그 수반인 페탱에게도 적대적이었을 것이라고 생각하기 쉽다. 그러나 놀랍게도 실제로는, 적어도 강점기 초기(1940~1941)에 레지스탕스 내에서 보다 많은 쪽은 비시 정부에 그다지 적대적이지 않고 페탱에 우호적인 세력이었다.[2]

1940년 5월 독일군의 급작스런 대규모 침공으로 엄청난 규모의 피난사태를 겪고 결국 치욕스런 항복과 독일군의 점령이라는 초유의 상황을 맞게 된 프랑스 국민들에게, 새 정부를 이끌게 된 고령(84세)의 '1차 세계대전 영웅' 필리프 페탱 원수는 '구원자'이자 '보호자'로 인식되었는데 초기 레지스탕스 구성원들 다수의 인식 역시 그러한 전반적인 여론에서 그다지 벗어나지 않았다.

1942년 이후 남부지구(비점령지구)에서 가장 큰 레지스탕스 조직들

필리프 페탱

비시 정부를 이끌게 된 '1차 세계대전의 영웅' 필리프 페탱 원수는 특히 정권 초기에 다수의 프랑스인들에게 '구원자' 이자 '보호자' 로 인식되었다.

가운데 하나를 이끌게 될 앙리 프르네Henri Frenay 대위가 강점기 초창기에 작성한 〈민족해방운동선언문〉은 그러한 인식을 잘 보여준다. 1940년 8월과 11월에 작성된 것으로 추정되는[3] 이 선언문에서 프르네는 "프랑스를 외국의 지배에서 구해내"고 "프랑스의 정치적·영토적 본래 상태를 회복"하는 것을 자신이 결성할 조직의 목표로 규정했다. 그런데 "정복자를 프랑스에서 쫓아내는 것"이 "우리가 의식적으

앙리 프르네
레지스탕스 조직 '콩바'의 창립자 앙리 프르네.

로 원수元帥와 관계를 끊는 것을 의미"하지는 않는다고 주장했다. 관계를 끊기는커녕 "페탱 원수를 신임하는 프랑스 인민은 여러 해 만에 처음으로 다시 희망을 갖기 시작했다"고 쓰면서 "높은 권위와 비할 바 없는 위신으로 우리를 지원하실 수 있도록 페탱 원수님, 만수무강하소서"라는 기원까지 표명했다.[4]

1941년 말에 프르네의 조직과 통합하게 되는 남부지구의 레지스탕스 조직인 '리베르테Liberté' 역시 그러한 인식을 드러냈다. 법학교수들인 프랑수아 드 망통과 피에르-앙리 텟젠이 주도하고 대체로 기독교민주주의자들로 구성된 이 조직이 발간한 동명의 신문《리베르테 *Liberté*》지는 창간호(1940년 11월 25일자)에서부터 페탱의 경구警句를 서두에 실었다. "나는 거짓말을 혐오한다. 이 나라에서 사람들은 더 이상 거짓말을 안 할 것이다." 페탱의 이 발언은 '거짓말을 일삼고 결국 패전에 이르게 한 책임을 져야 할' 제3공화정기 정치인들에 대한 반감 표명이다.《리베르테》지는 그러한 페탱의 반감을 공유했던 것이다. 이어서 신문은 "원수元帥는 자신의 저항이 프랑스인의 만장일치의 의지에 의해 지지받고 있다는 것을 느껴야 한다"고 역설했다.[5] 두 달 뒤의 제3호(1941년 1월 10일자)에서도 "우리는 페탱 원수가 지극히 어려운 상황에서 경탄할 만한 명석함과 불변의 정력으로 프랑스의 독립을 유지하고 프랑스의 모든 희망을 지키려고 노력했음을 안다"고 밝혔다.[6]

일찍이 1940년 9월부터, 독일에 맞선 저항을 촉구하는 소식지를 줄기차게 발간한 가브리엘 코셰Gabriel Cochet 장군 또한 페탱에 대한 찬미를 표명했다. 9월 6일의 첫 소식지에서 그는 "지난한 과업을 떠맡았고 자기희생의 모범을 보이신 원수님은, 만장일치의 확고한 여론의 지지를 받을 수 있을 것이므로 더더욱 독일의 요구에 잘 저항하고 희망과 미래로 가득 찬 새로운 프랑스의 토대를 잘 세우실 수 있을 것"이라고 주장했다.[7]

코셰와 프르네의 경우 페탱에 대한 찬미는 놀랍게도 그의 대독협력 정책에 대한 지지로까지 이어졌다. 1940년 10월 24일 몽투아르Montoire에서 페탱이 히틀러와 가진 정상회담은 비시 정부의 대독협력 정책의 본격적인 시작을 알리는 사건이었다. 그런데 이 사건 직후에 발간한 소식지(10월 28일)에서 코셰는 페탱이 협력을 받아들이기로 한 "결정에 모든 프랑스인이 동의할 것"이라면서 "우리가 그 결정으로 이득을 볼 것이므로 열렬한 애국자인 원수님께 신임을 보내자"고 촉구했던 것이다.[8] 프르네는 좀 더 치밀하게 페탱의 결정을 옹호했다. 몽투아르 회담에서 독일이 요구한 협력을 "거부한다면 우리는 현재 우리가 당하는 것보다 훨씬 더 힘든 조치들"을 겪게 될 것이고, 협력이라는 "필요악은 우리로 하여금 우리 자유의 일부를 보존할 수 있게 해주었고 민족부흥을 시작할 수 있게 해주었"으며 "특히 시간을 벌 수 있게 해주었"으므로 "협력은 우리에게도 득"이 될 것이었다.[9]

독일강점기에 페탱을 지지한 사람들은, 페탱 원수 개인을 찬미하는 '원수주의자maréchaliste'와 비시 정부의 '민족혁명' 노선 및 정책에 동의하는 '페탱주의자pétainiste'라는 두 범주로 나눌 수 있다.[10] 이상에서 살펴본 프르네, 코셰, 리베르테 그룹은 모두 (적어도 초기에) 원수주의자일 뿐만 아니라 페탱주의자이기도 했다. 앞서 인용한 프르네의 〈민족해방운동선언문〉은 기실, 비시 정부가 수행해온 '민족혁명'에 대한 강력한 지지선언을 담고 있다. "지난 5개월 동안의 정부의 입법사업을 지칭"할 용어로 "민족혁명이라는 용어는 너무 강하지 않다."[11]

> 우리는 페탱 원수의 과업을 열정적으로 지지한다. 우리는 지금까지 시도된 대개혁들 모두에 찬동한다. 우리는 이 개혁들이 지속될 것이고 다른 개혁들이 이 과업을 완성할 것이라는 희망으로 활기를 얻는다. 우리가 민족해방운동에 속하는 것은 바로 이러한 목표를 위해서다.[12]

비록 "이러한 민족혁명은 독일놈을 프랑스 밖으로 몰아낼 민족해방 이후에 가능할 것"임을 못 박았지만[13] 그동안 비시 정부가 추구한 일련의 입법사업을 (비시 정부와 동일하게) '민족혁명'이라 부르고 '대개혁'으로 규정짓고 지지했다는 사실에는 변함이 없다. 프르네는 1년 뒤인 1941년 8월까지도, 비시 정부의 대외 정책(협력 정책)에는 반대를 표명하면서도 국내 정책만큼은 여전히 지지를 선언했다. "우리는, 그(페탱 – 필자)가 돈의 세력, 프리메이슨, 타성에 젖은 관료주의를 공격할 때 그의 편"이며 "분명, 뛰어난 내부 개혁들이 발표되었고, 우리는 이에 동의한다."[14]

1940년 11월의 《리베르테》지 창간호 역시 페탱 "원수가 우리에게 요구한 민족쇄신 대사업은 자유롭고 정직하고 열렬한 애국적 도약 속에서만 가능"하다고 지지를 촉구하면서 "여전히 정치를 하는 자들"에게는 "당신의 정치가적 분파주의로 원수元帥의 국내 과업을 위태롭게" 하지 말라고 경고했다.[15]

코셰 장군의 첫 항독 소식지(1940년 9월 6일)가 표명한 "프랑스적인 신질서"도 페탱의 '민족쇄신 대사업'이나 '민족혁명'과 이데올로기적으로 매우 유사한 것이었다.

> 무엇보다도 프랑스에 나치 질서의 복사판이 아니라 프랑스적인 '신질서', 즉 문명, 전통, 프랑스 사상에 기반하고 프랑스의 정신적 가치들을 전적으로 수호하는 '신질서'를 창출하도록 주의하자. 프랑스적 토대에 기반한 프랑스식 질서–권위 체제를 건설하는 것은 어렵지 않다.[16]

페탱을 찬미하고 옹호하는 또 다른 방식은 그를 비시 정부의 다른 정치인들과 구별 짓고 양자를 대비시키는 것이었다. 1940년 11월의 《리베르테》지에서 비시 정부의 제2인자인 라발 부총리는 독일과의 단독강화를 추구하고 독일이 부과하는 가혹한 강화조건들을 "페탱 원수에게 받아들이라고 압박을 가"하는 존재로 그려진 반면, 페탱은 이를 거부하는 인물로 묘사되었다.[17] 프르네의 조직 '민족해방'의 기관지인 《베리테*Vérités*》지 역시 1941년 8월에 페탱에게 "원수님, …… 자신의 나라를 사랑하고 당신을 존경하지만 당신의 협력자들을 전혀 신임하지 않는 수만 명 프랑스인의 목소리를 들어주세요"라고 간청했고[18] 두 달 뒤에도 다음과 같이 선언했다.

> 우리는 원수님이 자신의 장관들에 맞서 나라의 이익을 지킬 줄 아시기를 바란다. 이 장관들이 원수님을 압도한다면 우리는 모든 프랑스인에게 원수님께 편지를 쓰라고 촉구할 것이다.[19]

1940년 12월 13일 페탱은 라발을 부총리직에서 해임했는데 이러한 행위는 대표적인 반反비시 레지스탕스 조직들에 의해서조차 찬미되었다. 처음부터 (독일점령당국만이 아니라) 비시 정부에도 반대 입장이었던, 점령지구의 대표적인 레지스탕스 조직인 '북부해방'이 발간한 《해방》지는 "1940년 12월 13일 그(페탱-필자)는 명석하게도, 적敵의 인물이자 매수와 부패의 상징인 라발을 쫓아냈다"고 주장했다.[20] 파리에서 결성된 초기의 대표적인 레지스탕스 조직인 '인류박물관'의 기관지인 《레지스탕스》지 역시 페탱이 라발을 해임함으로써 "라발이 프랑스의 나치 관구장이 되려"던 음모가 무산되었다고 밝히면서 "프랑스인들이 원수元帥에게는 경의를 표하지만" 그들 중 다수가 라발에게는 "매우 뒤섞인 감정을 느끼며 최근에 이러한 불신은 다소 공공연한 적대감으로 변화"했다는 스위스 신문의 한 기사를 실었다.[21] 또한 《해방》지는 페탱을 둘러싸고 있는 "아둔한 장관들, 분별없는 모리배들, 노망하고 패배한 장군들, 천성적인 반역자들과 우연적인 반역자들"이 페탱 뒤에 숨어서 "자신들의 음모를 은폐"하고 "페탱을 고립시키고" 있다고 주장했다.[22]

이렇듯 페탱을 주위의 측근인사들로부터 분리시키면서 페탱을 옹호하는 전략은 당시 레지스탕스 언론 대다수에게서 나타났다. 특히 1940년 12월 13일, 페탱이 대독협력 정책을 적극 추진해온 라발을 해임한 사건은 페탱이 대독협력 자체에 반대해서라기보다는 협력의 성과가 극히 미미하다는 점과 라발의 독단적인 정책 추진 방식에 대한 불만에서 비롯된 것이었는데[23] 당시 레지스탕스 언론은 이를 페탱의 반反독일적인 용감한 행위로 보았던 것이다.

페탱의 행위를 과대평가하는 모습은 라발 해임으로부터 1년 뒤인 1941년 12월 1일 독일 공군총사령관 괴링Göring과의 생플로랑탱Saint-Florentin 회담으로까지 이어졌다. 이 회담은 북아프리카에서 독일군에 대한 군사적 협력에 미온적이었던 베강Weygand 장군을 독일의 압력으로 면직시키고 그에 대한 대가로 독일 측으로부터 몇 가지 양보를 얻어내려 한 것인데 역사가들은 이 회담을 "완전한 대실패"로 평가했던 반면[24] 북부지구(점령지구)의 레지스탕스 조직 '데팡스 드 라 프랑스Défense de la France'는 이 회담에서 페탱이 보인 태도를 적극 찬미했다. 생플로랑탱 회담에서 페탱은 "매우 단호"했고 "패배자와 달리 저항할 수 있었"고 "모든 것을 거부할 수 있었"다는 식이었다.[25]

기실, 이 시기에 이르면 남부지구의 경우 대부분의 친페탱 레지스탕스 조직들이 반反페탱으로 돌아서거나 적어도 기존의 친페탱적 태도를 누그러뜨렸다. 반면 '데팡스 드 라 프랑스'는 오히려 이 시기에 들어와 친페탱 성향을 더욱 강하게 드러냈다. 이 조직의 기관지 《데팡스 드 라 프랑스》지는 첫 세 호(1941년 8월 15일, 9월 10일, 11월 20일)에서 페탱에 대해 전혀 혹은 거의 언급하지 않다가 1941년 12월의 제4호에서부터 페탱에 대한 찬미를 줄기차게 반복했다. "우리는 원수님이 투쟁한다는 것을 …… 안다. 그러나 원수님은 혼자이며 나치즘 도당이 그를 에워싸고 있다"(제4호). "갈수록 독일의 승리에 기대를 거는 것처럼 보이고 독일을 궁지에서 벗어나게 하고 싶어 하는 그의 측근들과는 반대로 원수님은 프랑스의 이익만을 추구하신다"(제6호). "원수님의 행동노선은 …… 나라에 위험한 일을 전혀 하지 않고 우리에게 유리할 수 있는 것은 어떠한 경우에도 포착하는 것이다. …… 원수님의 최근 행위들은 …… 언제나 해오던 것, 즉 저항하고 프랑스의 이익을 지키는 것을 계속한 것에 불과하다"(제8호).[26] 이러한 인식은 급기야 "원수님이 레지스탕스를 이끄신다면, 필요할 경우 북아프리카로 떠나신다면 모두가 뒤따를 것"이라는 선언으로까지 이어졌다.[27]

1941년 말과 1942년 초 북부지구 조직의 이러한 친페탱 성향은 페탱에 대한 우호적인 인식이 전국적으로 뿌리 깊은 현상이었음을 보여준다. 동시에 북부지구의 경우 페탱 정부의 대독협력 정책이 프랑스 주민들에게 미친 부정적인 효과가 (페탱 정부가 위치한) 남부지구에 비해 덜 직접적으로 느껴져서 페탱에 대한 환상에서 깨어나는 데에도 보다 느렸음을 말해준다.

끝으로, 파급력은 훨씬 작았지만 또 다른 '원수주의' 신문인 《레 프티트 젤*Les Petites Ailes*》지[28]의 독특한 페탱 인식은 꽤 주목할 만하다. "페탱 원수의 자질과 적에 대한 협력 정책에 저항하려는 그의 의지"를 거론하고 "나이 든 원수는 여전히 발톱이 날카롭다"고 주장한(1941년 2월의 제6호) 이 신문은 페탱을 "프랑스의 100퍼센트 대大지도자", "모든 점에서 우리의 지도자"(제10호)로 규정했다.[29] 특히 주목할 만한 측면은 페탱과 드골 사이의 관계에 대한 인식이다. 해방 후 페탱을 옹호하는 사람들 사이에서 '창과 방패' 논리, 즉 드골과 페탱이 겉으로는 서로 대립하는 듯 보이지만 실제로는 드골이 국외에서 독일에 맞선 '창' 역할을 했다면, 페탱은 국내에서 프랑스를 지키는 '방패' 역할을 했다는 논리가 유행한 적이 있다. 그런데 이 신문은 일찍이 1940~41년에 이와 비슷한 인식을 보였다. 창간호(1940년 9월 혹은 10월)에서부터 "페탱과 드골이 의견이 일치하고 단지 체면치레로 서로 욕하고 있"을 뿐이라고 주장한 데[30] 이어 1941년 4월의 제10호에서는 "원수元帥는 국내에서 프랑스를 재건하기를 원하고 (드골－필자) 장군은 국외에서 프랑스를 해방시키기를 원하지만 둘 다에게 중요한 것은 프랑스"라고 역설했다. 6월의 최종호에서는 드골과 페탱 중에 누가 옳은지는 "역사가 말할 것"이며 "분열에 기뻐하는 적이 보는 앞에서 분열하지 않"는 것이 가장 중요하다고 강조했다.[31]

반反비시-반反페탱 레지스탕스

친페탱 레지스탕스에 비해 소수이기는 하지만 처음부터 비시 정부에 대한 비판을 삼가지 않고 페탱 원수에게도 적대적이었던 레지스탕스 조직들도 분명 존재했다. 페탱에 우호적인 레지스탕스 조직들이 북부 지구와 남부지구 둘 다에서 발견되었듯이 반비시–반페탱 조직들도 양쪽 지구 모두에 존재했다.

우선, 1940년 9월 파리에서 고등학교 불어교사 레몽 뷔르가르 Raymond Burgard의 주도로 결성된 조직 '발미Valmy'가 그러한 범주에 속했다. 프랑스혁명기(1792) 프랑스의 첫 승전지 이름을 딴 이 조직은 주로 민주주의적·공화주의적 성향의 민족주의자들로 구성되었다. '발미'는 1940년 말까지 "유일한 적은 침공자", "페탱을 침대로, 라발을 총살대로" 등을 선언하는 전단을 파리 도처의 벽에 붙였다. 1941년 1월에는 동명의 신문을 창간했는데 창간호에서부터 비시 정부를 정면 공격했다.[32] "패전을 결정적인 것으로 받아들이고 항복으로 변형"시킨 "자유의 적이자 권력에 굶주린 자들"은 명백히 페탱을 비롯한 비시 정부 구성원들을 겨냥한 표현이었다. 〈신질서!〉라는 표제의 3행시 "강제**노동** / **가족**과는 멀리 떨어져 있고 / **조국**에 맞서기"(강조는 원문의 대문자–필자)는 비시 정부가 프랑스혁명 이래의 공화주의 표어인 '자유, 평등, 형제애'에 맞서 내건 '민족혁명'의 3대 표어 '노동, 가족, 조국'을 풍자한 것이었다.[33] 첫 호가 50부만 발간되었던 이 신문은 꾸준히 발행부수가 증가하여 1941년 7월에는 1만 부에 달했고 1942년 봄까지 매달 간행되었다.[34]

파리에서 발행된 또 다른 민족주의 신문인 《라 프랑스 콩티뉘*La France continue*》지는 아마도 강점기 프랑스에서 비시 체제에 대한 가장 통렬한 비판으로 기록될 글을 실었다. 1941년 6월 10일의 창간호에 실린 〈국가 비시Vichy–État〉라는 제목의 글이 바로 그것이다. 여기서 비시라는 온천도시는 "위임받지 않은 한 무리의 정치인들"에 의해 수도로 선택됨으로써 "치욕과 쇠퇴"의 상징이 되었다고 묘사되었다. 또한 이 글은 비시를 다음과 같이 규정했다.

> 비시는 …… 모든 위선, 모든 비겁, 모든 비열, 모든 범죄의 "총합"이었다. 비시는 …… 명예라는 이름으로 베르히테스가덴Berchtesgaden의 깡패[35] 앞에서 품위를 떨어뜨리는 것이요, 잔 다르크라는 이름으로 침공자에 협력하는 것이요, 약속을 지킨다는 이름으로 어제의 우리 동맹국을 비겁하게 공격하는 것이요, 오늘 6월 8일에는 "정의"라는 이름으로 히틀러를 위해 죽으라고 시리아의 프랑스인들에게 (페탱이 서명한) 명령을 내리는 것이다. 내일 비시는 프랑스의 단결이라는 이름으로 독일을 위해 프랑스 전국에서 내전을 벌일 것이다.[36]

결국 이 글은 "비시가 프랑스라고?"라는 질문에 "자주권 없는 프랑스는 형용 모순"이므로 "비시는 반反프랑스"라고 답함으로써 비시 체제에 대한 성격 규정을 일단락지었다.[37] 이 글은 페탱에 대해서도 그다지 우호적이지 않았다. 페탱은 1차 세계대전의 영웅이기는커녕 "이미 지난 전쟁(1차 세계대전－필자)에서 우리를 질 뻔하게 했던 늙은 군사지도자"에 불과한 것으로 묘사되었다. 또한 "국가—비시—는 곧 나"라는 페탱의 말에 "그래, 국가는 그에 불과하다. 아니, 보다 정확히 말해서 …… 국가는, 그가 잇달아 자신의 망토를 빌려준 모든 반역자들, 라발 같은 자들과 다를랑Darlan 같은 자들"이라고 응수함으로써 비시 정부의 대독협력 정책 수행자들에 대한 페탱의 비호 책임을 비판했다.[38]

《라 프랑스 콩티뉘》의 페탱 비판은 한 달 뒤의 제3호(1941년 7월 14

일자)에서 더욱 본격적으로 이루어졌다. "많은 프랑스인들……은 오늘날까지도 여전히, 현재의 비참한 상황의 프랑스를 위한 최선의 길이 프랑스의 지도자, 특히 20여 년 전부터 조국의 구원자들 중 하나로 알려진 지도자 휘하에서 단결하는 것이라고 확신"하고 있으나 "페탱 원수의 인격은 많은 이들이 그에게 가진 믿음……을 전혀 정당화하지 않는다"고 주장하면서 무려 여섯 쪽에 걸쳐 1차 세계대전 시 페탱이 했던 역할에 대한 푸앙카레Poincaré, 클레망소Clemenceau, 포슈Foch 등의 부정적인 평가를 실었다.[39]

한편, 남부지구에서는 이상의 두 신문보다 영향력이 훨씬 더 컸던 신문(및 조직)들에서 반비시-반페탱 성향을 발견할 수 있다. 1940년 가을 클레르몽페랑에서 언론인 에마뉘엘 다스티에 드 라 비즈리Emmanuel d'Astier de la Vigerie의 주도로 결성된 조직 '남부해방Libération-Sud'이 발간한 《해방》지('북부해방'의 기관지와 제목이 같다)가 대표적인 경우였다. 이 조직은 1941년 여름부터 남부지구의 주요 레지스탕스 조직들인 '민족해방' 및 '리베르테'와 통합을 논의할 만큼 중요하고 유력한 조직이었는데, 이 두 조직과는 달리 처음부터 반反비시 입장을 강하게 표명했다.[40]

1941년 7월의 《해방》지 창간호에 실린 사설은 첫 문장부터가 "비시 정부는 1940년 6월, 싸움을 포기함으로써 자신의 의무를 저버렸다"였다. 또한 "우리 제국을 구한다고 주장할 수 있었던 비시 정부는 …… 이제 이 제국을 한 조각씩 넘겨주고 있"으며 "패전에 기여한" 비시 정치인들은 "권력을 독점하고, 저항을 고발하고, 협력을 구상하고, 도덕교수를 자임"하고 있다.[41]

다음 달 제2호 사설에서는 페탱에 대해 지금까지 살펴본 어느 신문에서도 볼 수 없었던 수위의 비판이 가해졌다.

> 프랑스의 원수元帥는 아프리카행 비행기를 타지 않고 몽투아르에서 히틀러를 접견했다. 그는 우리 제국을 한 조각씩 넘겨주었고 베를린의 문학과 라디오같이 범속하고 저열한 문학과 라디오에 자신의 표식과 프랑스의 표식을 남겼다. 그는 지난 1년 동안 오페레타의 도시(비시-필자)에서, 지금껏 보아온 희극 중 가장 기괴하고 가장 가증스런 것이 벌어지도록 내버려두었다. 그는 파렴치한 법들, 유대인지위법, 강제수용소, 끄나풀 군단, 그리고 그가 자신의 장관들을 주기적으로 찾고 쫓아낸 이 진흙탕에 의해 명예가 손상되었다. …… 그가 두른 삼색기는 모조염색이다.[42]

1941년 11월 예수회신부 피에르 샤이에Pierre Chaillet가 창간한 《카이에 뒤 테무아냐주 크레티앵*Cahiers du Témoignage chrétien*》지 역시 페탱 정부에 대한 비판의 목소리를 높였다. 이 정기간행물은 지금까지 살펴본 것들처럼 신문의 형식이 아니라 소책자 형태였는데 〈프랑스여, 네 영혼을 잃지 않도록 조심해라〉라는 제목의 제1호에서부터 비시 정부와 페탱의 국내외 정책을 정면으로 비판했다. 먼저 교회는 "페탱 원수의 강령인 민족혁명"에 "협력하는 것을 …… 거부"해야 한다고 강조한다. 페탱 "원수는 '협력원칙'을 받아들였"는데 "'협력'은 실제로는, 승자가 패자에게 …… '관용'과 처벌을 행사하는 예속상태에 불과"하다. "원수 정부에 대한 협력"은 곧 "나치 원칙들의 승리에 대한 협력"이며 "원수가 요구하고 얻은 모든 헌신과 충성은 나치 원칙들의 승리에 봉사"하는 데 쓰일 뿐이다.[43]

1941년 12월에 창간된 좌파 공화주의 신문 《르 프랑-티뢰*Le Franc-*

Tireur》지 역시 처음부터 반비시-반페탱 입장을 명확히 했다. 특히 1942년 1월의 제2호에서는 친페탱 성향의 신문들이 선호한 분리전략, 즉 페탱과 그 측근을 분리하는 전략을 전면 비판했다. "우리는 라발, 다를랑, 퓌쇠Pucheu가 반역자이고 원수는 이에 관해 아무것도 할 수 없다고 외치는 현재의 위선을 거부"한다. 라발 같은 자들이 "반역 활동에 몰두하기가 쉽다고 느꼈다면 이는 페탱 원수가 그의 이름과 명성으로 그들의 모든 행동—최악의 것까지도—을 비호해주었고 그럼으로써 프랑스 레지스탕스를 질식시켰기 때문이다."[44]

지금까지 살펴본 레지스탕스 조직 및 신문들과 성격이 확연히 다르지만 비시 정부와 페탱에 대한 반대 입장을 가장 먼저 표명한 것은 프랑스 공산당PCF(Parti Communiste Français)이었다. 비시 체제가 출범한 직후인 1940년 7월에 PCF의 총서기인 모리스 토레즈Maurice Thorez와 서기인 자크 뒤클로Jacques Duclos가 작성한 〈프랑스 인민이여!〉라는 제목의 성명서는 "비시에 소재한, 반역자들과 매수된 자들의 정부가 국민의 의지에 반反하여 권력을 유지하기 위해 외부의 협력을 기대"하고 있다고 비판한다. 나아가 "그 수반 페탱이 부상자, 난민, 모든 것을 잃은 사람들에게 '국가는 당신들을 위해 아무것도 할 수 없을 것'이라고 냉소적으로 말하는, 반역자들과 하인들의 정부"를 몰아내야 한다고 당당히 주장한다.[45]

그런데 주목할 만한 점은 이 여섯 쪽에 달하는 장문의 성명서에서 비시 정부에 대한 여러 차례의 언급에도 불구하고, '독일군'이라는 단어를 단 한 차례 쓴 것 말고는 독일, 독일인, 나치, 히틀러 등의 단어가 전혀 등장하지 않는다는 것이다. 오히려 "영국 제국주의"라는 단어는 나왔지만[46] '독일 제국주의'는 없었다. 사실, 지금까지 살펴본 모든 레지스탕스 조직 및 신문들이 친페탱이든, 반페탱이든 독일에 대한 반대와 저항이 기본 전제이자 출발점이었다. 그런데 공산당은 그 강력한 반비시–반페탱 입장에도 불구, 그러한 공통된 전제가 (적어도 이 시기에는) 미흡했던 것이다. 이는 당시에 PCF가 처한 위치 및 독일점령당국과의 관계에 연유한 것이다. 1939년 8월의 독소불가침조약은 코민테른과 각국 공산당으로 하여금 기존의 반反파시즘 노선을 억제하도록 했는데 그러던 차에 독일이 침공한 것이다. 그러한 상황에서 프랑스 공산당은 독일점령당국에 저항하기보다는, 오히려 이를 계기로 그 전까지 프랑스 정부에 의해 탄압받고 불법화되었던 상황에서 벗어나고자 했다.

당시 파리에 남아 있던 PCF 지도부는 주불독일대사 오토 아베츠 및 독일군당국 장교들과 공산당 기관지 《뤼마니테》지의 합법화를 위한 협상을 벌였다. 협상은 1940년 6월 하순부터 8월 중순까지 진행되었고 이에 발맞추어 해당 기간 《뤼마니테》지에는 파리 노동자들과 독일군인들 사이의 친교를 찬미하는 논설이 세 차례나 실렸다. 또한 PCF는 최근에 면직된 공산당계의 파리 교외 지역 시장들의 복직을 요구하는 시위도 벌였다. 독일 군당국은 이러한 요구를 받아들이지는 않았지만 프랑스 정부에 의해 투옥된 공산주의자 300명 이상을 석방해주었다. 이러한 양자 사이의 기묘한 화해 분위기는 그리 오래 가지 않았지만 1941년 6월(독일이 소련을 침공한) 이후 가장 강력한 레지스탕스 정당으로 성장하게 되는 PCF로서는 불편한 과거가 아닐 수 없었다. 《뤼마니테》지 합법화 협상은 결국 8월 셋째 주에 중단되었다. 그러나 그 후로도 여러 달 동안 독일점령당국에 대한 명시적 공격은 거의 벌어지지 않았다.[47]

1940년 9월 코민테른 기관지에 실린 토레즈의 논설 〈진짜 반역자들〉에서도 주적主敵은 나치 독일이 아니라 비시 정부였다.

> 프랑스 인민의 분노가 온 힘을 다해 가장 격렬하게 폭발해야 하는 대상은 패전의 주된 책임자이자 자본의 대리인이자 외국 열강의 열렬한 하수인인 페탱-라발 주식회사다. 비시 정부는 나라의 재난이다. 그 정부는 어떠한 민족감정도 상실하고, 프랑스가 찢기고 사지절단 되도록 내버려둔 계급정부다.[48]

이 글은 페탱에 대해서도 비판을 아끼지 않았다. 앞서 보았듯이 다른 레지스탕스 신문들(이를테면 《라 프랑스 콩티뉘》)이 1941년 7월 이후에 가서야 페탱의 과거 역할에 대한 탈신화화를 시도했다면 PCF는 무려 10개월이나 앞서 페탱의 과거를 비판했다.

> 1918년에는 '승리'의 분위기가 1917년 이후 페탱이라는 이름에 따라다녔던 유혈기억을 쫓아내는 데 일조했다. 사람들은 그가 수많은 프랑스인의 처형을 명령했다는 사실을 잊었다. …… 이 피에 굶주린 늑대는 1925년에 모로코에 죽으러 파병된 젊은 병사들의 목숨에 거의 연민을 보이지 않았다. 바로 그해 수백 명의 병사들이 군법회의에 소환되어 많은 수가 사형선고를 받았다. 최근 몇 년간, 스페인 공화국 정부로부터 훔친 금으로 자신의 친구 프랑코 장군에게 선물하도록 하는 임무를 부여받은 것도 페탱이다.[49]

독일과 소련 사이의 외교적 관계가 점차 악화되고 프랑스 국내에서도 점령당국이 공산주의자들에게 결코 우호적이지 않다는 것이 명확해진 1941년 5월에 이르면 PCF의 문건에서도 '독일 제국주의', '나치 식민지', '히틀러' 등의 용어들이 나타나기 시작했다. 1941년 5월 15일에 PCF가 발표한 〈프랑스 독립 국민전선의 결성을 위하여〉라는 제목의 선언문에 따르면 "독일 제국주의는 베르사유 체제보다 더 나쁜 억압 체제를 프랑스에 부과"했고 "우리나라는 일종의 나치 식민지가 될 …… 위험에 처했다." 페탱과 비시 정부를 향한 비판의 칼날도 전혀 녹슬지 않았다. "페탱 원수는 히틀러를 위해 프랑스인의 피를 흘리게 할 준비가 되어 있었"고, "비시의 통치자들은 …… 자신들의 범죄 정책이 프랑스 인민에게 파멸과 큰 슬픔을 남길 것이라는 점을 단 한순간도 생각하지 않은 채 또다시 전쟁의 길로 들어갔다." "신용을 잃은 군인들인 페탱과 다를랑은 약함과 부패를 상징"하며 "비시의 통치자들은 우리나라의 운명을 제3제국 지배자들의 운명에 연결시키기를 원한다."[50]

사실, PCF가 비시 정부와 페탱에 대해 가장 일찍부터 비판의 칼날을 들이대고 가장 선명한 반대 입장을 취한 것은 비시 정부로부터 가장 큰 탄압을 받은 데 따른 것이기도 했다. 비시 정부가 이끄는 프랑스 경찰은 1940년 10월 5일과 13일에 파리 지역의 공산주의자 수백 명을 검거한 것을 비롯해 1940년 7월과 1941년 6월 22일 사이에 전국적으로 모두 4,000~5,000명의 공산주의자를 체포했던 것이다.[51]

전환과 수렴: 친페탱에서 반페탱으로

레지스탕스 내에서 친페탱 성향이 압도적으로 우세하던 강점기 첫 해와 달리 그로부터 2년 뒤인 1942년에 이르면 반페탱 입장이 주류를 이루는 상황으로 바뀐다. 그동안 무슨 일이 일어난 것일까? 그러한 변화는 언제부터, 어떻게, 왜 이루어졌을까?

그러한 변화는 주로 친페탱 레지스탕스가 반페탱으로 입장을 바꿈으로써 이루어졌다. 이는 무엇보다도 비시 정부와 페탱 자신의 조치 및 행위 자체에 연유한 바가 크다. 1941년 5월 5일 비시 정부의 부총리이자 외무부장관인 프랑수아 다를랑François Darlan은 프랑스령 시리아의 공군기지를 사용하게 해달라는 독일 측 요구를 받아들였고, 5월 13일에는 히틀러와의 회담에서 보다 포괄적인 협력에 동의했다. 이틀 뒤 페탱은 이 회담을 전격 지지하는 방송 연설을 했다. 이 연설 이후 코셰 장군의 소식지, 프르네의 신문들, 《리베르테》지 등에서 페탱에 대한 이전과 같은 무조건적인 신임과 찬미는 더 이상 찾아보기 어렵게 되었다.[52]

하지만 아직은 결렬이나 반대는 아니었고 불안과 기대가 지배적인 반응이었다. 일례로 5월 16일 코셰의 소식지 《투르 도리종*Tour d'horizon*》은 "우리는 원수님이 단지, 반역자들을 쫓아내고 완전한 독립을 회복하려는 인민의 의지와 규율의 확언을 기다리시고 있을 뿐임을 확신한다"라고 주장했다.[53] 곧이어 5월 27~28일에는 시리아 공군기지 말고도 튀니지 항구와 다카르Dakar의 잠수함 기지까지 독일군에게 사용을 허락하는 '파리 의정서'가 다를랑과 아베츠 및 독일군 담당자 사이에 조인되었다.[54] 같은 시기 프르네의 《정보선전회보》는 페탱이 "프랑스의 주권을 압도하거나 줄이지 않은 채 민족적 명예를 지키며 협상을 유지할 수 있으리라 믿고 싶다"는 기대를 표명했다.[55]

그러나 이러한 기대는 무산되었다. 독일이 파리 의정서가 규정한 군사적 대독협력에 대한 보상을 전혀 지불하지 않았던 것이다. 앞서 보았듯이 7개월 전만 해도 (대독)협력을 '필요악'으로 받아들였던 프르네는 이제 《정보선전회보》의 후속지인 《레 프티트 젤 드 프랑스》지에서 '협력'이라는 "단어를 우리 어휘에서 제거하자. …… 독일에게 협력은 식민화다"라고 주장하기에 이른다.[56]

8월 12일에는 페탱이 라디오 방송을 통해 비시 정부의 대내외 정책에 대한 전 국민적인 지지를 촉구하는 특별담화를 발표했다. "프랑스의 여러 지역들에서 몇 주 전부터 나쁜 바람이 불고 있다"고 서두를 연 페탱은 이 담화문에서 특히 질서유지에 대한 강력한 의지를 천명했다. "정당들과 정치단체들의 활동은 신질서가 실현될 때까지 중지"될 것이므로 이제 "정당들은 공적 회의도, 사적 모임도 가질 수 없을 것이며 어떠한 전단이나 벽보의 배포도 단념"해야 한다는 것이었다. 반면, "경찰의 행동수단은 배가"하고 "지역지사들의 권한은 강화"할 계획이었다.[57]

페탱은 대독협력에 대한 입장 표명도 잊지 않았다. 1940년 10월에 히틀러가 제시한 대독협력은 "장시일을 요하는 과업이어서 아직 모든 결실을 거둘 수 없었다." 또한 대독협력 정책을 적극 추진해온 부총리 겸 외무부장관이며 이제 국방부장관직까지 맡게 된 다를랑 제독에 대한 전적인 신임을 표명했다. "나는 첫째로 다를랑 제독에게 권한을 위임한다."[58]

《레 프티트 젤 드 프랑스》지의 후속지인 프르네의 《베리테*Vérités*》지는 이 특별담화에 대한 반응에서 처음으로 페탱에게 유감을 표명하기 시작했다. 8월 25일자 《베리테》지에 실린 〈당신의 견해와 우리의 견해〉라는 제목의 논설은 페탱이 "돈의 세력, 프리메이슨, 타성에 젖은 관료주의를 공격할 때 우리는 그의 편"임을 여전히 강조했지만 비시

페탱과 다를랑

페탱과 비시 정부의 부총리 겸 외무부장관인 프랑수아 다를랑.

정부의 국내 정책("뛰어난 내부 개혁들")과 달리 대외 정책에 대해서는 우려와 유감을 표명했다. 논설에 따르면 "프랑스가 여러 달 전부터 원수元帥의 입에서 나오기를 기대한 것은 우리가 가고 있는 길에 대한 것"이다. 하지만 "이 특별담화에서 그것에 대해 우리에게 말하는 바는 전혀 없다." "프랑스의 운명"은 국내 개혁들이 아니라 "전쟁의 운명에 달려 있"으며 "우리의 두려움은 …… 대외 정책에 관해 프랑스가 취한 방향에 대한 것"이다. 따라서 "우리는 원수가, 따라가야 할 길을 보다 분명하게 표명하지 않은 것을 유감스러워"한다. "원수는 그의 핵심적 권력들을 다를랑에게 사실상 넘겼"는데 다를랑이 추구한 군사적 대독협력 정책을 "프랑스는 용인하지 않을 것"이다.[59] 한 달 뒤 같은 신문은 페탱의 협력 정책에 보다 직접적인 반대를 표명했다. "더 이상 협력을 말하지 말자. 페탱 원수에 따르면 '결실을 거두는 데 오래 걸릴' 정치인데 오래 걸리는 것은 맞지만 독일의 패배 이후에야 결실을 거둘 것이다!!"[60]

페탱과 비시 정부에 대한 반감을 더욱 강화한 계기는 레지스탕스에 대한 독일군당국의 무자비한 탄압에 이들이 공모한 것이었다. 1941년 6월 22일 독일이 독소불가침조약을 깨고 소련을 침공함에 따라 프랑스의 공산주의자들이 대거 레지스탕스에 합류하게 되었다. 이러한 상황에서 8월 22일 파리의 한 지하철역에서 세 명의 공산주의자가 독일 해군소위 후보생을 암살하는 사건이 발생했다. 이틀 뒤에는 네 명의 독일인이 노르 도에서 암살되었다. 히틀러는 앞으로 독일인 1명이 희생될 때마다 50~100명의 프랑스인 인질을 처형할 것이라고 엄포를 놓았고 실제로 9월 16일에 10명의 인질을 처형했다. 비시 정부는 이러한 인질처형 정책에 항의하기는커녕 스스로 탄압정책을 추진했다. 8월 14일 레지스탕스 탄압을 위한 '특별재판소'를 도입하는 특별법을 공포했고, 8월 28일과 9월 24일에는 그렇게 설치된 특별재판소를 통해 모두 6명의 공산주의자를 처형한 것이다.

훨씬 더 큰 규모의 보복은 10월에 벌어졌다. 10월 20, 21일에 낭트와 보르도에서 독일군 장교 2명이 레지스탕스에 의해 암살되자 10월 22~23일에 독일군당국은 무려 98명의 인질을 총살했던 것이다. 98명 가운데 50명은 보르도 부근 수용소에서, 27명은 샤토브리앙Châteaubriant에서, 16명은 낭트에서, 5명은 몽발레리앙Mont-Valérian에서 각각 처형되었다.

비시 정부의 내무부장관 피에르 퓌쇠

비시 정부는 이러한 대규모의 인질 처형에도 항의하거나 반대하기보다는 적극 공모했다. 내무부장관 피에르 퓌쇠Pierre Pucheu가 원래의 처형 대상자 명단에 퇴역군인들이 너무 많이 포함되어 있다고 판단하고 대부분을 공산주의자들로 채운 새 명단으로 교체하는 작업에 관여했던 것이다.[61] 페탱 역시 이러한 인질 처형에 항의하기보다는 레지스탕스의 독일군 암살을 '범죄'로 규정함으로써 점령당국 편에 명확히 섰다. 페탱은 1941년 9월 21일에는 점령지구의 프랑스 국민을 대상으로, 10월 22일에는 프랑스 전 국민을 대상으로 각각 라디오 방송을 했다. 이 두 차례 방송에서 모두 독일군 암살을 "범죄행위", "이름

없는 범죄" 등으로 비난했다. 게다가 이러한 행위를 "프랑스인들의 전통에 부합하지 않는" 것으로, "외국"의 사주를 받은 것으로 간주했다. 특히 독일군당국의 대규모 인질 처형이 시작된 직후에 이루어진 10월 22일의 대국민성명에서 페탱은 "오늘 아침 50명의 프랑스인이 이름 없는 이 범죄에 대한 대가를 자신의 목숨으로 치렀고 범인이 발견되지 않으면 내일 50명이 더 총살될 것"이라고만 밝혔다. 점령당국에 최소한의 항의나 유감 표명도 하지 않았던 것이다. 단지 프랑스 국민에게 "살해를 중지해야" 하는 것이 "여러분의 의무"라고 강변했을 뿐이다.[62]

이러한 상황에서 기존의 친페탱적 레지스탕스가 (레지스탕스를 포기하지 않는 한) 페탱에 대한 이전까지의 태도를 계속 유지하기란 어려웠다. 앞서 보았듯이 반反비시 레지스탕스 신문인 《라 프랑스 콩티뉘》지는 일찍이 1941년 6월부터 페탱을 1차 세계대전에서 "우리를 질뻔하게 했던 늙은 군사지도자"로 묘사했고 7월에는 1차 세계대전 시 페탱의 역할에 대한 프랑스 정치인들의 비판을 실었는데 이제는 '리베르테'도 그 대열에 합류했다. 《리베르테》지 1941년 10월 1일자는 1차 세계대전 시 베르됭 전투에서 희망이 없다고 말한 페탱의 '제정신'보다 계속 싸울 것을 주장한 포슈의 '광기'를 더 선호했다는 클레망소의 진술을 게재했다. 또한 한 파리 대학 법학부 교수가 독일에 대한 페탱 정부의 굴종에 항의하여 사직하겠다는 의사를 페탱에게 표명한 서한도 게재했다.[63]

언제나 리베르테보다 친페탱 성향이 좀 더 강했던 프르네의 조직 '민족해방'에게도 인질 처형에 대한 페탱 정부의 태도는 충격으로 다가왔다. 1941년 11월 5일자 《베리테》지는 최근 총살당한 인질들에게 경의를 표했고 비시 정부가 이에 항의하지 않은 것을 비판했으며 페탱이 이 총살당한 프랑스인들이 아니라 낭트에서 피살된 독일군 장교에게 화환을 보냈다는 사실을 알렸다.[64]

친페탱 레지스탕스가 반페탱 레지스탕스로 바뀌어가는 과정은 그들이 비시 정부의 탄압을 받으면서 더욱 촉진되었다. 1941년 11월 마르세유에서 리베르테의 핵심 활동가들이 비시 경찰에 의해 검거되었다. 이로써 《리베르테》지 11월호는 발간되지 못했지만 곧이어 이 조직은 비슷한 성향의 조직인 '민족해방'과 통합되었다. 리베르테와 민족해방이 드 망통과 프르네에 의해 통합되어 '콩바Combat' 조직이 탄생한 것이다.[65]

이 두 조직의 통합은 반페탱-반비시 성향으로의 변화 과정을 더욱 진전시켰다. 통합의 결과 탄생한 《콩바》지는 《리베르테》지와 《베리테》지 둘 다를 계승한 것인데 이 두 신문 중 어느 것보다도 비판의 수위가 높았고 태도가 명확했다. 1941년 12월 창간된 《콩바》지는 같은 달의 제2호에서 "협력에 반대하는 우리는, 협력을 자유로이 선택했음을 인정하는 정부에 반대"한다는 점을 명확히 했다. 페탱 원수에 대해서도 다음과 같이 밝혔다.

> 원수에 대한 우리 태도는 분명하다. 그 안에는 두 사람이 있다. 우리가 존경하는 1차 세계대전의 사람과 우리가 따르기를 거부하는 협력의 사람.[66]

비시 정부는 이 신생조직에 대대적인 탄압으로 대응했다. 1942년 1월 콩바 조직의 핵심 지도자들을 비롯한 30여 명의 활동가들을 검거했다. 곧이어 비시 정부는 프르네와의 만남을 제안했고 프르네는 검거된 콩바 조직 간부들의 석방을 위해 그 제안을 수락했다. 그리하여 프르네는 1월 말과 2월 초에 콩바 지도부의 동의 하에 비시에서 세 차례 만남을 가졌다. 그중 두 차례(1월 28일과 2월 6일)는 내무부장관 퓌쇠와도 만났다. 이 만남의 결과로 몇몇 콩바 핵심간부들이 석방되었다. 그러나 그에 따른 부작용도 컸다. 프르네가 비시 정부를 공격하지 말라는 내무부장관의 요구를 받아들이지 않았음에도 그 만남, 즉 콩바 최고지도자와 비시 장관 사이의 접촉 사실 자체가 프르네와 콩바 조직에게 두고두고 부담이 된 것이다.[67] 이 만남은 콩바 지도부가 만장일치로 동의한 것이었지만 콩바의 일반활동가들은 프르네의 행보를 의심했다. 또한 다른 레지스탕스 조직들, 특히 처음부터 반페탱-반비시 입장이었던 '남부해방' 등의 조직들은 친페탱 성향의 전력前歷을 가진 조직들의 결합체인 콩바를 의심했다.

이후 콩바가 반페탱-반비시 성향으로의 변화에 더욱 박차를 가하게 된 것은, 어느 정도는 바로 이러한 레지스탕스 내에서의 의심과 불신을 떨쳐버리기 위한 것이었다. 《콩바》지는 1942년 3월에, 비시 정부가 제정한 '노동헌장'을 "독점 트러스트들과 반민족적 마피아"의 수중에 경제력을 집중시키는 권위주의적 문서라고 규정함으로써[68] 처음으로 (대외 정책만이 아니라) 국내 정책을 비판한 데 이어 5월에는 결국 페탱에 대해서도 전면반대를 선언했다. 1942년 5월의 《콩바》지에 실린 〈페탱 원수에게 보내는 서한〉은 페탱에 대한 마지막 결별선언이었다.

> 이제 모든 게 분명해졌다. 페탱 신화는 끝났다. 당신의 별은 꺼지고 있다. …… 라발에 맞섰던 프랑스 전체가 이제 당신에 맞서고 있다.[69]

또한 페탱은 "우리 자유의 억압, 정의에 대한 조롱, 경찰국가, 끔찍한 반反유대입법, 전능한 독점 트러스트들, 실업, 민중들의 갈수록 심해지는 배고픔"에 책임이 있었다.[70]

물론 이러한 결별선언을 야기한 요인을 레지스탕스 운동 자체 내에서만 찾아서는 안 될 것이다. 그러한 선언이 나오기 한 달 전인 1942년 4월 18일에 라발이 비시 정부에 복귀했던 것이다. 이번에는 1940년 12월에 쫓겨날 당시의 부총리가 아니라 총리직(당시의 정확한 명칭은 방금 신설된 "정부수반")으로서였고 게다가 내무부장관, 외무부장관, 선전부장관까지 겸했다. 페탱은, 언제나 대독협력에 적극적이었던 라발을 16개월 전에 해임했을 때 레지스탕스로부터 칭송받았듯이(그리고 항독행위로 오해받았듯이) 이제 바로 그 라발을 권좌에 복귀시킴으로써 레지스탕스, 특히 페탱에게 여전히 일말의 기대를 걸었던 레지스탕스 조직들에게 실망과 환멸을 안겨주었다.

독일강점기 초기 프랑스의 레지스탕스가 비시 정부와 그 수반인 페탱에 대해 가진 입장에서 가장 주목할 만한 점은 비시 정부에 그리 적대적이지 않고 페탱에게 우호적인 레지스탕스 조직과 개인이 꽤 많았다는 것이었다. 특히 1940~41년에는 친페탱 레지스탕스로 분류될 수 있는 세력이 반페탱 레지스탕스보다 더 많았던 것으로 보인다. 이는 무엇보다도, 1940년 6월 프랑스의 급작스런 패전으로 인한 충격이 워낙 컸고 그러한 상황에서 '1차 세계대전의 영웅' 페탱 원수가 또다시 조국의 구원자/보호자로 나섰다는 인식이 프랑스 국민들 사이에 팽배했다는 사실에 연유한다. 항독을 결심한 소수의 레지스탕스 조직 및 개인들조차 그러한 인식에서 자유롭지 않았다. 프르네의 '민족해방' 조직, 드 망통, 텟젠 등의 '리베르테' 조직, 그리고 코셰 장군은 페탱 개인을 찬미했을 뿐만 아니라 비시 정부의 국내 정책까지 지지했다.

페탱에게 우호적인 태도는 반反비시 레지스탕스로 분류할 수 있는 조직들인 '북부해방'과 '인류박물관'에서까지 발견되었다. 북부지구의 '데팡스 드 라 프랑스'는 남부지구의 대표적인 친페탱 레지스탕스 조직들인 '민족해방'과 '리베르테'가 더 이상 친페탱적이 아니게 된 시기까지도 친페탱 성향을 강하게 드러냈다. 또한 이상의 조직들 모두에서 '애국자/저항자'로서의 페탱과 '반민족적 협력자'로서의 비시 정치인들을 분리시키려는 논의가 발견되었다. 특히 1940년 12월 라발을 해임한 것은 페탱의 용감한 항독행위로 해석되기까지 했다. 이러한 사실들은 모두 페탱 신화의 힘이 얼마나 컸는지를 잘 보여준다.

이렇듯 친페탱 성향이 강점기 초기 레지스탕스 내에서 우세했지만 처음부터 반비시-반페탱 성향을 보인 레지스탕스도 분명 존재했다. 북부지구의 '발미'와 《라 프랑스 콩티뉘》지, 남부지구의 '남부해방'과 《카이에 뒤 테무아냐주 크레티앵》지와 '프랑-티뢰', 그리고 전국정당인 프랑스 공산당이 그러한 범주에 속했다. 그런데 이들 가운데 프랑스 공산당과 '발미'를 제외하면 모두 출범 자체가 꽤 늦었다는 점에 주목할 필요가 있다. 즉 《라 프랑스 콩티뉘》지는 1941년 6월, 《해방(남부)》지는 1941년 7월, 《카이에 뒤 테무아냐주 크레티앵》지는 11월, 《르 프랑-티뢰》지는 12월에 각각 창간되었고, 이들 모두 창간호나 두 번째 호부터 비시 정부와 페탱을 강하게 비판했다. 이 시기에 이르면 기존의 친페탱 레지스탕스 조직들도 이미 반페탱 입장으로 변화하기 시작했고 페탱 신화도 약화되기 시작했던 것이다.

한편, 일찍이 1940년 7월부터 비시 정부와 페탱에 반대했던 프랑스 공산당PCF은 오히려 '레지스탕스'의 기본 전제인 '나치 독일에 대한 저항'이라는 측면 자체가 미흡했다는 점에서 독특하다. 1939년 8월의 독소불가침조약은 전통적인 반反파시즘 정당이었던 공산당의 발목을 잡았고 독일군의 프랑스 점령 직후인 1940년 6~8월에는 PCF가 당 기관지의 합법화를 위해 점령당국과 협상까지 벌였던 것이다. 그리하여 PCF는 자신을 탄압하는 비시 정부에는 강력히 맞서지만 독일점령당국에는 비판의 목소리를 별로 내지 않는 기묘한 양상을 몇 달간 보였다.

PCF가 점령당국에 대한 환상이 깨짐에 따라, 결정적으로는 1941년 6월 독일의 소련 침공으로 독소불가침조약이 사실상 파기됨에 따라 독일에 대한 모호한 중립에서 반대와 저항으로 바뀌었다면, '리베르테'와 '민족해방' 같은 레지스탕스 조직들은 페탱에 대한 환상이 깨짐에 따라 친페탱에서 반페탱 입장으로 바뀌었다. 양쪽 다 반反독일-반反비시 입장으로 수렴된 셈이다.

친페탱 레지스탕스가 반페탱 레지스탕스로 바뀌는 과정은 무엇보다도 비시 정부와 페탱의 행위 및 조치 자체에 연유한 바가 컸다. 비시 정부는 1941년 5월 독일군에게 중동과 북아프리카의 프랑스 공군기지 및 항구를 사용하도록 허락한 데 이어, 8월에는 레지스탕스 탄압을 목표로 특별재판소를 설치했고, 10월에는 독일군당국이 레지스탕스의 독일군 장교 암살에 대한 보복으로 처형할 인질의 명단을 작성하는 데 관여했다. 페탱 역시 이 기간의 연설들(1941년 5월 15일, 8월 12일, 9월 21일, 10월 22일)에서 비시 정부의 조치를 전격 지지하고 레지스탕스의 독일군 암살은 '범죄행위'로 비난한 반면, 독일군당국의 대규모 인질 처형에는 최소한의 항의도 하지 않았다. 이는 곧 비시 정부의 대독협력이 군사 부문과 국내 레지스탕스 탄압이라는 영역에까지 확대되고 특히 그러한 부문들에서 갈수록 심해졌음을 의미한다. 이러한 상황에서 '민족해방'과 '리베르테'가 점차 페탱에 대한 기대와 환상에서 벗어나게 된 것은 놀랄 만한 일이 아닐 것이다.

친페탱에서 반페탱으로의 이행은 이 두 조직이 통합되면서 더욱 진전되었다. 이 두 조직의 통합으로 탄생한 《콩바》지는 1941년 12월, (대독)협력, '협력을 선택한' 정부, '협력의 사람'인 페탱에 반대한다는 의사를 명확히 한 데 이어 1942년 3월에는 비시 정부의 국내 정책에도 반대하기 시작했고 결국 5월에 페탱 신화의 종식과 페탱에 대한 결별을 선언했던 것이다.

9
칼뤼르 사건과 아르디 재판

오늘날 프랑스인들에게 2차 세계대전기의 레지스탕스를 대표하는 단 한 명의 프랑스인을 꼽으라면 단연 장 물랭이 압도적인 표를 얻을 것이다. 사분오열된 국내 레지스탕스를 단일한 조직으로 통합하고 이를 국외의 항독세력(드골의 자유프랑스)과 연결시키는 데 가장 큰 공헌을 한 인물이 장 물랭이라는 점에서 이러한 평가는 당연한 것이다. 1964년 12월 장 물랭의 유해가 팡테옹에 안치된 것은 이러한 평가의 뒤늦은 귀결이자 그러한 평가를 더욱 굳히는 출발점이었다.

그러한 점에서, 장 물랭을 죽음으로 몰고 간 계기가 된 1943년 6월 21일의 '칼뤼르Caluire 사건'은 프랑스 레지스탕스 역사상 최대의 비극적 사건이라 해도 과언이 아니다. 그날 리옹 교외 지역인 칼뤼르에서 비밀회합을 갖기로 했던 장 물랭이 게슈타포의 급습을 받아 다른 6명의 레지스탕스 지도자들과 함께 체포되었던 것이다. 물랭은 이후 게슈타포의 모진 고문을 당한 끝에 7월 8일경 사망한 것으로 추정된다.

칼뤼르 사건의 비극성은 그것이 단지 점령당국의 탄압에서만 비롯된 게 아니라 레지스탕스 자체 내에서 벌어진 배반과 밀접한 관련이 있다는 점에서 더더욱 컸다. 칼뤼르 사건은 1947년 1월 《르몽드》지의 표현을 빌리면 "레지스탕스의 가장 미묘하고 아마도 가장 고통스런 사건"이었고[1] 같은 해 3월 《르 피가로》지의 표현에 따르면 "레지스탕스의 과거 광채를 위태롭게 하고 …… 레지스탕스의 영광에 먹칠"을 한 사건이었다.[2]

칼뤼르 사건 직후부터 오늘날까지 많은 수의 증인들과 역사가들이 그 사건의 최대 책임자로 콩바 조직의 철도 레지스탕스 부문 지도자 르네 아르디René Hardy를 지목했다. 아르디는 칼뤼르 사건 현장에서 유일하게 게슈타포에게 체포되지 않은(정확히 말하자면 체포 직후 도망가는 데 성공한) 레지스탕스 대원인 데다가 역시 유일하게 칼뤼르 회합에 초대받지도 않았는데 참석한 인물이어서 사건 직후부터 레지스탕스 내에서 칼뤼르 모임의 밀고자로 의심받았다. 결국 해방 후에 아르디는 두 차례나(1947년과 1950년) 재판을 받았지만 두 번 모두 무죄 판결을 받았고 사건 당시로부터 70여 년이나 지난 오늘날까지도 사건의 진상은 명확히 밝혀지지 않은 상태다. 사법적으로 두 차례나 무죄 판결을 받았음에도 진정으로 아르디가 유죄인지 무죄인지, 칼뤼르 사건에 대한 그의 책임이 정확히 무엇이었는지 여전히 알 수 없다. 장 물랭의 전기작가 다니엘 코르디에Daniel Cordier가 1999년에 쓴 표현을 빌리면 '아르디 사건'(칼뤼르 사건의 또 다른 명칭)은 해를 거듭하며 "역사의 대大수수께끼"가 되었다.[3]

이 장에서는 그러한 칼뤼르 사건의 실체에 대해 전후戰後의 두 차례 아르디 재판과 이를 둘러싼 상황을 분석함으로써 살펴보고자 한다. 칼뤼르 사건에 대한 학술적 연구는 그다지 많지 않은 편이다. 레지스탕스 출신의 대중적 역사가 앙리 노게르Henri Noguères가 1972년에 《프랑스 레지스탕스의 역사》 제3권을 펴내면서 칼뤼르 사건에 60여 쪽이나 되는 분량을 할애했지만[4] 전문역사가들의 연구는 장 물랭 서거 50주년이 되어서야 이루어졌다. 1993년 6월에 현재사연구소가 개최한 학술대회에서 발표되었다가 1년 뒤에 그 연구소의 학술지에 실린, 도미니크 베이옹Dominique Veillon과 장피에르 아제마Jean-Pierre Azéma의 〈칼뤼르에 대한 논점〉이 그것이다. 이 소논문은 제목대로 본격적인 연구물이라기보다는 시론적 성격이 강하다.[5] 논문의 공저자인 베이옹은 6년 뒤 에릭 알라리Éric Alary와 함께 역시 시론적인 논문 〈칼뤼르: 신화와 논쟁 사이 역사학의 대상〉을 발표했다.[6]

전문역사가들이 시론적 수준의 연구에 머무는 사이에 칼뤼르 사건에 대한 본격적인 연구는 레지스탕스 출신의 장 물랭 전기작가 코르디에에 의해 이루어졌다. 이미 1989년의 장 물랭 전기 제1권 서문에서 아르디의 유죄를 강력히 주장한 바 있는[7] 코르디에는 10년 뒤에 펴낸 장 물랭 전기 마지막 권의 본론 마지막 부분을 칼뤼르 사건에 할애했다.[8]

필자는 이상의 문헌들을 참조하되, 현대국제기록도서관BDIC(Bibliothèque de documentation internationale contemporaine)과 '르클레르Leclerc 장군-파리 해방 박물관 및 장 물랭 박물관'의 자료연구센터에 소장되어 있는 아르디의 1차 재판 기록(1947년 1월 20일~24일)과 2차 재판 기록(1950년 4월 24일~5월 8일)을 직접 검토했다. 아울러 두 재판 기간(1947년 1월과 1950년 4~5월)과, 아르디가 1차 재판에서 무죄 판결을 받고 풀려난 뒤 불과 두 달 만에 그의 거짓말이 드러나 다시 체포된 직후 시기(1947년 3월~4월)의 언론을 살펴보기 위해 그 세 시기에 발

행된 총 13종의 일간지와 4종의 주간지를 분석했다.[9]

기실, 앞서 언급한 1972년의 노게르에서부터 1990년대의 베이옹, 아제마, 알라리 그리고 1999년의 코르디에에 이르기까지 모든 역사가들의 결론은 (두 차례의 사법적 판정과 달리) 아르디의 유죄 쪽에 기울었다. 하지만 이 장에서는 아르디의 유·무죄에 대한 판단을 떠나 당대 언론의 반응에 대한 분석을 통해 전후戰後 프랑스 사회, 특히 제4공화정 초기와 냉전기 프랑스 사회의 레지스탕스에 대한 인식 역시 살펴보고자 한다.

칼뤼르 사건과 두 보고서

'칼뤼르 사건'은 1943년 6월 21일 리옹 교외 지역인 칼뤼르에 위치한 뒤구종Dugoujon 의사의 집에서 비밀회합을 갖기로 한 장 물랭을 비롯한 7명의 레지스탕스 지도자들이 게슈타포에 체포된 것을 가리킨다. 그날 현장에서 유일하게 체포되지 않은 레지스탕스 지도자인 르네 아르디가 줄곧 이 비밀회합의 밀고자로 지목되었다. 그리하여 이 게슈타포의 칼뤼르 급습과 체포는 당대부터 '칼뤼르 사건' 혹은 '아르디 사건'으로 불리게 되었다.

모든 것은 1943년 3월 13일 프랑스 경찰이 리옹에서 레지스탕스의 준군사조직인 '비밀군Armée secrète' 사령부의 문서들을 압류하면서 시작되었다. 곧바로 리옹의 게슈타포에 전달된 이 문서들에는 특히 비밀군의 조직도가 포함되어 있었고 이에 놀란 독일점령당국은 남부지방에서 레지스탕스에 대해 대대적인 탄압을 벌였다. 그 과정에서 4월

칼뤼르 회합 장소인 뒤구종 의사 집

28일 장 뮐통Jean Multon이라는 한 레지스탕스 대원이 마르세유에서 체포되었다. 당시 남부지구의 최대 레지스탕스 조직인 '레지스탕스 통합운동MUR(Mouvements unis de la Résistance)' 지역장의 비서였던 그는 이틀 뒤 게슈타포의 첩자로 포섭되었다. 그의 배반으로 결국 마르세유 지역과 리옹 지역에서 모두 120명에 달하는 레지스탕스 대원들이 체포되었다.

비밀군 총사령관 샤를 들레스트랭Charles Delestraint 장군과 아르디가 체포된 것도 바로 뮐통의 배반에 기인한 것이었다.[10] 1943년 6월 9일 들레스트랭 장군과 비밀군 참모부 제3국 국장인 아르디가 만나기로 한 약속 관련 정보가 게슈타포 측에 누설되었던 것이다. 들레스트랭이 6월 9일 아침 9시 약속장소인 파리의 라뮈에트La Muette 지하철역에서 체포된 반면, 아르디는 그보다 앞서 6월 8일 새벽 1시 파리로

비밀군 총사령관 들레스트랭 장군

가던 기차 안에서 체포되었다. 게슈타포도 알았던 6월 9일의 들레스트랭-아르디 접선 계획을 정작 아르디 본인은 몰랐다. 아르디는 같은 날 파리에서 다른 이를 만날 약속이 있어서 파리 행 기차를 탔다가 체포된 것이었다.[11]

이날의 체포로 운명이 완전히 바뀌기 전까지 아르디는 철도 부문의 헌신적이고 유능한 레지스탕스 지도자로 유명한 인물이었다. 프랑스 철도공사의 관리였던 아르디는 일찍이 1941년 5월에 레지스탕스 활동을 벌인 죄로 체포되어 15개월 징역을 선고받았다. 다음 해 석방된 뒤에는 레지스탕스 조직인 콩바에 들어가 열심히 활동을 벌인 끝에 철도 사보타주 부문의 책임자가 되었으며 1943년 5월에는 비밀군 참

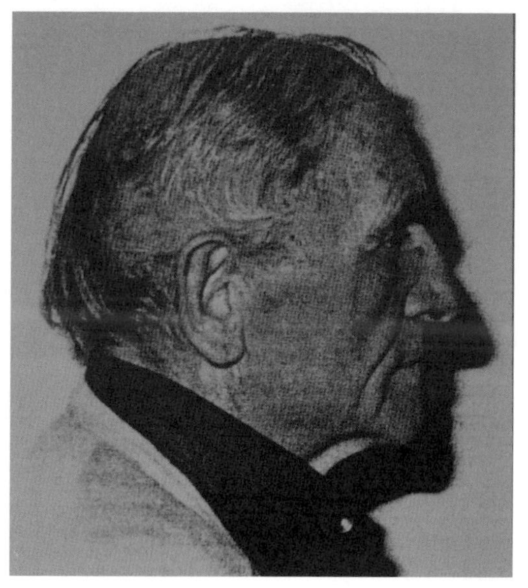

리옹 게슈타포 제4국 국장 클라우스 바르비

이 사진은 40년 후인 1983년에 체포되어 프랑스로 압송된 뒤에 찍은 것이다. 그는 결국 4년 뒤 반인륜범죄로 종신형을 선고받았다.

모부의 간부직에까지 올랐다.[12]

들레스트랭 장군이 수용소를 전전하다가 연합군이 도착하기 직전에(1945년 4월) 다카우Dachau 수용소에서 나치 친위대에게 살해당한 것과 달리, 아르디는 체포되고 나서 불과 이틀 만인 1943년 6월 10일에 리옹 게슈타포 제4국 국장인 바르비에 의해 석방되었다. 장 물랭의 고문살해에 직접적인 책임이 있고 레지스탕스 활동가들과 유대인들에 대한 잔혹성으로 악명 높던 바르비(반세기 뒤에 반인륜범죄로 종신형을 선고받을)가 대체 어떠한 조건으로 아르디를 풀어주었는가가 두고두고 논란이 될 것이었다.

한편, 들레스트랭 장군의 체포 소식을 들은 장 물랭은 총사령관을 잃은 비밀군에 대한 후속 조치를 논의하고자 레지스탕스 지도자들의 모임을 6월 21일 열기로 결정했는데 바로 이것이 칼뤼르 회합이었다.[13] 6월 21일 오후 칼뤼르의 의사 뒤구종의 집에 모인 레지스탕스 지도자는 모두 8명이었다. 모임을 소집한 레지스탕스 전국회의 초대 의장 장 물랭 외에 레지스탕스 조직 '남부해방'의 레몽 오브락Raymond Aubrac과 앙드레 라사뉴André Lassagne, 또 다른 레지스탕스 조직 '프랑스 다보르France d'abord'의 슈바르츠펠트Schwartzfeld 대령과 라카즈Lacaze 대령, 콩바의 앙리 오브리Henri Aubry와 아르디, 런던의 자유프랑스에서 온 브뤼노 라라Bruno Larat가 그날 모인 사람들이었다.[14]

장 물랭은 오브락, 슈바르츠펠트와 함께 예정시간(오후 2시)보다 45분 늦게 도착했다. 그로부터 몇 분 뒤 게슈타포 경관들이 모임 장소를 급습했고, 그곳에 있던 뒤구종, 몇몇 환자들과 함께 8명의 레지스탕스 지도자들 모두가 체포되었다. 이들 가운데 아르디를 제외하고는 모두 리옹의 게슈타포 본부인 군의관학교를 거쳐 몽뤽Montluc 감옥에 투옥된 반면, 아르디는 뒤구종의 집에서 끌려나와 게슈타포 차량에 태워지기 직전에 도망가는 데 성공했다.[15]

칼뤼르에서 유일하게 화를 면한 아르디는 그날의 체포 소식이 알려진 직후부터 레지스탕스 대원들에게 밀고자로 의심받았다. 장 물랭의 개인비서이자 반세기 뒤에 물랭의 전기를 펴낸 코르디에의 회고에 따르면 "나는 1943년 6월에 나의 동지들 대부분처럼 아르디가 유죄라고 확신"했다.[16] 또한 일찍이 1943년 7월 초부터 레지스탕스 지도자들에게 아르디를 조심하라는 전보가 보내졌고 7~8월에 런던의 자유프랑스가 수합한 보고서들(7월 27일과 8월 15일)에도 아르디가 칼뤼르 회합의 밀고자로 지목되거나 그러한 소문이 언급되었다.[17]

아르디가 밀고자일 것이라는 레지스탕스 대원들의 확신은 독살 시도로까지 이어졌다. 레지스탕스 조직 '프랑-티뢰Franc-Tireur'와 '남부 해방'의 지도자인 으젠 클로디위스프티Eugène Claudius-Petit와 파스칼 코포Pascal Copeau는 아르디가 유죄인 동시에 위험하다고 판단하고 암살할 것을 결정했다. 이들의 지시로 6월 25일과 28일 사이에 (칼뤼르에서 체포된 레몽 오브락의 아내이자 레지스탕스 대원인) 뤼시 오브락Lucie Aubrac이 아르디가 입원해 있던 병원에 독이 든 잼 통을 놓고 갔다.[18] 결국 이 시도는 무산되었지만 그만큼 의심의 정도가 컸음을 말해주는 단적인 예가 될 것이다.

기실, 아르디를 의심할 만한 단서들은 많았다. 아르디는 칼뤼르에 모인 8명 가운데 유일하게 장 물랭이 소집하지 않은 인물이었다. 무엇보다도 아르디가 도망갈 수 있었던 정황이 의심스러웠다. 다른 7명에게는 즉각 수갑이 채워졌던 반면 아르디에게는 포승이 사용되었다. 게다가 아르디가 도망가는 순간, 기관총으로 무장한 게슈타포 경관들은 권총 몇 발만 쏘았다. 이후 아르디는 팔에 총상을 입은 상태로 구덩이에 숨었다가 근처 지인의 집으로 갔고 거기서 프랑스 경찰에 잡혀 병원으로 호송되었다. 프랑스 경찰의 감시를 받으며 일주일간 병원에 입원해 있던 아르디는 6월 28일 게슈타포에게 넘겨졌고 6월 30일에는 독일 측이 관할하는 적십자병원으로 이송되었다. 한 달여간의 입원 끝에 아르디는 8월 3일 밤 다시 한 번 도망가는 데 성공했다.[19] 이렇듯 게슈타포에 넘겨졌음에도 감옥이 아니라 병원 침대에 누워 있을 수 있었다는 점, 그리고 6월 21일에 이어 또 한 번 쉽게 도망갈 수 있었다는 점이 아르디에 대한 의심을 더욱 키웠다. 또 칼뤼르 사건에 앞서 이미 게슈타포에 체포된 적이 있었다는 사실, 게다가 그러한 체포가 아르디를 만나기로 한 들레스트랭 장군이 체포되기 하루 전날 벌어진 것이고 불과 이틀 뒤에 풀려났다는 사실까지 알려지면서 레지스탕스 내에서 아르디의 유죄에 대한 심증은 더욱 굳어졌다.

하지만 모든 레지스탕스 대원이 아르디의 유죄를 확신했던 것은 아니다. 보다 정확히 말하자면, 당시 아르디 문제에 대한 레지스탕스의 여론은 아르디의 유죄를 믿는 진영과 무죄를 믿는 진영으로 나뉘었다. 이러한 진영 구분은 대부분 (아르디가 속해 있던) 콩바 조직에 속해 있는가 아닌가에 따라 이루어졌다. 앙리 프르네를 필두로 피에르 베누빌Pierre Bénouville, 클로드 부르데 등 콩바 조직 지도자들 대부분은 아르디의 결백을 믿었다.[20]

특히 콩바의 창립자 프르네는 일찍이 1943년 6월 말 런던에서 아르디가 자신이 전적으로 신임하는 세 명 중 하나라고 선언하기까지 했다.[21] 1944년 5월 30일 알제에 온 아르디를 자기 부처의 고위직(본국송환기술부서장)에 임용하고, 파리 해방 이후인 9월 2일에 파리로 데려온 것도 드골 임시정부의 포로-강제이송자-난민부장관인 프르네였다.[22] 1944년 5월 알제에 도착하자마자 아르디에게 즉각 수사기관의 조사를 받도록 권유한 것도 프르네였다. 곧바로 이루어진 군사보안부의 조사 결과(1944년 6~7월), 대체로 아르디에게 우호적인 증언들에 힘입어 무죄로 결론이 났다.[23]

이렇듯 아르디에 대한 의심이 강력했지만 레지스탕스 전체의 여론은 분열되어 있었다. 게다가 아르디는 프르네의 후원으로 정부 고위직에까지 올랐다. 이런 모호한 국면을 끝장낸 것은 한 독일 게슈타포 문서였다. 1944년 9월, 마르세유의 게슈타포 사무실에서 일명 '플로라Flora 보고서'로 불리게 될 문서가 발견되었다. 이 문서는 1943년 7

월 19일에 마르세유 게슈타포 제4국 국장 에른스트 둥커Ernst Dunker가 작성한 것으로, 주로 이중간첩 뮐통의 진술과 압류한 레지스탕스 문서들에 입각해 레지스탕스 통합운동MUR 조직에 관한 정보를 정리해놓은 것이었다.[24]

〈프랑스의 드골주의 레지스탕스 운동들이나 레지스탕스 통합운동 MUR에 관한 '플로라' 사건에 대한 조사의 최종보고서〉라는 제목이 붙여진 이 문서는 "1943년 3월 14일부터 7월 4일까지 120명이 체포되었다"는 언급 뒤에 그중 5명이 "이중간첩으로 활용"되었다고 밝히고 있다. 또한 그 120명 각각에 대해 일련번호를 붙여 성명, 국적, 결혼 여부, 종교, 생년월일, 주소, 체포일, 레지스탕스 직위명 등을 상세히 기록해놓았다.[25]

이 문서에서 우리에게 특히 중요한 부분은 역시 이중간첩 뮐통과 아르디에 대한 것이다. 문서에서 "41번"이 매겨진 뮐통은 "1943년 4월 28일에 체포"되었으며 "1943년 4월 30일부터 우리 부서와 게슈타포 리옹 지부에 의해 이중간첩으로 고용"되었다고 적시되어 있다.[26]

가장 주목할 만한 부분은 뮐통의 첩자활동으로 인해 체포된, 프르네의 비서인 "105. 알브레히트 베르트Albrecht Berthe"에 대한 기록 바로 아래 부분이다.

> 철도 사보타주 부서의 우편함에 대한 감시를 통해 뮐통은 1943년 6월 9일 파리에서 디도Didot(아르디의 가명 – 필자)와 막스Max(장 물랭의 가명 – 필자)가 접선할 것이라는 사실을 알아냈다. 그리하여 뮐통은 파리행 기차 안에서 MUR의 "철도 사보타주" 전국 지도자인 106. 디도를 체포하고 리옹 게슈타포 지부로 이송하는 것을 가능케 했다. 디도는 뒤이어 리옹 게슈타포 지부

에 의해 이중간첩으로 고용되었고 그리하여 그는 1943년 6월 25일 리옹 회합 시에 54. 장 물랭……과 MUR의 지도자 5명을 체포하게 했다.[27]

사실 위 기록에는 세부적인 면에서 몇 가지 오류가 있다. 6월 9일에 디도(아르디)를 만나기로 예정된 이는 "막스"(장 물랭)가 아니라 들레스트랭이었고, 리옹 교외 지역인 칼뤼르에서의 (회합을 지칭하는) "리옹 회합"은 "6월 25일"이 아니라 6월 21일이었다. 그럼에도 이중간첩 밀통으로 인해 아르디가 파리로 가는 기차 안에서 체포되었다는 사실, 그리고 장 물랭을 비롯한 칼뤼르 회합 참가자들의 체포를 가능케 한 것이 다름 아닌 아르디였다는 지적(많은 레지스탕스 대원들이 믿었던 것)과, 아르디가 리옹 게슈타포에 의해 "이중간첩"으로 고용되었다는 것(아르디가 칼뤼르의 밀고자였을 경우 가정할 수 있는 최악의 상황 혹은 아르디의 '유죄'에 대한 가장 명쾌한 설명)을 기록한, 당시까지 발견된 최초의 독일 측 공식문서라는 점에서 '플로라 보고서'는 아르디의 유죄 여부를 가름하는 데 결정적으로 중요한 문서였다.

프랑스 사법당국도 이 문서의 중요성을 인지하고 1944년 12월 12일 아르디를 '적과의 내통'죄로 그의 포로-강제이송자-난민부 사무실에서 전격 체포했다.[28] 그리하여 1947년 1월 24일 1차 재판 판결이 나기까지 2년여간의 수감, 중간에 잠시 석방되었다가 다시 체포되어 1950년 5월 8일에 재석방되기까지를 계산하면 5년여에 걸친 수감생활이 시작되었다.

한편, 플로라 보고서가 발견되고 나서 약 2년 뒤에는 더욱 결정적인 문서가 베를린의 제국외무부 기록보관소에서 발견되었다. 1946년 10월 10일 프랑스 정부 측에 전달된 이 일명 '칼텐브루너 보고서'는 제국보안국 국장 에른스트 칼텐브루너Ernst Kaltenbrunner가 1943년 6월 29일에 작성하여 독일 외무부장관 리벤트로프Ribbentrop에게 보낸 문서였다.[29] 이는 바르비가 보내온 보고서에 입각하여 작성된 것으로, 플로라 보고서보다 3주나 먼저 작성되었고 플로라 보고서보다 더욱 구체적이고 좀 더 명확하다는 점에서 아르디 사건과 관련하여 더욱 중요한 1차 사료라고 볼 수 있다.

우리 주제에 특히 중요한 부분은 다음과 같다.

> 철도 사보타주 지도자인 아르디라는 이름의 인물, 일명 "디도"는 체포된 뒤에 심문을 받은 끝에 완전한 자백을 했다. 특히 그는 영미英美군 상륙 시 수행할 철도 사보타주 행위에 대해 약 150쪽의 계획안을 작성했음을 …… 인정했다. …… 그는 상세한 정보들을 주었고 우리에게 협력하는 데 기꺼이 동의했으므로 우리는 이미 아르디를 여러 번 이용하여 (다른 레지스탕스 대원들과 - 필자) 약속들을 잡는 데 성공했고 그 외에도 그는 독일 기관의 의도대로 철도 사보타주 계획안을 재현했다. 또한 아르디가 동의한, 요원들의 배치 덕분에 리옹 게슈타포 특공대가 …… 리옹에서 레지스탕스 통합운동 지도자들의 회합을 급습하여 다음과 같은 인물들을 체포하는 데 성공했다.[30]

즉 디도라는 가명만 등장한 플로라 보고서와 달리 칼텐브루너 보고서는 아르디라는 본명과 '디도'를 분명히 일치시키고 있고, 칼뤼르 사건에서의 역할 외에도 연합군 상륙 시 수행할 철도 사보타주 계획안의 누설이라는, 이후 재판들에서 계속해서 쟁점이 될 행위도 처음 밝히고 있다. 칼뤼르 사건 자체에 대해서도 좀 더 분명하고 구체적으로 적시했다. 물론 이 문서에도 결함과 오류가 없지는 않았다. 칼뤼르 회합의 날짜가 누락되어 있고 칼뤼르에서 체포한 "다음과 같은 인물들"의 명단에 장 물랭과 오브락이 빠져 있었던 것이다.

이러한 오류에도 불구하고, 칼텐브루너 보고서는 플로라 보고서와 함께 칼뤼르-아르디 사건의 실체를 논의하는 출발점이 되는 문서였다. 이후에 무수히 쏟아져 나올 각종 증언들이나 회고담과 달리 이 두 보고서는 사건일(1943년 6월 21일) 직후에 작성되었고 칼뤼르 사건의 주역들(칼뤼르 사건은 나치 독일의 게슈타포가 주도한 것이다) 자신이 작성한 공식 문서이므로 다른 어떠한 1차 사료들보다도 직접적이고 중요한 문서로 봐야 할 것이다.

1차 재판(1947년 1월)

아르디에 대한 재판은 그가 체포된 후 무려 25개월이나 지난 1947년 1월 20일이 되어서야 열렸다. 이는 그만큼 그 사안이 유·무죄를 가리기가 어려웠던 데 연유한다. 아르디는 자신의 혐의를 끝까지 완강히 부인한 데다 그의 혐의를 입증하는 데 가장 중요한 문서는 오직 독일 측 문서들뿐이었고 프랑스인들의 증언은 각각 아르디의 유죄와 무죄를 옹호하는 데 팽팽하게 맞서 재판은 지연될 수밖에 없었다.

센 부역자 재판소에서 1947년 1월 20일 시작된 아르디 재판은 1월 24일까지 닷새에 걸쳐 진행되었다. 재판은 첫날 피의자 아르디에 대한 재판장, 검사, 변호사의 꽤 긴 신문訊問으로 시작되었고,[31] 1월 21일부터 사흘 동안 법정에 출두한 57명의 증언이 이어졌다. 57명 가운

1차 재판 시 법정에 선 르네 아르디(1947년 1월)

데 변호인 측 증인의 수가 39명으로, 검사 측 증인(18명)의 두 배 이상에 달했다.[32]

우선, 검사 측 증인으로 나선 전前비시 정부 공무원 로제 크레솔Roger Cressol은 1943년 6월 7일 아르디가 탔던 기차의 침대칸에 우연히 동승했던 인물로, 그날 밤 샬롱쉬르손Chalon-sur-Saône 역에서 아르디와 함께 게슈타포에 체포된 정황을 생생히 증언했다. 피고인석의 아르디가 그때 그 사람이 맞느냐는 재판장의 질문에는 분명히 맞다고 답했다.[33]

검사 측 증인 가운데 아르디의 칼뤼르 회합 밀고 혐의에 대해 가장 결정적인 증인이라 할 만한 이는 게슈타포의 프랑스인 여성 이중간첩 들레트라즈Delettraz였다. 그는 레지스탕스로 활동하다가 게슈타포의 첩자로 포섭된 인물로, 자신이 1943년 6월 21일 정오 이전에 게슈타포 사무실에서 아르디를 보았으며 게슈타포의 지시에 따라 아르디를 뒤따라가 칼뤼르 회합 장소를 알아내고는 게슈타포 경관들에게 그 장소를 알려줬다고 증언했다.[34]

장 물랭의 누나인 로르 물랭Laure Moulin은 비록 당시 상황의 목격자는 아니지만 역시 검사 측 증인으로 나서 아르디의 유죄를 확신한다고 말했다. 그는 주로 일명 '앙리Henri 보고서'로 불리는 문건, 즉 칼뤼르 사건 직후에(1943년 8월) 레지스탕스 전국회의 측에서 아르디를 심문해 기록한 보고서에 근거하여 발언했다. 특히 6월 21일 칼뤼르에서의 도망과 8월 3일 적십자병원에서의 두 번째 도망에 대해 강한 의혹을 표명했다. 칼뤼르에서 모든 용의자의 등 뒤에 수갑이 채워졌는데 아르디만 포승으로 묶인 점(그것도 왼손만), 그가 도망갔을 때 게슈타포 경관들이 적극적으로 쫓아가지 않은 점, 8월 3일에는 부상당한 팔로 너무도 쉽게 도망한 점 등을 지적했다. "나의 절대로 흔들리지 않는 확신은 아르디가 내 동생과 칼뤼르 회합의 동지들을 팔아넘겼으며 레지스탕스 지도자들을 넘겨줌으로써 레지스탕스 자체에 치명적일 수 있는 타격을 가했다는 것"이 그의 결론이었다.[35]

또한 칼뤼르 사건의 생존자 다섯 명 가운데 아르디 자신과 (아르디를 칼뤼르 모임에 데려간 책임이 있는) 오브리를 제외한 세 명 모두 검사 측 증인으로 나섰다. 라사뉴, 라카즈, 오브락 가운데 아르디의 유죄를 주장하기 위해 가장 단호하고 구체적인 증언을 한 것은 오브락이었다. 그는 로르 물랭과 마찬가지로 아르디의 두 차례 도망에 대해 의혹을 제기했다. 칼뤼르에서 아르디 혼자만 등 뒤로 수갑이 채워

지지 않았고 도망쳤을 때 게슈타포 경관들로부터 경기관총 세례를 받지 않았다는 점, 8월 초 적십자병원에서 아르디가 너무도 쉽게 도망갔다는 점을 지적했다. 뿐만 아니라 6월 말 아르디가 팔의 총상으로 입원해 있던 병원에서 독일인들에게 다시 발견되었을 때 이들이 아르디를 "구타하지도, 감옥 바닥에 내던지지도 않은" 사실을 강조했다. 장 물랭의 누나와 달리 오브락은 칼뤼르 현장에서 직접 체포당했던 증인이었으므로 그의 증언은 더더욱 설득력이 있었다.[36]

이상에서 살펴본 증인들과 반대로, 아르디가 속한 레지스탕스 조직인 콩바의 지도자들과 아르디의 동료 활동가들은 대부분 변호인 측 증인으로 나섰다. 아르디를 칼뤼르 모임에 데려갔던 콩바의 오브리는 칼뤼르 사건의 생존자들 가운데서는 (아르디 자신을 차치하면) 유일하게, 체포 상황을 묘사하면서 아르디에게 불리한 증언을 하지 않았다. 오브리는 아르디만 수갑이 채워지지 않았다는 사실을 언급하지 않았으며 "아르디도 나처럼 식탁 다리로 머리를 몇 대 맞았다"는 증언까지 했다.[37] 칼뤼르 모임에 아르디를 보내는 데 결정적인 역할을 한 것으로 보이는 콩바 지도자 베누빌 역시 아르디에게 유리한 주장을 했다. 베누빌은 아르디가 배반하기로 마음먹었다면 몇몇 지도자들만 참석한 칼뤼르 모임을 밀고하는 것보다 "레지스탕스 지도자들 전체를 맞이하는 지도위원회의 두 구성원 집 주소를 넘기는 게" 훨씬 쉬웠을 것이라고 발언했다.[38] 콩바의 창립자이자 해방 전후 장관으로서 아르디를 자기 부처의 고위직에 계속 기용한 프르네 역시 아르디의 무죄를 강력히 주장했다. "아르디는 내게 친구였고 (유죄라는－필자) 증거가 많이 주어지지 않는다면 앞으로도 계속해서 친구로 남을 것"이라면서 아르디를 옹호했다. 또한 아르디가 프르네 자신의 집 주소를 알았으므로 마음만 먹으면 자신을 쉽게 게슈타포에 밀고할 수 있었을 텐데 자신이 무사했으므로 아르디를 배반자로 볼 수 없다는 게 프르네의 논리였다.[39]

아르디의 연락책이었던 장 보세Jean Bossé는 앞서 들레트라즈가 게슈타포 사무실에서 아르디를 보았다고 한 1943년 6월 21일 오전에 아르디와 만나 점심식사를 했다고 증언했다.[40] 또한 아르디의 철도 레지스탕스 동료였던 막스 아일브론Max Heilbronn은 1943년 6월 12일 아르디와 접선한 직후 게슈타포에 체포되었는데 게슈타포 경관들로부터 심문받으며 자신이 "디도"임을 자백하라고 강요받았다고 증언했다.[41] 장 보세의 증언은 들레트라즈의 증언을 반박하기 위한 것이었고, 아일브론의 증언은 아르디가 6월 8일 체포되지 않았거나 체포되었더라도 게슈타포 측에 "디도"임이 발각되지 않았음을 보이기 위한 것이었다.

판결 전날인 1월 23일에는 쉬다카Sudaka 검사의 논고 발표가 있었다. 쉬다카 검사는 그간의 조사 결과와 검찰 측 증언들을 종합하여 아르디의 유죄에 대한 확신을 표명했다. 그에 따르면 "6월 8, 9, 10일에 아르디를 보았다는 사람들은 아무도 확신을 가지고 말하러 올 수 없었"다. 반면 그를 확실히 봤다는 사람들은 빨라야 6월 11일에 봤다는 것이었는데 그때 독일인들은 그가 레지스탕스 대원들과 접촉을 재개할 수 있도록 풀어줬던 것이다. 또한 칼뤼르에서 게슈타포에게 급습당했을 때 아르디는 유일하게 "수갑이 아니라 포승"으로 묶였고 도망갔을 때 게슈타포 경관들은 "권총 네 발만 쐈다." 이후 게슈타포가 그를 다시 발견했을 때 그를 "지하감옥 바닥에 던진 게 아니라 병원에서 돌봐줬고, 병원에 그의 옷과 신발을 놔두어 더 잘 도망갈 수 있게 해주었다."[42]

재판 마지막 날인 1월 24일 가르송Maurice Garçon 변호사는 변론에서 검사 측 증언들과 플로라 보고서의 진실성을 문제 삼는 데 주력했다. 가르송은 1943년 6월 8일 파리행 기차에서의 아르디 체포를 증언한 크레솔이 대독협력 정부인 비시 정부의 공무원이었음을 강조했고, 칼뤼르 모임의 밀고자로서의 아르디 역할을 증언한 들레트라즈는 "게슈타포의 첩자", "여간첩"이었음을 부각시켰다. 반면에 6월 8~11일 아르디의 알리바이(아르디가 체포되지 않았다는)를 확인시켜준 증인들은 "선한 사람들"이었고, 6월 21일 아르디를 보았다는 들레트라즈의 주장을 무력화하는 증언을 한 보세는 레지스탕스 대원이었다.

또한 가르송은 앞서 보았듯이 아르디의 유죄를 입증하는 결정적 문서 가운데 하나인 플로라 보고서에 대해 문제를 제기했다. 게슈타포 요원에 의해 "돋보이려고" 쓰인 것으로, "비합리성"과 "오류"로 가득 차 있다는 것이다. 그의 주장에 따르면 독일인들은 아르디를 계속 잡았다 놓친 데 대한 보복으로 아르디가 배반했다는 헛소문을 레지스탕스 사이에 퍼뜨렸고, 이 재판 자체가 아르디를 겨냥한 그 같은 음모의 결과였다. 칼뤼르 모임으로 말하자면, 독일인들이 그 모임의 시간과 장소를 알아내는 데 "어떠한 배반도 필요 없었고, 그들의 끄나풀들로 충분했다."[43]

결국 1월 24일 센 부역자 재판소는 두 입장 가운데 변론 쪽의 손을 들어줬다. 배심원단이 과반수로 아르디에게 무죄 판결을 내렸던 것이다. 이로써 아르디는 투옥된 지 2년 1개월 만에 석방되었다.

그러면 당시 재판에 대한 언론의 반응은 어떠했을까? 이를 살펴보기 위해 필자는 해방 직후 프랑스의 유력 중앙일간지이자 공산당계 언론과 비공산당계 언론을 각각 대표하는 《뤼마니테》지와 《르몽드》지를 집중 분석했다. 공산당계와 비공산당계로 나눈 것은 당시 아르디 재판에 대한 입장이 크게 아르디의 유죄를 확신하는 공산주의자들과, 그렇지 않은, 즉 무죄를 믿거나 중립적인 비공산주의자들로 대별되었기 때문이다.

우선, 프랑스 공산당의 중앙일간지인 《뤼마니테》지는 재판 기간 내내 아르디의 유죄에 대한 강한 확신을 표명했다. 이 재판에 대한 첫 보도기사(1947년 1월 21일자)는 제목부터 〈장 물랭을 게슈타포에 넘긴 아르디에게 불리한 명백한 증언들이 나오다〉였고[44] 다음 날 기사 역시 〈아르디는 …… 레지스탕스를 배반했다〉를 제목으로 내걸었다.[45] 재판 기간 내내 아르디는 이 신문에서 "배반자"(1월 22, 23, 24일자), "이중간첩", "게슈타포의 첩자"(1월 23일자), "끄나풀"(1월 24, 25일자) 등으로 규정되었고, 플로라 보고서의 작성자인 게슈타포 간부 둥커는 아르디의 "고용주"(1월 22일자)나 "우두머리"(1월 23일자)로 묘사되었다.[46] 《뤼마니테》지의 아르디 관련 논설 대부분을 쓴 레지스탕스 출신 언론인 피에르 에르베Pierre Hervé는 1월 24일, 판결이 나오기도 전에 〈아르디는 유죄다〉라는 제목의 논설을 발표했고,[47] 판결 직후인 다음 날 제1면의 헤드라인은 〈배반당한 레지스탕스! 끄나풀 아르디가 무죄 판결 받다〉였다.[48]

또한 《뤼마니테》지는 아르디의 유죄를 주장하는 데 그치지 않고, 이 재판을 당시 프랑스 공산당과 적대적 관계에 있었던 프르네를 공격할 기회로 삼았다. 1월 22일자 기사에 따르면 "프르네가 아르디를 완강히 보호하고 후원하지 않았더라면, 이어서 그를 …… 북아프리카로 피신시키지 않았더라면, 아르디 재판은 벌어지지도 않았을 것"이고 "프르네가 그를 구제하지 않았다면 아르디는 법정에 대령 제복을 입고 출두할 수도 없었을 것"이다.[49] 다음 날 논설에서도 에르베는 "아르디는 프르네가 신임한 자였다! 게슈타포의 첩자를 본국송환-포로-강제이송자부의 고위직에 앉힌 장관에 대해 어떻게 생각하는가?"라고 외쳤고,[50] 1월 24일자 논설에서도 "프르네의 신임을 받는 자를 구해야 하기 때문에 정의 실현에 반대하는 파벌이 있다"고 주장했다.[51] 결국, 아르디가 무죄 판결을 받자 에르베는 "프르네가 재판에서 이겼"다고 썼다.[52]

요컨대 공산당 언론에게 아르디 재판은, 반공주의 성향이 강하고 강점기 때부터 공산당에 적대적인 레지스탕스 지도자였던 프르네에게 '배반자 아르디의 비호자' 낙인을 붙여 정치적 곤경에 몰아넣을 좋은 기회였던 것이다.

한편, 같은 기간에 비공산당계 언론을 대표한 유력 일간지인 《르몽드》지는 재판이 진행되면서 점차 아르디가 유죄라는 쪽에서 무죄 쪽으로 논조가 바뀌는 양상을 보였다. 재판 시작 후 《르몽드》지가 우선적으로 보인 입장은 유죄와 무죄 중 어느 한쪽을 편들기보다는 그 사건이 레지스탕스에게 주는 '고통'이라는 측면을 강조하는 것이었다. 1월 21일자 《르몽드》지는 〈배반자냐, 완벽한 영웅이냐?〉라는 제목 하에 아르디 사건을 "레지스탕스의 가장 미묘하고 아마도 가장 고통스런 사건"이라고 규정했다.[53] 다음 날 〈재판에 관하여〉라는 제목의 논설에서도 그 사건을 "지하투쟁의 가장 어둡고 …… 아마도 가장 잔인한 사건들 중 하나"로 묘사했다.[54] 하지만 같은 논설에 등장하는 "그 가증스런 범죄의 동기"라든가, "이 배반의 재판", "밀고와 배반이 과거를 전혀 욕되게 하지 않을 것" 같은 표현들은 미묘하게나마 아르디

의 유죄를 암시하는 듯한 인상을 준다.[55]

그러다가 1월 23~24일에는 "아르디의 유죄 여부에 대해 여전히 의심이 계속"되고 검사 측 증인이나 변호인 측 증인 모두 자신의 주장에 "절대적 확신"을 갖고 있다고 보도하는 데 그쳤다.[56] 무죄 판결 직후인 25일자 논설에서는 무죄 판결 자체에 힘을 실어주는 논조를 보였다. 논설 필자 레미 루르Rémy Roure는 장 물랭이 체포된 직후 돌았던 '아르디가 유죄라는 소문'에 대해 레지스탕스 내에서 "그리도 많은 소문과 그리도 많은 중상中傷"이 있었다고 개탄했고 "무고한 사람, 게다가 영웅이었던 사람에게 유죄를 선고하는 것은 …… 가증스런 일"이라고 주장했다.[57]

공산당계 언론과 비공산당계 언론의 상반된 입장은 일간지뿐만 아니라 주간지들에서도 나타났다. 재판이 시작되기 이틀 전인 1947년 1월 18일, 비공산당계 주간지인 《삼디 수아*Samedi Soir*》지는 아르디 사건을 "레지스탕스판 드레퓌스 사건"이라 규정했다. 한 사람의 유·무죄를 놓고 프랑스 사회 여론이 둘로 나누어졌다는 점에서 두 사건이 비슷하기는 했다. 하지만 결국 드레퓌스는 결백했는데 무고하게 간첩죄 누명을 썼던 유대인 장교였으므로 이는 다분히 아르디의 무죄를 옹호하는 쪽에 힘을 실어주는 비유로 볼 수 있다. 또한 그 신문은 양쪽 증언을 다 소개하면서도 아르디는 "비겁자도, 유급有給 밀고자도 아니었다"는 문구를 소제목으로 내걺으로써 아르디에게 우호적인 입장을 내비쳤다.[58]

반면, 공산당계 주간지인 《악시옹*Action*》지는 무죄 판결 2주 뒤에 아르디 재판을 "사법 희극"으로 규정했다. 무죄 판결에도 불구하고 아르디의 결백은 입증되지 않았다는 것이다. 또한 아르디가 무죄 판결을 받았더라도 스스로 칼뤼르 모임의 밀고자임을 자백한 들레트라즈는 여전히 유죄인데 처벌받지 않은 점, 아르디가 1943년 6월 8일 기차에서 체포되지 않았다면 동승자인 크레솔이 위증죄를 범한 셈인데 기소되지 않은 점, 그리고 아르디의 배반 여부에 대해 결정적인 증인이 될 게슈타포 첩자 묄통이 아르디 재판에 소환되지 못하도록 서둘러 총살된 점 등에 대해 강한 의문을 제기했다.[59]

요컨대 아르디의 유·무죄를 둘러싼 프랑스 여론의 분열은 1차 재판 시기에 공산당계 언론과 비공산당계 언론의 상반된 입장으로 표출되었다. 《뤼마니테》지로 대표되는 공산당계 언론은 재판 기간 내내 아르디의 유죄에 대한 강한 확신을 표명했고 그러한 확신은 무죄 판결 이후에도 전혀 사그라들지 않았다. 반면, 비공산당계 언론은 이 사건이 레지스탕스에 야기한 분열과 고통을 강조했고 아르디의 유·무죄 자체에 대해서는 모호하고 중립적인 입장을 취하거나 미묘하게나마 무죄 쪽에 기우는 입장을 보였다.

자백

1947년 1월 20~24일의 1차 아르디 재판은 명백히 아르디의 승리로 끝났다. 그가 1943년 6월 21일 칼뤼르 모임의 밀고자가 되려면 그에 앞서 6월 8일 샬롱쉬르손 역에서 게슈타포에게 체포되었어야 하고 이틀 뒤 심문자 바르비에게 모종의 약속(혹은 거래)을 하고 풀려났어야 하는데 이 6월 8일의 체포 사실 자체가 인정되지 않았던 것이다. 파리행 기차 안에서 이중간첩 묄통 덕분에 아르디가 체포되었음을 기록한

아르디 체포를 묘사한 시사만평
《뤼마니테》지 1947년 3월 25일자.

유일한 문서인 플로라 보고서는 (프랑스 측 문서가 아니라) 독일 측 문서라는 이유로 받아들여지지 않았고, 아르디의 체포를 증언한 유일한 인물인 침대칸 동승자 크레솔의 진술은 그가 전前비시 정부 공무원이라는 이유로 신뢰받지 못했다.

아르디 자신의 진술은 마콩Macon 역 부근에서 기차에서 뛰어내려 체포를 면했다는 것인데 그는 이러한 얘기를 석방된 뒤 2월 8일부터 3월 22일까지 한 일간지에 10회에 걸쳐 연재하기까지 했다.[60]

그러나 이 모든 것은 독일인도 아니고 비시 정부 공무원도 아닌 침대차 차장 모리스Morice가 증언에 나서고, 6월 8일의 체포 사실을 입증하는 침대차 회사 서류가 발견됨으로써 바뀌었다. 1947년 2월 모리스가 1943년 6월 8일 새벽 기차 안에서 아르디와 크레솔이 체포되어 하차했으며 곧바로 그 침대칸 좌석을 다른 승객에게 팔았다고 증언하면서 관련 서류를 제출했던 것이다.[61]

이로써 칼뤼르 사건에 이르는 첫 관문이자 기본 전제인 아르디의 열차 체포 사실이 입증되었다. 동시에 아르디가 그 사실에 대해 거짓말을 했다는 사실도 밝혀졌다. 이에 따라 아르디는 1947년 3월 23일, 그러니까 석방된 지 불과 두 달 만에 다시 전격 체포되기에 이른다. 그는 곧바로 심문받았고 자신의 열차 체포 사실에 대해 결정적인 물증까지 나온 마당에 더 이상 그 사실을 숨길 수 없었던 것으로 보인다. 그는 결국 3월 24일 "내가 거짓말했다! 난 샬롱 역 도착 전에 기차에서 게슈타포에게 체포되었다"라고 자백했다.[62]

그러면 여기서 두 가지 의문이 생긴다. 첫 번째, 아르디는 왜 그토록 1943년 6월 8일의 체포 사실을 숨겼을까? 두 번째, 레지스탕스 대원들에게 잔인하기로 악명 높은 바르비가 6월 10일에 도대체 어떤 이유로 심문을 시작한 지 하루도 안 되어 아르디를 풀어줬을까?

아르디의 당시 자백에 따르면, 그가 체포 사실을 숨긴 이유는 무엇보다도 들레스트랭 장군의 체포와 관련이 있었다. 아르디는 게슈타포 사무실에서 심문받다가, 6월 9일 들레스트랭 장군이 자신과 접선하기로 되어 있었다는 사실과 접선 장소에서 장군이 체포되었다는 사실을 알게 되었다. 들레스트랭은 아르디가 체포된 바로 다음 날 체포되었으므로 자신의 체포 사실이 알려지면 레지스탕스 대원들이 자신을 들레스트랭의 밀고자로 판단할 것을 우려해 그 사실을 숨겼던 것이다.[63]

물론, 6월 8일에 아르디가 체포되지 않았다면 이후 아르디가 게슈타포에 협력하고 6월 21일 칼뤼르 모임을 밀고한다는 시나리오 자체가 성립하지 않으므로 체포 사실을 숨긴 것으로 볼 수도 있다. 하지만 어쨌든 아르디는 이후에도 계속해서 들레스트랭 밀고(실제로 자신이 하지 않은) 누명을 쓰지 않기 위해 열차 체포 사실에 대해 거짓말했다고 주장했다.

그러면 바르비는 왜 아르디를 풀어줬을까? 6월 10일의 아르디 석방 이유는 6월 21일 칼뤼르 사건에 대한 아르디의 책임 여부(혹은 정도)와 직결된 문제가 아닐 수 없다. 칼뤼르 모임의 밀고자가 아르디라면 바로 그러한 배반행위는 6월 10일에 풀려나는 조건으로 아르디가 바르비에게 약속한 것에 따른 것일 가능성이 높기 때문이다. 이 질문에 아르디는 놀랄 만한 자백을 했다. 바르비에게 "나를 풀어준다면 레지스탕스 친구들과 다시 관계를 맺고자 시도하겠다"고 제안했다고 자백했던 것이다. 게다가 그는 6월 10일과 21일 사이에도 게슈타포와 몇 번 접촉했던 것으로 보인다. "독일인들은 내게 종종 질문을 했다. 나는 그들에게, 거의 끝까지 왔다고 답했고 나를 계속 자유상태로 내버려둬야 한다고 답했다"라는 진술 부분은 그러한 접촉을 말해주는 것으로 볼 수밖에 없다.[64] 레지스탕스와 다시 관계를 맺겠다는 아르디의 제안은 단지 풀려나기 위해 바르비를 속인 빈말이 아니었다. 아르디는 "석방된 나는 아마도 있을 미행을 조심하며 (레지스탕스 동료들과 – 필자) 접촉을 재개했다"라고 자백했던 것이다.[65]

그러나 동시에 그는 자신이 "디도"(철도 레지스탕스 지도자로서의 가명)라는 신분이 전혀 발각되지 않은 상태로 석방되었음을 힘주어 강조했다. 칼텐브루너 보고서가 아르디가 철도 사보타주 계획을 독일 측에 넘겨주었다고 밝힌 것과 달리, 자신이 레지스탕스 지도자임을 바르비가 몰랐기 때문에 "내가 아는 것을 전혀 발설하지 않"을 수 있

었다는 것이 아르디의 주장이었다.[66]

6월 21일의 칼뤼르 사건에 대한 자신의 책임이라는, '아르디 사건'의 핵심적 문제에 대해 당시 아르디는 뭐라고 자백했을까? 그의 진술에 따르면 "6월 21일은 파국으로 끝났는데, 13일 전의 들레스트랭 장군 체포 이후 아마도 미행과, 의심할 바 없이 감시가 행해졌을 것"이며 "나는 충분히 빨리 피신하지 않음으로써, 그리고 너무 강하게 되길 원함으로써 …… 치명적인 경솔한 행위를 저질렀다."[67] 이는 꽤 모호한 어법이다. 자신의 체포 이후가 아니라 들레스트랭 장군의 체포 이후에 감시와 미행이 이루어졌을 것이라고 함으로써 슬쩍 자신의 책임을 누그러뜨렸고 미행과 감시를 당한 대상이 누구인지를 명시하지 않음으로써(즉 자신이 그 대상이었음을 밝히지 않음으로써) 자신 외에도 여러 레지스탕스 대원이 미행당할 수 있었음을 암시했다. "충분히 빨리 피신하지 않음으로써 …… 치명적인 경솔한 행위를 저질렀다"고 말하는 것을 보면 자신이 미행당하지 않았다고 주장한 것은 아니다. 그렇다고 그 미행이 6월 21일 칼뤼르 모임에 갈 때 이루어졌다는 것인지 그 전에 레지스탕스 동료들과 접촉을 재개할 때 이루어졌다는 것인지는 (아니면 둘 다에 해당하는지) 이상의 진술만으로는 알 수 없었다. 그가 자인한 죄목이나 책임은 '밀고'나 '배반'이 아니라 어디까지나 "경솔한 행위"일 뿐이었다.

한편, 재판 기간 내내 아르디의 유죄에 가장 큰 확신을 표명했다가 무죄 판결에 크게 실망했던 《뤼마니테》지는 3월 24일 아르디가 자신의 열차 체포 사실을 자백하자 가장 크게 환호했다. 아르디가 실제로 분명하게 자백한 것은 6월 8일의 체포 사실뿐이고 6월 21일의 칼뤼르 사건에 대해서는 "경솔한 행위"만 자인했을 뿐이었다. 그럼에도 《뤼

아르디의 거짓말에 놀아난 언론을 풍자한 시사만평
《뤼마니테》지 1947년 3월 26일자(왼쪽)와 28일자(오른쪽).

마니테》지는 3월 25일자 제1면에서 큰 활자의 헤드라인으로 〈센세이셔널한 반전: 끄나풀 아르디가 게슈타포의 첩자임을 자백하다〉라고 보도했다.[68]

아울러 재판 기간과 판결 직후에 다른 "모든" 신문들이 아르디를 옹호했던 반면 오직 《뤼마니테》지만이 "유일하게 진실을 표명"했다고 강변했다.[69] 같은 날 신문 제2면에서는 "몇 주 전만 해도 모든 언론이 …… '부당하게 고발된 대大레지스탕스 대원'에 대해 칭찬을 아끼지 않았다"면서 《르몽드》지, 《르 포퓔레르》지, 《콩바》지, 《프랑티뢰 *Franc-Tireur*》지, 《로브*L'Aube*》지, 《레포크*L'Epoque*》지, 《가브로슈*Gavroche*》지, 《테무아냐주 크레티앙*Témoignage Chrétien*》지의 1월 19일~31일자 기사들을 인용했다.[70] 《뤼마니테》지는 다음 날에도 〈신문들의 합창〉이라는 제목의 시사만평을 통해 8개 일간지가 수갑 찬 아르디 앞에서 "거짓말을 내게 말해봐!"라고 외치며 아르디의 거짓말을 순순히 받아 적을 준비가 되어 있는 모습을 그렸고,[71] 3월 28일자의 시사만평에서도 7개 일간지를 이어 붙여 만든 종이배 위에 아르디가 선장 같은 자세로 타고 있는 모습을 그렸다.[72] 아르디를 지칭하는 용어로는, 재판 기간에는 "배반자"를 가장 선호했다면 이 자백 직후에는 그보다 한층 더 경멸적인 용어인 "끄나풀mouchard"을 3월 25일자부터 4월 6~7일자까지 하루도 빠지지 않고 연일 썼다.

앞서 보았듯이 재판 기간에 언론의 반응이 공산당계와 비공산당계로 나뉘었다면 이 자백 직후에는 공산당계 신문들만이 아니라 거의 모든 신문들이 아르디의 유죄를 믿었던 것으로 보인다. 3월 25일자 《로로르*L'Aurore*》지는 아르디가 "배반을 자백"했고 "자신이 풀려나기 위해 '칼뤼르 모임' 때 장 물랭과 레지스탕스 전국회의 지도자들을 독일인들에게 넘겼다"고 보도했다.[73] 3월 26일자 《르 피가로》지는 이 사건이 "레지스탕스의 과거 광채를 위태롭게 하고 …… 레지스탕스의 영광에 먹칠"했다고 주장했다.[74] 3월 27일자 《르몽드》지와 《콩바》지 역시 "아르디가 배반"했다는 표현을 썼다.[75] 한 달 뒤 《로로르》지의 표현에 따르면 아르디의 자백 직후 "아무도 더 이상 그의 유죄를 의심하지 않았다."[76]

이렇듯 아르디의 유죄를 기정사실로 논의를 전개한 것이 당시 언론 반응의 첫 번째 특징이라면 두 번째 특징은 아르디의 애인이었던 리디 바스티앙Lydie Bastien이라는 인물이 크게 부각되었다는 점이다. 바스티앙을 이 사건의 주요 인물로 끌어들이는 구실을 제공한 것은 아르디 자신이었다. 아르디가 3월 24일에 쓴 자백서에 따르면, 게슈타포 경관들이 6월 10일 자신을 심문하면서 협조하지 않으면 바스티앙

과 그 부모를 체포하겠다고 협박했다는 것이다.[77]

이에 3월 27일자의 많은 신문들은 아르디의 '배반' 동기로 자신의 애인 바스티앙의 보호를 크게 부각시켰다. 《르몽드》지는 〈아르디가 배반한 것은 약혼녀를 구하기 위해서인가?〉를 기사 제목으로 내걸었다.[78] 《로로르》지 역시 〈철도 레지스탕스 지도자로 하여금 배반하도록 이끈 것은 그녀가 아닌가?〉를 제목으로 내걸었다.[79] 《콩바》지도 아르디가 "독일인들에게 봉사하겠다고 결심한 것은 자신의 약혼녀가 독일인들에게 체포될까 두려워서였다"고 자백한 대목을 강조했다.[80]

같은 날 프랑스 최대 석간지 《프랑스수아*France-Soir*》지는 바스티앙을 "아르디 사건의 '열쇠'", "증인 제1호", "칼뤼르 회합의 비밀을 알고 있"는 유일한 사람으로까지 격상시켰다.[81] 그날부터 4월 9일까지 연일 대부분의 일간지에서 아르디 사건 관련 기사의 헤드라인을 차지한 것은 아르디가 아니라 바스티앙이었다. 4월 2일자 《파리프레스*Paris-Presse*》지의 표현을 빌리면 "단연 리디 바스티앙이 스타"였다.[82]

또한 바스티앙 관련 기사에는 거의 언제나 그의 비범한 외모에 대한 묘사가 따라붙었다. "아름다운 리디"라는 표현은 기본이고(《로로르》지 3월 27일자, 《파리프레스》지 4월 1일자, 4월 2일자), "드물게 아름다운"(《프랑스수아》지 3월 27일자), "비범한 아름다움"(《콩바》지 3월 27일자), "신비스럽고 예쁜"(《로로르》지 3월 27일자), "눈부신 …… 아름다움"(《삼디 수아》지 4월 5일자) 등의 표현으로 바스티앙을 묘사했다. 공산당계 신문도 예외는 아니었다. 《뤼마니테》지에서는 그러한 묘사를 볼 수 없었지만 공산당계 석간지인 《스 수아*Ce Soir*》지에서는 "젊고 매우 예쁜"(3월 27일자), "사진보다 실물이 훨씬 더 아름다웠다"(3월 30~31일자) 등의 표현이 눈에 띄었다.

La vie amoureuse de Lydie Bastien

SAMEDI - SOIR

5 AVRIL 1947

10 frs

POUR ENVAHIR LA FRANCE IL FAUDRAIT HUIT JOURS AUX AMÉRICAINS UN MOIS AUX RUSSES

...est ce que prévoit un état-major F.T.P. ... secrètement dans les maquis de la Corrèze

Les secrétaires françaises en pantalon font sensation à Moscou

Ces yeux ont envoûté René Hardy

당시 언론의 선정적 보도

"리디 바스티앙의 애정사", "이 눈이 르네 아르디를 매혹했다" 등의 문구가 눈에 띈다(1947년 4월 5일자 《삼디 수아》지).

3월 27일자 《로로르》지는 이러한 바스티앙의 외모를 아르디의 배반 이유와 직결시키기까지 했다. 《로로르》지의 표현에 따르면 바스티앙은 "순수한 레지스탕스 대원인 르네 아르디가 …… 배반자로 전락한 게 그녀 때문에, 그리고 그녀에 의한 것일 정도로 아름다웠다".[83] 급기야 4월 5일자 《삼디 수아》지는 〈이 눈이 르네 아르디를 매혹했다〉는 제목 아래 바스티앙의 두 눈 부위만 크게 확대한 사진을 제1면에 싣기에 이르렀다. 사진 바로 아래의 설명문에는 "경이로울 정도로 아름답고, 관능적이고, 악마적인" 바스티앙이라고 씌어 있었다.[84]

한편, 바스티앙은 아르디의 자백서에서 배반의 주요 동기들 중 하나를 제공한 인물로 부상하면서 긴급 수배되었고 곧 증인으로 소환되어 경찰에 의해 심문받았다. 그런데 여기서 아르디에게 결정적으로 불리한 진술을 했던 것으로 보인다. 6월 11일과 21일 사이에 아르디가 밤마다 리옹의 게슈타포 사무실에 들어와 자야 했고 6월 21일 칼뤼르로 독일인들을 인도했다고 증언한 것이다. 그리하여 3월 24일 아르디의 자백 이후 줄곧 배반의 주된 이유를 제공한 인물로서 부각되었던 바스티앙은 대략 4월 1일자의 일간지들에서부터는 아르디의 유죄를 증언하는 인물로서 강조되었다.[85]

이 모든 것이 종종 아르디와 바스티앙 사이의 애정관계로 포장되기도 했다. 아르디는 바스티앙에 대한 사랑 때문에 게슈타포에게 협조를 약속했고, "리디가 자신을 더 이상 사랑하지 않았"기 때문에 1947년 3월 24일 결국 자백을 결심하게 되었으며,[86] 지난날 아르디에 대한 구명운동을 적극적으로 폈던 바스티앙이 이제 마음이 떠나 아르디의 유죄를 입증하는 쪽으로 돌아섰다는 식이다.

1947년 3월 24일 아르디의 자백 이후 이 사건을 둘러싼 언론의 양상은 그다지 바람직해 보이지 않는다. 아르디는 칼뤼르 모임을 밀고했다고 확실히 자백한 것도 아니었고 단지 6월 8일의 체포 사실(과 그 사실에 대해 거짓말했다는 것)을 자백했을 뿐이었다. 그럼에도 언론 대부분은 그의 '배반'을 기정사실로 여겼다. 배반(배반했다고 가정한다면)의 이유에 대해서도 다른 많은 가능성들은 배제한 채 유독 바스티앙이라는 인물과 두 사람 사이의 애정관계에만 과도한 중요성을 부여했다. 또한 바스티앙에 대한 과도한 열풍이나 그를 묘사하는 방식, 즉 외모에 대한 지나친 의미 부여, 그리고 "게슈타포 첩자",[87] "유혹녀", "불충녀",[88] "레지스탕스의 마타 하리", "팜므파탈"[89] 등의 표현들은 당시 언론의 철저한 남성중심적 시선과 선정성을 여실히 보여준다.

2차 재판(1950년 4~5월)

아르디에 대한 두 번째 재판은 두 번째 체포와 자백(1947년 3월 23~24일) 후 무려 3년 1개월이 지난 1950년 4월 24일에야 열렸다. 이는 아르디의 자백 직후 언론과 여론 사이에서 '아르디 유죄'를 확신하던 분위기가 그리 견실한 증거에 기반한 게 아니었음을 말해준다. 아르디의 자백으로 확실해진 것은 오직 1947년 6월 8일 새벽에 열차 안에서 아르디가 체포되었다는 사실뿐이었다. 보다 중요한 사안인, 대체 칼뤼르 사건에서 아르디가 행한 역할이 정확히 무엇이었는가 하는 것은 전혀 밝혀지지 않았던 것이다. 게다가 이미 1차 재판에서 '적과의 내통죄' 혐의에 대해 무죄 판결 받았다는 사실 자체도 두 번째 재판의 성립을 법리적으로 어렵게 했다.

1차 재판이 닷새에 그쳤던 반면 이번 재판은 1950년 4월 24일부터 5월 8일까지 무려 12일에 걸쳐 진행되었다.[90] 이는 재판의 복잡성과 어려움을 말해준다. 독일강점기의 대독협력행위를 처벌하기 위해 한시적으로 만들어진 특별재판소인 부역자 재판소는 업무가 거의 종료된 상태였기 때문에 2차 재판은 파리 상설군사재판소에서 이루어졌다. 아르디에 대한 변호는, 1차 재판 시 변호인이었던 가르송이 다시 한 번 맡았다. 증인은 무려 76명에 달했는데 재판 기간이 너무 길어져 변호인과 검사의 합의로 마지막 16명의 증언은 듣지 않기로 해 60명으로 줄었다.[91]

4월 24일의 첫 공판은 우선, 검사 가르동Gardon 소령의 기소장 낭독으로 시작되었다.[92] 칼뤼르 사건에 대한 책임이라면 응당 '적과의 내통죄'를 규정한 형법 제75조가 적용되어야 했다. 하지만 이 죄목에 대해서는 이미 1차 재판에서 무죄 판결 받았으므로 일사부재리 원칙에 따라 아르디에게 새로운 죄목이 적용되어야 했다. 죄목은 다음과 같았다.

1) 국가방위에 대한, 비밀로 간주되는 문서들이나 정보들을 외국이나 그 첩자들에게 인도한 혐의
2) 국가의 대외적 안전에 대한 범죄를 신고하지 않은 혐의[93]

기소장에 따르면, 첫 번째 죄목은 주로 "연합군 상륙 시 프랑스에서 수행할 철로 사보타주 계획"을 게슈타포 요원들에게 넘긴 것을 가리킨다.[94] 두 번째 죄목은 다시 "그가 아는 간첩행위나 반역행위, 혹은 그 계획"을 신고하지 않은 것과 "그가 관계를 맺은 개인들의 활동—국가방위에 유해할 수 있음을 그가 인식할 수 있었던"을 신고하지 않은 것으로 나뉘었다. 이상의 죄목들은 형법 제75조가 아니라 제76조 제1항, 제78조, 제103조, 제104조에 해당하는 것이었다.[95]

1차 재판이나 2차 재판이나 동일하게 초미의 관심사였던 사안은 과연 아르디가 칼뤼르 모임을 밀고했는가 여부였다. 하지만 정작 그가 기소된 혐의는 (칼뤼르 밀고에 비해 다소 부차적인 것인) 사보타주 계획의 누설과 타인의 간첩-반역행위에 대한 미신고였다. 아르디 자신이 간첩-반역행위를 했는가가 밝혀지지 않은 마당에, 그리고 그것이 여전히 핵심적인 쟁점임에도, "그가 관계를 맺은" 타인들의 활동과 "그가 아는" 간첩-반역행위를 신고하지 않은 것이 문제라는 논리는 다소 엉뚱해 보이기까지 한다.

이어서 무려 닷새에 걸쳐 아르디에 대한 신문이 진행되었다. 아르디는 모든 사안에 대해 철저히 자신의 결백을 주장했다. 뮐통과 바르비

아르디와 가르송
2차 재판에서의 아르디와 변호인 모리스 가르송.

는 자신이 철도 사보타주 책임자인 '디도'임을 몰랐고, 1943년 6월 10일에 자신은 철도 사보타주 계획을 독일인들에게 넘기지 않았으며, 칼뤼르에서 도망친 것도, 적십자병원에서 도망친 것도 독일인들의 도움을 받은 게 전혀 아니었다는 것이다. 심지어 그는 3년 전 자백서에 자신이 썼던 것도 번복했다. 자신을 풀어주면 "레지스탕스와의 관계를 다시 맺겠다고 제안"했다고 썼던 것도, 6월 11일과 21일 사이에 독일인들을 접촉한 사실과 독일인들에게 미행당한 사실을 암시하는 듯이 썼던 것도 번복했다. 자신이 독일인들에게 "제안"을 한 게 아니라 양자 사이에 "일련의 논의 연쇄" 과정이 있었던 것이고, "조건부" 석방이

들레트라즈

아르디 2차 재판에서 증언하고 있는 게슈타포의 이중간첩 들레트라즈.

아니라 "이유 없는 협박"이 있었다는 게 그의 답변이었다. 결국 자신이 저지른 죄는 "경솔함"이었지, 결코 조국과 레지스탕스에 대한 "배반"이 아니었다는 게 그가 스스로 내린 결론이었다.[96]

아르디 신문에 뒤이어 여러 날에 걸쳐 60명의 증인들이 증언에 나섰는데 1차 재판에 비해 그다지 새롭거나 결정적인 진술은 나오지 않았다. 1차 재판과 달랐던 점은 1차 재판에서 6월 8일의 열차 체포와 관련하여 아르디에게 알리바이를 제공했던 증인들은 모두 불참했다는 것, 열차 체포의 증언자도 전前비시 정부 관리 크레솔에서 침대차 차장 모리스로 바뀌었다는 것, 그리고 1차 재판에는 소환되지 않았던

독일의 게슈타포 경관들이 증인으로 출두했다는 것 정도였다.[97]

주목할 만한 증언들로는 우선 콩바의 지도자인 클로드 부르데가 서면으로 제출한 증언을 들 수 있다. 여기서 그는 "모든 종류의 대독협력자들을 석방하고 페탱의 장관들을 무죄 판결한 국가재판소"가 "오직, 무엇보다도 용기가 있었기 때문에 죄를 저지를 기회를 가진 자에게 그리도 엄격한" 처벌을 할 수는 없다고 주장했다.[98] 대독협력자들과 비시 정부 관료들에게 그리도 관대했던 재판소가 유독 레지스탕스 활동을 했기 때문에 이런 사건에 연루된 아르디에게 무거운 처벌을 내릴 수는 없다는 논리였다. 반면, 같은 콩바 지도자인 모리스 슈방스베르탱Maurice Chevance-Bertin은 콩바 소속으로서는 드물게도 아르디의 유죄에 대한 강한 확신을 표명했다. 특히 플로라 보고서의 진정성을 강력히 주장하면서 "아르디의 유죄는 전혀 의심할 바 없다"고 진술했다.[99]

1947년 3월 아르디의 자백 직후 언론의 가장 큰 주목을 받았던 바스티앙도 이번 재판에 증인으로 출두했다. 그러나 그간에 받은 조명에 비하면 정작 법정에서의 증언은 실망스러운 것이었다. 1943년 6월 11일과 21일 사이에 아르디가 게슈타포 사무실에서 잤다고 3년 전에 진술했던 바스티앙이 이번에는 그 기간에 "아르디가 게슈타포에서 밤을 보냈는지 그러지 않았는지 모르겠"다고 답변을 회피했다. 또한 그 기간에 아르디가 미행을 두려워했다고 증언하면서도 "미행자들을 따돌리기 위해 속임수를 쓸 시간이 언제나 있었다"는 아르디의 말을 그대로 반복하면서 자신은 "언제나 그의 결백을 믿었다"고 주장했다.[100]

칼뤼르 사건의 생존자들은 1차 재판 때와 마찬가지로 사건 당시 아르디의 행적에 대해 의혹을 표명했다. 라카즈는 칼뤼르에서 아르디가

앙리 프르네
아르디 2차 재판에서 증언대에 선 앙리 프르네.

소지했던 권총을 게슈타포 경관들에게 몸 수색당할 때 들키지 않은 점, 라사뉴는 체포 직후 자신을 심문하던 독일인들이 총성을 듣고도 놀라기는커녕 서로 미소를 주고받은 점을 각각 문제 삼았다. 모임 장소를 빌려준 뒤구종은 아르디가 도망가다가 숨었다는 구덩이는 "숨바꼭질하는 아이들도 쉽게 발견할 수 있는" 곳이라고 증언했다.[101]

5월 8일의 마지막 공판은 가르동 검사의 세 시간에 걸친 논고로 시작되었다. 그는 두 죄목, 즉 철도 사보타주 계획을 독일에 넘긴 것과 간첩-반역행위를 신고하지 않은 것 모두에 대해 아르디가 유죄라는 기존 입장을 그대로 유지했다. 가르동의 논고에 따르면, 독일 측은 6

월 8일의 열차 체포에서부터 아르디가 철도 사보타주 책임자 '디도'임을 이미 알았다. 바르비의 아르디 석방은 조건부 석방이었는데 그 조건이란 바로 아르디 자신이 작성했던 철도 사보타주 계획안을 넘기는 것이었다. 석방 뒤에 아르디는 레지스탕스 동료들을 다시 만났고 독일인들과도 몇 번 접촉했으며, 칼뤼르에서의 도망도, 이후 적십자병원에서의 도망도 의심스러운 것이었다.[102]

그러나 가르동은 유죄 선언에 그치지 않고 재판관들에게 아르디의 레지스탕스 경력을 감안하여 정상참작해줄 것을 요청했다. "그가 죄를 저지를 기회를 갖게 된 것은 무엇보다도 그가 용기 있었기 때문"이라는 부르데의 견해에 전적으로 동의하면서 "매우 크게" 정상참작해 줄 것을 요구했던 것이다.[103]

그날의 스타는 아르디도, 가르동도 아닌 가르송 변호사였다. 사실, 그날 오후 가르송이 발표한 변론에는 1차 재판 시의 변론에 비해 그다지 새로운 논리도, 증거도 없었다. 3년 전에 이어 두 번째로 아르디의 변호를 맡은 당대의 일급 변호사 가르송에게 있었고 사람들의 마음을 움직였던 것은 뛰어난 언변과 수사修辭, 그리고 (역설적이게도) 애국심에 대한 호소였다.

가르송은 먼저 3년 전 아르디의 자백으로 그가 자신까지 속였음을 깨닫고 느낀 충격과 분노를 표명한다. 뒤이어 당시에는 자신도 "아르디가 유죄라고 믿었다!"라고 고백했다.[104] 그러나 차분히 관련 서류들을 모두 검토한 끝에 아르디의 무죄를 다시 확신하게 되었다는 게 그가 내린 결론이었다. 그의 변론에 따르면, 뮐통과 바르비는 아르디가 '디도'임을 처음에는 몰랐다. 6월 10일의 석방은 아르디가 무언가를 넘기거나 제안해서가 아니라 바스티앙 가족을 인질로 삼은 협박과 함께 이루어졌다. 아르디가 열차 체포 사실을 숨긴 것은 동료들이 자신을 들레스트랭 장군의 밀고자로 오인할까봐 두려워서였다. 아르디를 게슈타포의 이중간첩으로 묘사한 독일 측 보고서들과 바르비의 진술은 자신들이 아르디를 세 번이나 놓친(6월 10일의 석방, 6월 21일과 8월 3일의 도망) 데 대해 상부로부터 질책 받지 않고 아르디에게 복수하기 위해 꾸며낸 이야기다. 이상이 가르송의 핵심 논리였다. 결국 독일인들이 칼뤼르에 가는 데에는 굳이 '배반'이 필요 없었고 '미행'과 (아르디 자신이 그리도 강조한) '경솔함'으로 충분했다고 가르송은 주장했다.[105]

리디 바스티앙
아르디 2차 재판에 증인으로 출두한 아르디의 전前애인 리디 바스티앙.

끝으로, 가르송은 그날이 종전終戰기념일, 즉 5년 전 독일이 항복한 5월 8일임을 강조했다. 만약에 "용기, 의연함, 곧은 품성을 의심할 수 없는 프랑스인"인 아르디에게 유죄 판결이 내려진다면 독일인들이 "우리의 비참한 상황을 끝내고 자신들을 분쇄한 기념일인 오늘 5월 8일에" 자신들이 아르디를 "쓰러뜨리고 수치를 안길 수 있게 된 것을 알고 얼마나 기뻐하겠는가!" 아르디에 대한 유죄 판결은 곧 "게슈타포 요원들," "바르비 같은 자," "우리의 적들"의 "복수"가 실현되는 것이요, 이들의 "승리"다. 가르송은 따라서 "우리 양심에 부합하고 조국에 잘 봉사하는 유일한 판결인 정당한 무죄 판결"을 내려줄 것을 재판관들에게 호소하면서 "프랑스 만세!"를 외치는 것으로 변론을 끝맺었다.[106]

가르송은 유죄였다면 조국에 반反하는 범죄를 저질렀을 피의자에 대한 처벌에 반대하는 데 역설적이게도 동일한 조국애에 호소했던 셈이다. 결국 이번에도 재판부는 변론 쪽의 손을 들어줬다. 두 시간의 심의 끝에 파리 군사재판소는 아르디에게 무죄 판결을 내렸던 것이다. 당대 언론의 반응과 후대 역사가들의 평가에 비추어 볼 때 그날의 승리는 아르디의 승리라기보다는 가르송의 승리였다. 그만큼 가르송의 변론이 사람들의 마음을 움직이는 데 주효했던 것으로 보인다.[107] 가르송이 자신의 '승리'를 자축하며 그 변론을 곧 단행본으로 출간했다는 사실 자체가 그러한 상황을 잘 말해준다.

그런데 무죄 판결이 내려진 과정을 좀 더 자세히 들여다보면 (역사적 평가를 떠나) 사법적 결정이라는 차원에서도 아르디의 '무죄'가 그다지 자명한 것은 아니었음이 드러난다. 재판부는 앞서 기소장에서 제기된 세 가지 혐의(두 개의 혐의 가운데 두 번째 것이 다시 둘로 나뉘어 세 가지가 되었다) 각각에 대해 심의했다. 첫 번째 혐의인 '연합군 상륙 시 수행할 사보타주 계획의 전체나 부분을 넘겼는가?'라는 질문에는 과반수로 '아니오'였다. 두 번째 혐의인 '1943년 6, 7, 8월에 반역 및 첩자행위나 계획을 알고도 관할당국에 신고하지 않았는가?'와 세 번째 혐의 '국방에 해를 끼칠 수 있는 행위를 범한 개인(들)과 관계를 맺고도 신고하지 않았는가?'라는 질문에는 '예'가 4표, '아니오'가 3표였다.[108] 두 번째와 세 번째 혐의에 대해서는 과반수로 유죄 판결을 한 셈이다. 그러나 당시 군사재판소의 규칙상 유죄 판결이 성립하려면 두 표 이상의 차가 나야 했다. '소수로 무죄 판결'이라는 다소 기묘한 선고가 내려진 것은 이런 이유 때문이었다.

요컨대 1947년 3월 24일 이후 아르디의 자백으로 이미 한 차례의 거짓말(열차 체포 사실에 대한)이 드러났다는 점에서 1차 재판 때보다 (아르디에게) 훨씬 더 불리한 조건에서 시작된 2차 재판은 판결도 1차(과반수로 무죄 판결)보다 덜 관대하게 내려진 것으로 볼 수 있다.

2차 재판에 대한 언론의 반응은 어떠했을까? 이 재판은 1차 재판보다 훨씬 길게 진행되었고 최종 판결이 이루어졌던 재판이었지만 1차 재판 때보다, 그리고 1947년 3월의 아르디 '자백' 때보다도 전반적으로 언론의 주목을 덜 끌었다. 1947년 1월과 3~4월에 그리도 격렬한 논조로 열심히 아르디 사건을 보도했던 《뤼마니테》지가 이번 재판에는 아예 보도도 하지 않다가 5월 2일에야 재판 기사를 싣기 시작했다. 아르디를 지칭하는 용어도 1947년 3월에 선호했던 "끄나풀"에서 다시 "배반자"로 돌아갔고,[109] 1차 재판에서 아르디의 비호자로 그리도 공격받았던 프르네는 거의 언급되지도 않았다. 더 이상 프랑스 공산당에 위협적인 존재가 되지 못한 프르네 대신에 이제 주 공격대상이

된 것은 드골주의 정당인 프랑스 인민연합RPF이었다. 일례로 1950년 5월 2일자 《뤼마니테》지는 당시 재건-도시계획부장관이었던 클로디위스프티가 아르디를 옹호하는 증언을 한 것을 보도하며 "RPF의 레미Rémy가 페탱의 석방을 요구"하고 "드골주의 장관"인 클로디위스프티가 법정에서 아르디를 변호한 것은 "배반자 복권復權정치"라는 "동일한 계급정치"라고 주장했다.[110] 또한 5월 6일에는 일련의 변호인 측 증언들을 비난하며 "RPF 지도부 전체가 법정에 나올 것인가?"라고 물었다.[111] 5월 9일에는 전날의 마지막 공판 장면을 묘사하며 "RPF가 동원"한 "주먹패 사람들"로 법정 안팎이 가득 차서 증인들과 기자들도 발 디딜 틈이 없다고 보도했다.[112] 당시 국내 정치 구도에서 프랑스 공산당의 대척점에 섰던 정당이 바로 RPF였던 것이다.

1947년 1~4월이 방금 냉전이 시작된 시기라면 1950년 4~5월은 냉전이 한창 맹위를 떨치던 시기였다. 그러한 상황도 《뤼마니테》지의 재판 관련 기사에 그대로 반영되었다. 아르디에 대한 무죄 판결은 "계급적 이익과 국가이성에 고무된 진실 은폐"이고 "전형적인 계급적 판결"이라는 주장,[113] 그러한 판결은 "나치 편에서 반소反蘇전쟁을 준비하기 때문"에 나온 것이며 "박해받은 무죄인의 변호자들"은 "미국인들과 사이가 아주 좋은 자들"[114]이라는 표현과 같은 것들은 3년 전 재판 기사들에는 나오지 않던 것이었다.

한편, 《르몽드》지는 일찍이 1950년 4월 26일부터 재판 기사를 연일 실었다. 3년 전의 '자백'을 의식한 듯, 첫 기사는 아르디에 대해 꽤 부정적인 논조였다. 4월 26일자 기사에 따르면 "군사재판소에서 아르디는 자신의 거짓말이 야기한 나쁜 인상을 불식시키는 데 성공하지 못했"고 피고는 "낙담하고 망설이는 듯이 보였다."[115] 하지만 이후의 기사들은 검사 측 입장과 변호인 측 입장 가운데 어느 한쪽을 편들지 않은 채 비교적 중립적인 논조를 계속 유지했다. "칼뤼르 이후 나의 의심은 고통스런 확신으로 변했다"는 칼뤼르 사건 생존자 라사뉴의 증언(5월 4일자)을 기사 제목으로 내거는가 하면[116] 바로 다음 날에는 반대로 "나는 아르디가 절대적으로 결백하다고 믿는다"는 콩바 지도자 베누빌의 증언(5월 5일자)을 제목으로 삼았다.[117] 같은 날 "검사 측에 유리한 점"을 8가지나 열거한 반면 "변호인 측에 유리한 점"은 4가지만 들었지만[118] 재판 기간 내내 계속해서 강조한 것은 (어느 쪽이든) '결정적인 증거'가 나오지 않는다는 것이었다.

2차 재판에서 일관되게 아르디에 우호적인 입장에 선 것은 아마도 《콩바》지가 거의 유일할 것이다. 아르디가 속했던 콩바의 기관지인 이 신문은 재판 기간 내내 아르디에게 우호적인 논조를 유지했다. 그런데 이러한 《콩바》지조차 역시 3년 전의 자백을 무시할 수는 없었는지, 아르디의 무죄를 주장하기보다는 그에게 동정적인 여론을 불러일으키는 전략을 택했다. 4월 25일의 아르디 신문에 대해서는 "꼬박 4시간 동안 완전히 홀로" 답하는 "가장 혹독한 시험"이었다고 묘사하고,[119] 닷새간의 신문이 끝난 뒤에는 "첫 닷새 하루하루가 그(아르디－필자)에 대한 벌로 충분했을 것"이라고 주장했으며,[120] 5월 3일에는 "검사 측 '거물급 증인들'에게 버려진" 아르디라는 표현을 기사 제목으로 내걸었다.[121] 또한 검사 측 증언들보다는 변호인 측 증언들과 아르디 자신의 주장이 재판 기간 내내 기사 제목들의 주종을 이루었다.

끝으로, 마지막 공판(5월 8일)을 묘사하는 기사에서는 다른 신문들과 달리 법정 안팎의 아르디 '지지' 군중에 대해서 전혀 언급하지 않았고 단지 가르송 변호사의 "능숙하고 분명하고 인간적인" 변론 발표

가 "경비들이 제지할 수 없"을 정도의 "보기 드문 환호"를 받으며 끝났다고 보도했다.[122]

《콩바》지를 제외한 대부분의 신문들은 아르디에게 그다지 우호적이지 않았다. 특히 5월 8일, 장기간의 재판이 결국 이번에도 무죄 판결로 끝났을 때 이제는 비공산당계 일간지들조차 더 이상 환호하지도, 안도하지도 않았다. 5월 9일자 《리베라시옹*Libération*》지는 전날의 무죄 판결이 "사법적 실책이 아니"라 "무례"이며 "장 물랭과 그의 동료들이 흘린 피를 지우는" 행위라고 분노했다. 또한 그 신문은 아르디가 결백하지 않다고 주장하면서 전날 재판소가 "프랑스 인민의 이름으로" 무죄 판결한 사실을 겨냥하여 "재판소 양반들, 당신들은 그것이 모든 프랑스 인민의 판결임을 확신하는가?"라고 물었다.[123]

같은 날 《로로르》지도 이제 아르디 사건은 끝났으므로 판결을 존중하자고 쓰면서도 전날의 변론과 판결이 "이 사건에 사망자들이 있었다는 것을 잊은 군중에 의해 미친 듯이 환호 받았다"고 개탄했다.[124] 《르 피가로》지 역시, 법정을 채운 "소란스런 군중"이 "대부분 피고에 우호적인" 사람들이었음을 지적했고 가르송 변호사의 변론에 대해 "이런 미묘한 논증이 모든 의심들을 없애주지는 못"했다고 평가했다.[125]

요컨대 가르송의 뛰어난 변론에도 불구하고 이미 3년 전의 자백으로 아르디가 한 차례 결정적인 거짓말을 했다는 사실이 드러났다는 점과, 재판부도 결국 과반수로는 유죄이나 규정상(두 표 차가 나지 않아서) 무죄를 선고할 수밖에 없는 상황 등이 작용하여 아르디 자신이 속했던 콩바의 기관지를 제외하고는 공산당계 신문이든, 비공산당계 신문이든 대부분의 일간지들이 더 이상 아르디에게 우호적이지 않고 아르디의 무죄 판결에도 그리 만족해하지 않았던 것으로 보인다.

아르디는 두 차례나 무죄 판결을 받았지만 1944년 12월부터 1947년 1월까지, 그리고 1947년 3월부터 1950년 5월까지 도합 5년여의 수감생활을 했다. 그는 1987년에 생을 마감할 때까지 자신의 결백을 주장했다. 죽기 3년 전에는 자신의 무죄를 강변하는 기존 입장을 그대로 되풀이하는 내용의 회고록을 출간하기까지 했다.[126]

무죄라는 사법 판결과 아르디 자신의 완강한 결백 주장에도 불구하고 필자는 레지스탕스 출신의 역사가들(노게르와 코르디에)과 학계 전문 역사가들(베이옹과 아제마 등)의 '유죄'라는 판단에 동의하는 편이다. 무엇보다도, 칼뤼르 사건을 보고하는 현존하는 당대의 공문서들이 모두 아르디의 결정적 역할을 증언하고 있다. 게슈타포가 사건 직후에 작성한 플로라 보고서와 칼텐브루너 보고서가 그것이다. 이는 둘 다 단순한 행정문서로서, 이후 짧게는 2~3년에서 길게는 6~7년 뒤에 이루어진 숱한 개인들의 증언, 종종 서로 모순되고 기억/망각과 열정과 이해관계에 의해 변형되거나 윤색된 증언들보다 훨씬 믿을 만한 것으로 봐야 한다. 단지 독일이라는 적국의 문서, 더욱이 악명 높은 게슈타포의 문서라는 이유만으로 폄하되고 진정성을 의심받은 것은 독일강점기가 끝난 지 얼마 되지 않은 '전후戰後' 시기의 특수성으로 볼 수 있다. 이 두 보고서가 사료로서의 가치를 제대로 인정받은 최초의 논문[127]이 반세기가 지나서야 나온 것은 우연이 아니다.

또한 리옹 게슈타포의 "이중간첩"(플로라 보고서)이나 "아르디가 동의한, 요원들의 배치"(칼텐브루너 보고서)라는 두 보고서의 진술을 받아들이지 않더라도 아르디가 칼뤼르 사건에 앞서 게슈타포에 체포되었다가 이틀 만에 풀려났다는 사실과 (그럼에도) 그가 칼뤼르 회합에 갔다는 사실 자체는 확고부동한 사실이다. 이러한 사실만으로도 아르디의 유죄를 주장할 수 있을 것이다. 6월 10일에 리옹의 게슈타포 본부에서 풀려난 이후 자신이 미행당할 위험성이 매우 크다는 것을 알면서도 레지스탕스 동료들과의 접촉을 재개하고 결국 6월 21일의 칼뤼르 모임에까지 간 것은 단지 (아르디 자신과 가르송 변호사가 그리도 줄기차게 주장한) "경솔함" 정도가 아니라 최소한의 기본 안전수칙도 무시한 행위다. 설령 그것이 '배반'으로 규정되지는 않더라도 (레지스탕스에 치명적인 해악을 끼쳤다는 의미에서) 명백히 유죄로 볼 수 있을 것이다.

하지만 필자가 보다 주안점을 둔 것은 아르디를 다시 한 번 단죄하는 것이 아니라 당시 프랑스 사회가 아르디 재판을 어떻게 바라보았는가 하는 것이었다. '아르디 사건'에 대한 프랑스 언론의 반응은 공산당계 유력 일간지인 《뤼마니테》지를 제외하고는 그다지 일관되지 않았다. 1차 재판 때나 2차 재판 때나 《뤼마니테》지는 일관되게 아르디의 유죄와 강력한 처벌을 주장했다. 공산주의자들이 이러한 입장에 선 것이 그렇게 당연한 결과는 아니었다. 칼뤼르 모임의 참석자 가운데 공산주의자는 아무도 없었고, 최대의 희생자 장 물랭도 특별히 프랑스 공산당에 우호적인 입장은 아니었다. 따라서 전후戰後에 프랑스 공산당이 칼뤼르 사건을 적극 부각시킨 것은, 자신들도 포함된 레지스탕스 전국회의의 창립자이자 극적인 최후를 맞이한(아마도 비공산당계 레지스탕스 측의 배반이나 실책으로 인해) 장 물랭을 사후死後에 자기 진영으로 끌어들이려는 과정의 일환으로 봐야 할 것이다. 또한 공산당에게 아르디 재판은, 1947년에는 자신들의 정적 가운데 하나인 전직 장관 프르네를 아르디의 '비호자'로 공격할 정치적 호기였고, 1950년에는 냉전에서의 반대진영을 배반자의 비호 세력으로 몰고 갈 기회였다. 이러한 공산당 측의 정치적 활용은 아르디의 유·무죄를 둘러싼 양쪽 입장을 공산당계와 비공산당계로 나누는 데 큰 역할을 했다.

한편, 1947년 3월 아르디가 자신의 거짓말을 자백한 직후의 언론의 반응과 1950년의 2차 재판 때 언론의 한결 누그러진 관심은 모두 한 시대가 끝나고 다른 시대가 시작되었음을 보여준다. 1947년 3월 말과 4월 초에 중앙일간지들과 주간지들이 아르디 사건을 앞다투어 보도하면서 아르디 자신보다는 그의 애인 바스티앙을 더욱 부각시키고 조국에 대한 배반인가 아닌가보다는 그 두 사람의 애정관계를 선정적으로 다룬 것, 그리고 1950년 4~5월의 2차 재판에 대해서는 언론이 1차 재판에 비해 훨씬 덜한 관심을 보인 것은 이제 '전후戰後' 시대가 끝나고 일상의 시대와 냉전의 시대가 시작되었음을 반영하는 것으로 볼 수 있다.

정황상, 그리고 (빈약하지만) 문서상으로도 유죄일 가능성이 더 높은데도 계속해서 무죄 판결이 내려졌다는 사실 자체가 '프르네 파벌'이나 반공세력의 비호 덕분이 아니라 이렇듯 바뀐 시대, 조국에 대한 배반 여부가 더 이상 뜨거운 열정과 분노를 야기하지 않고 이미 많은 대독협력자들이 사면 받거나 풀려난 시대, 단죄와 응징보다는 화합과 용서, 기억보다는 망각이 촉구되던 시대의 산물이 아닐까?

10
1993년의 장 물랭 사건

1999년 12월에 대중적 역사전문 월간지 《리스투아르*L'Histoire*》지와 여론조사기관 CSA(자문-조사-분석Conseil, Sondage et Analyse)가 프랑스인 성인남녀 1,016명을 대상으로 실시한 여론조사에서 "가장 호감이 가는" 역사적 인물로 레지스탕스 영웅 장 물랭이 퀴리Curie 부인(52퍼센트)에 이어 제2위(36퍼센트)를 차지했다. 19년 전(1980)의 동일한 조사에서는 15위 안에도 들지 못했던 장 물랭이 그 조사에서 2위를 차지했던 국민영웅 잔 다르크Jeanne d' Arc를 1999년의 조사에서는 무려 12포인트 차로 누른 것이어서 더더욱 주목할 만한 결과였다.[1]

프랑스 레지스탕스를 대표하고 상징하는 장 물랭에 대한 프랑스인들의 감정을 단순히 '호감'이라고 표현하는 것은 오히려 미흡해 보인다. 사분오열된 프랑스 레지스탕스 세력을 하나로 통합하는 데 가장 큰 역할을 했고 곧이어 나치 독일에 의해 고문, 살해당한 장 물랭에게는 '호감'보다 '존경'이나 '찬탄'이 더 적절한 용어일 것이다.

1899년 남부 프랑스의 베지에Béziers에서 태어난 장 물랭은 1933~

르클레르 장군-파리 해방 박물관 및 장 물랭 박물관

해방 50주년인 1994년에 개관한 〈르클레르 장군-파리 해방 박물관 및 장 물랭 박물관〉. 파리의 몽파르나스 역 옥상에 위치해 있다. 필자는 이 박물관에 딸린 자료연구센터에서 장 물랭, 칼뤼르 사건, 오브락 사건 등에 관련된 많은 자료를 수집할 수 있었다.

34년과 1936년 공군부장관 비서실장직, 1937년 최연소 도지사직[2]을 거쳐 1939년 외르에루아르Eure-et-Loir 도지사가 되었다. 2차 세계대전 발발 후 1940년 6월 17일 샤르트르Chartres(외르에루아르 도의 도청 소재지)에 진입한 독일군이 물랭에게 프랑스 군대가 잔학행위를 했다고 거짓으로 작성한 문서에 서명할 것을 요구하자 물랭은 이를 거부했다. 곧이어 독일군에게 폭행당하고 투옥된 물랭은 그날 밤 자살을 시도했고, 그해 11월 비시 정부에 의해 도지사직에서 면직되었다. 이후 레지스탕스 활동에 들어간 물랭은 국내의 주요 레지스탕스 지도자들을 만나고 레지스탕스 운동 전반에 대한 정보를 수집한 끝에 1941년 10월 런던에서 드골 장군을 만나 자신이 수집한 정보를 전달했다.

도지사 시절 장 물랭

외르에루아르 도지사 시절의 장 물랭(오른쪽). 자살 시도 이후에 찍은 사진으로, 목의 상처를 스카프로 가리고 있다(1940년 7월).

곧 드골의 신임을 얻은 물랭은 1942년 1월 드골의 특사特使로 다시 프랑스에 돌아왔고 이후 프랑스 국내의 레지스탕스 조직들을 통합하는 동시에 이 조직들을 드골 장군의 '자유프랑스' 조직과 연결하는 작업을 벌였다. 결국 물랭은 1943년 1월 남부지구의 3대 레지스탕스 조직을 레지스탕스 통합운동MUR이라는 단일조직으로 통합한 데 이어 1943년 5월 27일 파리에서 전국의 8대 레지스탕스 조직, 6개 정당, 2개 노총으로 구성된 레지스탕스 전국회의CNR를 출범시키기에 이른다. 그러나 한 달도 못 가(6월 21일) 물랭은 게슈타포에게 체포되었고 고문당한 끝에 7월 8일경 독일로 이송되던 중 사망하고 만다.[3]

레지스탕스 역사에서의 이 같은 극적인 역할과 극적인 죽음은 장

장 물랭 유해의 팡테옹 안장
해방 20주년인 1964년 12월 19일 장 물랭의 유해가 팡테옹으로 이장되는 모습.

물랭에게 프랑스 레지스탕스를 대표하고 상징하는 영웅의 지위를 부여하기에 충분했다. 이러한 지위는 프랑스 해방 20주년인 1964년 12월 19일, 볼테르Voltaire, 루소Rousseau, 빅토르 위고Victor Hugo 등 프랑스의 역사적 인물들의 유해가 안치된 팡테옹Panthéon으로 장 물랭의 유해가 이장되는 성대한 기념식을 통해 공식화되었다. 드골 대통령이 주도한 이 기념식에서 문화부장관 앙드레 말로André Malraux는 추모 연설을 통해 물랭을 "순교한 음지의 왕"[4]이라 칭했다.

이러한 지위의 인물로 기억되고 기념되어온 장 물랭이었으므로 1993년 2월 한 권의 책이 던진 파문과 충격은 더더욱 컸다. 언론인 티에리 볼통Thierry Wolton이 자신의 저작 《대모집*Le Grand Recrutement*》에서 장 물랭이 소련 첩자일 가능성을 강력히 암시했던 것이다.[5] 곧

이어 채널 〈프랑스 3〉의 TV 방송 프로그램 〈세기의 흐름La Marche du siècle〉과 주간지 《르 피가로 마가진*Le Figaro Magazine*》지가 볼통의 주장을 소개하면서 '장 물랭 사건'이라 불릴 만한 상황이 전개되었다.[6]

'1993년 초 볼통의 《대모집》이 제기한 장 물랭 소련첩자설과 이를 둘러싼 논쟁'으로 정의될 수 있는 '1993년의 장 물랭 사건'이 이 장의 주제다. 장 물랭이라는 인물은 프랑스 레지스탕스의 역사와 기억 둘 다에서 핵심적 위치를 차지하므로 장 물랭 서거 50주년에 벌어진 이 사건을 살펴보는 것은 레지스탕스의 역사와 기억이라는 문제에 접근하기 위한 것이기도 하다.

티에리 볼통의 《대모집》

프랑스 레지스탕스의 최대 영웅 장 물랭이 소련 첩자였는가라는 논란을 불러일으킨 1993년의 장 물랭 사건은 한 권의 책 출간으로 시작되었다. 스파이 세계 전문가로 알려진 언론인 티에리 볼통이 1993년 1월에 간행한 《대모집》이 그것이다. 출판사 측이 이 책 뒤표지에 실은 광고 문구에 따르면 "티에리 볼통은 《대모집》으로 우리 역사의 이 숨겨진 얼굴을 드디어 밝혀냈다." "숨겨진 얼굴"이란 프랑스 내의 "광대한 소련 간첩망의 존재"였다. 게다가 그 간첩망의 "몇몇 구성원들은 최고 권력층에 속했다." "프랑스에서 스파이 세계의 최고 전문가로 인정"받고 있는 저자의 이 책은 "우리의 인식을 전복"시킬 것이며 이것은 "지금까지 전혀 얘기되지 않은 프랑스 현대사"가 될 것이다.

한편, 앞표지에는 이 책의 주인공이라 할 수 있는, 프랑스 내 소련

티에리 볼통의 《대모집》 표지
장 물랭의 형체 실루엣을 배경으로 삼고 있다.

간첩망의 조직자인 앙리 로뱅송Henri Robinson의 사진과 인적 사항이 실려 있었다. 로뱅송의 암호명은 "아리Harry", 직업은 "정보담당관리", 특징은 "소련을 위해 프랑스에서 모집된 첩자들로 구성된 최대 간첩망의 책임자"였다.[7]

따라서 '장 물랭 사건'을 유발한 《대모집》의 표지에는 그 어느 곳에도 장 물랭에 대한 언급이 없었던 셈이다. 하지만 이 책은 다른 방식으로 장 물랭의 존재를 강력히 암시했다. 앞표지에서 로뱅송 사진 뒤에 전면全面에 걸쳐 넣은 거대한 실루엣이 장 물랭의 사진이었던 것이다. 그 실루엣이 묘사한 것은 웬만한 프랑스인이라면 장 물랭임을 알아챌 정도로 유명한 사진이었다.

이러한 강력한 암시에도 불구하고, 기실 이 책의 주제는 장 물랭이

장 물랭의 대표 사진

이 사진은 장 물랭 개인의 대표 사진을 넘어 종종 프랑스 레지스탕스 전체를 대표하는 사진으로 활용되기도 했다. 그러나 정작 장 물랭이 이 사진을 찍은 시기는 독일강점기가 시작되기도 전인 1939년이다.

소련 첩자였는지를 밝히는 게 아니었다. 서문에서 밝혔듯이 저자가 이 책을 쓰게 된 문제의식의 출발점은 "어떤 이유로 이 나라가 영국에서의 케임브리지 '간첩' 사건이나, 빌리 브란트 총리를 사직시킨 서독의 귄터 길라우메Günter Guillaume 사건 같은 대간첩사건을 겪지 않았는가" 하는 것이었다.[8] 볼통은 영국이나 서독에서와 같은 소련 간첩망이 "프랑스에도 분명 존재했지만 국가적 이유로 은폐"되었을 것이라고 확신했고, 3년 동안 독일, 영국, 미국 등에서의 자료 조사와 무엇보다도 1991년 소련 붕괴 이후 개방된 모스크바 기록보관소에서의 조사 끝에 "이 나라에 이제껏 존재한 적 없는 가장 큰 '간첩'망"의 존재를 밝혀냈다고 주장했다.[9] 4쪽이 약간 넘는 서문에서 볼통은 장 물랭의 이름을 단 한 번도 언급하지 않았다. 사실, 총 314쪽에 달하는 본문 전체에서 저자가 장 물랭을 거론한 것은 총 45쪽에 불과했다.[10] 그중에서도 2차 세계대전기 물랭과 로뱅송의 관계에 집중한, "아리와 막스Harry et Max"라는 제목 하의 내용은 단 20쪽에 불과했다.[11]

그러면 이 부분에서 볼통이 장 물랭이 소련 첩자일 가능성의 근거로 들고 있는 것은 무엇인가? 볼통이 이런 가능성의 근거로 주로 의존한 사료는 유럽의 두 소련 첩자 앙리 로뱅송과 레오폴트 트레퍼Leopold Trepper의 글과 말이었다. 로뱅송은 1920년대부터 프랑스에 거주하며 소련 첩자로 활동한 인물로, 1930년대부터는 코민테른 국제연락부의

티에리 볼통
장 물랭 소련첩자설을 제기한 《대모집》 저자 티에리 볼통.

서유럽 책임자인 동시에 소련군 첩보부서인 적군敵軍 제4국을 위해 일했다. 트레퍼 역시 적군 제4국에 소속되어 2차 세계대전기에 서유럽의 소련 간첩망인 '적색 오케스트라'를 조직한 인물이었다.[12]

우선, 볼통에 따르면 로뱅송이 남긴 기록 가운데 1940년 7월부터 1941년 6월까지 그가 모스크바에 보낸 통신문(일명 "로뱅송 문서papiers de Robinson")[13] 중 4개가 "아리와 장 물랭이 맺을 수 있었던 관계에 대한 상황증거"를 보여준다. 1940년 9월 10일, 11월 25일, 1941년 4월 4일, 5월 30일의 통신문이 그것이다. 1940년 9월 10일의 것은 샤르트르의 기차역과 독일군 사령부 입구가 폭격당한 사실을, 11월 25일의 것은 같은 도道의 드뢰Dreux에서 독일군 항공기지 확장공사가 추진 중이고 샤르트르 항공기지에 대형 폭격기 220대가 있다는 사실을 각각 전하는 내용이었다. 그러나 로뱅송은 독일강점기에 파리를 떠나지 않았고, 이상의 정보는 당시 어떠한 신문, 잡지에도 실리지 않았다. 게다가 두 날짜는 물랭이 파리에 간 시기와 일치한다. 볼통은 이러한 점을 근거로 들며 이상의 정보를 당시 외르에루아르 도지사였던 물랭이 로뱅송에게 제공했을 수 있다고 주장했다.[14]

1941년 4월 4일의 통신문은 1930년대 공군부장관(1933~34, 1936~38)이었던 피에르 코Pierre Cot의 개인문서 일부를 모스크바에 보낸다는 것이었다. 그런데 물랭은 코 장관의 비서실장이었고 1941년 4월 1일 점령지구–자유지구 분계선을 넘어 파리에 갔으므로, 볼통은 코의 개인문서 역시 물랭이 로뱅송에게 전달했을 가능성이 있다고 밝혔다.[15]

끝으로, 1941년 5월 30일의 통신문은 2차 세계대전 발발 직후인 1939년 9월 해군사령관 다를랑이 샤르트르의 사령부에서 "나의 정보원이 있는 자리에서" 반反영국적이고 친독일적인 태도를 표명하는 발

피에르 코와 장 물랭(1935년)
물랭은 공군부장관 코의 비서실장이었다.

언을 했다는 것이었다. 실제 당시 다를랑의 사령부는 샤르트르가 아니라 맹트농Maintenon에 있었는데 로뱅송이 샤르트르(물랭이 지사로 근무한)로 오인하고 물랭이 그 자리에 있었다는 서한을 자신의 누이에게 보냈다는 점을 근거로 볼통은 로뱅송이 쓴 "나의 정보원"이 다름 아닌 물랭을 지칭한다고 추정했다.[16]

다음으로, 볼통이 근거한 두 번째 종류의 사료는 적색 오케스트라의 조직자 트레퍼가 남긴 것이다. 1946년 11월 19일 모스크바의 국가보안부(KGB의 전신에 해당)가 트레퍼의 전시戰時 프랑스 활동에 대해 심문한 내용을 기록한 것이다. 로뱅송 문서가 물랭의 이름을 직접 언급한 부분이 전혀 없었던 것과 달리 트레퍼의 기록은 모두 6차례에 걸쳐 장 물랭을 언급했다. 기록에 따르면 1942년에 프랑스 공산당 대표를 런던의 드골에게 보내는 문제를 논의하기 위해 장 물랭과 공산당 중앙위원회 대표가 만났는데 이 만남을 주선한 것이 로뱅송과 트레퍼였다는 것이다. 나아가 그 심문서는 장 물랭이 소련 첩자일 가능성이라는 문제에 대해 가장 직접적인 발언을 담고 있다.

> 아리(로뱅송의 암호명 – 필자)는 피에르 코가 이끈 프랑스 공군부의 전前비서인 물랭 측으로부터 가치가 큰 정보들을 얻었다. 물랭은 아리에 의해 정보원으로 모집된 것인가? 내가 이를 명확히 밝히기는 어려울 것이다. 하지만 나는 이들이 서로 자주 만났고 아리가 그(물랭 – 필자)로부터 정보들을 얻었다는 것을 안다.[17]

이러한 기록들에 근거하여 볼통은 장 물랭에 대해 어떠한 결론에 도달했는가? 물랭이 소련 첩자일 가능성에 대해 볼통이 취한 방식은 확고한 단언이 아니라 모호하면서도 강력한 암시였다. 볼통은 "물랭이 소련 첩자인가?"란 물음에 확답을 하지 않고 단지 오늘날의 관점에서 물랭을 볼 것이 아니라 1940~43년 당시의 물랭을 볼 것을 주문했다. "물랭이 소련 정보국의 의식적 협력자였는가?"라는 물음에는 "톱니바퀴에 불과한 행위자 측에서" 판단할 문제가 아니라 정보를 수합하는 상부에서만 평가할 수 있는 문제라고 답을 회피했다. "의식적 첩자였는가?"라는 질문에는 "장 물랭 자신만이 결정적으로 의심을 제거할 수 있을 것"이라면서 단지 "1942년 7월에 그가 아리가 소련 첩자라는 것을 알았다는 점만을 상기시키자"라고 답했다.[18]

앙리 프르네의 '공산당 사람'

사실, 1993년 프랑스인들에게 청천벽력 같은 충격을 주었던 물랭 소련첩자설은 볼통이 처음 제기한 게 아니었다. 이런 주장의 원류를 이루는 것은 단연 앙리 프르네였다. 프르네는 남부지구의 대표적인 레지스탕스 조직들 가운데 하나인 '콩바'의 창립자로서, 일찍이 1950년부터 물랭이 "공산당 사람"이라고 주장했다.

2차 세계대전기 드골의 자유프랑스의 정보국(정보-행동중앙사무국)을 이끌었던 파시Passy 대령은 1950년에 자신의 회고록 제3권을 출간하기에 앞서 초고를 프르네에게 보여줬다. 거기서 프르네는 물랭이 1943년 5월 7일 드골에게 보낸 보고서에서 자신을 비판했다는 사실을 발견하고는 파시에게 보내는 서한에 다음과 같이 썼다.

> 내가 보기에 장 물랭은 공산당 사람이었다. 당신이 썼듯이 "프랑스에만 봉사하는 것과는 거리가 먼 당(공산당-필자)이 지배하는 유해한 구조, 해방 직후 임시정부의 노력을 마비시킬 수밖에 없었던 구조를 확립"한 것은 드골이 가르치고 지지한 그(물랭-필자)였다.[19]

이 서한은 다음 해 출간된 파시의 회고록에 부록으로 실렸다. 아직 물랭의 역사적 위치와 의미가 본격적으로 부각되기 전인 당시로서는 그러한 주장이 그다지 주목받지 않았다. 그러나 물랭의 유해가 드골 정부에 의해 팡테옹으로 이장되고도 9년이 지난 1973년에는 사정이 달랐다. 그해 프르네는 자신의 회고록을 펴냈는데 그 책의 에필로그에서 23년 전 주장을 그대로 반복했다. 아니, 반복 정도가 아니라 더욱 강조했다. "장 물랭이 사실상 공산당 사람이었다"는 것은 "내게 깊은 확신에 해당하는 가설"이라고 썼던 것이다. 나아가 그 가설의 의미에 대해 보다 명확히 밝혔다.

> 오! 나는 그가 확실히 당원증을 갖고 있었다고 말하고 싶었던 게 아니라 단지, …… 그의 모든 행동이 그 당에 직간접적으로 도움을 주었다고 말하고 싶었을 뿐이다.[20]

당원증을 갖지 않았지만 당에 도움을 준 '공산당 사람'이란 어떤 의미일까? 바로 다음 쪽에서 프르네는 "비밀 공산주의자 장 물랭? 이것이 나의 모든 질문들에 대한 만족스런 답변"이라고 결론지었다.[21]

'공산당 사람'이나 '비밀 공산주의자'의 보다 명확한 의미는 4년 뒤에 프르네가 쓴 또 다른 저작에서 논의되었다. 바로 그 주제에 집중한 책인 《장 물랭 수수께끼》(1977)다. 거기서 프르네는 장 물랭의 실체에 대한 네 가지 가설을 제기했다. 첫 번째, 당원증을 가진 공식 당원, 두 번째, "공산주의자들 밖에서 임무를 수행하기 위해 당 소속 사실을 숨기는 자"를 지칭하는 "비밀공작원sous-marin", 세 번째, 당원은 아니지만 "이데올로기적으로 일국적·국제적 차원에서 공산주의자들의 입장에 서거나 그러한 입장에 가까운 자"에 해당하는 "적극동조자compagnon de route", 네 번째, "공산당의 틀 내에서 공산당을 위해 행동하지는 않지만, 모스크바에 본부가 있고 사실상 소련공산당의 행동기관인 코민테른을 위해 모든 종류의 임무를 수행하는 자"를 가리키는 "첩자agent"가 그것이었다.[22]

프르네는 이상의 네 가설 중 "어떤 것도 배제될 수 없다"고 전제하면서도 앞의 두 가지, 즉 공산당원과 비밀공작원에 대해서는 부정적인 의사를 표명했다. 프르네가 가장 선호한 가설은 세 번째 것이었다. 물랭이 인민전선 정부 시절 비서실장으로 보좌했던 공군부장관 "피에르 코와 그의 팀 구성원들인 마네스Manhès, 뫼니에Meunier, 샹베롱Chambeiron이 1935년 이후 명백히 적극동조자"였다는 사실을 근거로 프르네는 물랭이 적극동조자라는 세 번째 가설이 "매우 가능성이 높다"라고 주장했다.[23]

우리 주제와 관련하여 특히 흥미로운 것은 네 번째 가설에 대한 프르네의 입장이다. 그는 첩자설을 "선험적으로 배제해야 할 것"이라고 밝히면서도 "트레퍼가 주장하듯이, 1941년 봄부터 물랭이 적색 오케스트라와 접촉했다는 것이 입증된다면" 물랭이 드골과 파시에게 그 사실을 숨겼으므로 그 가설은 "배제할 수 없을 것"이라고 주장했다.[24]

결국, 프르네는 '공산당 사람/비밀 공산주의자'의 의미로 소련첩자설의 가능성에 대한 여지를 남김으로써 15년 뒤 볼통에 이르는 길을 열어놓았다.

지원군: 방송, 잡지, 역사가들

프르네는 세 차례나(1951, 1973, 1977) 장 물랭의 '실체'에 대해 문제제기를 했음에도, 특히 세 번째에는 오직 그 문제에 집중한 책을 펴냈음에도, 한 번도 1993년 '장 물랭 사건'만큼의 큰 반향을 일으키지는 못했다. 무엇이 달랐는가? 프르네에게 없었고 볼통에게 있었던 것은 강력한 지원군, 즉 TV 방송과 잡지 그리고 몇몇 전문역사가들의 지지였다.

1993년 2월 3일 저녁, 채널 〈프랑스 3〉에서 〈세기의 흐름〉이라는 제목의 시사토론 프로그램이 방송되었다. 그날 방송분의 제목은 〈전혀 의심받지 않은 첩자들: 모스크바에 봉사한 프랑스인들, 그들은 누구인가?〉라는 다소 도발적인 것이었다. 방송의 실질적 주인공은 방금 《대모집》을 출간한 볼통이었다. 거기서 그는 물랭이 모스크바를 위해 일한 첩자였으며 진실은 KGB 기록보관소에서 나왔다고 주장했다.[25]

사흘 뒤에는 유력 일간지 《르 피가로》지의 자매 주간지인 《르 피가로 마가진》지가 바통을 이어 받았다. 2월 6일 간행된 이 주간지는 커버스토리로 〈장 물랭, 소련 첩자?〉라는 제목을 큰 활자로 내걸고 7쪽

1993년 2월 6일자 《르 피가로 마가진》지의 표지
〈장 물랭, 소련 첩자?〉라는 다소 도발적인 문구를 커버스토리 제목으로 내걸었다.

에 걸쳐 볼통의 주장을 실었다.[26] 〈구소련의 비밀기록보관소에서〉라는 제목으로 모스크바의 한 "특별기록보관소에서 물랭 관련 자료를 찾고 있는" 볼통의 사진이 한 쪽 전면全面에 걸쳐 실렸고,[27] 프랑스 공산당 전문가로 유명한 역사가 아니 크리젤Annie Kriegel과 언론인 앙리 크리스티앙 지로Henri-Christian Giraud가 함께 볼통의 책을 소개하는 기사를 썼다. 지로는, 2차 세계대전기에 드골에게 패한 정치적 경쟁자였던 앙리 지로Henri Giraud 장군의 손자이자 5년 전에 펴낸 《드골과 공산주의자들*De Gaulle et les communistes*》[28]이라는 자신의 저작에서 (볼통에 앞서) 물랭을 소련 첩자로 간주하는 주장을 폈던 인물이기도 했다.

크리젤과 지로는 볼통의 주장에 대해 전혀 의문을 표시하지 않고 그 주장을 그대로 반복하거나 적극 옹호했다. 인민전선기 공군부장관이었던 코뿐만 아니라 그의 협력자들이 소련 첩자 로뱅송의 모집 대상이었는데 그 가운데 "놀라게 하는 이름"인 장 물랭이 포함되었다는 것, "소련과 서방의 기록보관소에서 발견된 자료들"은 로뱅송과 물랭 사이의 관계가 드골이 물랭에게 중책을 맡기기 전부터 존재했음을 입증한다는 것은 모두 볼통의 주장을 그대로 반복한 것이었다.[29] 나아가 이 두 필자는 물랭을 '공산당 사람'으로 본 프르네의 주장을 소개하면서 그러한 판단을 파시 대령이 자신의 회고록에서 이미 했다고 썼는데[30] 이는 명백히 사실 왜곡인 것으로 보인다. 앞서 회고록(정확하게는 회고록의 부록에 실린 프르네의 서한)의 해당 구절에서 보았듯이 "프랑스에만 봉사하는 것과는 거리가 먼 당이 지배하는 유해한 구조……를 확립"했다는 표현은 분명 파시가 쓴 것이 맞지만 그러한 구조를 확립한 이가 물랭이라고 쓴 것은 파시가 아니라 프르네였다. 또한 크리젤과 지로는 드골이 자신의 회고록에서 "나는 그(장 물랭-필자)가 누군지 알았다"라고 쓴 것을 인용하면서 단지 드골이 안 게 무엇인지 우리는 모르는 게 문제라고 씀으로써 마치 드골 역시 물랭의 비밀스런 실체(아마도 '소련 첩자')를 알았다는 듯한 인상을 주었다.[31] 요컨대 크리젤과 지로는 파시와 드골의 견해를 왜곡하면서까지 볼통의 주장을 옹호했던 셈이다.

또한 그날의 《르 피가로 마가진》지 기사에는 볼통과의 인터뷰 내용도 포함되었다. 볼통은 사흘 전의 TV 방송에 이어 두 번째로 직접 발언할 기회를 얻은 셈이었다. 우선, 장 물랭이 소련 첩자라는 것을 전혀 의심하지 않느냐는 질문에 볼통은 "정보의 관점에서 보면 의심할 여지가 거의 없다"라고 답했다. 그 근거로 앞서 언급한 로뱅송 문서와 트레퍼 심문서 외에 물랭의 주변 인물들이 소련 첩보부와 긴밀한 관계에 있었다는 점을 들었다. 물랭이 "의식적" 첩자였느냐는 질문에는 확답을 피하면서 단지 물랭이 로뱅송이 소련 첩자임을 알았다고만 답했다. 또 신화적 인물을 공격한 게 두렵지 않느냐는 질문에는 "오늘날의 장 물랭이 아니라, 훨씬 덜 중요했던 당시의 물랭을 봐야 한다"라고 답했다.[32]

볼통의 주장이 단지 한 차례의 TV 방송과 한 주간지의 기사로 그쳤다면 일회성의 사건으로 끝나고 1993년의 장 물랭 사건은 존재하지 않았을지도 모른다. 이번에는 프랑스혁명의 대표적인 수정주의 역사가이자 역사학계 전체의 거물 지위에 올라선 프랑수아 퓌레François Furet가 발언에 나섰다. 퓌레가 1993년 2월 18~24일자의 《르 누벨 옵세르바퇴르*Le Nouvel Observateur*》지에 볼통의 책에 대해 우호적인 서평을 쓴 것이다.[33] 퓌레가 그 글을 발표한 잡지가 《르 누벨 옵세르바퇴르》지라는 사실도 중요했다. 《르 피가로 마가진》지가 우파 성향의 주간지였던 반면 《르 누벨 옵세르바퇴르》지는 중도좌파 성향의 주간지였다. 즉 볼통의 주장은 정치적 성향과 무관하게 일정한 지지를 받았던 셈이다.

퓌레는 일급의 역사가답게 보다 신중한 태도를 취했지만 볼통의 주장에 힘을 실어주는 입장이었음은 분명했다. 퓌레에 따르면 장 물랭이 소련 첩자였다는 것은 "앙리 프르네가 이미 4반세기 전에 쓴" 내용이지만 볼통의 책은 "무게 있는 논거들로 독자들의 생각을 프르네의 방향으로 기울게" 했다. 왜냐하면 "그 논거들은 최초로 …… 최고의 사료들인 소련 기록보관소 사료들 속에서 찾은 문서들에서 나왔기 때문"이다. 또한 퓌레는 장 물랭이 소련 첩자 로뱅송과 일정한 관계를 맺었을 수 있다는 생각에 대해 다른 "많은 사람들보다 덜 분개"했는데 그 이유로 "히틀러에 대해 가장 명석한 자들이 스탈린에 대해 가장 눈이 멀 수 있었다"라는 주장을 폄으로써 장 물랭이 바로 그러한 부류에 속한다는 것을 암시했다. 게다가 "(물랭이 – 필자) 공산주의자라는 사실—그가 공산주의자였다면—이 그가 레지스탕스의 영웅이 되는 것을 막지는 않을 것"이라고 주장함으로써 퓌레는 (비록 가정법을 썼지만) 물랭이 공산주의자였음을 강력히 시사했다.[34]

볼통의 주장을 소개하고 옹호하는 데 그쳤던 《르 피가로 마가진》지와 달리 《르 누벨 옵세르바퇴르》지는 퓌레의 서평 바로 다음 쪽에, 역사적 인물들에 대한 전기작가로 유명한 장 라쿠튀르의 반론을 실었다. 라쿠튀르에 따르면, "그 시대의 최대 거짓말 공장에서 나온 문서들의 모음집"에 불과한 볼통의 책이 "이 시대의 위대한 역사가들 중 한 사람(퓌레를 지칭 – 필자)에 의해 갑자기 신용을 부여받지 않았다면,

그리도 큰 기만 앞에서 어깨를 들썩"이는 것으로 끝났을 것이다. 퓌레는 볼통의 책을 우호적으로 평가함으로써 "범상한 일화를 역사적 주장으로 변화시키고, 현대사에 대한, 어쨌든 프랑스 레지스탕스에 대한 새로운 수정주의로의 길을 열"었다.[35]

퓌레는 바로 다음 주 같은 잡지에 〈장 라쿠튀르에 대한 답변〉이라는 제목으로 재반론을 실었다. 여기서 그는 한 치도 물러서지 않았다. 퓌레에 따르면, 라쿠튀르는 로뱅송 간첩망에 대한 "볼통의 조사를 혐오할 권리가 있"지만 지난주 그의 주장은 "내용상 거의 설득력이 없"었다. 라쿠튀르는 볼통의 조사 결과에 대해 논박해야 하고 볼통의 결론이 사실과 거리가 멀다는 것을 입증해야 했는데 "그러한 일을 전혀 하지 않았다"는 게 퓌레가 내린 판단이었다.[36]

크리젤과 퓌레에 이어 볼통의 손을 들어준 세 번째 전문역사가는 스테판 쿠르투아Stéphane Courtois였다. 그는 크리젤과 함께 공산주의사 학술지인 《코뮈니슴*Communisme*》지를 창간하고 당시 파리 제10대학의 공산주의 역사-사회학 연구소 소장직을 맡고 있던 공산주의사 전문가로, 볼통의 논지에 대해 가장 신중하고 가장 세련된 옹호론을 폈다. 쿠르투아가 발언대로 삼은 곳은 《르 피가로 마가진》지나 《르 누벨 옵세르바퇴르》지 같은 주간지가 아니라 대중적 역사전문 월간지인 《리스투아르》지였다. 《리스투아르》지 1993년 5월호에서 쿠르투아는 무려 9쪽에 걸친 인터뷰를 통해 자신의 입장을 밝혔다.[37]

쿠르투아는 크리젤이나 퓌레에 비해 (볼통의 책에 대해) 훨씬 비판적이었다. 우선, 소련첩자설의 원류에 해당하는 프르네의 가설을 거의 그대로 받아들인 크리젤, 지로, 퓌레와 달리 쿠르투아는 증거 부족을 이유로 이 가설을 전면 거부했다.[38] 볼통의 논지를 뒷받침하는 주요 사료 가운데 하나인 1946년의 트레퍼 심문서에 대해서도 "위조문서"라는 판단을 내렸다. 쿠르투아에 따르면, 트레퍼 심문서는 소련 첩보기관이 종전 직후 프랑스의 드골주의자들을 분열시키기 위해 조작한 것이거나 트레퍼가 잘못된 출처에서 얻은 정보를 진술한 것이다. 게다가 그 심문서는 볼통이 직접 발견한 게 아니라 "누군가가 그에게 준 것"이었다. 볼통 책의 또 다른 주요 사료인 로뱅송 문서는 위조문서가 아니지만 그렇다고 "장 물랭이 로뱅송을 만났음을 입증하는 것도 아니었다."[39]

쿠르투아가 볼통의 책에서 중요하게 보았던 것은 이상의 두 사료보다는 (물랭의 주변인물 가운데 하나였던) 모리스 파니에Maurice Panier의 존재였다. 파니에는 소련 첩자이자 장 물랭과 로뱅송 사이의 연락원으로 추정되는데, 쿠르투아는 물랭이 2차 세계대전 이전부터 바로 이 파니에라는 인물을 통해 소련 첩보기관과 접촉했을 것으로 보았던 것이다. 또한 1942년에도 물랭이 로뱅송과 "직접" 접촉했을 것으로 보았다.[40] 그렇다면 "물랭이 소련 첩자였다는 말인가?" 《리스투아르》지의 이 질문에 쿠르투아는 즉답을 피했다. 모든 문제는 소련 '첩자'가 정확히 무엇을 의미하는지를 아는 데 달려 있으며, 적어도 2차 세계대전 이전에 피에르 코와 그의 측근 일부(아마도 물랭 포함)는 "'소련 첩자'가 아니라 친소親蘇"였다는 게 쿠르투아의 답변이었다. 그러나 이어서 쿠르투아는 장 물랭이 "1942년에 소련에 적극적 공감을 표"했고 "소련에 일부 정보를 넘겼"을 수 있다고 주장했다. 나아가 장 물랭은 "복잡하고 비밀스런 사람이며, 그의 '공식적' 활동과 병행하여 (소련 첩보기관과의 – 필자) 접촉으로 유지되거나 심화된 (소련에 대한 – 필자) 충성을 유지하는 게 가능"하다고 주장했다. 이는 명백히 볼통의

소련첩자설에 힘을 실어주는 대목으로 볼 수 있다.[41]

또한 쿠르투아는 볼통의 책에 대한 반응과 관련하여 '기억'의 문제를 제기했다. 그는 볼통의 책 출간이 야기한 "시대에 뒤떨어진" 반응들과 "그 책을 읽지도 않은 많은 사람들"의 "히스테릭한" 반응에 대해 개탄스러워하면서 그러한 반응을 2차 세계대전의 역사에 대한 집단적 기억과 연관 지었다. 쿠르투아에 따르면, 10년 전까지 2차 세계대전의 역사는 "드골주의적·공산주의적·페탱주의적 …… 기억"이 지배했는데 이러한 기억들은 전후 당분간은 프랑스의 "국민적 정체성을 재건하는 데 필요한 것이었다. 하지만 이제는 그 기억들이 "거추장스럽게" 되었고 "역사에 진정으로 접근하는 데 …… 방해"가 되었다.[42] 특히 드골주의적 기억과 공산주의적 기억의 소유자들이 볼통의 장 물랭 소련첩자설에 불쾌했으리라는 것은 어렵지 않게 상상할 수 있을 것이다.

역사와 기억의 문제는 6개월 뒤 쿠르투아에 의해 또 한번 논의되었다. 프랑스의 대표적인 지성지 가운데 하나인 《르 데바*Le Débat*》지 1993년 11~12월호에 실은 〈공산주의 기록보관소: 기억의 죽음, 역사의 탄생〉이라는 제목의 논문에서 그 문제를 다시 거론했던 것이다.[43] 쿠르투아에 따르면, "역사의 발견이 기억과 완전히 배치될 때 충돌은 불가피"한데 최근의 장 물랭 사건이 대표적인 예다. 그 사건에서 "다소 이론異論의 여지가 있는 정보들에 기반한 가설의 제시가 일단의 증인들과 역사가들에 의해 레지스탕스의 가치와 기억의 이름으로 폭력적으로 규탄"되었다.[44] 즉 볼통의 장 물랭 소련첩자설 제기는 '역사의 발견'이고 그에 대한 분노의 반응은 '레지스탕스의 기억'에서 비롯된 것이라는 게 쿠르투아의 판단이었다.

경악에서 반론으로

그러면 볼통의 《대모집》과 그 책이 제기한 장 물랭 소련첩자설에 대한 프랑스 언론의 반응은 어떠했을까? 필자는 이를 조사하기 위해 1993년에 간행된 5종의 일간지, 3종의 주간지, 그리고 각각 1종의 월간지, 격월간지, 계간지에 실린 관련 기사, 논설, 서평, 독자서한, 인터뷰 등 총 29편의 글을 분석했다.[45] 시기별로는 볼통의 책 출간과 그에 대한 TV 방송 직후인 1993년 2월이 15편으로 가장 많았고, 장 물랭에 대한 최고 전문가인 다니엘 코르디에의 물랭 전기 제3권[46]이 출간된 직후인 5~6월이 10편(5월에 3편, 6월에 7편), 장 물랭 논쟁을 다룬 피에르 비달나케Pierre Vidal-Naquet의 책[47]이 나온 직후인 11월이 4편이었다. 이 가운데 볼통의 주장에 대한 즉각적 반응을 가장 잘 보여주는 1993년 2월의 글 15편을 분석해보면 그 주장에 대한 반대가 9편으로, 찬성을 표한 글(5편)보다 훨씬 많았다(나머지 1편은 어느 쪽으로도 분류하기 어려운 글이다). 이 시기에 볼통의 책과 소련첩자설에 대한 반응에서 주종을 이룬 것은 분노와 경악이었다.

볼통의 책과 이를 소개한 TV 프로그램에 대한 언론 최초의 반응은, 문제의 방송이 나가고 이틀 뒤이자 《르 피가로 마가진》지의 커버스토리가 발표되기도 전인 2월 5일의 《르몽드》지 기사였다. 그날 《르몽드》지에 실린 언론인 다니엘 슈니데르망Daniel Schneidermann의 글은 제목부터가 〈조작Manipulations〉이었다. 이 글은 이틀 전 볼통의 주장을 전격 소개한 채널 〈프랑스 3〉의 〈세기의 흐름〉 방송을 비판한 것으로, 슈니데르망에 따르면 그 방송은 KGB 전문가 언론인 티에리 볼통의 "부자연스러운 비난"으로 시작된 "너무도 기묘한 재판"이었다. 그 방송에 장 물랭의 전기를 이미 두 권이나 펴낸 다니엘 코르디에도 게스트로 초대되었지만 그는 전날 저녁에야 볼통의 책 소식을 들어 제대로 준비할 시간을 갖지 못했고, 따라서 3년이나 조사를 했다는 볼통이 물랭의 최고전문가인 코르디에를 전혀 만나지 않았다는 점도 비판되었다. 그날의 주인공인 볼통과 유일한 비판자였지만 제대로 비판할 기회가 주어지지 않은 코르디에 외에 "말할 게 없으나 말할 시간을 탕진한 게스트들의 존재는 (그 방송이 – 필자) 조작이라는 인상을 더해주"었다는 게 슈니데르망의 평가였다.[48]

앞서 언급한 《르 누벨 옵세르바퇴르》지의 라쿠튀르(2월 18~24일)와 같은 주간지의 질 페로Gilles Perrault(2월 25일~3월 3일)는 볼통의 책이 거짓말에 기반한 것임을 문제 삼았다. 라쿠튀르에 따르면, 볼통의 《대모집》은 "이중삼중의 기만선전의 명수이며 일부 정보를 과대평가"하는 프랑스의 소련 첩자에게서 나온 문건들의 모음집이었다. "공산주의의 모든 게 거짓말이라고 말하는 동일한 사람들이, 첩자들이라는 직업적 거짓말쟁이들만 (거짓말쟁이라는 범주에서 – 필자) 제외"하는 게 《대모집》의 논리였다.[49] 페로는 1967년에 《적색 오케스트라*L'Orchestre rouge*》[50]라는 저작을 내놓은 언론인으로, 볼통 주장의 핵심 근거 가운데 하나인 트레퍼 심문서의 신빙성을 문제 삼았다. 앞서 보았듯이 쿠르투아는 그 심문서가 소련 첩보기관이 위조했거나 트레퍼가 잘못된 정보를 듣고 진술한 것이라고 보았다. 반면 페로는 바로 트레퍼 자신이 거짓말한 것이라고 주장했다. 트레퍼가 소련 첩보부로부터 자신의 실제 요원들을 보호하기 위해 이미 사망한 장 물랭의 이름을 허위로 진술했다는 것이다. 또한 "전前스탈린주의자인 아니 크리젤"과 "전前마오주의자인 볼통"이 "둘 다 광견병의 반공주의로 전향"했다고 비판한 페로는 달러의 도움으로 암거래된 "그리도 빈약한 자료"에 근거해서 장 물랭을 팡테옹에서 축출하려 한다고 개탄했다.[51]

한편, 많은 논자들은 볼통의 첩자설이 장 물랭을 넘어서 궁극적으로 드골까지 문제 삼는 것임을 지적했다. 라쿠튀르는 장 물랭을 소련 첩자로 고발하는 것은 "그를 모집하고 지명하고 프랑스에서의 자기 분신으로 삼고 12년 뒤에 쓴 《전쟁 회고록》에서 그를 찬미하고 …… 결국 그를 팡테옹에 안치한 …… 드골 장군을 직접 문제시"하는 것이라고 주장했다.[52] 공산당의 중앙일간지인 《뤼마니테》지(2월 9일자)도 "공산주의자, 진보주의자, 통합자, 이 모두가 KGB의 의식적·무의식적 첩자였을 것이라는 게 볼통의 강박적 주장"이며 이 논리에 따르면 (2차 세계대전기에 독일에 맞서 소련과 동맹을 맺은) "드골과 처칠도 명백히 KGB의 첩자"라고 격분했다.[53] 가톨릭계 일간지인 《라 크루아 *La Croix*》지(2월 26일자)의 철학자 에티엔 보른Étienne Borne 역시 "장 물랭이 소련 첩자였다고 당신이 말한다면 …… 먼저 그 이전에 드골 장군이 소련 첩자였음을 인정"하라고 말하면서 "이런 주장의 비합리성이 비방자들의 아가리를 닥치게 할 것"이라며 분노를 숨기지 않았다.[54] 대중적 역사가인 앙리 아무루 또한 《르 피가로》지(2월 19일자)에서 물랭이 어떤 사람인지 알 수단을 가진 드골이 소련 첩자에게 레지스탕스의 열쇠를 맡기지는 않았을 것이라고 주장했다.[55]

이들은 볼통의 주장을 수정주의와 결부시키기도 했다. 기존의 정통 학설에 맞서 제기된 새로운 학설을 지칭하는 개념이던 수정주의는 당시 프랑스의 정치담론에서는 주로 2차 세계대전의 몇몇 측면, 특히 나치 독일의 유대인 대학살이라는 자명한 역사적 사실의 존재를 부인하는 '부인주의négationnisme'와 유사한 경멸적인 용어로 쓰였다. 따라서 이러한 용어의 사용 자체가 명백히 분노의 표현이었다.

일찍이 2월 5일에 첫 반응을 보인 슈니데르망이 소련첩자설이 "물랭 같은 신화적 인물을 폭격함으로써 모든 수정주의들로의 길을 열 위험이 크다"[56]고 우려를 표명한 것을 필두로, 앞서 인용했듯이 라쿠튀르도 새로운 수정주의로의 길을 열었다고 질타했고,[57] 보른 역시 "비열한 수정주의적 환원 정신"을 거론했다.[58]

1993년 2월에 볼통의 주장에 반대한 논자들 가운데 분노하지도, 경악하지도 않고 차분히 《대모집》의 논거를 비판한 사람은 역사가 장피에르 리우Jean-Pierre Rioux가 거의 유일했다. 리우는 2월 10일 《르몽드》지의 서평에서 1940년 로뱅송이 샤르트르와 드뢰에 대한 극비정보를 물랭에게서 얻었을 것이라는 볼통의 추론과 달리 이미 그 정보를 당시 그 지역 신문이 보도했다는 사실, 그리고 물랭은 1941년 4월 8일에야 파리에 갔으므로 4월 1일 점령지구에서 로뱅송의 밀사들을 만났을 가능성이 없다는 점 등을 지적했다.[59]

1993년 2월 볼통의 《대모집》 출간과 TV 방송 〈세기의 흐름〉 및 《르피가로 마가진》지에서의 소개 직후 주종을 이루던 분노와 경악이 체계적인 비판과 반론으로 바뀐 것은 그해 5월이 되어서였다. 5월에는 코르디에가 장 물랭 전기 제3권을 내놓았고, 6월에는 장 물랭 서거 50주년 기념으로 현재사연구소에서 학술대회를 열었으며, 10월에는 역사가 비달나케가 "장 물랭 사건에 대한 성찰"을 부제로 단 책을 출간했다.

볼통의 주장을 무너뜨리는 데 가장 선봉에 서고 동시에 가장 체계적인 비판을 가한 이가 코르디에였다는 것은 전혀 놀랄 만한 일이 아니다. 코르디에는 1942~43년에 장 물랭의 비서직을 수행한 바 있고 전

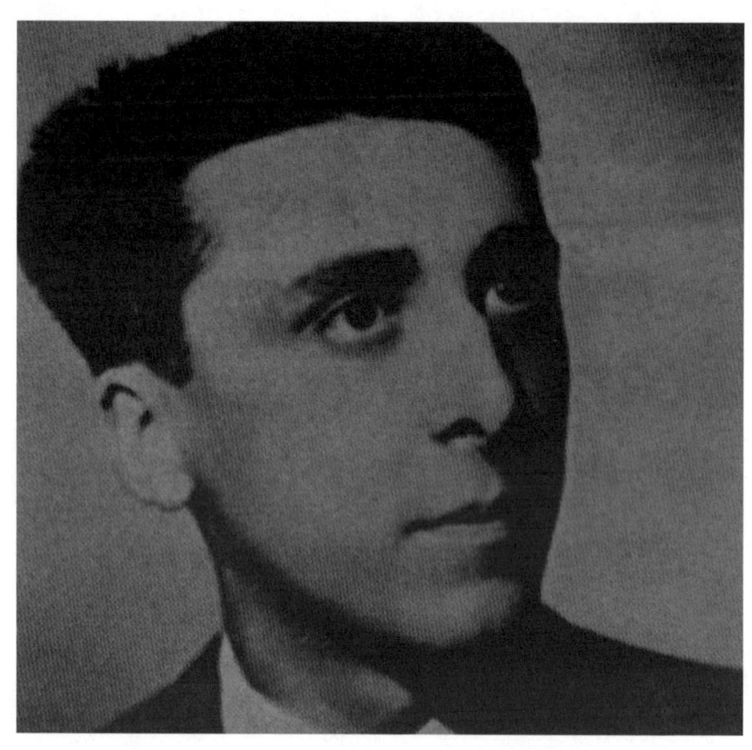

다니엘 코르디에
장 물랭 비서 시절(1942~43)의 다니엘 코르디에.

후 한동안 미술상으로 지내다가 1977년 프르네의 《장 물랭 수수께끼》 출간을 계기로 물랭의 진실을 구명하고 알리기로 결심했고 이후 12년의 연구 끝에 1989년 방대한 분량의 장 물랭 전기 두 권을 내놓았던 것이다.[60] 코르디에는 단지 장 물랭의 최측근 인사이자 레지스탕스 출신의 증인만이 아니라 프랑스 레지스탕스에 대한 방대한 사료 수집, 비판, 분석과 치밀한 연구로 일약 전문역사가의 지위에 올라섰다.

코르디에는 1993년에 물랭 전기 제3권을 출간할 예정이었는데 초고 완성 직후 볼통의 책이 '장 물랭 사건'을 유발하는 것을 목도하고는 〈위험에 처한 역사〉라는 제목으로 무려 62쪽에 달하는 서문을 새로 썼다.[61] 필자는 이 서문 외에도 볼통의 주장을 다룬 코르디에의 글 세 편을 분석했다. 시사주간지 《렉스프레스》지(1993년 5월 20일)의 〈역사와 중상中傷: 티에리 볼통에 대한 반박〉[62]과, 그 글에 대한 볼통 자신의 반론에 대한 답변(《렉스프레스》지 6월 10일자),[63] 그리고 《리스투아르》지 6월호에서의 인터뷰[64]가 그것이다.

코르디에는 이상의 글들, 즉 한 권의 책, (볼통을 직접 겨냥한) 두 편의 글, 한 편의 인터뷰 기록을 통해 볼통의 소련첩자설을 체계적이고도 치밀하게 비판했다. 코르디에가 무엇보다도 문제 삼은 것은 (볼통이 보았다고 하는) 사료의 문제와 자료 입수 및 조회 상황이었다. 그의 분석에 따르면 볼통이 공산주의 체제 붕괴 이후 새로 열린 소련 기록보관소의 사료를 봤다는 대대적인 선전에도 불구하고 《대모집》의 각주 총 230개 가운데 정작 소련 사료를 출처로 명시한 각주는 8개에 불과하고 그나마 그 8개의 각주도 해당 사료가 소련의 어느 기록보관소에 있는 것인지조차 밝히지 않았다.[65] 필자가 직접 《대모집》을 분석한 바로도, 책 말미의 〈참고문헌〉에는 연구서, 회고록 등 간행된 단행본만 수록되어 있지 볼통이 참조했다는 사료는 전혀 포함되지 않았다.[66] 코르디에가 옳게 지적했듯이, 볼통은 자신이 참조했다는 사료를 어느 나라의 어느 기록보관소의 어느 상자에서 발견한 것인지, 그가 본 것이 원본인지 사본인지, 그가 직접 발견한 것인지 누군가로부터 건네받은 것인지 전혀 밝히지 않았던 것이다.[67] 따라서 볼통이 《렉스프레스》지에 실린 코르디에의 글 〈역사와 중상〉에 대한 반박문을 발표했을 때[68] 코르디에는 볼통이 자신의 출처를 밝히기 전까지는

"근거 없는 논쟁을 거부"하겠다고 답했다.[69]

또한 코르디에는 볼통이 소련첩자설의 주된 근거로 내세우는 5가지 사료에 대해서도 조목조목 비판했다. 사실, 이 가운데 두 가지는 앞서 보았듯이 이미 석 달 전에 리우가 지적했던 것이다. 물랭은 1941년 4월 8일에야 파리에 갔으므로 로뱅송 문서의 1941년 4월 4일 통신문은 물랭이 로뱅송에게 정보를 전달했다는 증거가 되지 못한다는 것, 그리고 1940년 8월 말의 샤르트르 폭격은 이미 해당 지역 신문이 보도한 것이므로 1940년 9월 10일의 통신문 역시 물랭과 무관하다는 것이 그것이다. 샤르트르 폭격의 경우, 코르디에는 9월 1일자 파리 신문과 9월 4일자 샤르트르 지역 신문이 폭격 사실을 보도했다고 보다 구체적인 사실을 밝혔다.[70]

나머지 세 가지는 코르디에가 처음 지적한 것이다. 우선, 드뢰 항공기지에 관한 1940년 11월 25일 통신문의 경우 "500킬로그램의 대大폭격기용 포탄"이라는 어구가 나오는데 공군부에서 1년 반이나 지낸 바 있는 물랭이 "포탄"과 "폭탄"을 혼동할 리 없다는 것, 1941년 5월 30일 통신문에서는 1939년 다를랑의 사령부 위치를 샤르트르로 표기하고 있는데 물랭이 의식적 정보제공자였다면 정확한 사령부 위치(샤르트르가 아니라 맹트농)를 썼을 것이고 무의식적 정보제공자였다면 굳이 사령부 위치를 밝히지 않았을 것이라는 게 코르디에의 주장이었다.[71]

마지막 하나는 트레퍼 심문서에 대한 것이었다. 앞서 보았듯이 쿠르투아는 그 문서가 소련첩보부가 조작한 것이거나 트레퍼가 잘못 들은 정보를 진술한 것으로, 페로는 트레퍼가 자신의 요원들을 보호하기 위해 거짓말한 것으로 보았다. 코르디에는 보다 구체적으로, 물랭을 언급한 부분이 중간에 '기묘하게 삽입'된 것으로 추론했다. 심문자가 로뱅송의 정보원 이름을 묻지도 않았는데 답한 점, 그 부분 앞과 뒤에는 트레퍼의 정보원 이름들을 대는 내용이었는데 중간에 갑자기 맥락 없이 그 부분이 포함되었다는 점, 트레퍼와 로뱅송이 서로 자신의 정보원 명단을 교환했을 리 없다는 점 등이 코르디에가 그렇게 추론한 논거들이었다.[72] 따라서 "이 문서가 진짜인지, 이 부분이 '수정'된 게 아닌지, 수정된 것이라면 누가 언제 수정한 것인지 알아야" 했다.[73]

트레퍼 심문서는 볼통이 장 물랭 소련첩자설을 주장하는 데 근거로 내세운 사료들 가운데 유일하게 장 물랭의 이름을 직접 언급한 것이다. 따라서 이러한 코르디에의 추론은 볼통의 가설을 무너뜨리는 데 특히나 주효한 것으로 볼 수 있다.

코르디에는 볼통이 자신의 주장을 펴는 데 주로 선호한 방식이 "생략, 혼합, 시기 조작, 부정확한 사실 제시"라고 결론지었다. 이 가운데 "혼합amalgame"은 특히 심한 방식이었다. 고정간첩, 의식적 정보제공자, 무의식적 정보제공자를 전혀 구분하지 않고, 소련 첩자와 접촉한 사람은 무조건 "첩자"로 규정하고, 물랭의 측근들 가운데 일부가 소련 첩자와 접촉했거나 소련 첩자였으므로 물랭도 첩자라는 논리가 볼통이 주로 의존한 혼합 방식이라는 게 코르디에의 판단이었다.[74]

코르디에에 이어 볼통의 주장에 체계적인 비판을 가한 또 다른 인물은 고대 그리스사 연구자이자 진보적 지식인으로 평판이 난 피에르 비달나케였다. 그는 1993년 10월에 그해의 장 물랭 사건을 다룬 《독설*Le trait empoisonné*》이라는 저작을 내놓았다.[75] 저자는 서문에서 《독설》이 장 물랭을 성인聖人으로 미화하는 "신화"와 소련 첩자로 보는

"대항신화"를 동일하게 거부하는 것이라고 쓰고 있다.[76] 하지만 역시 저자 자신이 밝히고 있듯이 전자보다는 후자의 해체, 즉 "한 신화(소련 첩자 장 물랭)의 탄생을 연구하고 그 논거들을 분석하고 파괴"하는 것이 자신의 "작업의 핵심"이었다.[77]

코르디에와 마찬가지로 비달나케도 볼통의 방식의 핵심을 "혼합"으로 보았다. "반역자로 확인된 X를 당신이 안다면 당신 자신도 반역자"라는 논리는 소련, 헝가리, 불가리아, 체코슬로바키아의 스탈린주의자들이 정치재판에서 선호했던 혼합 방식을 그대로 답습한 것이었다.[78]

또한 비달나케는 볼통의 주장 자체에 대한 비판을 넘어서 그 주장이 받아들여지는 사회현상에 대해 질타했다.

> 문제는 《대모집》의 저자가 그의 중상中傷을 자유롭게 발표할 수 있었다는 데 있지 않다. 문제는 그의 책이 읽히지 않기보다는 읽혔다는 데 있다. …… 중상의 구절들, 가장 터무니없는 거짓말들이 독자들과 청중들에게 그대로 흘러들어갔다. 이는 진실로 비판의식의 완전 붕괴다.[79]

비달나케는 이 책 외에도 볼통의 주장과 관련하여 두 편의 글을 더 썼다. 1993년 11월 12일 《르몽드》지에 실린 비달나케의 책 서평에 대해 볼통 자신이 반론을 제기한 것에 답한 글(《르몽드》지 11월 26일자)[80]과, 앞서 살펴본 쿠르투아의 《르 데바》지(1993년 11~12월호) 논문에 대해 반론을 제기한 글(같은 잡지 1994년 3~4월호)[81]이 그것이다. 볼통은 "귀 신문(《르몽드》지 – 필자)이 고대 그리스 전문가의 비방에 만족함으로써 내 이야기에 부정확하고 왜곡된 이미지를 부여"했다고 불만을 토로했다.[82] 이에 대해 비달나케는 볼통이 제공한 몇몇 정보가 "그가 잘못 해석한 문서들이나 철저히 침묵을 지키고 있는 출처들로부터 나온" 것으로, 소련첩자설에 대한 최소한의 증거라도 발표하지 않는 한 그의 '폭로'를 계속해서 "유언비어"로 간주하겠다고 답했다.[83]

앞서 보았듯이 '레지스탕스 기억'이라는 문제를 제기했던 쿠르투아에게는 장 물랭에 관해 볼통, 크리젤, 앙리크리스티앙 지로, 쿠르투아 등이 주장한 것에 역사가들이 반발한 것은 "레지스탕스 기억의 이름으로가 아니라 진실의 이름으로" 그런 것임을 역설했다.[84] 또한 비달나케는 쿠르투아의 논거의 핵심이 "역사"가 "기억"을 대체하기 위해 "강력한 기억을 파괴"하자는 것인데 극좌파(트로츠키주의)의 기억, 좌파(공산주의, 사회주의)의 기억, 드골주의 우파의 기억을 제하고 나면 남는 것은 "비非드골주의 우파"의 기억으로, 바로 그러한 기억에 해당하는 "지로Giraud주의" 기억의 복권이 소련첩자설을 펴는 운동의 보다 진지한 정치적 동기라고 주장했다.[85]

현대사 전공자들, 특히 2차 세계대전기 프랑스사 연구자들도 볼통의 주장에 대해 침묵을 지키지 않았다. 이들은 1993년 6월의 학술대회를 통해 입장을 표명했다. 사실 이 대회는 장 물랭 서거 50주년 기념으로 '1943년의 프랑스 레지스탕스'를 주제로 열기로 그 전해에 이미 결정된 것이어서 볼통의 책 출간이 야기한 장 물랭 사건은 애초에는 전혀 예상치 못한 것이었다. 그러나 이 대회가 열린 시점은 장 물랭 사건을 둘러싼 논쟁의 열기가 전혀 식지 않은 때였던 만큼 대회 참가자들은 이 대회를, 이 문제와 관련한 자신의 연구 결과를 발표할 좋은 기회로 삼았다. 이 대회에서 발표된 논문들은 1년 뒤 현재사연구소가 발간하는 학술지에 실렸다.[86]

우선, 로베르 프랑크Robert Frank는 이 학술지(1994년 6월)의 〈서론〉

에서 이 학술대회가 볼통이 책에서 암시한 장 물랭 소련첩자설의 진위를 규명할 기회가 되었으며 결국 이 대회에서 볼통의 주장이 "근거 없는 추정과 아마도 해를 끼치려는 의도"에만 기반함을 입증했다고 밝혔다.[87]

또한 장피에르 아제마는 〈장 물랭과 레지스탕스: 연구사 시론〉이라는 논문에서, 볼통의 책 전편全篇에서 사용되고 있는 방식의 세 가지 특징을 시대착오의 오류, "측근죄délit d'entourage"의 발명, 신뢰할 수 없는 사료의 활용으로 요약했다. '시대착오'는 특히 2차 세계대전기에 시기와 상황에 따라 친소親蘇주의나 반反파시즘이 보이는 차이를 구별하지 않은 것을 말한다. 또한 "측근죄"는 앞서 코르디에와 비달나케가 "혼합"의 오류라고 규정한 것에 해당하는 것—측근이 첩자면 그도 첩자다!—이었다.[88]

이 대회의 발표자들 가운데 볼통의 주장에 가장 체계적인 비판을 가한 역사가는 프랑수아 베다리다François Bédarida였다. 그가 볼통의 책에서 특히 문제 삼은 것 역시 코르디에, 비달나케의 "혼합"이나 아제마의 "측근죄"와 유사한 것이었다. 베다리다에 따르면, 볼통은 초보역사가들이 흔히 범하는 오류인 '단순한 시간적 연속을 인과관계로 오인하는 것'을 넘어서 "공간적 병치를 인과관계로" 간주했다. 볼통의 논리에 따르면 공간적으로 "누군가(이를테면 소련 첩자 – 필자)의 가까이에 있는 것만으로도 용의자가 되는 데 충분"했던 것이다.[89]

베다리다는 또한 독일강점기 프랑스사 연구자답게 자신의 연구 결과에 기반하여 볼통이 근거한 사료들을 비판했다. 특히 1940년 11월과 1941년 5월의 로뱅송 문서를 문제 삼았다. 샤르트르와 드뢰의 항공기지에 관한 1940년 11월 통신문의 경우, 당시 독일군은 4발기 중

대형 폭격기를 보유하지 않았다는 점, 1940년 10월 초 현재 독일군은 전 유럽에 폭격기 총 800대를 배치했는데 그중 220대씩이나 샤르트르에 집중될 수는 없었다는 점 등을 지적했다. 1939년 9월 다를랑의 외교적 입장을 보고한 1941년 5월의 통신문에 대해서는 당시 다를랑의 발언을 언급했다는 장 물랭의 서한이 발견되지 않았다는 점, 그 발언을 언급한 다른 증언들은 모두 다를랑의 이미지가 완전히 바뀐 뒤의 것이라는 점, 1939년 가을의 어떠한 문서도 다를랑이 당시 독일과의 타협을 주장했다고 말하지 않았다는 점 등을 지적했다.[90]

베다리다는 이상의 구체적인 사료 비판에 그치지 않고, 현재 장 물랭에 대해 진행되고 있는 '조직적 수정주의' 전략의 의미에 주목할 것을 촉구했다. 그 의미란 "유대-기독교적 휴머니즘, 1789년 혁명의 메시지, 인권, 공화주의 전통, 레지스탕스의 유산"이 응축된 가치체계, "우리 역사, 우리 기억, 우리 문화와 함께 우리 현재가 기반하고 있는 가치체계"인 레지스탕스 가치체계를 불안정하게 만드는 것이었다.[91]

1993년 2월 볼통의 《대모집》 출간과 그의 파격적인 주장에 대한 TV 방송 및 《르 피가로 마가진》지의 전격적인 지지로 야기된 장 물랭 사건은 그리 오래가지 않았다. 크리젤, 퓌레, 쿠르투아 등 몇몇 일급의 역사가들의 옹호 발언에도 불구하고, 대부분의 전문역사가들은 볼통의 손을 들어주지 않았다. 장 물랭 소련첩자설에 대해 1993년 2월 내내 주종을 이루었던 경악과 분노의 반응은 5월 이후 코르디에, 베다리다, 아제마, 비달나케 등의 체계적이고도 치밀한 비판으로 이어졌다. 이에 대한 볼통 자신의 재반론(6월과 11월)[92]에도 불구하고, 그의 가설은 더 이상 설득력을 유지하기 어려웠다.

우선, 가장 큰 문제점으로 볼통의 주장이 입각하고 있는 사료 자체의 문제를 논할 수 있다. 소련 붕괴 이후 개방된 구舊소련 기록보관소의 자료를 조사했다는 (볼통과 볼통 지지자들의) 주장이 무색하게도 책 전체에서 실제로 소련 자료가 차지하는 비중은 극히 적었다. 그나마 '소련 자료'라는 것도 소련의 어느 기록보관소와 어느 서류함에서 찾은 것인지 볼통은 전혀 밝히지 않았다. 게다가 볼통이 보았고 책 부록에도 첨부한 그 문서들이 원본인지 사본인지, 본인이 직접 찾은 것인지 누군가로부터 건네받은 것인지도 전혀 알 수 없었다.

장 물랭의 이름을 유일하게 직접 언급한 문서인 1946년의 트레퍼 심문서는 쿠르투아, 페로, 코르디에가 지적했듯이 그 자체가 사료로서 신뢰할 수 없는 것이었다. 심문을 담당한 소련 첩보기관이 위조했거나, 트레퍼 자신이 거짓말했거나, 장 물랭의 이름이 거론된 부분이 나중에 삽입되었을 것이라는 게 역사가들의 진단이었다. 볼통이 크게 의존한 사료인 1940~41년의 '로뱅송 문서'도 코르디에, 리우, 베다리다가 조목조목 비판했듯이 물랭과 로뱅송의 관계를 입증할 요소를 전혀 담고 있지 않았다.

또한 볼통이 장 물랭을 소련 첩자로 간주(정확히 말하자면 강력히 암시)하는 데 주로 사용한 방식은 여러 역사가들이 지적했듯이 무의식적 정보제공자와 의식적 정보제공자, 첩자와 첩자의 지인을 "혼합"하고 "측근죄"를 부여하는 것이었다. 이러한 오류들은 볼통이 자신이 쓴 것은 역사서가 아니라 '역사적 조사investigation historique'라는 새로운 장르이고 자신은 전문역사가가 아니라 역사적 조사관이라고 아무리 강변해도 정당화될 수 없을 것이다.

그런데 이렇게 볼통의 소련첩자설에 판정패를 내리는 데 그친다면

'1993년의 장 물랭 사건'을 규명하는 데 충분치 않을 것이다. 왜 장 물랭 사망(1943)과 해방(1944)으로부터 반세기나 지난 시점에서, 그것도 역사적 영웅으로 합의된 인물에 대해 충격적인 소련첩자설이 제기되었고 (그에 못지않게 중요한 것으로) 왜 (비달나케의 표현을 빌면) 볼통의 책이 "읽히지 않기보다는 읽혔"는가라는 질문에도 답을 해야 할 것이다. 볼통의 책은 강력한 지원군, 즉 TV 방송과 유력한 주간지, 그리고 몇몇 권위 있는 전문역사가들의 지지발언이 없었더라면 '장 물랭 사건'으로까지 비화하지 않았을 것이다. 따라서 이들의 지지 동기나 의도를 분석해보면 앞의 질문에 한 가지 답을 할 수 있을 것이다.

볼통 자신과 그의 지원자들, 그리고 볼통의 주장을 받아들였을 독자들을 움직인 동기의 종류 혹은 이들이 속한 부류는 크게 세 가지로 나눌 수 있다. 반공주의, 지로Giraud주의, 비시Vichy주의가 그것이다. 우선, 반공주의는 크리젤, 퓌레, 쿠르투아, 그리고 볼통 자신을 움직인 동기이자 이들이 속한 범주로, 볼통을 옹호한 두 일급의 역사가인 크리젤과 퓌레는 공교롭게도 모두 만 20세에 프랑스 공산당에 입당했다가 12년 뒤에 탈당했고(혹자에 따르면 "전前스탈린주의자"), 보다 신중하게 볼통을 지지한 쿠르투아와 볼통 자신은 "전前마오주의자"였다.[93] 이들은 모두 젊은 시절 공산주의자로 열심히 활동했다가 이후 자신의 과거를 후회하며 정반대인 반공주의자로 변신했다. 이들이 장 물랭 소련첩자설을 제기하거나 옹호한 데에는 그러한 반공주의적 동기가 작용한 것으로 보인다. 언론인 에릭 코낭의 표현을 빌리면 이들 "전前스탈린주의자들"은 "전前마오주의자(볼통을 지칭-필자)의 책을 흔들어대며 장 물랭과 전시戰時 드골주의가 스탈린주의의 하수인이라고 주장함으로써 물랭과 전시 드골주의 둘 다를 자신들의 젊었을 때 실

책과 동일한 수준으로 하락"시킬 수 있었다.[94]

두 번째 범주인 지로주의는, 1943년에 드골과 함께 프랑스 국민해방위원회의 공동의장이었다가 드골에게 밀려난 앙리 지로 장군의 정치적 성향, 위상, 기억을 계승한 것으로, 그의 손자이자 《르 피가로 마가진》지에서 볼통의 주장을 소개하는 데 큰 역할을 한 언론인 앙리크리스티앙 지로가 이러한 범주를 대표했다. 앞서 본 반공주의가 해방 후 레지스탕스 기억을 줄곧 지배해온 양대 기억 중 하나인 공산주의 기억에 맞선 것이라면 지로주의는 다른 하나인 드골주의 기억에 맞선 것으로 볼 수 있다. 볼통의 주장에 분개한 많은 논자들은 소련첩자설이 물랭을 넘어 드골을 모독했다고 주장했다. 볼통이 프르네 다음으로 크게 의존한 앙리크리스티앙 지로가 1988~89년에 자신의 저작 《드골과 공산주의자들》에서 주된 공격 대상으로 삼은 것도 물랭이 아니라 드골이었다. 전시 드골주의가 공산주의자들과 함께 항독운동을 벌여나가는 것이라면 지로주의는 공산주의자들을 배제하고 미국과의 동맹을 절대시하는 것이었다. 볼통의 소련첩자설은 어느 정도 이러한 지로주의에 기반하는 것이기도 했다.

볼통 주장의 지지기반의 또 다른 축은 비시주의였다. 드골과 공산주의자들을 한데 묶어 비난했던 것은 사실, 1980년대 말이나 1990년대 초가 아니라 이미 반세기 전에 비시 정부와 비시파에 의해 시작되었다. 나치 독일의 패망과 전후 대독협력자들의 대규모 처벌에도 불구하고 수십 년간 면면이 이어져온 비시주의 기억은 드골과 물랭 및 공산주의자들을 다함께 도마 위에 올린 1993년의 장 물랭 사건에 환호했을 것이다. 반공주의가 공산주의 기억을, 지로주의가 드골주의 기억을 각각 문제 삼았다면, 비시주의는 이 두 기억을 포함해서 레지스탕스 기억 자체를 문제시하는 것이었다. 베다리다가 장 물랭 사건에 깔린 수정주의 전략의 의미를 '레지스탕스 가치체계를 불안정하게 하기'라고 주장한 것도 이러한 맥락에서 볼 수 있다.

요컨대 장 물랭 소련첩자설을 제기하고 옹호하고 (일시적이나마) 받아들인 데에는 이러한 반공주의자들, 지로주의자들, 비시주의자들 간의 동맹이 작용했다. 그러면 이러한 주장이 왜 독일강점기-레지스탕스의 시기로부터 반세기나 지난 시점에서 제기되고 또 일정 정도 받아들여졌는가? 무엇보다도 1990년대 초가 해방 후 수십 년에 걸쳐 유지되었던 지배적 기억인 레지스탕스 기억과, 그 기억 중에서도 지배적이었던 드골주의적 기억과 공산주의적 기억이 퇴조하던 시점이었다는 점을 지적할 수 있다. 게다가 프랑스 역사상 마지막 레지스탕스 출신 대통령(프랑수아 미테랑)의 임기가 끝날 무렵이자 소련 및 동유럽 공산주의 체제가 무너진 직후라는 상황도 이러한 지배적 기억들의 퇴조에 일조했다. 이러한 상황이야말로, 공산주의자들을 적법한 레지스탕스 세력으로 끌어들이는 데 큰 역할을 한 동시에 드골을 프랑스 레지스탕스의 수장으로 만드는 데 결정적인 역할을 한 장 물랭을 영웅의 지위에서 끌어내리기에 가장 좋은 기회였던 것이다.

그러나 장 물랭을 팡테옹에서 추방하려는 시도는 전면적인 실패로 끝났다. 이 장 서두에서 언급한 1999년의 여론조사 결과는, 즉 장 물랭 사건으로부터 6년이 지난 뒤에 장 물랭이 잔 다르크를 제치고 "가장 호감이 가는" 역사적 인물 2위를 차지한 것은 1993년 초에 프랑스 사회를 충격에 빠뜨렸던 볼통의 소련첩자설이 물랭의 이미지에 부정적인 영향을 전혀 끼치지 못했음을 말해준다. 아니, 볼통의 주장에도 불구하고가 아니라 오히려 그의 주장 덕분에 물랭의 지위가 더 강화되었다고 볼 수 있다. 1980년의 동일한 여론조사에서는 물랭이 전혀 그러한 지위를 차지하지 못했던 것이다. 이는 볼통의 가설이 워낙 부실한 증거와 무리한 논리에 기반한 탓도 있지만, 그리고 장 물랭 사건을 전후해서 코르디에의 뛰어난 장 물랭 전기가 출간된 데에도 영향을 받은 것이지만, 볼통의 주장이 그리도 큰 충격과 분노를 야기하면서 오히려 장 물랭의 입지를 더욱 강화했다는 사실은 프랑스 사회에서 여전히 레지스탕스의 기억이 강하며 현대 프랑스의 국민적 정체성이 여전히 레지스탕스 기억에 상당 정도 기반하고 있음을 웅변해주는 것으로 볼 수 있다.

11
1997년의 오브락 사건

프랑스인들에게 1990년대는 유난히 반세기 전의 과거에 대해 관심이 컸던 시기였다. 그러한 관심은 때로는 기억의 의무와 과거사 청산에 대한 요구로, 때로는 역사논쟁으로, 때로는 집착과 중상中傷으로 표출되었다. 반세기 전의 비시 정부 경찰 총수 부스케와 지롱드 도청 사무국장 파퐁과 민병대 간부 투비에는 반세기 전 나치 독일의 유대인 학살에 협력한 죄로 잇달아 고발, 기소되었고 재판을 받을 뻔하거나(부스케) 실제로 법정에 섰다(투비에, 파퐁). 부스케는 1993년 가을에 있을 재판을 앞두고 살해되었고, 투비에는 1994년 3~4월, 파퐁은 1997년 10월부터 1998년 4월까지 각각 재판을 받았으며, 반인륜범죄 공모죄로 투비에는 종신형을, 파퐁은 10년 금고형을 선고받았다. 이들의 독일강점기 행위와 재판에 관련된 기사들은 1990년대 상당기간 동안 프랑스 신문 제1면의 단골 메뉴가 되었다.

특정 개인에 대한 처벌만이 아니라 강점기 프랑스인들의 집단적·국가적 책임에 대한 반성도 이 시기에 제기되었다. 일례로 1992년 6

월에는, 반세기 전의 벨디브 사건에 대해 비시 체제가 책임이 있음을 공식 인정하라는 요구가 현직 대통령에게 제기되었다. 결국 1995년 7월에는 시라크 대통령이 벨디브 사건에 대한 "프랑스인들과 프랑스 국가"의 책임을 인정하기에 이른다.

비판의 칼날은 대독협력과 협력자들을 넘어, 정반대 진영인 레지스탕스에도 겨누어졌다. 1993년 2월 프랑스 레지스탕스의 최대 영웅인 장 물랭이 소련 첩자였을 가능성이 있다는 주장이 제기된 데 이어 1994년 9월에는 레지스탕스 출신의 현직 대통령 미테랑의 비시 가담 전력前歷을 둘러싼 논쟁이 불붙었다. 1997년 4월에는 모범적 레지스탕스 부부이자 이제 막 레지스탕스 '스타'의 반열에 오른 오브락 부부가 도마 위에 올랐다.

오브락 부부

독일강점기 레지스탕스로 활동할 때의 오브락 부부.

이 장에서는 바로 이 오브락 부부의 1943년 행적에 대한 여러 가지 의혹과 이를 둘러싼 논쟁, 즉 '오브락 사건'을 살펴볼 것이다. 남편인 레몽 오브락(1914~2012)과 아내 뤼시 오브락(1912~2007)은 둘 다 일찍이 강점기 첫 해인 1940년부터 레지스탕스 활동에 참여했고 남부지구(비점령지구)의 유력한 레지스탕스 조직인 '남부해방'의 창립을 주도했다. 전후에도 평생을 인권운동에 힘쓰거나 (특히 역사교사인 뤼시 오브락의 경우) 레지스탕스 역사교육 활동을 벌여왔다. 이런 이유로 오브락 부부가 1943년에 게슈타포의 이중간첩으로 활동했을 것이고 장 물랭을 죽음으로 몰고간 칼뤼르 사건에도 책임이 있을 것이라는 의혹이 제기된 것은 그야말로 충격적인 일이었다.

1943년에 국내 레지스탕스의 준군사조직인 '비밀군'의 지도자였던 레몽 오브락은 그해 3월 15일, 다른 비밀군 활동가들과 함께 비시 정부 경찰에게 체포되었다가 5월 10일 가석방되었다. 그러나 6월 21일 다시 장 물랭과 함께 칼뤼르에서 게슈타포에게 체포되어 넉 달간 수감되었다가 10월 21일 뤼시 오브락이 준비한 구출작전 덕분에 탈주할 수 있었다. 이 부부의 행적에 대한 의혹은 바로 이 시기, 즉 1942년 3월부터 10월까지에 대한 것이다.

레몽 오브락의 '배반' 의혹은 일찍이 1983년부터 리옹 게슈타포 간부 바르비의 변호인인 자크 베르제스Jacques Vergès가 제기한 바 있다. 1991년에 바르비가 사망하면서 베르제스가 작성하고 바르비가 서명한 '의견서'—일명 '바르비의 유언'으로 알려진—가 오브락 부부의 배반 의혹을 담고 있다는 사실이 알려지기도 했다. 하지만 그러한 의혹이 '오브락 사건'이라 불릴 만큼 프랑스 사회를 뒤흔든 것은 1997년 4월 초에 '바르비의 유언' 전문을 처음으로 공개한, 언론인 겸 역사가인 제라르 쇼비Gérard Chauvy의 저작 《1943년 리옹의 오브락》(이하 《오브락》으로 약칭)이 출간되고부터였다.[1]

이 사건에 대한 연구는 현재까지 그리 많이 이루어진 편이 아니다. 프랑스 자체에서는 사건 발생 직후에 역사가 장피에르 아제마가 역사 대중잡지인 《리스투아르》지에 오브락 사건을 소개하는 수준의 글을 싣고,[2] 2년 뒤 역사가 장마리 기옹Jean-Marie Guillon이 역시 오브락 사건을 짧게 개관하는 정도에 그친 논문을 발표한 것이 전부다.[3]

보다 심도 깊은 연구는 프랑스 본국이 아니라 미국의 학자들에 의해 이루어졌다. 수전 루빈 설리먼Susan Rubin Suleiman의 논문 〈역사, 영웅주의, 내러티브 욕구: "오브락 사건"과 프랑스 레지스탕스의 국민적 기억〉과 도널드 레이드Donald Reid의 논문 〈레지스탕스와 그 불만: 사건들, 기록보관소, 고백 그리고 오브락 부부〉가 바로 그러한 연구에 해당한다.[4]

필자는 이상의 논문들을 참조하되, 오브락 사건이 시작된 계기라 할 영화 〈뤼시 오브락〉이 개봉된 1997년 2월부터 오브락 부부에 대한 명예훼손죄로 쇼비가 유죄 판결 받은 1998년 4월까지 3종의 중앙일간지(《르몽드》지, 《르 피가로》지, 《리베라시옹》지), 2종의 주간지(《목요일의 사건》지, 《르 피가로 마가진》지), 2종의 월간지(《이스토리아*Historia*》지, 《리스투아르》지), 그리고 1997년 5월 17일 오브락 부부와 역사가들 사이의 원탁회의 기록, 1998년 4월 2일 오브락 대 쇼비 사건의 판결문 등의 1차 사료를 분석했다.[5]

쇼비의《오브락》과 바르비의 '유언'

클로드 베리 감독의 〈뤼시 오브락〉(1997)

이른바 '오브락 사건'은 한 편의 영화와 한 권의 책으로 시작되었다. 뤼시 오브락의 1984년 회고록《그들은 도취 상태에서 떠날 것이다》[6]를 원작으로 프랑스의 유명 감독 클로드 베리Claude Berri가 만든 〈뤼시 오브락〉이 바로 그 영화다. 1997년 2월 말에 개봉된 이 영화는 역사가들과 평론가들에게는 혹평을 받은 반면 흥행에서는 대성공을 거두었다. 세부적인 면에서나 전반적으로나 레지스탕스의 역사에 대한 왜곡이 심하고 사랑 이야기에 지나치게 치중하고 너무 상투적이라는 비판을 받았지만, 동시에 지난 35년간 제작된, 독일강점기 프랑스를 다룬 영화 가운데 최고의 흥행성적을 기록했던 것이다.[7]

오브락 부부를 프랑스 레지스탕스의 가장 인기 있는 영웅의 반열에 올려놓는 데 결정적인 기여를 한 이 영화 이후에 한 권의 책이 출간되지 않았다면 오브락 '사건'은 결코 시작되지 않았을 것이다. 리옹의 역사가이자 언론인인 쇼비가 4월 초에 낸《오브락》이 그것이다. 쇼비는 이 책 출간에 앞서 영화 〈뤼시 오브락〉 개봉 직전에《이스토리아》라는 역사대중잡지에 자신의 연구 결과를 〈오브락의 3대 미스터리〉

라는 제목으로 발표했다. '3대 미스터리'란 '1943년 3월에 프랑스 경찰에 체포되었던 레몽 오브락이 어떻게 두 달 만에 석방될 수 있었는가?', '1943년 6월 21일의 칼뤼르 체포 이후 게슈타포는 레몽 오브락의 신원을 알았는가?', '1943년 10월 21일의 탈주 작전은 누구를 위해 수행된 것인가?'였다.[8] 즉 쇼비는 영화 〈뤼시 오브락〉에서 다룬 1943년의 레몽 오브락과 관련하여 5월의 가석방에서 6~10월의 수감을 거쳐 10월의 탈주에 이르기까지 모든 핵심적인 국면에 대해 의혹을 제

영화 〈뤼시 오브락〉의 장면들

레몽 오브락이 레지스탕스 활동의 일환으로 철도를 파괴하는 장면(위)과 오브락 부부 모습(아래).

기했던 것이다. 자신이 출간할 저작의 핵심적 내용을 영화 개봉에 맞추어 미리 발표한 셈이었다.

그러나 이 책을 내기로 한 알뱅 미셸Albin Michel 출판사는 돌연 출간 연기를 발표한다. 역사가 스테판 쿠르투아가 암시하듯이 '오브락 세력권'으로부터 모종의 압력을 받은 결과인지,[9] 오브락 부부의 명예훼손 소송을 우려한 것인지, 아니면 '출간 저지 압력'이라는 (헛)소문을 내면서 책의 판매고를 올리려는 출판사 측의 교묘한 상술인지는 알 수 없다. 어쨌든 알뱅 미셸사는 "모든 게 완벽하지도, 흠 없지도 않다"고 밝히면서 출간을 연기했다. 결국 그 책은 "출판사와 저자 사이의 여러 차례 서신 교환 끝에 …… 수정되어" 4월 초에 서점가 진열대에 올랐다.[10]

그러면 이렇듯 우여곡절 끝에 나온 《오브락》은 대체 어떤 책일까? 뒷표지에 실린 출판사 측 광고 문구는 자못 야심적이다.

> 레지스탕스의 유산을 다투는 파벌들로부터 독립적인 제라르 쇼비는 감히 금기를 깬다. 위험을 감수했기 때문이든 정치적 상황 때문이든 정당성을 가질 수 있었던 서사시(레지스탕스를 지칭－필자)를 넘어, 이제 차분한 역사 연구를 위해 애국적 흥분을 접을 때가 되지 않았는가? 제라르 쇼비는 프랑스와 독일의 기록보관소 기록들, 여러 주요 미간행 문서들, 여러 관계자들의 증언들을 토대로 실체에 가장 가까이 접근하고자 한다. 그의 수술용 메스 아래 상황의 미화는 무너지고 모순들은 누적되고 거짓말들이 드러난다. 레몽 오브락의 체포와 탈주에 대해 왜 그리도 상충되는 진술들이 많은가? 무언가를 숨겨야 했는가? 도대체 무엇을? 뤼시 오브락과 레몽 오브락의 생애를 넘어, 칼뤼르에서의 장 물랭 체포의 정확한 상황을 둘러싼 모든

미스터리가 새로 윤곽을 드러낸다.[11]

이상의 광고 문구에 전혀 언급되지 않았지만 사실, 이 책의 출간이 그리도 큰 관심과 논란을 불러일으킨 주요인은 쇼비의 논지 자체보다는 이 책이 이른바 '바르비의 유언'을 세간에 최초로 공개했다는 데 있다. '바르비의 유언'이란, 독일강점기 리옹 지역의 악명 높은 게슈타포 제4국 국장 바르비가 1987년 반인륜범죄로 종신형을 선고받고 나서 3년 뒤인 1990년 7월 4일 그의 변호인인 베르제스가 예심판사 자크 아미Jacques Hamy에게 제출하고 바르비가 서명한 의견서였다. 레몽 오브락이 게슈타포의 이중간첩이었고 뤼시 오브락이 칼뤼르 모임장소를 밀고했다는 충격적인 주장을 담은 이 의견서는 1991년 9월 바르비가 사망한 뒤에 그 존재가 언론에 처음 알려졌고, 베르제스의 주장에 힘입어 '바르비의 유언'이란 명칭으로 불리게 되었다. 파리 언론사들의 편집실을 돌고 오브락 부부 자신들도 입수한 것으로 보이지만 일반에는 그 내용이 공개되지 않았던 이 '괴문서'가 6년 뒤 쇼비의 저작에 부록이라는 형태로 처음 공개되었던 것이다.[12]

사실, 오브락에 대한 의혹 제기는 '바르비의 유언'이 처음은 아니었다. 일찍이 1983년부터 베르제스는 1943년 장 물랭의 체포는 무엇보다도 레지스탕스 지도자들의 배반의 결과였다고 주장하면서 그 배반자로 (아르디의 상관인) 베누빌과 레몽 오브락을 지목했다. 다음 해에는 (9장에서 보았듯이 장 물랭의 체포에 실제로 책임이 있는 것으로 역사가들이 평가하고 있는) 아르디가 자신의 회고록 《마지막 발언》에서 동일한 주장을 했으며, 이 두 사람의 주장이 클로드 발Claude Bal의 다큐멘터리 〈진실은 쓰다Que la vérité est amère〉에서 반복되었다.[13]

쇼비 자신도 인정하듯이[14] '바르비의 유언'은 바르비보다는 그의 변호인 베르제스의 작품이었다. 무려 반세기 동안 숱한 증언에서 레지스탕스 내 배반자로 오브락을 단 한 번도 거명한 적 없는 바르비가 사망하기 1~2년 전에 갑자기 오브락을 언급했다는 것이 그다지 믿겨지지 않으며 그러한 점에서 베르제스가 공들여 작성한 의견서에 (더 이상 잃을 것도 없는) 바르비가 단지 서명했을 뿐인 것으로 보는 편이 타당할 것이다.

그러면 이른바 '바르비의 유언'에는 구체적으로 어떠한 내용이 담겨 있었을까? '유언'의 주된 내용은 오브락의 정체 폭로가 아니었다. 그 문서를 제출한 1990년 7월 4일 바르비가 아미 판사에게 직접 한 말을 빌리면 그 문서는 "1943년 3월부터 6월까지 리옹에서 내가 수행한 활동", 특히 "리옹 지역에 존재하던 레지스탕스 망을 소탕"한 활동에 대해 진술하는 보고서였다.[15]

그럼에도 이 문서 곳곳에는 오브락 부부에 대해 가히 충격적이라 할 만한 진술들이 담겨 있었다. 레몽 오브락은 일찍이 프랑스 경찰에 체포된 1943년 3월부터 "협력할 것에 동의"했고, 체포된 날짜도 (지금까지 알려진) 3월 15일이 아니라 13일이었으며, 이틀 뒤 레지스탕스 동료 세르주 라바넬Serge Ravanel이 체포된 것도 오브락의 협력 덕분이었다는 게 이 문서의 주장이었다.[16] 또한 이 문서에 따르면 "오브락은 아르디처럼 죽음이 두려워 우리를 위해 일을 하기로" 했고 이런 이유로 바르비가 프랑스 경찰 측에 오브락을 석방할 것을 요구했다. 즉 뤼시 오브락이 주장하듯이 자신이 검사를 협박했기 때문에 오브락을 풀어준 것이 아니라 오브락이 게슈타포의 이중간첩이 되었기 때문에 바르비가 그의 석방을 요청했다는 것이다. 게다가 5월 "10일 우리 요구로 석방된

1943년의 뤼시 오브락

오브락은 작업회의들을 위해 14일까지 우리가 붙잡아두었다."[17]

나아가 그 문서('유언')는 레몽 오브락만이 아니라 뤼시 오브락도 이중간첩이었다고 주장했다. 레몽 오브락이 석방된 뒤 뤼시 오브락은 1943년 "5월부터 그(레몽 오브락-필자)와 우리 사이의 연락요원으로 일할 것에 동의"했고 6월부터 뤼시 오브락이 "리옹 게슈타포 본부에서 활보"할 수 있었던 것도 "그녀가 그곳에서 알려졌"기 때문이었다.[18]

이 '유언'이 공개 전부터 초미의 관심 대상이 되었던 것은 오브락 부부가 단지 게슈타포의 첩자였다는 것을 넘어 그들이 프랑스 레지스탕스의 최대 영웅 장 물랭을 죽음에 이르게 한 1943년 6월 21일의 칼뤼르 사건에도 연루되었다는 내용이 포함되었기 때문이다. '유언'에 따르면 6월 19일 "저녁 이후 오브락이 (칼뤼르 모임의–필자) 약속시간과 장소를 안 첫 번째 인물"이었고 다음 날 뤼시 오브락이 바르비에게 전화로 모임시간과 장소를 알려주었다.[19]

끝으로, 이 '유언'은 1943년 10월 21일 뤼시 오브락의 주도로 레몽 오브락을 탈주시킨 사건에 대해서도 다른 해석을 제시했다. 즉 이 사건은 워낙 레몽 오브락이 아니라 영국 정보부와 연결된 다른 레지스탕스 활동가를 탈주시키기 위한 것이었고, 단지 게슈타포가 "우리 요원을 석방시키는 데 그 기회를 이용"했다는 것이다.[20]

요컨대 1943년 3월의 체포에서부터 5월의 가석방, 6월의 칼뤼르 사건을 거쳐 10월의 탈주에 이르기까지 그해 레몽 오브락(그리고 뤼시 오브락)이 레지스탕스 지도자로서 겪은 모든 주요 사건에 대해 기존의 해석을 뒤집고 오브락이 게슈타포 첩자였다는 주장을 일관되게 제시했던 것이다.

그러면 이러한 충격적인 문서를 최초로 공개한 《오브락》이라는 책과 저자 쇼비의 입장은 어떠한 것이었을까? 쇼비의 입장을 살펴보기에 앞서 우선 눈에 띄는 것은 책 자체의 독특한 구조다. 총 457쪽 가운데 무려 174쪽(38.1퍼센트)이 1차 사료로 구성된 부록에 할애되어 있다. 통상적인 역사서로서는 지나치게 큰 비중의 부록이 눈에 띄지만 1943년부터 1992년까지의 오브락 관련 사료들 27종 가운데 하나로 수록된 〈1990년 바르비의 의견서〉(일명 '바르비의 유언')가 무려 52쪽으로 전체 부록의 3분의 1에 육박하는 것도 이 문서의 중요성을 가늠케 한다. 게다가 이 27종의 사료 대부분이 타자로 친 원문의 사본을 그대로 실은(따라서 가독성이 떨어지는) 반면 유독 이 '유언'만이 다른 두 문서[21]와 함께 본문과 같은 조판 형식이어서 독자들로 하여금 쉽게 접근하게 해준다. 양적 비중과 형식 면에서 '바르비 유언'이 이 책에서 차지하는 중요성을 알 수 있는 대목이다.

한편, 책 본문에서 저자 쇼비가 드러내는 논지와 입장은 훨씬 신중했다. 〈서론〉에서 쇼비는 '바르비 유언'을 언급조차 하지 않았으며 〈결론〉에서는 "오늘날, 어떠한 기록보관소 기록도 클라우스 바르비가 레몽 오브락의 배반을 고발한 것에 타당성을 부여하지 않는다"고 주장했다.[22]

쇼비가 택한 전략은 자신의 저작 어느 곳에서도 바르비의 주장, 즉 오브락 부부가 게슈타포의 이중간첩이었다는 주장을 명시적으로는 전혀 지지하지 않으면서 당대 문서들과 이 부부 자신들의 증언에 비추어 1943년 3월의 체포에서부터 10월의 탈주까지 이들의 행동에 의심스런 구석이 많다고 주장하는 것이었다. 특히 이 부부의 반세기에 걸친 증언들 간에 서로 엇갈리는 부분이 많다는 점을 쇼비는 책 전편全篇에 걸쳐 힘주어 강조했다.

일례로, 레몽 오브락이 처음 체포된 날짜의 경우, 오브락 자신이 1944년 6월 3일 알제의 군사보안부와 1992년 5월 20일 리옹의 예심판사 앞에서는 3월 15일로 진술했던 반면, 1950년 5월 2일 아르디 재판 시에는 3월 13일이라고 증언했다. 또한 가석방일의 경우에도 여러 문서에 비추어 5월 10일이 명확함에도 1950년 5월의 아르디 재판정에서와 1992년 5월 예심판사 앞에서는 5월 14일로 진술했고 1996년의 회고록에서만 5월 10일이라고 썼으며 뤼시 오브락도 1984년의 회고록에서 5월 14일이라고 썼다.[23]

이상의 날짜를 둘러싼 엇갈린 진술들을 부각시키는 것은 단지 숫자의 착오 문제가 아니다. 3월 13일과 15일 사이, 5월 10일과 14일 사이가 모두 앞서 '유언'에서 보았듯이 비시 정부 경찰이나 게슈타포에 대한 협력 의혹과 관련된 시기였다는 점에서 베르제스-바르비의 논리에 간접적으로 힘을 실어주는 것으로 볼 수 있다.

쇼비는 〈결론〉에서 모두 여덟 가지의 의혹을 제기하는 것으로 자신의 연구를 끝맺었다. 뤼시 오브락이 1945년 9월 한 일간지에서 남편의 가석방 사실을 숨기고 1943년 5월 24일에 동료들과 함께 탈주한 것으로 쓴 이유, 레몽 오브락의 가석방이 실제로 뤼시 오브락이 검사를 협박한 결과인가 여부, 5월 24일의 탈주 작전을 수행한 팀의 구성과 준비에 대한 의혹, 칼뤼르 사건 이후 그 사건에 대한 오브락 부부의 진술의 문제점, 1943년 6월 말에 실제로 부부가 면회했는가 여부, 칼뤼르 사건 이후 오브락의 신원이 발각되었음에도 그 점에 대한 오브락의 엇갈린 진술, 남편을 탈주시키기 위한 뤼시 오브락의 위장결혼 준비에 대한 의혹, 10월 21일 탈주 작전에 대한 의혹이 그것이었다.[24]

요컨대 쇼비는 베르제스-바르비가 오브락 부부의 배반을 고발한 것을 전혀 옹호하지 않았지만 1943년 3월부터 10월까지 오브락 부부의 행적과 관련하여 어떠한 새로운 사실도 밝히지 않고 일련의 의혹만 제기했던 것이다.

언론의 반응(1997년 4~5월)

그러면 쇼비의 책이 나온 직후 언론의 반응은 어떠했을까? 대체적인 반응은 쇼비의 문제의식과 오브락 측 입장을 둘 다 아우르는 듯했다. 쇼비의 문제제기에 힘을 실어주는 듯한 제목을 내걸고 그러한 방향의 기사를 싣는 동시에 오브락의 반대발언과 인터뷰 기록을 게재했던 것이다.

책이 출간되자마자 첫 반응을 보인 중앙일간지는 《르 피가로》지다. 《르 피가로》지는 4월 3일자에서 〈1943년의 리옹에 대한 한 역사가의 우상파괴적 시선〉과 〈뒤집힌 레지스탕스〉를 기사 제목으로 내걸었다. 쇼비의 책이 기존의 레지스탕스 "우상"(명백히 부정적 용어인)에 대한 "파괴"를 시도했고 그로 인해 레지스탕스가 "뒤집"혔다는 인상을 주는 이러한 제목은 분명 쇼비의 입장에 우호적인 것이었다. 동시에 이 신문은 같은 면에 쇼비에 대한 레몽 오브락의 "답변"을 실었다. 오브락의 입장은 단호했고 분노를 숨기지 않았다. 그에 따르면 쇼비는 자신이 인용한 문서들을 비판하지 않았고 현재 살아 있는 증인들 중 누구에게도 질문을 던지지 않았으므로 "역사가가 아니"었다. 또한 '바르비 유언'으로 말하자면 "늙은 나치의 복수"에 불과한 것이었다.[25]

같은 날 발간된 주간지 《목요일의 사건》지는 오브락 사건을 아예 커버스토리로 다루었다. 이 잡지는 커버스토리답게 무려 7쪽을 오브락 사건에 할애했다. 우선, 언론인 파트릭 지라르Patrick Girard는 이 사건을 몇 년 전부터 프랑스인들이 보인 '영웅살해' 편집증의 일환으로 규정했다.

> 프랑스인들은 모든 종류의 기념과 영웅숭배의 편집증을 갖고 있다. 몇 년 전부터 이 편집증은 독특한 양상을 띠었는데, 이제 사람들은 더 이상 특정일에 의례적으로 기념하기 위해서가 아니라 처형하기 위해 영웅들—살아 있든 죽었든—을 소환한다.[26]

즉 1993년에 장 물랭을 "KGB 첩자"로 몰고 1996년에 체코슬로바키아 공산주의자이자 스탈린주의의 희생자로 유명한 아르투르 런던 Artur London을 "스탈린주의의 공모자"로 비난한 데 이어 이제 오브락 부부가 도마 위에 올랐다는 게 지라르의 평가였다.[27]

같은 잡지에 실린 레지스탕스 출신 인사들의 선언문 역시 이러한 평가와 궤를 같이했다. 레지스탕스 재단 의장, 전국 레지스탕스 퇴역군인협회 회장, 해방훈장 수훈자 등 모두 19명의 레지스탕스 인사들이 이 선언문에서 오브락 부부에 앞서 장 물랭과 아르투르 런던이 공격받았다고 밝힌 것이다. 이러한 공격은 모두 "일부 역사가들 혹은 역사가를 자칭하는 자들"이 "때때로 의심스런 기록보관소 자료들"에 기반하여 벌인 것으로, 자신들은 이러한 공격도, "이러한 의심, 암시, 소문의 전략"도 받아들이지 않을 것이다. 나아가 이들은 이러한 공격을 레지스탕스 자체에 대한 공격 및 비시 체제의 복권과 결부지었다. "비시의 그림자가 프랑스에 음험하게 떠돌고 있"는데 "아직은 아무도 감히, 우리 현대사의 가장 비루한 체제를 공개적으로 복권시키려 하지는 않"지만 바로 그러한 방향으로 "레지스탕스의 이미지를 더럽히고자 하는 시도"가 대대적으로 이루어지고 있다.[28]

한편, 《르 피가로》지가 레몽 오브락의 입장을 짤막하게 실었던 것과 달리 《목요일의 사건》지는 오브락의 인터뷰 기사에 한 면 전체를 할애했다. 오브락은 이 인터뷰에서 자신과 아내는 쇼비 책의 출간이 지연되도록 압력을 행사한 적이 전혀 없다고 밝혔고, 쇼비의 책은 "바르비의 복수"인 '유언' 문서를 "옹호하고 예증하려는 시도"라고 규정했다. 또한 자신의 신원이 파악되었는지를 둘러싼 의혹에 대해서는 1차 체포 시에는 비시 경찰이 자신이 레지스탕스 대원인 것은 알았지만 오브락인 줄은 몰랐고, 칼뤼르 사건 이후에 게슈타포는 자신의 본명인 '레몽 사뮈엘'을 몰랐다고 밝혔다. 가석방 날짜에 대해 자신의 증언들이 서로 달랐던 것은 단순한 기억 감퇴 때문이라고 답했다.[29]

《목요일의 사건》지는 끝으로, 쇼비의 책에 대한 찬반 입장을 표명한 두 편의 논설을 실었다. 역사가 쿠르투아의 글은 이 잡지에 실린 5편의 글 가운데 유일하게 쇼비의 손을 들어준 것으로, 앞 장에서 보았듯이 쿠르투아는 바로 4년 전의 장 물랭 '소련첩자설'에도 힘을 실어준 바 있다. 그는 쇼비의 책 출간이 지연된 것에 대해 "오브락 세력권"이 오브락 부부의 이야기에 "불손하게도 의심을 표한 불운한 지방 역사가(쇼비를 지칭 – 필자)를 침묵시키고자 한" 것이라고 주장하면서, "'정치적으로 올바른' 기억"이 진실을 추구하려는 역사가들을 억누르고 있으며 "프랑스는 영웅들과 전설들보다는 진실이 필요"하다고 역설했다.[30]

이와 함께 실린 또 다른 논설은 정반대 입장에 선 철학자 장폴 돌레 Jean-Paul Dollé의 글이었다. 그는 오브락 부부가 공산주의자는 아니었지만 종전 이후 줄곧 공산당에 우호적인 입장이었는데 바로 그러한 성향 때문에 반공주의 지식인들의 공격을 받은 것으로 평가했다. 그에 따르면, "쿠르투아와 그의 친구들"로 대표되는 "선전가로 행동하는 몇몇 역사가들"이 "공산주의는 절대악의 제국"이라는 "이데올로기적 편견"에 따라 도처에서 공산주의 박멸 작업을 벌이고 있는데 오브락 부부에 대한 공격도 그러한 작업의 연장선상에 있는 것이었다.[31]

한편, 레몽 오브락 자신은 이상에서 본 《르 피가로》지와 《목요일의 사건》지 외에 일간지 《르몽드》지(4월 4일자), 주간지 《르 피가로 마가진》지(4월 12일자), 월간지인 《이스토리아》지(4월호)와 《리스투아르》지(6월호)에서도 자신의 입장을 적극 밝혔다. 이 가운데 짧게 입장을 표명한《이스토리아》지를 제외하고는 모두 인터뷰에 응한 것이었고,《르 피가로 마가진》지의 경우에는 뤼시 오브락도 인터뷰에 함께 참여했다. 많은 경우 앞서 살펴본《르 피가로》지와《목요일의 사건》지에서 이미 주장한 것을 반복한 것이었다. 새로 추가된 내용이나 주목할 만한 것들만 살펴보자면, 우선《르몽드》지 인터뷰에서 레몽 오브락은 쇼비의 책 전체가 '바르비 유언'에 "신용을 부여하고 그 문건을 선전하고자 하는 것"을 목표로 삼았다고 평가했다. 나아가 그는 쇼비가 자신들만이 아니라 "레지스탕스 전반을 공격"한 것이라고 주장했다.[32] 4월 12일자의《르 피가로 마가진》지에서는 대중적 역사가 앙리 아무루가 오브락 부부를 인터뷰했는데 특히 뤼시 오브락의 발언이 주목할 만하다. 1945년 9월 20일 리옹 지역 일간지에 1943년 5월 24일자의 탈주 작전을 통해 남편을 구출했다고 거짓으로 쓴 이유를 아무루가 묻자 뤼시 오브락은 그 기사는 자신이 쓴 게 아니라 기자들이 자신을 인터뷰한 뒤에 쓰고는 자신의 이름으로 낸 것이라고 해명했다.[33]

역사전문 월간지인《리스투아르》지 6월호의 인터뷰에서는 레몽 오브락이, 오브락 부부가 진술한 레지스탕스 '역사'가 부분적으로 "부정확성, 비일관성, 심지어 모순까지 포함할 수 있는, 회고록 작가의 이야기"에 속한다는 것을 인정하느냐는 질문에 "물론"이라고 답했다. 아울러 레몽 오브락은 자신의 이야기에는 오직 두 가지의 편차, 즉 1차 체포일과 가석방일에 대한 엇갈린 진술만 있을 뿐 그 이상은 없으며, 그러한 날짜 문제는 "그리 중요한 게 아니었다"고 덧붙였다.[34]

오브락 부부만큼 많이 실리지는 않았지만 쇼비에게도 언로가 막힌 것은 아니었다. 앞서 언급한《이스토리아》지 4월호와《리스투아르》지 6월호는 쇼비의 인터뷰 기사도 함께 실었다. 쇼비는 이 인터뷰들을 통해 오브락 진영에 반격하고자 했고 억울함을 호소했다. 우선, 《이스토리아》지에서는 자신이 레몽 오브락의 '레지스탕스 활동가로서의 지위'를 문제 삼는 게 전혀 아니며 단지 1943년에 대한 그의 몇몇 진술이 당대 문서들의 내용과 일치하지 않음을 지적한 것일 뿐이라고 밝혔다. '바르비 유언'에 대해서는 그 문서를 고려한다고 해서 그 내용에 찬동하는 것은 아니며 자신의 저서에서 활용한 수많은 문서들 가운데 하나에 불과하다고 주장했다. 자신의 책에 대한 부정적 반응과 관련해서는 "거의 공식화된 기존의 역사"가 당대 현실에 부합하지 않는다는 주장이 왜 "레지스탕스를 문제시하고 중상하고자 한다"는 평가를 받아야 하냐고 억울함을 표했고 (당시 프랑스 사회에서 홀로코스트의 존재를 부인하는 자들을 주로 지칭하던) "수정주의자"라는 비난은 전혀 근거 없다고 반박했다.[35]

《리스투아르》지의 인터뷰에서는 보다 중요한 몇몇 발언을 했다. '바르비 유언'에 대해 쇼비는 바르비가 행한 고발이 "거짓"이라고 확언했다. 바르비 유언을 최초로 공개한 동시에 전편全篇에 걸쳐 그 문서에 힘을 실어주는 듯한 논지를 편 책의 저자가 그 문서의 내용이 "거짓"이라고 분명히 밝힌 것은 이번이 처음이었다. 끝으로, 자신이 "역사가로서의 작업을 했다고 느끼는가"라는 질문에 그는 "전설의 방향이 아니라 역사의 방향으로 가야 한다"고 답했다.[36] 요컨대 쇼비는 자신이 레지스탕스 자체도, 레지스탕스 대원으로서의 오브락의 지위도 문제 삼는 게 전혀 아니고 단지 '전설이 아니라 역사'를 추구할 뿐이라고 주장한 것이다.

이렇듯 당시 언론은 오브락의 입장과 쇼비의 입장을 둘 다 실었고 둘 중에서는 오브락 쪽에 더 많은 지면을 할애했다. 하지만 동시에 4

월에는, 앞서 지적했듯이 쇼비의 문제제기에 힘을 실어주는 듯한 논설들이 잇달아 실렸다. 《르몽드》지 4월 4일자에는 〈뤼시 오브락과 레몽 오브락, 평판이 더럽혀진 영웅인가, 이중간첩인가?〉라는 제목의 논설이 실렸다. 이 글을 쓴 언론인 니콜라 베일Nicolas Weill은 사람들이 레지스탕스의 "역사"가 정치적 신화들에 도움을 줄 뿐인 "전설"을 대체하기를 원하기 시작했다고 전제하면서 쇼비의 책이 그러한 대체에 기여했을지도 모른다고 시사했다.[37] 또한 나흘 뒤 《리베라시옹》지에서는 역사가 올리비에 비비오르카가 쇼비의 책이 "오브락 부부의 수없는 모순들을 지적함으로써 한 전설의 탄생에 대해 자문自問하도록 촉구"했으며 "우리 집단적 심성의 이 비밀스런 부분을 탐구하는 데 도움을 줄 것"이라고 평가했다. 베일과 쿠르투아, 그리고 쇼비 자신의 입장처럼 비비오르카도 쇼비의 작업을 본질적으로 "전설을 뒤엎고자 하는 경향"으로 본 것이었다.[38] 앞서 언급한 오브락 부부의 인터뷰가 실린 《르 피가로 마가진》지도 그 인터뷰를 소개하면서 '오브락 사건'은 "54년 뒤에 전설과 진실을 분리하는 게 얼마나 어려운지 보여준다"고 언급했다. 다소 신중하고 모호한 표현이지만 '진실과 분리된 전설'의 존재를 함축하는 것이어서 결국 쇼비의 손을 들어주는 것으로 볼 수 있다.[39]

5월에 들어서서는 《르몽드》지가 쇼비의 논리를 비판하는 논설들을 잇달아 실었다. 우선, 역사가 프랑수아 델파François Delpa는 5월 9일, 쇼비가 의혹을 제기한 사안들에 대해 조목조목 반박했다. 일례로, 레몽 오브락의 가석방은 뤼시 오브락의 협박이 검사에게 복통을 유발한 데 따른 것이고, 10월 21일의 탈주 작전은 오브락을 위한 것이었음을 뒤퓌Dupuy의 증언이 입증한다는 것이 델파의 주장이었다. 또한 쇼비는 "양쪽 가운데 한쪽에 대해서만 불신하고 진실을 조롱"했다는 점에서 그가 수행한 것은 "역사 연구가 아니라 범상한 변론"이라고 비판했다.[40]

이어서 5월 23일에는 작가 질 페로가 앞서 《목요일의 사건》지에서 돌레가 주장했던 것과 궤를 같이하는 비판을 가했다. 그에 따르면 몇 년 전부터 장 물랭, 아르투르 런던, 그리고 오브락 부부가 잇달아 도마 위에 오른 것은 모두 공산주의를 증오한 데 따른 것이다. 이들을 공격한 반공주의 역사가들에게 "공산주의 이념을 믿었다가 그것을 부인하지 않는 자는 모두 첩자, 배반자, 더러운 놈"이어야 했다.[41]

이상에서 본 것처럼 쇼비의 책 출간 이후 오브락 부부의 반론과 쇼비의 재반론이 모두 발표되고 한편에서는 쇼비의 문제의식을 옹호하는 글들이 실리고 다른 한편에서는 쇼비의 '의혹' 전략에 분노하는 글들이 실리는 가운데, 한 레지스탕스 출신 역사가가 쇼비와 오브락 부부 양쪽 진영 모두에 대해 날카로운 비판을 가하는 동시에 모종의 해결책을 내놓았다. 2차 세계대전기에 장 물랭의 비서였고 전후 한동안 미술상으로 지내다가 1989~93년에 세 권 분량의 방대한 장 물랭 전기를 펴내면서 전문 역사가들로부터 '역사가보다 더 역사가 같다'는 격찬을 받은 다니엘 코르디에가 바로 그 인물이었다.

코르디에는 1997년 4월 8일자 《리베라시옹》지와의 인터뷰에서 우선, 쇼비의 저작이 "견실한 사료들에 기반"한 "주목할 만한 연구물"임을 인정하면서도 그의 연구 방식에 근본적인 비판을 가했다. 코르디에에 따르면, 쇼비는 당대 문서인 기록보관소 문서들과 후대 문서인 바르비 유언을 구분하지 않았고, 오브락 부부의 증언들과 달리 바르비의 증언들에 대해서는 엄정한 비판적 분석을 전혀 가하지 않았다.

바르비 유언 자체도 레몽 오브락을 칼뤼르 사건의 책임자로 볼 수 있는 증거가 되지 못한다. 코르디에는 그 이유로 첫째, 그 이전 40년 동안 바르비가 칼뤼르의 밀고자로 오브락을 언급하지 않았다는 점, 둘째, 1943년 7월 19일의 게슈타포 보고서에 나오는 3명의 이중간첩 명단에 오브락이 포함되지 않았다는 점, 세째, 바르비 유언 자체에서도 오브락의 혐의를 입증할 만한 사실은 전혀 언급되지 않았다는 점을 제시했다.

그렇다고 코르디에가 오브락 부부에게 관대한 것은 아니었다. 그는 1943년 3월 15일의 체포에 대해서도, 칼뤼르 사건에 대해서도 오브락 부부가 "결백"하다는 것은 인정했다. 하지만 칼뤼르 사건 전후의 사건들에 대해 그들이 제시한 이야기들은 "정당한 기억 감퇴를 넘어선다"고 평가했다. "오브락 부부가 1943년에 관해 모든 진실을 말했다고는 생각하지 않는다"고 단언하며 코르디에가 내놓은 해결책은 이 부부가 역사가들 앞에서 해명하는 것이었다. "오브락 부부의 동지로서 나는 그들이, 물론 재판소가 아니라 역사가위원회 앞에서 자신의 의견을 밝히기를 바란다." '역사가위원회'라는 방식을 취하지는 않았지만 이 제안은 '원탁회의'라는 형태로 40일 뒤 실현된다.

이러한 방식이 '레지스탕스 대원들은 누구에게도 어떤 것도 해명할 필요가 없다'는 최근의 발언과 상충되는 게 아니냐는 인터뷰어의 질문에 코르디에는 오브락 부부가 익명으로 남았다면 누구에게도 해명할 게 없지만 이들이 각종 미디어 활동에 참여하면서 원하든 원치 않든 "신화나 전설"이 되었고 "우리 행동의 정신과 의미를 구현한다고 주장"하므로, 이 "지나친 명예 때문에" 모든 프랑스인들에게 해명해야 한다고 답했다.[42]

《리베라시옹》지 원탁회의

오브락 사건 해결책으로 역사가위원회 앞에서 해명할 것을 제안한 이는 코르디에였다. 하지만 사실, 이러한 위원회의 구성을 처음 제안한 것은 오브락 부부 자신들이었다. 이들은 일찍이 6년 전인 1991년 10월 12일, 바르비 유언의 존재가 세간에 알려지고 그 문서가 신문사 편집실들을 돌자 언론인들을 대상으로 역사가위원회의 구성을 제안하는 편지를 썼다. 오브락 부부는 이 서한에서 "칼뤼르에서의 장 물랭과 그의 동료들 체포 상황을 상세히 검토하기 위해 2차 세계대전 전문가들인, 자격 있는 역사가들의 위원회가 구성되기를 희망"하며 이것이 "일탈과 중상中傷을 끝내는 유일한 방식"으로 보인다고 주장했다.[43] 그러나 당시에는 그러한 위원회의 구성이 성사되지 않았다. 그러다가 6년 만에 바르비 유언이 공개되자 코르디에가 비슷한 제안을 했고 오브락 부부가 이를 받아들여 결국 실현된 것이다.

코르디에의 제안이 있고 나서 사흘 뒤인 4월 11일, 그 제안이 발표된 신문인 《리베라시옹》지 편집장이 오브락 부부 집을 방문했을 때 레몽 오브락이 "역사가들과 우리 자신들 사이의 회의"를 열 것을 제안했다.[44] 그리하여 결국 5월 17일 《리베라시옹》지 사옥 회의실에서 열리게 된 것은 (코르디에가 제안했듯이) '역사가위원회' 앞에서 오브락 부부가 해명하는 방식도, (오브락 부부가 6년 전에 요청한 것처럼) 오브락 사건에 대해 역사가위원회가 조사하는 방식도 아니었다. 8명의 역사가와 오브락 부부가 한 자리에 모여 자유롭게 토론하는, 말 그대로 '원탁회의'가 5월 17일 5시간에 걸쳐 이루어졌다. 주제의 성격상 진정한 자유토론이기보다는 대체로 역사가들이 묻고 오브락 부부가 답하는 방식을 취했지만 역사가들은 모두 자신들이 '역사가위원회'를 구성하는 게 아니라 개인 자격으로 참여했음을 명확히 했다.

전문역사가들이 독일강점기 사건에 대해 '역사가위원회'를 구성하여 조사하거나(1992년의 투비에 사건) 개별 전문가 자격으로 법정에서 증언한(1997~98년의 파퐁 재판) 적은 있어도 이렇듯 역사가들이 사건 당사자들과 공개적인 자유토론을 벌인 것은 전례 없는 일이었다.

8명의 역사가 명단은 신문사 측과 레몽 오브락의 합의로 결정되었다. 오브락과 개인적인 친분이 있었던 두 사람, 즉 레지스탕스 출신의 고대사 역사가 장피에르 베르낭과 19세기사 역사가인 모리스 아귈롱Maurice Agulhon, 그리고 애초의 제안자 코르디에를 제외하고는 5명의 역사가 모두가 학계의 2차 세계대전기 프랑스사 전문역사가였다. 전前현재사연구소 소장인 프랑수아 베다리다, 파리정치연구소 교수 장피에르 아제마, 《비시 신드롬》(1987)의 저자로 유명한 현재사연구소 소장 앙리 루소, 오브락 부부가 속한 조직에 대한 연구서인 《불복종: '남부해방' 운동의 역사》를 펴낸 로랑 두주Laurent Douzou, 현재사연구소 연구원인 도미니크 베이옹이 이 명단에 포함되었다.

5월 17일의 원탁회의는 우선, 토론 참여자 10명 모두가 토론에 앞서 기본 입장을 밝히는 것으로 시작되었다. 첫 발언에 나선 레몽 오브락은 6년 전에 자신들이 요구한 역사가위원회가 구성되었더라면 쇼비의 책이 나오지도 않았을 것이라고 아쉬움을 표했다. 또한 그는 2년 전 현재사연구소가 발간한 학술지에 칼뤼르 사건에 대한 전문역사가들의 논문이 실렸지만[45] 자신의 희망이 "부분적으로만 만족"되었고 일반대중이 과연 그러한 학술논문을 읽을까 하는 의구심이 바로 이러한 원탁회의를 제안하게 된 이유라고 밝혔다.[46]

레몽 오브락 · 뤼시 오브락 · 다니엘 코르디에
프랑수아 베다리다 · 장피에르 베르낭 · 로랑 두주
모리스 아귈롱 · 앙리 루소 · 장피에르 아제마
도미니크 베이옹 (위 왼쪽부터)

아울러 그는 이번 토론에서 다루기를 바라는 질문을 8개로 제시했다. ① 레몽 오브락은 게슈타포 첩자였는가? ② 그는 1943년 3월 13일 체포된 이후부터 바르비의 첩자가 되었는가? ③ 그는 3월 15

일 자신의 부관들인 라바넬과 모리스 크리겔발리몽Maurice Kriegel-Valrimont을 체포당하게 했는가? ④ 그는 1943년 5월 바르비의 요구로 가석방된 것인가? ⑤ 5월 24일의 탈주 작전은 라바넬, 크리겔발리몽 등 세 수감자를 석방시키기 위한 것인가? ⑥ 오브락 부부는 칼뤼르 모임을 밀고했는가? ⑦ 레몽 오브락은 수감되었던 1943년 6월부터 10월까지의 기간 동안 게슈타포에 도움을 줬는가? ⑧ 10월 21일의 탈주 작전은 레몽 오브락을 구출하기 위한 것인가?[47] 이상의 질문들은 바르비 유언과 쇼비의 책이 확언하거나 의혹을 표명한 거의 모든 사안을 열거한 것이었다.

뤼시 오브락은 주로 문제가 된 1984년의 회고록에 대해 해명했다. 자신은 "연구하는 역사가가 아니라 가르치는 역사가"이며 그 회고록은 베르제스가 자신들을 공격한 데 대응하여 "역사가로서가 아니라

《리베라시옹》지 원탁회의(1997년 5월 17일)

교육자로서" 쓴 것이었다. 자신의 "교사로서의 삶은 투사로서의 삶" 이며 이는 "시간, 이름, 날짜를 찾는 데 집착하는 삶이 아니"라는 논리로 회고록에서 보인 날짜 오류를 정당화하고자 했다. 또한 자신의 "미화" 경향은 사물을 살아 있게 표현하도록 하는 교수법에 따른 것이라고 해명했다.[48]

8명의 역사가는 모두발언에서 오브락 부부의 '배반' 가설을 단호히 거부하는 데 전적으로 일치했다. 그러한 가설은 "파렴치"(베다리다, 아제마)하고 "무가치"(코르디에)한 것이었다. 하지만 그 밖의 사안들에 대해서는 미묘한, 때로는 상당한 차이가 보였다. 우선, 이 8명 가운데 루소, 베다리다, 베이옹, 아제마, 코르디에 등 5명의 역사가는 배반설

원탁회의에서의 오브락 부부

을 전적으로 반대하지만 쇼비의 책은 일정 부분 유용하다는 입장을 표했다. 이들은 주로 부록에 수록된 미발표 문서들을 높이 평가했다. 이 책은 오브락 부부에게 "추가 정보와 해명을 요구"(베이옹)하는 미간행 문서들과 "유용한 문서들"(베다리다)을 제공해주었고, "내가 몰랐던 문서들을 발견하게 해주었다."(코르디에)[49]

그런데 이들 사이에서도 바르비 유언과 쇼비의 책의 관계에 대해서는 미묘한 차이가 보인다. 베이옹은 양자를 거의 동일시했다. 반면, 아제마는 쇼비의 입장이 바르비-베르제스의 명시적 주장과 "충분히 구분되지 않는다"며 보다 신중한 태도를 보였다. 코르디에와 루소는 아예 양자를 질적으로 구분했다. 특히 루소는 바르비 유언이 "역사가로서의 나에게 부차적이고 무시할 만한 것"인 반면, 쇼비 책의 새로운 점은 "완전히 진짜"인 1987년부터의 예심판사 아미 문서를 상당 부분 발표한 데 있다고 평가했다.[50]

이들 5명의 역사가를 제외한 나머지 세 명의 참가자, 즉 두주, 아귈롱, 베르낭은 쇼비의 책에 일고의 가치도 부여하지 않았다. 두주를 제외하고는 두 명 모두 20세기사 역사가가 아닌 동시에 오브락이 직접 초대한 지인이라는 점이 이런 입장을 취한 이유를 어느 정도 설명해 줄 수 있을 것이다. 또한 이 세 명 가운데 두주와 베르낭은 원탁회의 자체에 대해 근본적인 비판을 제기했다. 우선, 두주는 역사가들이 자신이 연구하는 역사의 당사자들과 토론해서는 안 된다는 입장을 표명했다. 당사자 개인의 기억은 수십 년에 걸쳐 끊임없이 바뀌고 재구성되기 마련이다. 하지만 이 토론은 그러한 사실을 무시하고 마치 그 당사자가 진실을 있는 그대로 전달할 수 있다는 환상에서 비롯된 것이다. 따라서 근본적으로 잘못된 발상이라는 게 그의 주장이었다. 베르낭은 좀 더 구체적인 비판을 가했다. 그에 따르면 오브락 부부는 법정에 선 것도, 심문을 받는 것도 아니지만 역사가들의 일방적 질문에 답해야 하므로 이 원탁회의는 결국 "진실시험"의 양상을 띨 것이다. 따라서 이 부부는 "불쾌할 뿐만 아니라 무례하고 잘못된 상황"에 처하게 된다는 것이다. 게다가 그는 쇼비의 책과 바르비 유언이 토론 대상이 되어야 하는데 그보다는 오브락 부부가 이 회의의 논의 대상이 되는 게 아니냐는 우려를 표명했다.[51]

요컨대 오브락 부부를 제외한 토론 참여자 8명은 오브락 배반설에 대한 전면 거부라는 점에서만 일치했을 뿐, 쇼비의 책에 대한 평가, 바르비 유언과 쇼비 책 사이의 관계, 그리고 원탁회의 자체에 대한 입장에 이르기까지 여러 중요한 점에서 서로 의견차를 보였다. 모두발언에서부터 드러난 이러한 차이는 토론이 진행되면서 재현된다.

토론은 바르비 유언과 쇼비의 책이 다룬, 1943년 3월부터 10월까지 오브락 부부의 행적에 대해 이루어졌다. 모두 네 국면, 즉 1943년 3월부터 5월까지, 6월의 칼뤼르 사건, 6월부터 10월까지, 10월 21일의 탈주로 나뉘어 진행되었다. 첫 국면인 1943년 3~5월은 레몽 오브락이 처음 체포되었을 때부터 가석방되기까지의 기간으로, 우선 베다리다와 코르디에는 오브락의 체포일이 (바르비-베르제스가 확언하고 쇼비가 암시하듯이) 3월 13일이 아니라 3월 15일임을 명확히 했다. 베다리다는 당시 리옹에서의 모든 체포가 3월 13~14일 밤 연락요원 퀴르틸Curtil이 체포된 것의 결과여서 오브락이 13일 체포되었을 수 없다고 주장했다. 코르디에는 이에 덧붙여 3월 15일이 13일로 둔갑하게 된 배경에 대해 설명했다. 코르디에에 따르면 1983년에 연구자인 제라르 이자르Gérard Hizard가 1943년 5월 27일의 칼텐브루너 보고서에서 '3월 13일'이라는 날짜를 발견한 것이 체포일을 둘러싼 의혹이 제기된 발단이었다. 그 보고서에 적힌 날짜는 단순한 오타였는데 해방 후에 오브락과 그의 동료들이 그 보고서 날짜를 그대로 진술하는 바람에 의혹이 증폭된 것이었다.[52]

이어서 루소와 베다리다는 오브락의 암거래 진술을 문제 삼았다. 프랑스 경찰도, 게슈타포도 1차 체포 이후 오브락이 레지스탕스 대원임을 분명히 인지했는데 왜 오브락은 최근까지 여러 번의 진술에서 자신이 암거래 죄목으로 체포되었다고 주장했는지를 물었다. 이에 대해 오브락은 자신은 단지, 프랑스 경찰과 게슈타포에게 심문당할 때(레지스탕스 활동을 숨기기 위해) 암거래를 하러 왔다고 진술한 것을 묘사한 것이라고 답변했다.[53]

다음으로는 가석방 이유 문제와 관련하여 코르디에, 베다리다, 루소가 뤼시 오브락에게 강한 의혹을 표명했다. 물론, 바르비의 요구로 가석방되었을 것이라고 본 것은 아니었지만 검사에 대한 뤼시 오브락의 협박으로 가석방된 것이라는 오브락 부부의 기존 설명도 이 세 역사가는 받아들이지 않았다. 뤼시 오브락이 검사에게 협박할 때 언급했다는, BBC에 전달된 메시지는 존재하지 않았고(코르디에), 당시 레지스탕스 탄압에 앞장선 검사는 협박에 굴할 만한 성향이 아니었으며(루소), 협박 때문이 아니라 레몽 오브락이 단순 연락요원으로 간주되었기 때문에 가능했던 "정상적 절차"에 따른 가석방(베다리다, 루소)이었다는 게 이들의 주장이었다.[54]

두 번째 국면인 칼뤼르 사건과 관련해서는, 바로 이 사건의 책임자-밀고자가 오브락 부부라는 게 바르비 유언의 가장 충격적인 주장임에도 토론 참석자들 모두가 그러한 가설을 전혀 받아들이지 않은

원탁회의에서의 루소, 아제마, 코르디에(왼쪽부터)

탓인지 아주 짧게만 논의되었다. 오브락 부부의 밀고 가능성 문제는 언급조차 되지 않았고 단지, 당시 레지스탕스 조직들 간의 갈등 문제와, 레몽 오브락이 언제 칼뤼르 모임장소를 알았느냐는 문제만이 거론되었다.[55]

반면, 레몽 오브락이 리옹의 감옥에 갇혀 있었던 세 번째 국면(1943년 6~10월)에 대해서는 가장 길게 토론이 이루어졌고 오브락 부부와 역사가들 사이에 격렬한 충돌까지 벌어졌다. 이 국면과 관련해서는 크게 세 가지 문제가 쟁점이 되었다. 뤼시 오브락의 게슈타포 사무실 방문 문제, 레몽 오브락의 수감 기간에 벌어진 일, 게슈타포의 오브락 신원 파악 여부를 둘러싼 오브락 자신의 엇갈린 진술이 그것이다.

첫 번째 문제와 관련해서는, 베다리다와 루소가 뤼시 오브락의 회고록에 따르면 게슈타포 사무실을 12회 방문했는데 어떻게 열두 번씩이나 "최소한의 통제 없이 자유롭게 출입"할 수 있었느냐고 물었다. 이에 뤼시 오브락은 12회가 아니라 9회이며 출입 시 아무도 자신의 신원을 확인하지 않았다고 답했다. 또한 레몽 오브락이 "우리는 지금 제라르 쇼비에 관해 토론 중"임을 환기시키자 베다리다는 (그게 아니라) 뤼시 오브락의 책에 관해 말하는 중이라고 답했다. 이러한 발언에 결국 뤼시 오브락은 분노를 터뜨렸다.[56]

> 나는 현재사연구소 연구원이 아니다. 나는 사람들이 베르제스와 함께 레지스탕스를 공격하기 시작했기 때문에 내 책을 쓴 여자다. …… 사람들은 그(레몽 오브락-필자)에게 왜 살아남았는지 물었다. 강제수용소에서 돌아온 자들에게 왜 돌아왔는지 물어봐라! 우리가 당신들에게 뭐라고 말하기를 원하는가? 난 이제 가겠다. 끝났다.[57]

이러한 뜻밖의 격렬한 반응에도 역사가들은 전혀 입장을 굽히지 않았다. 특히 코르디에는 더욱 강경하게 맞섰다. 그에 따르면 오브락 부부는 이미 "살아 있는 전설"이 되었으므로 증언록을 쓰거나 고등학교에서 자신의 경험을 이야기할 때 "역사의 잊힌 자들에 대한 진실을 말할 절대적 의무"를 갖는다. 코르디에는 또한 오브락 부부에게 당신들의 발언은 곧 "침묵하는 생존자들이나 …… 죽어간 동지들의 이름으로 말하는 것"임을 잊지 말 것이며, 당신들이 "분명한 답변을 하지 않고, 스스로 모순되는 말을 한다면 당신들은 역사에도, 당신들이 방어한다고 주장하는 대의에도 기여하지 못할 것"이라고 경고했다.[58]

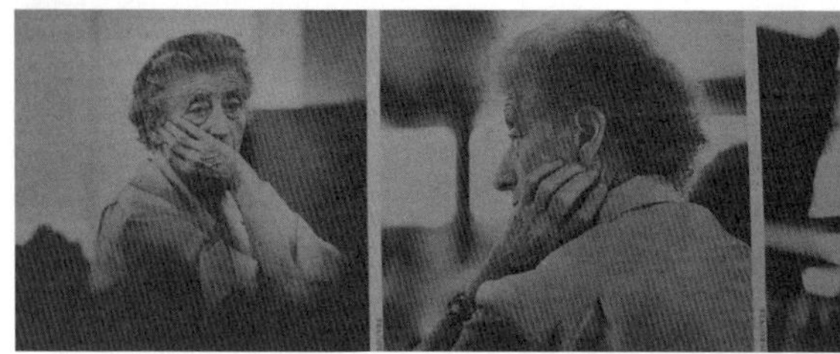

원탁회의에서의 뤼시 오브락

역시 첫 번째 문제와 관련해서, 뤼시 오브락이 게슈타포 사무실을 출입할 때 미행당했을 가능성에 대해 세 명의 역사가(코르디에, 베다리다, 베이옹)가 의혹을 제기했다. 이에 대해 뤼시 오브락은 처음에는 바르비가 미행을 준비할 시간이 없었고 이후에는 유격대 동지들이 혹시 있을 미행을 견제했기 때문에 미행당하지 않았다고 답했다.[59]

두 번째 문제, 즉 레몽 오브락의 6~10월 수감생활에 대해서는 아제마가 넉 달 동안 어떻게 대여섯 번만 심문 당했느냐고 물었고 레몽 오브락은 자신도 그 이유는 모른다고 답했다. 아울러 오브락은 자신이 왜 파리로 이송되지 않고 계속 리옹의 독방에 갇혀 있었는지 모른다고 말했다. 한편, 코르디에는 독일인들이 "광범한 대량 검거를 수행할 수 있기 위해" 오브락을 리옹에 붙잡아두었을 것이라는 가설을 제시해서 레몽 오브락의 분노를 샀다. 오브락은 코르디에에게 "당신은 베르제스보다 좀 더 멀리 나아갔다"고 질타했고 코르디에는 곧바로 "당신 생각은 비열"하다고 맞받아쳤다.[60]

다음으로 세 번째 문제, 즉 6월 21일 이후 게슈타포가 오브락의 신원을 파악했는지에 대한 오브락 자신의 모순된 진술 문제는 오브락이 모두진술에서 제기한 8가지 질문에는 전혀 포함되지 않고 쇼비가 자

다니엘 코르디에(위) · 프랑수아 베다리다(아래 왼쪽) · 도미니크 베이옹(아래 오른쪽)

신의 책 결론에서 제기한 8가지 질문에는 포함되었던(하지만 그리 비중이 크다고는 볼 수 없는) 것으로, 이날 원탁회의에서 논의된 그 어떤 쟁점보다도 길게 얘기되었다.

세 역사가(루소, 코르디에, 베다리다)가 이 문제를 거론했는데, 첫 포문을 연 것은 루소였다. 루소는 1944년 2월 런던, 1944년 6월 알제, 1992년 리옹에서의 진술, 1996년의 회고록 등 4개의 진술 사이에, 코르디에는 이외에도 1948년 4월 파리, 1950년 5월 아르디 재판정, 1983년 바르비 사건 공조위원회에서의 진술까지 추가해 모두 7개의 진술 사이에 모순이 발견된다고 지적했다. 오브락은 이 가운데 1944년 6월의 알제 진술, 1983년의 바르비 사건 공조위원회 진술, 1996년의 회고록에서는 자신이 오브락으로 인지되지 않았다는 듯이 말한 반면, 나머지 네 번은 오브락으로 인지되었다는 사실을 자인했던 것이다.

코르디에는 이러한 진술 간의 차이에 대해, 세월의 흐름에 따른 '변화'도, 문서나 다른 증언과의 대조 끝에 이루어진 '수정'도 아니라는 점에서 놀랍다고 보았다. 이러한 태도가 "가장 정신착란적인 의심들과 가장 파렴치한 가설들의 기원"이 된다고 지적하면서 레몽 오브락에게 도대체 "무엇을 숨기는가?"라고 묻기까지 했다. 이에 대해 오브락은 자신이 경우에 따라 다르게 진술한 사실을 인정했고 그 이유는 자신도 모르겠으며 숨기는 것은 전혀 없다고 말했다. 오브락이 거듭 이유를 모르겠다고 답했음에도 역사가들, 특히 코르디에는 집요하게 그 이유에 대해 추궁했다.[61]

끝으로, 네 번째 국면인 1943년 10월 21일의 탈주에 대해서는 탈주 작전 자체보다는 그 탈주 이후 레몽 오브락의 부모 체포에 오브락 부부의 책임이 없는지에 대해 논의가 집중되었다. 탈주 작전과 관련해서는 그것이 오브락이 아닌 다른 수감자를 구출하기 위한 것이 아니었냐는 것이 바르비 유언이 제기하고 쇼비의 책 결론과 레몽 오브락의 모두발언이 각각 열거한 8가지 질문에 모두 포함되는 것이었다. 그런데 정작 그 문제 자체는 "우리 중 누구도 최소한의 신용도 부여하지 않는 …… 기상천외한 이야기"(베다리다)로 치부되고 더 이상의 논의가 이루어지지 않았던 것이다.

반면, 코르디에는 탈주 이후 오브락의 부모가 체포되어 아우슈비츠에서 학살당했는데, 그 책임이 탈주 뒤에 위치가 노출되어 게슈타포가 감시하던 자신의 집에 속옷을 가지러 누이를 보낸 오브락에게 있는 게 아니냐고 물었다. 코르디에는 누군가를 게슈타포가 있는 곳에 보낸 결과가 당신 가족의 죽음일 수 있다고 오브락에게 말했다. 오브락 부모의 체포와 사망에 대한 책임이 오브락 부부에게 있는가라는 문제는 사실, 바르비 유언에도, 쇼비의 책에도 전혀 나오지 않는 것이어서 다소 엉뚱해 보이기까지 한다.

이날 토론의 마지막 질문은 루소가 뤼시 오브락에게 던진 것으로, "당신이 보기에 '좋은' 역사가란 무엇인가?"였다. 이에 뤼시 오브락은 "확실한 것은 쇼비는 나쁜 역사가라는 것"이라고 답하며 "나는 당신들이 이 점을 분명히 말하기를 원했다"고 서운함을 표했다. 그에 따르면 쇼비는 비공개 문서들을 간접적으로 이용하여 바르비의 의견서('유언')에 타당성을 부여하고자 한 사람이었다. 아울러 그는 "85세의 사람들을 붙잡아두고 피고에게 하듯이 심문한 것은 옳지 않다"고 역사가들에 대한 불쾌감과 분노를 숨기지 않았다.

이날의 원탁회의를 종결짓는 마지막 발언은 10명의 참석자 가운데 5명만 했다(오브락 부부, 코르디에, 베다리다, 베르낭). 토론 과정에서 오브락 부부를 가장 거칠게 몰아세웠던 코르디에는 최종발언에서도 자신의 솔직한 감정을 그대로 드러냈다. 즉 첫 번째 주제인 바르비 유언의 배반설에 대해서는 참석 역사가들이 만장일치로 확실한 입장을 표명한 반면, 두 번째 주제인 "칼뤼르 체포 이후 당신의 증언들의 편차, 수정, 모순"에 대해서는 "당신의 변호자들 중 한 사람"으로서 "깊은 실망감"을 느꼈다고 했다. 코르디에는 오브락 부부를 위한 싸움을 계속하기 위해 이들이 자신에게 "탄약"을 주기를 원했는데 아무것도 주

장피에르 베르낭

지 않았고, 이들이 유죄는 아니지만 "무분별한 방어"로 자신을 실망시켰다고 질타했다.

베다리다는 특히 뤼시 오브락의 '전략'에 대해 날카롭게 비판했다. "레지스탕스의 이미지를 영속화하기 위한" 뤼시 오브락의 전략, "과거를 보다 생생하게 표현한다는 미명 하에 과거를 윤색, 미화하고 이야기를 지어내는" 전략은 결국 아무것도 믿을 수 없다는 생각을 대중에게 심어줌으로써 레지스탕스 자체에 대해서나 레지스탕스의 역사 서술에 대해서 "참담한" 결과를 가져온다는 것이었다.

뤼시 오브락은 코르디에에게 단지 "나는 나를 변호할 필요가 없"으며 "당신은 아무것도 이해하지 못하고 있다"고 짧게만 답했다. 레몽 오브락 역시 자신이 왜 파리로 이송되지 않고 리옹에 남겨졌는지, 그리고 왜 오브락으로 인지되었는지 여부를 놓고 스스로 모순된 증언을 했는지에 대해 답할 수 없었다고만 진술했다.

모두발언에서 원탁회의 자체에 대해 가장 강한 우려를 표명했던 베르낭은 이 회의의 본질적 목표가 레몽 오브락이 모두발언에서 열거한 질문들에 분명한 답변을 주는 것이어야 했다고 아쉬움을 표했다. 또한 역사적 사건들에서 사람들의 행동과 동기에 대해 자신도 모른다고 답할 수밖에 없는 질문들이 있기 마련이라고 말함으로써 레몽 오브락의 태도를 두둔했다.[62]

이상의 원탁회의에서 가장 주목할 만한 점은 토론의 쟁점들이 레몽 오브락이 모두진술에서 미리 열거한 8개 질문에도, 쇼비가 자신의 책 결론에서 제시한 8가지 의혹에도 전혀 기반하지 않았다는 것이다. 특히 오브락의 예비질문 8개는 대부분 오브락이 배반자임을 전제로 하는 것이어서 어느 한 질문도 토론에서 다루어지지 않았다. 오히려 쇼비가 제기한 8가지 의혹 가운데 두 개, 즉 레몽 오브락의 가석방이 뤼시 오브락의 협박에 따른 것인지의 문제와 오브락의 신원 파악 여부에 대한 모순된 진술이 쟁점으로 다루어졌다. 그 밖에도 역사가들은 왜 오브락은 암거래로 체포되었다고 진술해왔는가, 뤼시 오브락은 어떻게 게슈타포 사무실을 자유롭게 출입했으며 그 과정에서 미행당하지는 않았는가, 오브락은 왜 리옹의 몽뤽 감옥에 계속 수감되었는가, 오브락의 부모 체포에 책임은 없는가 등 대부분 오브락 부부의 배반설과는 직접 관련이 없는 쟁점들에 논의를 집중했다. 오브락 부부(그리고 베르낭)로서는 역사가들이 베르제스-바르비의 배반설과 쇼비의 책을 조목조목 다루지 않은 것이 아쉬울 수 있었을 것이다. 그러나 토론 참가 역사가들 대부분(루소, 베다리다, 코르디에, 아제마, 베이옹)이 취한 전략은 모두진술에서 일제히 배반설에 대한 반대의사를 명확히 하고 본 토론에서는 오브락 부부의 행적과 진술을 둘러싼 의혹에 집중하는 것이었다. 이러한 역사가들의 전략은 오브락 부부에게 때때로 아쉬움을 넘어 분노까지 야기했다. 레몽 오브락이 칼뤼르 체포 이후 독일인들에게 신원이 파악되었는지 여부에 대한 오브락 자신의 엇갈린 진술이라는 문제는 사안의 중요성에 비해 지나치게 길게 논의되었고, 부모의 죽음에 대한 책임을 추궁하는 것은 불필요하게 가혹한 것이었다. 쇼비의 책이 아니라 뤼시 오브락의 회고록을 문제 삼는 중이라는 발언은 뤼시 오브락의 격렬한 반발을 야기했다. 오브락 부부가 '불쾌하고 무례한 상황'에 처할 것이라고 베르낭이 모두진술에서 우려한 것이 거의 그대로 현실화된 셈이었다.

한편, 이러한 전략을 택한 5명의 역사가는 모두진술에서 쇼비의 책에 최소한의 유용성을 부여했던 인물들이기도 했다. 이들이 토론(사실상 질문)을 주도했다는 사실은 발언횟수에서도 드러났다. 베다리다가 30회, 코르디에가 23회, 아제마가 21회, 루소가 15회나 발언했던 반면, 쇼비의 책을 전적으로 거부했고 이상의 토론 전략을 취하지도 않은 두주, 베르낭, 아귈롱은 각각 6회, 4회, 2회만을 발언했던 것이다.[63]

원탁회의의 여파

원탁회의가 열린 것은 1997년 5월 17일이었지만 그 내용이 공개된 것은 그로부터 50여 일이나 지난 7월 9일이었다. 이렇듯 그 내용이 공개되기까지 오랜 시일이 흘러야 했다는 사실 자체가 앞서 보았듯이 원탁회의 토론 과정이 순탄치 않았고 종종 고통스럽기까지 했다는 점을 반영하는 것으로 볼 수 있다.

1997년 7월 9일 《리베라시옹》지가 원탁회의 회의록 전문을 처음 발표하며 자체적으로 내린 평가는 매우 긍정적인 것이었다. 회의록과 함께 실린 〈역사의 교훈〉이라는 제목의 소개 글에서 언론인 세르주 쥘리Serge July는 오브락 부부가 "전설을 만드는 기계가 돌아가도록 내버려두었"는데 이번에 역사가들과의 공개토론 원칙을 받아들임으로써 "대번에 이 오류를 인정"했고 토론 과정에서 그들이 입증한 대담함은 "전설을 인간화"했다고 주장했다. 또한 재판과 저널리즘이라는

Les Aubrac et les historiens

Libération

Mis en cause par le livre de Gérard Chauvy «Aubrac, Lyon 1943», Lucie et Raymond Aubrac ont voulu s'expliquer devant une assemblée d'historiens.

Ce débat a eu lieu à «Libération» le 17 mai. Nous en publions aujourd'hui les minutes. Un document exclusif pour mieux comprendre l'histoire de la Résistance.

Le débat

원탁회의 회의록 전문이 실린 1997년 7월 9일자 《리베라시옹》지

두 암초가 역사가들을 위협하기 마련인데 이 원탁회의를 통해 역사가들은 둘 다 피할 수 있었으며, 이 회의는 역사가들과 오브락 부부 덕분에 "역사의 매우 훌륭한 교훈"으로 기능했다고 강조했다.[64]

그러나 바로 다음 날부터 원탁회의 참가자들 자신이 밝힌 소감은 그다지 낙관적이지 않았다. 《리베라시옹》지는 회의록 발표 다음 날부터 사흘 연속으로 토론 참가자들에게 일종의 '후기'를 발표할 기회를 주었는데 대체적인 논조는 비관적인 것이었다.[65]

우선, 7월 10일 첫 발언에 나선 오브락 부부는 토론 과정에서 느낀 당혹감과 서운함과 분노를 여과 없이 표현했다. 레몽 오브락에 따르면, 원탁회의는 '재판소'로 변모했고, 7명의 역사가 중 3명은 '고소인'으로 변신했으며, "재판소"라는 표현도 오히려 완곡한 편이어서 차라리 "경찰 심문"에 가까웠다. 또한 그는 원탁회의에서는 자신이 과거에 왜 그렇게 진술했는지 모르겠다는 식으로 수세적으로 대응했던 것과 달리 이번 후기에서는 적극적으로 반격에 나섰다. 즉 자신은 쇼비가 공개한 문서들 어디에서도 자신이 암거래로 체포되었다고 말한 적이 없고, 자신이 칼뤼르 모임장소를 미리 알았다는 주장은 쇼비조차도 하지 않았으며, 칼뤼르 체포 이후 자신이 오브락으로 인지되었다는 사실을 이후 어떤 진술에서도 부인한 적이 없었다는 것이다. 그러면서 자신은 결국 원탁회의에서 위압적인 분위기에 못 이겨 "존재하지도 않은 모순들을 자백"한 셈이라고 주장했다. 오브락이 보기에 이 역사가들은 어떤 의미에서 베르제스나 쇼비와 크게 다르지 않았다. 베르제스-바르비가 표명하고 쇼비가 반복한 중상中傷을 역사가들이 "선의로 중계"했다는 것이 그의 평가였다.[66]

원탁회의 당시에 이미 분노를 터뜨렸던 뤼시 오브락은 자신의 입장을 더욱 확고히 밝혔다. 13년 전 간행 직후에 역사가들의 찬사를 받았던 자신의 책이, 1997년 쇼비의 촉구로 자신이 "의심스럽게" 되면서 동일한 역사가들의 비판을 받게 되었고, 원탁회의의 목표도 "우리 레지스탕스 활동에 대한 취조"로 변질되었다. 뤼시 오브락은 이 같은 상황을 두고 "바르비-베르제스의 그림자가 승리"했다고까지 규정했다. 후기를 끝맺는 다음과 같은 당당한 선언은 원탁회의가 뤼시 오브락에게 별 영향을 미치지 않았음을 보여준다.

> 나, 뤼시 오브락은 레지스탕스 동안의 내 동지들처럼 어둠 속에서 나와 이 모든 영웅들, 이 희생자들을 위해 발언—그들의 용기, 희망, 희생이 프랑스 젊은이들의 유산이 되도록—한다. 나는 일상, 범용함, 불신이 레지스탕스의 명예를 진부하게 만들고 의심하기를 원치 않는다. 나는 이 유산에 책임이 있고, 모든 수단, 책, 영화, TV를 통해 그 가치와 영광을 알릴 것이다.[67]

오브락 부부에 이어 원탁회의 참가자 8명 모두가 입장을 밝혔다. 쇼비의 책에 약간이라도 의의를 인정하고 오브락 부부에게 질문을 던졌던 5명의 역사가와, 토론 방식 자체를 달가워하지 않고 말을 아꼈던 나머지 3명 사이의 입장차는 후기에서 더욱 극명하게 드러났다.

우선, 원탁회의에서 가장 강경하게 발언하고 오브락 부부를 가장 무섭게 몰아붙였던 코르디에는 이 후기에서도 입장을 굽히지 않았다. 사실, 코르디에(1920년생)가 원탁회의에서 오브락 부부에게 가장 과감하고 강경하게 입장을 밝힐 수 있었던 데에는 나름의 이유가 있었다. 다른 토론 참여자들인 학계 역사가들 대부분과 달리 레지스탕스 출신이었고, 청소년기에 잠시 레지스탕스 활동을 했던 베다리다(1926년생)와도 달리 성년기에 강점기 내내 레지스탕스 활동을 벌인데다가 주요 직책(장 물랭의 비서)까지 담당했던 것이다. 이러한 레지스탕스 경력에서 비롯된 자신감과 단호함은 후기에서도 나타났다. 코르디에는 원탁회의에서 뤼시 오브락이 보인 반응이 자신에게 충격을 주었다고 밝혔다. 그는 뤼시 오브락의 분노에서 "여전히 햇빛 때문에 눈이 안 보이"는 "폐위된 여왕의 비장함"을 느꼈다. 또한 4년 전 장 물랭을 소련 첩자로 몰았던 '장 물랭 사건'과의 차이를 강조하며 코르디에는 그 사건과 달리 오브락 사건에서는 독일 문서들이 없고 오브락 부부 증언의 "회피, 윤색, 모순"이 진실 추구를 더욱 어렵게 한다고 질타했다. 토론 시 역사가들의 태도와 관련해서는 "당신들의 평판을 유지하기 위해 역사가들에게 편을 들 것을 요구"한 만큼 이들은 "불편한 질문조차 할 권리가 있"으며 "어떻게 불쾌한 면이 있다고 해서 역사가들의 양심적 작업에 격분할 수 있냐"고 반문했다.

원탁회의에서 다른 네 명의 역사가와 동일한 입장에 섰지만 보다 신중했고 발언도 별로 하지 않았던 베이옹은 후기에서도 신중한 태도를 취했다. 원탁회의에 대해서는 언급조차 하지 않았고, 단지 프랑스인 다수의 문화유산에 속하는 동시에 국민적 정체성을 구성하는 레지스탕스에 대해 비판적 역사를 쓰기가 어렵다고 밝혔다. 오브락 사건과 관련해서는 뤼시 오브락이 자신의 1984년 책에 대해 출간 당시부터 역사서나 회고록이 아니라 "소설화된 인생이야기"임을 명확히 밝혔더라면 장르의 혼동을 피했을 것이라고 아쉬움을 표하는 데 그쳤다.[68]

코르디에 못지않게 질문을 많이 던졌던 루소는 후기에서도 코르디에와 마찬가지로 원탁회의에서 역사가들이 보인 태도의 정당성을 주장했고 오브락 부부의 답변의 문제점을 지적했다. 루소에 따르면 원탁회의라는 형식은 다양한 접근을 가능케 한다는 점에서 역사가위원회보다 나은 것으로, 실제로도 이 회의에서 역사가들은 "해야 하는 모든 질문"을 했고 모든 토론 참석자가 "유보도, 검열도 없이 전적으로 자유롭게" 자신의 견해를 표명했다. 반면, 레몽 오브락은 자신의 발언들에 편차가 있음을 인정했지만 그 이유에 대한 설명을 전혀 하지 않음으로써 "의심이 지속"되도록 했고, 뤼시 오브락은 자신의 책들이 "허구에 가깝다"고 얘기했지만 그의 1984년 책 부록에 재판에서도 이용할 수 있는 동료들의 증언이 수록되었다는 점에서 "부정확한" 주장이라는 게 루소의 평가였다. 나아가 그는 '레지스탕스 신화'의 붕괴를 설득력 있게 분석한 《비시 신드롬》의 저자답게 '필요한 신화'의 재분출 현상에 대해 당혹감을 표했다. 독일강점기에 프랑스 전 국민이 레지스탕스를 위해 일치단결했다는 '레지스탕스 신화'를 깨는 데 일조한 1970년대 초의 다큐멘터리 영화 〈슬픔과 연민〉의 TV 방영을 저지할 때 사용되었던 논리가 '오브락 사건'을 계기로 다시 등장하고 있다고 보았던 것이다.[69]

코르디에, 루소와 함께 오브락 부부를 가장 곤혹스럽게 한 세 역사가 중 하나였던 베다리다는 이 두 역사가와는 달리 후기에서 원탁회의를 전혀 언급하지 않았다. 대신, 그는 다음 세 가지 사항을 지적했다. 첫 번째, 쇼비의 책은 '바르비 유언'이라는 매우 의심스런 문서에 주로 기반하고, 오브락 부부의 말과 글에만 일방적으로 비판적이고, 암시적 비방을 반복하므로 "심각한 결함"을 갖는다. 두 번째, 오브락 부부의 증언에 모순이 있다고 해서 이들의 모범적 지위가 타격을 받는 것은 아니다. 세 번째, 레지스탕스의 진정한 이미지가 전달되고 영속화되는 데 성인전이나 영웅숭배도, 비난성 문제 삼기나 공격적 태도도 필요 없다. 특히 두 번째와 세 번째 사항은 베다리다가 오브락 부부 쪽과 이들을 공격하는 진영 둘 다를 동시에 비판하는 것으로 볼 수 있다. 그럼에도 "무명인들"에 대한 역사를 써야 하며 "집단적 대모험"인 레지스탕스는 "술책과 우상 제조"로 얻을 게 전혀 없다는 결론부의 주장은 비판의 칼날이 오브락 부부 쪽을 좀 더 향하고 있음을 짐작케 한다.

오브락 부부를 도마 위에 올리는 데 동참하지 않고 토론 내내 거의 침묵을 지켰던 3명(베르낭, 아귈롱, 두주)은 모두 7월 12일자에 후기를 실었다. 오브락 부부의 지인인 동시에 20세기사 역사가가 아닌 베르낭과 아귈롱이 원탁회의 양상을 비판하며 적극 반격에 나섰다면, 강점기 역사가인 두주는 원탁회의의 존재를 아예 무시하고 오직 쇼비의 책에 대해서만 논의를 집중했다.

베르낭은 원탁회의에서 역사가들이 오브락 부부에게 어느 정도 "적대감"을 보였다는 인상을 받았으며 그러한 적대감의 이유는 레지스탕스의 역사가 자신들의 소관이라는 역사가들의 생각과 익명의 일반 레지스탕스 대원들을 더 중시하려는 경향에 있다고 분석했다. 그는 이러한 생각과 경향 자체는 옳지만 그렇다고 "우상을 파괴한다는 구실 아래 가장 위대한 자들에게 사사건건 트집 잡으려는 …… 경향에 굴복"해야 하느냐고 반문했다.

원탁회의 과정에 대한 가장 적극적인 비판은 아마도 아귈롱의 글이 될 것이다. 아귈롱에 따르면, 토론 분위기는 재판 같았으며 시간이 흐르면서 더욱 그렇게 되었다. 레몽 오브락은 "용의자로 심문" 받듯이 질문 받았고 자신은 갈수록 역사가가 아니라 변호사로 느껴졌다고 토로했다. 뤼시 오브락에 대해서는 그의 몇몇 행동과 몇몇 진술이 객관적으로 서투를 수 있다는 결론에 도달하기 위해 역사가들이 그리도 공격적인 태도를 취해야 했냐고 반문했다. 결국 아귈롱이 원탁회의에 대해 내린 평가는 후기 제목이 말해주듯이 "그다지 생산적이지 않고 고통스러운 토론"이었다.

독일강점기 역사가로서는 유일하게 원탁회의에서 오브락 부부에게 단 하나의 질문도 던지지 않았던 두주는 후기에서도 원탁회의에 대해서는 암시조차 하지 않고 오직 쇼비의 책에 대해서만 비판했다. 두주에 따르면, 쇼비의 목표는 엄격한 역사학적 방법론으로 '전설'을 공격한다는 것이었다. 그러나 실제로는 아무것도 증명하지 않은 채 오브락 부부의 배반을 암시하는 지표들만 제시했다. 그의 책에 일관성을 부여하는 유일한 논리가 오브락 부부 배반설이라는 점에서 그는 "역사가 집단"에 속할 수 없었다.[70]

원탁회의 참가자 10명 가운데 유일하게 아제마는 한 달 반이나 지난 뒤인 8월 28일에야 자신의 글을 발표했다. 이는 그만큼 고민의 깊이도 컸음을 반영하는 것으로 보인다. 이 후기 아닌 후기에 원탁회의에 대한 언급이 전혀 나오지 않는 것도 그러한 고민의 깊이를 보여주는 것으로 해석할 수 있다. 주목할 만한 변화는, 석 달 전에만 해도 아제마가 〈오브락 사건이란 없다〉는 제목의 글을 《리스투아르》지에 발표했었는데 이번 글에서는 "'오브락 사건'이라고 부르는 게 좋다"고 썼다는 점이다. 오브락 부부에 대한 의혹 제기에 반대의 목소리가 높을수록 '오브락 사건'이라는 명칭 자체를 탐탁치 않게 여겼으므로 이는 중요한 변화이고, 결국 아제마의 경우 원탁회의를 거치며 의혹이 해소되기는커녕 더욱 커진 것으로 볼 수 있다.

아제마가 이 글에서 주로 비판한 대상은 반反나치 활동가로 유명한 세르주 클라르스펠드였다. 즉 클라르스펠드가 칼뤼르 사건 이후 레몽 오브락이 파리로 이송되지 않은 이유가 당시 파리의 게슈타포가 칼뤼르 사건에 별 관심을 보이지 않았기 때문이라고 주장한 것에 아제마가 반대했던 것이다. 아제마는 클라르스펠드가 당대 문서들보다 한 게슈타포 대원의 전후 증언을 더 중시했다고 비판했다. 한편, 아제마는 원탁회의를 거론하지 않았지만 암시조차 하지 않은 것은 아니었다. 1943년 7~10월 리옹의 몽뤽 감옥에 수감 중이던 레몽 오브락에게 무슨 일이 있었는지 "밝혀지지 않은 점들"과 그 점들이 야기한 논쟁들 때문에 오브락 사건이 계속해서 역사가들을 필요로 할 것이라는 지적은 명백히 원탁회의 시 레몽 오브락의 미흡한 답변에 대한 불만을 표현하는 것이었다. 나아가 아제마는 '기억'이라는, 좀 더 거시적인 논의를 개진했다. 앞서 루소가 "필요한 신화"라고 표현한 것에 해당하는, "정치적으로 올바른" 기억이 그것이다. 아제마는 과거에는 노동계급의 기억, 다음에는 홀로코스트의 기억, 그리고 이제 레지스탕스의 기억이 그러한 지위를 차지하려 하는데 역사가들은 "이런저런 특수한 기억의 봉사자"가 되어서는 절대 안 된다고 역설했다.[71]

이렇듯 원탁회의 참가자 10명 모두가 지난 회의에 대한 소감과 입장을 직간접적으로 표명했다. 원탁회의를 전혀 언급하지 않았지만 오브락 부부를 간접적으로 비판한 참가자(베이웅, 베다리다, 아제마)가 있는가 하면, 원탁회의를 직접 거론하며 당시 상황을 비판한 참가자(오브락 부부, 코르디에, 루소, 아귈롱, 베르낭)도 있었고, 아예 원탁회의를 무시하고 쇼비에 대한 비판에 집중한 참가자(두주)도 있었다. 발언 방식은 이렇듯 서로 달랐지만 다섯 명의 역사가(코르디에, 베다리다, 루소,

아제마, 베이옹)와 나머지 세 명(및 오브락 부부)이라는 원탁회의 시의 대립구도는 후기에서도 그대로 반복되었다. 원탁회의에서는 제대로 의사를 표명하지 못했던 레몽 오브락, 베르낭, 아귈롱은 후기에서 자신의 입장을 적극 표명했다. 이상의 후기들에서 특히 주목할 만한 논의로는 "필요한" 레지스탕스 신화라는 루소의 표현과 "정치적으로 올바른" 레지스탕스 기억이라는 아제마의 표현으로, 둘 다 오브락 부부를 무비판적으로 옹호하려는 입장을 비판한 것이었다.

그러면 이상의 원탁회의 내용과 후기들에 대한 다른 이들의 반응은 어떠했을까? 우선, 이 원탁회의를 유발한 장본인인 쇼비 자신은 (오브락 부부가 애초에 원탁회의를 제안하며 기대했듯이) 낙담하기는커녕 오히려 힘을 얻은 것으로 보인다. 7월 24일자의 《리베라시옹》지에서 쇼비는 "내 저작에 대한 원탁회의를 소집하는데 저자를 초대하지도, 심지어 통보도 하지 않은 것"에 아쉬움을 표하면서도 토론 참석자들 중 일부는 오브락 부부 증언의 편차와 부정확성에 대해 "나만큼 엄격하거나 때로는 나보다도 훨씬 더 엄격"했고 〈불투명한 영역들이 여전히 남는다〉는 제목의 토론 에필로그는 자신의 책과 "동일한 결론에 도달"했다고 평가했다. 게다가 오브락 부부가 "무명의 역사가"로, 권위 있는 평자들이 "사기꾼"으로 취급한 자신의 책에 대한 원탁회의가 일간지에 무려 24쪽이나 실린 것 자체에 쇼비는 만족을 표했다. 나아가 원탁회의에 그치지 않고 사흘에 걸쳐 후기 형식으로 "토론을 연장"해준 데 대해 《리베라시옹》지에 감사를 표하기까지 했다.[72]

하지만 쇼비 자신을 제외한 다른 이들의 반응은 대부분 원탁회의라는 형식 자체와 그 토론 양상에 대해, 특히 그 토론에서 오브락 부부를 궁지에 몰아넣은 역사가들의 태도에 대해 극히 비판적이었다. 첫 포문을 연 것은 20세기사 역사가 앙투안 프로Antoine Prost였다. 그는 7월 12일자 《르몽드》지에서 자신이 "역사가로서가 아니라 인간으로서, 시민으로서" 발언한다고 전제하면서 《리베라시옹》지의 원탁회의 내용 발표를 "놀라게 하고, 불안케 하고, 가슴 아프게 하는 사회적 사건"이라고 규정했다. 그는 역사가들이 오브락 부부에게 부모 체포 및 사망의 책임에 대해 물은 것은 "과잉 질문"으로 비열한 행위이며 어떠한 가설도 비밀실험실에서 타당성을 검증 받기 전에는 공표될 수 없다고 질타했다.[73]

프로에 이어 7월 17일에는 같은 《르몽드》지에서 소장 역사학자 클레르 앙드리외Claire Andrieu와 법학자 디안 드 벨시츠Diane de Bellescize가 비판을 더욱 강화했다. 이들에 따르면 원탁회의라는 형식 자체가 학술적 결정기관도 중재위원회도 아닌, "모든 것을 뒤섞는" 것이었다. 5시간이라는 토론 시간은 토론자들(특히 질문을 받는 자들)이 버티기에는 너무 길고 한 레지스탕스 대원의 삶을 추적하기에는 너무 짧았다. 토론장소 역시 부적절한 것이어서, 긴급성이 우세한 신문사 회의실이 역사학이라는 느린 학문에 즉각적 결과를 강요했다. 일부 역사가들은 형법의 기본 규칙인 무죄추정원칙을 무시하고 오브락 부부에게 무죄의 증거를 제시할 것을 강요했다. 이 두 필자는 "학술적 요구, 사법절차, 미디어의 요구를 혼동"하는 원탁회의를 "괴물"이라고까지 표현하면서 이 괴물을 계속 사용하면 "우리가 통제할 수 없는 현상을 낳을 수 있을 것"이라고 경고했다.[74]

7월 25일에는 《리베라시옹》지의 논설을 통해 무려 11명의 역사가가 이러한 비판에 가세했다. 대부분 독일강점기를 연구하는 역사가이고 1993~94년 레지스탕스 관련 학술대회들[75]에도 참여한 이 11명의 역사가들 중에는 원탁회의에 참여했던 두주도 포함되었다.[76] 논설의 제목도 7월 9일 《리베라시옹》지가 원탁회의 회의록을 공개하며 함께 실었던 소개 글의 제목 〈역사의 교훈〉에 맞서 〈역사의 유감스런 교훈〉이었다. 이 글에서 11명의 역사가는 역사가의 "방법과 직업윤리"와 관련하여 다음과 같이 다섯 가지 사항을 강조했다. 첫째, 증인이나 관계자의 명예가 걸려 있는 한, 검증작업이 완료되기 전에는 연구 과정의 내부 문건과 가설을 공개해서는 안 된다. 둘째, 역사 지식은 신문사 편집실에서 만들어질 수 없으며, 역사학, 언론, 재판, 경찰은 각기 사실 및 과거와의 관계, 분석 방법 등이 상이하다. 셋째, 역사가와 증인의 관계는 미묘한 것이어서, "긴장된 분위기에서의 일대일 문답" 방식이 되어서는 안 된다. 넷째, 레지스탕스 출신 증인들의 특수한 지위를 고려해야 한다. 다섯째, 윤리 없는 역사는 없다. 이러한 사항들에 비추어볼 때 지난 원탁회의가 주는 '역사의 교훈'이 있었다면 그것은 "지독히 나쁜" 교훈이었고, "오브락 사건이 있는 게 아니라 역사의 개념 및 미디어 전파의 사건"이 있었다는 게 이 역사가들의 평가였다.[77]

끝으로, 앞서 보았듯이 8월 말에 아제마의 비판을 받았던 클라르스펠드 역시, 아제마에게 답하는 형식의 글(9월 1일자 《리베라시옹》지)에서 원탁회의 역사가들의 태도를 강력히 비판했다. 그에 따르면 '1943년 7~10월 리옹의 몽뤽 감옥 수감 중에 레몽 오브락에게 일어난 일' 같은 "개인적 상황"은 오직 "주변적 역사가들", 즉 2차 세계대전 같은 매력적 시기를 전혀 체험하지 못한 데 열등감을 느낀 나머지 그 시기를 직접 체험한 역사의 주역들에게 자의적으로 장단점을 분배하며 그 시기에 대한 권력을 독점하고 싶어 하는 역사가들에게만 중요한 것이었다.[78]

요컨대 원탁회의에서 오브락 부부를 집요하게 추궁했던 역사가들은 후기에서도 자신의 입장을 전혀 굽히지 않았다. 쇼비는 이 원탁회의의 양상을 보고 기운을 얻기까지 했다. 하지만 7월 12일의 프로에서 9월 1일의 클라르스펠드에 이르기까지 원탁회의 내용에 대한 반응의 주종을 이룬 것은 이 역사가들의 태도에 대해 극도로 비판적인 것이었다.

오브락 사건에서 쇼비 사건으로

1997년 5월 17일의 원탁회의는 일부 평자들에 의해 '재판소 같다'고 비판 받았지만 물론 재판은 아니었다. 그렇다고 '오브락 사건'이 재판 없이 끝나지는 않았다. 실제로 벌어진 재판은 오브락 부부가 피고로 법정에 서는 재판이 아니라 쇼비가 피고석에 서는 재판이었다. 원탁회의를 통해 자신들의 무죄를 입증하는 동시에 쇼비의 책을 확실히 규탄하려던 소기의 목적을 달성하지 못한 오브락 부부는 결국 재판을 통해 그러한 목적을 달성할 수 있었다. 오브락 부부가 쇼비와 그의 책을 출간한 알뱅 미셸사를 명예훼손죄로 고소한 것은 원탁회의가 열리기 사흘 전(5월 14일)이었으므로 그러한 고소가 원탁회의에 대한 불만에 따른 것은 아니었다.

1990년대 프랑스에서는 유독 반세기 전 독일강점기의 행위를 놓고 재판이 많이 벌어졌다. 대독협력자들에 대한 재판이 주로 반인륜범죄 재판이라는 양상을 띠었다면(1994년의 투비에 재판, 1997~98년의 파퐁 재판), 레지스탕스 출신 인사들과 관련된 재판은 대체로 명예훼손 재판이었다. 클로드 발의 다큐멘터리 영화 〈진실은 쓰다〉(1984)가 1985

년과 1987년에 잇달아 유발했던 고소, 즉 발과 베르제스에 대한 오브락 부부의 고소, 바르비와 뤼시 오브락에 대한 아르디의 고소는 모두 명예훼손 고소였다.[79] 대독협력자 재판에서는 대독협력자가 피고인 반면 레지스탕스 관련 재판에서는 레지스탕스 인사가 고소인이라는 점도 두 재판의 차이였다.

명예훼손죄로 쇼비와 그의 책을 출간한 알뱅 미셸사의 사장 프랑시스 에스메나르Francis Esménard가 법정에 선 공판은 1997년 6월부터 다음 해 4월까지 무려 9차례에 걸쳐 진행되었다.[80] 이렇듯 장기간에 걸쳐 재판이 이루어진 것 자체가 사안의 미묘함과 어려움을 말해주는 것이었다.

1998년 2월의 다섯 차례에 걸친 공판(2월 5, 6, 12, 13, 19일)에도 불구하고 판결은 4월 2일에야 내려졌는데 판결 내용은 전적으로 오브락 부부의 손을 들어주는 것이었다. 4월 2일은 공교롭게도 쇼비 재판보다 훨씬 더 유명했던 파퐁 재판의 선고일이기도 했다. 파퐁이 1942~44년의 지롱드 도청 사무국장으로 약 1,600명의 유대인을 아우슈비츠로 보내는 데 협력한 죄로 10년 금고형을 선고받은 바로 그날, 쇼비와 알뱅 미셸사 사장 에스메나르는 오브락 부부에 대한 명예훼손죄로 벌금형을 선고받았던 것이다.

파리지방법원 제17경범죄 법정은 오브락 부부에 대한 "공개 명예훼손"죄의 주모자와 공모자로 에스메나르와 쇼비에게 각각 10만 프랑과 6만 프랑의 벌금형을 선고했다. 거기에 더하여 두 사람의 연대 책임으로 레몽 오브락과 뤼시 오브락에게 각각 20만 프랑씩의 손해배상액과 3만 5,000프랑씩의 배상금을 납부할 것을 선고했다. 게다가 판결 내용을 담은 공지문을 손해배상 청구인이 지정한 5종의 정기간행물에 실을 것, 판결 이후에 배포될 쇼비의 책 간지와 속표지 사이에 동일한 공지문을 삽입할 것 역시 선고 내용에 포함되었다. 그 밖에 주식회사 알뱅 미셸 출판사가 "민사상 책임자"로 선언되었다. 총 40만 프랑이라는 손해배상액은 애초에 오브락 부부가 '레지스탕스 재단'에 기부할 용도로 요구한 액수인 100만 프랑에는 훨씬 못 미치는 것이었다. 쇼비의 책을 파기하라는 고소인 측의 요구 역시 기각되었다.[81]

사실, 이러한 선고 내용 자체보다 그러한 선고를 내리게 된 이유와 근거를 밝힌 부분이 더 중요하다. 재판부는 쇼비의 책이 "클라우스 바르비가 서명한 의견서"(일명 '바르비 유언')를 싣고 그 문건을 "44회나 인용"한 것은 "중상적 비난이나 주장의 재현"에 의한 명예훼손에 해당한다고 봤다. 그 밖에도 레몽 오브락의 1차 체포와 가석방 상황, 5월 24일의 탈주 작전, 칼뤼르 사건과 그 이후 상황, 10월 21일의 탈주 작전 등에 대해 의혹을 제기함으로써 "직접 명예훼손과 동일하게 처벌 대상"이 되는, "암시를 통한 명예훼손"을 저질렀다고 판단했다.[82]

이에 대해 쇼비는 법정에서 '바르비 의견서'는 예심서류로 제출된 공식 문서이고 1991년 이후에는 전문가들에게 이미 알려졌으므로 자신의 책이 이 문건을 실은 것은 적법하다고 변론했다. 또한 자신이 제기한 질문들은 "1997년 5월 17일 《리베라시옹》지가 개최한 '원탁회의'가 입증"했듯이 "그 시기에 대한 모든 역사가들의 질문"이기도 하다고 주장했다.[83] 쇼비가 자신의 변론 근거로 원탁회의를 끌어들인 것은 주목할 만하다. 앞서 보았듯이 원탁회의의 일부 역사가들은 몇몇 질문의 경우 쇼비보다 더 나아가기까지 했던 것이다.

더욱 특기할 만한 점은 재판부가 피의자의 "선의" 여부를 판단하는 데 역사학 방법론의 준수라는 기준을 적용했다는 것이다. 2월 13일의 공판에서도 이미 손해배상 청구인 측 변호인이 론Rhône 도 기록보관소에 있는 '퀴르틸Curtil 문서'와 블랑Blanc 군사기록보관소에 있는 '플로렉Floreck 판결문서'를 쇼비가 활용하지 않았다고 비판함으로써 그의 불철저한 역사 방법론을 문제 삼은 바 있는데[84] 4월 2일의 재판부는 그러한 방향의 비판을 더욱 확대했다. 즉 쇼비의 책은 '바르비 의견서'에 지나치게 큰 의미를 부여하고, 레몽 오브락의 1차 체포 및 가석방에 대해 고증이 불충분하고, 5월 24일의 탈주에 대한 사료들의 경중을 구별하지 않았고, 독일 문서들에 대한 사료 비판이 부실했고, 당대 사건 당사자들의 증언을 활용하지 않았다는 것이 재판부가 쇼비의 선의 여부를 판단한 주된 근거들이었다. 이어서 재판부는 "역사를 쓰거나, 학술 연구물의 정확성을 판단하거나, 그 연구물이 야기한 논쟁……을 해결하는 것은 재판소의 소관이 아니"라고 전제하면서도 쇼비가 "역사가의 사회적 책임을 잊었고, 역사학 방법의 기본 규칙들을 지키지 않았으므로" 선의라는 정상참작을 받을 수 없다고 판단을 내렸다.[85]

이전의 반인륜범죄 재판들에서 역사가위원회에 조사를 맡기거나(투비에 사건) 역사가들이 '전문가' 자격의 증인으로 법정에 선 적은 있어도(파퐁 재판) 이렇듯 재판부가 직접 나서서 역사 방법론을 거론하고 이를 판결의 근거로 삼은 것은 처음이었다.

앞서 보았듯이 1997년 7월 25일자 《리베라시옹》지를 통해 원탁회의에 대해 집단적 비판을 표명한 11명의 역사가 중 하나였던 장마리 기용은 재판부의 이러한 판결을 적극 환영했다. 그에 따르면, 재판부는 역사가의 "직업윤리만이 아니라 역사 방법론에 대해서까지 진정한 교훈을 제공"했고 이번만은 "역사적으로 적절하고 논거가 제시된

사법적 결정"에 기뻐해야 할 것이었다.[86]

그러나 이러한 평가가 역사가들의 전반적인 입장을 대변하는 것은 아니었다. 일례로 아제마는 1998년 4월 2일에 재판부가 제시한 판결의 논리가 레지스탕스 출신 인사들이 역사가들의 레지스탕스 역사 서술을 감시하려는 부당한 욕구를 고무할 것이라고 보았다.[87]

요컨대 1997년 4월 초에 쇼비가 《1943년 리옹의 오브락》을 출간하면서 촉발된 '오브락 사건'은 정확히 1년 만에 '쇼비 사건'에서 오브락 부부가 사법적으로 승리하는 것으로 끝났다. 그러나 패배자는 쇼비만이 아니었다. 오브락 부부의 '승리' 또한 단지 사법적 차원에 국한된 것으로 봐야 할 것이다.

1997년 2월 말 클로드 베리 감독의 영화 〈뤼시 오브락〉의 개봉과 4월 초 쇼비의 책 《1943년 리옹의 오브락》의 출간으로 시작된 오브락 사건은 1998년 4월 2일 파리지방법원 제17경범죄 법정이 쇼비와 알뱅 미셸사에 유죄 판결을 내림으로써 종결되었다. 그러나 이는 사법적 차원의 종결일 뿐이지, 오브락 부부의 1943년 행적에 대한 모든 의혹이 해소된 것은 아니었다. 사법적 결정이 역사적 진실을 담보하지 못한다는 사실은 9장에서 보았듯이 일찍이 반세기 전의 재판에서 (칼뤼르 사건에 대한 책임이 큰 것으로 역사가들이 판단하는) 아르디가 두 차례나(1947, 1950) 무죄 판결을 받은 데서도 알 수 있다. 게다가 재판부가 역사학 방법론을 거론하고 역사가의 사회적 책임을 운위한 것은 쇼비의 문제제기 방식에 동의하지 않는 역사가들조차 당혹케 하는 것이었다.

사실, 오브락 사건과 관련하여 이러한 사법부 판결보다 여파가 훨씬 더 컸던 것은 1997년 5월 17일에 이루어지고 7월 9일에 그 내용이 공개된 원탁회의였다. 오브락 부부가 기대했듯이 원탁회의 참석자는 모두 (쇼비가 기반한) 베르제스-바르비의 '오브락 부부 배반설'을 전면 거부했다. 하지만 원탁회의의 토론 과정과 그 결과에 대해서는 오브락 부부도, 토론에 참여한 역사가들도, 원탁회의 밖의 역사가들도 만족하지 않았다. 만족은커녕 모두들 당혹감과 실망과 분노를 표출했다. 역사적 사건의 증인들과 전문역사가들이 한 자리에 모여 터놓고 토론한다는 것은 그 자체로 참신한 실험이었으나 긍정적인 성과는 도출되지 않았다. 역사가들은 오브락 부부의 미진하고 불투명한 답변에 실망했고, 오브락 부부와 또 다른 역사가들은 일부 역사가들의 무례한 질문 방식에 분노했다.

4년 전의 '장 물랭 사건'에 이어 이번에도 한 권의 책이 레지스탕스 영웅(혹은 스타)을 문제시하고 그러한 움직임이 주목을 끌고 어느 정도 지지를 받았던 것은 레지스탕스 신화와 '정치적으로 올바른' 레지스탕스 담론에 대한 염증을 부분적으로 반영한다. 또한 장 물랭이 1943년의 레지스탕스 통합 과정에서 공산주의자들을 배제하지 않았던 것과 오브락 부부가 전후에 줄곧 공산당과 공산국들에 대한 우호적 입장을 숨기지 않은 것이 1990년대 두 사건이 발생하게 된 요인의 하나라는 사실은 이 시기 프랑스 지성계에서의 반공주의 담론의 위력을 보여주는 것이기도 하다. 하지만 두 사건의 공통점은 거기서 끝난다. 4년 전의 장 물랭 소련첩자설은 그것을 제기한 언론인 티에리 볼통의 부실한 역사 방법론으로 더 이상 지속될 수 없었다. 그러나 오브락 사건은 게슈타포 이중첩자설의 폐기에도 불구하고 말끔하게 해결될 수 없었다. 오브락 사건을 해결할 것으로 기대되었던 원탁회의는 그 사건을 더욱 증폭시킴으로써 지속시켰다.

끝으로, 이 사건에서 특기할 만한 점은 주된 대립구도가 역사가 대 레지스탕스도, 역사가 대 사법부도, 역사가 대 언론인도 아니었다는 것이다. 4년 전 볼통의 책에 맞서 대부분의 독일강점기 역사가들이 동일한 반대 목소리를 냈던 것과 달리 이번에는 같은 분야의 역사가들이 서로 다른 목소리를 냈고 종종 대립하기까지 했다. 대부분의 레지스탕스 인사들은 쇼비의 책에 분개했다. 하지만 오브락 부부의 태도를 가장 통렬히 비판한 역사가는 다름 아닌 레지스탕스 출신의 코르디에였다. 쇼비 책의 서문을 쓴 것도 레지스탕스 인사였다. 쇼비에게 벌금형을 내린 사법부의 판결에 기뻐한 역사가가 있는가 하면 불쾌해한 역사가도 있었다. 이는 그만큼 오브락 사건의 쟁점이 복잡하게 뒤얽혀 있고, 1997년의 프랑스 사회가 레지스탕스 담론/신화에 대한 염증과 레지스탕스 가치의 위협에 대한 분노가 팽팽하게 공존하는 장임을 나타내는 것으로 봐야 할 것이다.

주석

책머리에

1 Olivier Wieviorka, *La mémoire désunie. Le souvenir politique des années sombres, de la Libération à nos jours*(Paris: Seuil, 2010), p. 23.

2 André Mornet, *Quatre ans à rayer de notre histoire*(Paris: Self, 1949).

3 Henry Rousso et Éric Conan, *Vichy, un passé qui ne passe pas*(Paris: Fayard, 1994).

4 Thomas Fontaine et Denis Peschanski, *La Collaboration. Vichy Paris Berlin 1940–1945*(Paris: Tallandier, 2014).

5 François Broche, *Dictionnaire de la Collaboration. Collaborations, compromissions, contradictions*(Paris: Belin, 2014).

6 Rousso et Conan, *Vichy, un passé qui ne passe pas*(Paris: Gallimard, 1996[초판은 Fayard, 1994]), pp. 23~28; Éric Alary et Bénédicte Vergez-Chaignon, *Dictionnaire de la France sous l'Occupation*(Paris: Larousse, 2011), pp. 51~55.

1장 협력자, 반역자, 콜라보

* 이 글은 이용우, 〈협력자, 반역자, 콜라보 : 해방 후 프랑스의 대독협력자 인식〉, 《역사교육》 111, 2009를 수정, 보완한 것이다.

1 Pierre Milza, dir., *Sources de la France du XXe siècle*(Paris: Larousse, 1997), pp. 211~212에 그 연설문 전문全文이 실려 있다.

2 '국가적 협력'과 '협력주의자'는 강점기 프랑스의 대독협력을 특징짓는 가장 대표적인 두 가지 개념이다. 전자는 비시 정부가 단기적으로는 휴전협정이 부과한 가혹한 조건들을 완화하고 장기적으로는 앞으로 나치 독일이 지배할 '새로운 유럽'에서 제2의 지위를 프랑스가 차지하게 하려는 의도에서 추구한 대독협력 정책을 지칭하고, 후자는 파리를 주무대로 파시즘/나치즘

을 지지하거나 그와 유사한 이념을 추구하고 나치 독일의 재정 지원을 받아가며 정치적, 군사적, 이데올로기적 대독협력을 전면적으로 수행한 정치인, 언론인, 작가 등을 가리킨다. Henry Rousso, *La collaboration*(Paris: M. A. Éditions, 1987), pp. 54~57, 68~73.

3 이용우,《프랑스의 과거사 청산—숙청과 기억의 역사, 1944~2004》, 역사비평사, 2008, 87~90, 143쪽.

4 *Grand Larousse encyclopédique*, tome 3(Paris: Larousse, 1960); *Nouveau Petit Larousse*(Paris: Larousse, 1970); *Dictionnaire Hachette*(Paris: Hachette, 1980); *Le nouveau Petit Robert*(Paris: Le Robert, 1995).

5 *Grand Larousse encyclopédique*, tome 3.

6 *Nouveau Petit Larousse*.

7 *Dictionnaire Hachette*.

8 *Le nouveau Petit Robert*, p. 402.

9 《외국의 식민지 · 점령지 과거사청산 법령 I》, 친일반민족행위진상규명위원회, 2007, 263쪽. 불어 원문은 Marc Olivier Baruch, dir., *Une poignée de misérables*(Paris: Fayard, 2003), pp. 564~565에 수록되어 있다.

10 P. H. Boublet, *La collaboration, l'épuration, la confiscation, les réparations aux victimes de l'occupation*(Paris, 1945), p. 11, 14.

11 《외국의 식민지·점령지 과거사청산 법령 I》, 278쪽. 불어 원문은 *Défense de l'occident*, n° 39 (janvier–février 1957), pp. 27~31에 수록되어 있다.

12 《외국의 식민지·점령지 과거사청산 법령 I》, 278~279쪽; *Défense de l'occident*, n° 39, pp. 28~29.

13 《외국의 식민지·점령지 과거사청산 법령 I》, 272쪽; *Défense de l'occident*, n° 39, p. 25.

14 '협력자' 라는 표현은 1944년 8월 26일의 국민부적격죄 도입 명령의 (본문이 아닌) '입법이유서'에 단 한 번 나온다(《외국의 식민지·점령지 과거사청산 법령 I》, 276쪽). 한편, '협력' 이라는 용어는 몇 차례 나온다. 국민부적격죄 도입령 제1조에 몇 차례 나오며, 1944년 6월 26일 명령의 공식 명칭 자체가 "협력행위 처벌에 관한" 명령이었다.

15 Jean–Paul Sartre, "Qu' est–ce qu' un collaborateur?", *La République française*, Vol. II, No. 8(août 1945), pp. 5~6; Vol. II, No. 9(septembre 1945), pp. 14~17; Sartre, *Situations, III*(Paris: Gallimard, 2003), pp. 35~48.

16 Sartre, *Situations, III*, p. 36.

17 Sartre, *Situations, III*, p. 36.

18 Sartre, *Situations, III*, p. 36.

19 Sartre, *Situations, III*, p. 39.

20 Sartre, *Situations, III*, p. 37.

21 Sartre, *Situations, III*, pp. 37~38.

22 Sartre, *Situations, III*, p. 39.

23 Sartre, *Situations, III*, p. 40.

24 Sartre, *Situations, III*, p. 47.

25 Sartre, *Situations,III*, pp. 43~44, p. 47.

26 Sartre, *Situations,III*, p. 44.

27 Sartre, *Situations,III*, p. 45.

28 Michael Kelly, "The View of Collaboration during the 'Après-Guerre'", G. Hirschfeld and P. Marsh, ed., *Collaboration in France*(Oxford: Berg, 1989), pp. 242~243; *La France et les Français de la Libération 1944-1945*(Paris: BDIC, 1984), p. 29.

29 Sartre, *Situations,III*, pp. 45~46.

30 Sartre, *Situations,III*, p. 46.

31 Charles de Gaulle, *Discours et message*(Paris: Plon, 1970), tome I: *Pendant la Guerre*(juin 1940-juin 1946), p. 455.

32 당시 프랑스 인구가 약 4,050만 명(INSEE, *Annuaire statistique*, Paris, 1952, p. 23)이었으므로 2퍼센트면 무려 81만 명에 해당한다.

33 Sartre, *Situations,III*, p. 35.

34 Sartre, *Situations,III*, p. 35.

35 Jean Fréville, *Les collabos*(Paris: Flammarion, 1946).

36 Jean Fréville, *Les collabos*, p. 5.

37 Jean Fréville, *Les collabos*, p. 6.

38 Jean Fréville, *Les collabos*, pp. 6~7.

39 Jean Fréville, *Les collabos.*, pp. 6~7

40 《르몽드》지에서 '협력자' 라는 단어가 쓰인 것은 1944년 12월에 2회, 1945년 1월에 1회, 1946년 3월에 1회뿐이었고, '반역자' 라는 단어가 쓰인 것은 1944년 12월에 1회, 1946년 8월에 1회뿐이었다. *Le Monde*, 29 décembre 1944, pp. 1~2; 30 décembre 1944, p. 2; 24 janvier 1945, p. 2; 5 mars 1946, p. 5; 25-26 août 1946, p. 1.

41 《르 피가로》지에서 '협력자' 란 단어가 쓰인 것은 1944년 10월에 2회, 11, 12월에 각각 1회, 1945년 4월에 2회뿐이었고, '반역자' 란 단어는 거의 쓰이지 않았다. *Le Figaro*, 20 octobre 1944, p. 2; 22-23 octobre 1944, p. 2; 28 novembre 1944, p. 2; 7 décembre 1944, p. 2; 7 avril 1945, p. 2; 23 avril 1945, p. 2.

42 프랑스 공산당은 1945년 10월의 총선에서 26.2퍼센트의 득표율로 제1당, 1946년 6월의 총선에서 25.9퍼센트의 득표율로 제2당, 같은 해 11월에는 28.2퍼센트의 득표율로 제1당의 지위를 각각 차지했다. Jacques Chapsal, *La vie politique en France depuis 1940*(Paris: PUF, 1972), pp. 643~645.

43 《뤼마니테》지의 발행부수는 1945년 1월에 32만 6,000부, 그해 말에 52만 부로 당대 최고수준을 기록했다. Claude Bellanger et al., dir., *Histoire générale de la presse française*, t. IV: *De 1940 à 1958*(Paris: PUF, 1975), p. 300.

44 이 그래프는 1944년 8월 21일자부터 1945년 12월 31일자까지의 《뤼마니테》지에서 '협력자' 와 '반역자' 라는 용어들이 등장한 빈도를 월별로 합산하여 도시한 것이다.

45 *L'Humanité*, 3 septembre 1944, p. 1.

46 *L'Humanité*, 30 septembre 1944, p. 1.

47 *L'Humanité*, 19 octobre 1944, p. 2.

48 *L'Humanité*, 3 octobre 1944, p. 2.

49 *L'Humanité*, 29 novembre 1945, pp. 1~2.

50 18,000명이라는 수치는 이후 신문들에서 20,000명으로 슬며시 반올림되었다. *L'Humanité*, 1 décembre 1945, p. 1; 2-3 décembre 1945, p. 1.

51 Henry Rousso, "L' épuration en France, une histoire inachevée", *Vichy. L'événement, la mémoire, l'histoire*(Paris: Gallimard, 2001), pp. 519~521.

52 이 그래프는 1944년 8월 21일자부터 1946년 12월 31일자까지의 《르 포퓔레르》지에서 '협력자'와 '반역자' 라는 용어들이 등장한 빈도를 월별로 합산하여 도시한 것이다.

53 *Le Populaire*, 21 août 1944, p. 2; 22 août 1944, p. 1; 23 août 1944, p. 2; 25 août 1944, p. 2.

54 *Le Populaire*, 26 août 1944, p. 2; 27 août 1944, p. 2. 나머지 두 명은 문인과 언론인이었다.

55 *Le Populaire*, 27 octobre 1945, p. 1.

56 18,000명설은 《르 포퓔레르》지에 의해서도 보도되었다. *Le Populaire*, 28 novembre 1945, p. 1; 29 novembre 1945, p. 1.

57 *France-Soir*, 27 octobre 1945, p. 1.

58 '협력' 그룹에 대해서는 Rousso, *La collaboration*, pp. 67~68을 보라.

59 당시 협력자 처벌에 대한 여론 문제는 이용우, 《프랑스의 과거사 청산》, 역사비평사, 2008, 제3부; 이용우, 〈프랑스의 대독협력자 숙청에 대한 여론과 기억, 1944-2004〉, 《서양사론》 92, 2007을 보라.

60 *Le Populaire*, 25-26 novembre 1945, p. 1.

61 *Le Populaire*, 30 mars 1946, p. 3.

62 *Le Populaire*, 27-28 octobre 1946, p. 1.

63 *Le Canard enchaîné*, 18 octobre 1944, p. 1.

64 이에 대해서는 이용우, 《프랑스의 과거사 청산》, 61~65쪽을 보라.

65 *Le Canard enchaîné*, 14 mars 1945, p. 4.

66 나머지 5개는 가스가로등, 우물, 프랑수아 모리악François Mauriac, 감옥, 교수형대였다. 모리악은 당시 대독협력자들에 대한 관용을 주로 주장하던 작가였고, 가스가로등(군중들에 의해 교수형대로 쓰인), 감옥, 교수형대는 모두 협력자에 대한 처벌을 상징하는 이미지였다.

67 *L'Humanité*, 3 janvier 1951, p. 4; 25 juillet 1953, p. 4; 8 août 1953, p. 6.

68 André Frossard, *Histoire paradoxale de la IV*ème République(Paris: B. Grasset, 1954), p. 52.

69 Robert Paxton, *Vichy France. Old Guard and New Order 1940-1944*(New York : A.A. Knopf, 1972).

70 Jean-Pierre Azéma, *La collaboration(1940-1944)*(Paris: PUF, 1975).

71 Pascal Ory, *Les collaborateurs 1940-1945*(Paris: Seuil, 1976).

72 *Le Monde*, 29 décembre 1978, p. 11.

73 Henri Amouroux, *Les beaux jours des collabos. Juin 1941-Juin 1942, La grande histoire des Français sous l'occupation 1939-1945*, volume 3(Paris: R. Laffont, 1978).

[74] Henry Rousso, *La collaboration*(Paris: M.A. Éditions, 1987).

[75] *Le Nouvel Observateur*, n° 1,171(17 au 23 avril 1987).

2장 새로운 범죄의 탄생: 국민부적격죄

* 이 글은 이용우, 〈해방후 프랑스의 '국민부적격'과 공민재판부〉, 《서양사론》 107, 2010을 수정, 보완한 것이다.

[1] Henry Rousso, "L'épuration en France, une histoire inachevée", *Vichy. L'événement, la mémoire, l'histoire*(Paris: Gallimard, 2001), pp. 522~523.

[2] Ordonnance du 26 juin 1944 relative à la répression des faits de collaboration, Marc Olivier Baruch, dir., *Une poignée de misérables*(Paris: Fayard, 2003), p. 565.

[3] Anne Simonin, *Le déshonneur dans la république, une histoire de l'indignité 1791–1958*(Paris: B. Grasset, 2008), p. 398.

[4] CGE는 해방 전후 드골 임시정부의 첫 법무부장관으로 협력자 숙청을 주도하게 될 프랑수아 드 망통François de Menthon이 레지스탕스 전국회의CNR(Conseil National de la Résistance) 의장 장 물랭Jean Moulin에게 제안한 것이 받아들여져 1942년 7월에 결성된 조직이다. Bertram M. Gordon, ed., *Historical Dictionary of World War II France*(Westport: Greenwood Press, 1998), p. 77, 241; Robert Aron, *Histoire de l'épuration*, tome II(Paris: Fayard, 1969), pp. 78~79.

[5] Simonin, "L'indignité nationale: un châtiment républicain", Baruch, dir., *Une poignée de misérables*, p. 41.

[6] Simonin, *Le déshonneur dans la république*, p. 407에서 재인용.

[7] Simonin, *Le déshonneur dans la république*, pp. 406~407에서 재인용.

[8] Aron, *Histoire de l'épuration*, tome II, pp. 92~93; Simonin, "L'indignité nationale", p. 50.

[9] Simonin, *Le déshonneur dans la république*, p. 405.

[10] Ordonnance du 26 juin 1944, p. 564.

[11] Aron, *Histoire de l'épuration*, tome II, p. 83; Simonin, "L'indignité nationale", p. 42.

[12] Aron, *Histoire de l'épuration*, tome II, p. 84.

[13] Alain Bancaud, "La construction de l'appareil juridique", Baruch, dir., *Une poignée de misérables*, p. 74.

[14] Peter Novick, *The Resistance versus Vichy. The Purge of Collaborators in Liberated France*(New York: Columbia University Press, 1968), p. 146; Simonin, *Le déshonneur dans la république*, p. 413.

[15] Novick, *The Resistance versus Vichy*, pp. 146~147에서 재인용.

[16] Simonin, *Le déshonneur dans la république*, p. 415.

[17] Simonin, *Le déshonneur dans la république*, p. 416.

[18] Ordonnance du 26 août 1944 instituant l' indignité nationale, Simonin, *Le déshonneur dans la république*, pp. 688~689.

[19] Simonin, *Le déshonneur dans la république*, p. 687.

[20] Simonin, *Le déshonneur dans la république*, p. 687.

[21] Aron, *Histoire de l'épuration*, tome II, p. 84.

[22] Ordonnance du 26 août 1944, p. 687.

[23] Ordonnance du 26 août 1944, p. 690.

[24] Ordonnance du 26 décembre 1944 portant modification et codification des textes relatifs à l' indignité nationale, *Journal officiel de la République française*, 27 décembre 1944, p. 2,078.

[25] Ordonnance du 26 août 1944, p. 690; Ordonnance du 26 décembre 1944, p. 2,078.

[26] "Textes officiels relatifs à l' épuration", Baruch, dir., *Une poignée de misérables*, p. 554; Simonin, "L' indignité nationale", p. 56.

[27] Ordonnance du 26 décembre 1944, p. 2,078.

[28] Simonin, "L' indignité nationale", p. 46.

[29] Simonin, "L' indignité nationale", p. 52.

[30] Simonin, "L' indignité nationale", p. 52, 54; Simonin, *Le déshonneur dans la république*, p. 414; Novick, *The Resistance versus Vichy*, p. 147.

[31] Simonin, "L' indignité nationale", pp. 57~58.

[32] Simonin, *Le déshonneur dans la république*, p. 464.

[33] Novick, *The Resistance versus Vichy*, p. 149.

[34] Xavier Vallat, "Les Cours de Justice", *Défense de l'occident*, n° 39(janvier–février 1957), p. 52.

[35] Simonin, "L' indignité nationale", pp. 43~44, 49.

[36] Simonin, "L' indignité nationale", pp. 56~57.

[37] Ordonnance du 26 août 1944, p. 689.

[38] Simonin, "L' indignité nationale", p. 56.

[39] Ordonnance du 26 juin 1944, p. 564.

[40] Ordonnance du 26 août 1944, p. 689.

[41] Ordonnance du 26 août 1944, p. 689.

[42] Ordonnance du 26 juin 1944, p. 564.

[43] Ordonnance du 26 août 1944, p. 689.

[44] Ordonnance du 26 juin 1944, p. 564; Ordonnance du 26 août 1944, p. 690.

[45] Rousso, "L' épuration en France", pp. 522~523.

[46] Rousso, "L' épuration en France", p. 523.

[47] Ordonnance du 26 août 1944, p. 689.

[48] Rousso, "L' épuration en France", p. 522.

[49] Ordonnance du 26 août 1944, p. 687.

[50] Ordonnance du 26 août 1944, p. 688

51 Marcel Baudot, "L' épuration: bilan chiffré", *Bulletin de l IHTP*, n° 25(septembre 1986), p. 45.

52 G. Rougeron, *L'épuration en Allier*(Moulins: Conseil général de l' Allier, 1982), p. 23.

53 Yves-Frédéric Jaffré, *Les tribunaux d'exception 1940-1962*(Paris: Nouvelles éditions latines, 1962), pp. 206~207.

54 Ordonnance du 26 août 1944, pp. 688~689; Ordonnance du 26 décembre 1944, p. 2,076.

55 Simonin, *Le déshonneur dans la république*, p. 535.

56 Marc Bergère, *Une société en épuration. Épuration vécue et perçue en Maine-et-Loire. De la Libération au début des années 50*(Rennes: Presses universitaires de Rennes), p. 112.

57 Ordonnance du 26 août 1944, p. 688, 690.

58 Simonin, "L' indignité nationale", p. 55.

59 Jean Meynier, *La justice en Limousin au temps de la Libération. Les tribunaux d'exception, 1944-1948*(Limoges: R. Dessagne, 1975), p. 41; Larrieu, "L' épuration judiciaire dans les Pyrénées-Orientales", *Revue d histoire de la Deuxième Guerre mondiale*, n° 112(octobre 1978), p. 36.

60 Rougeron, *L'épuration en Allier*, p. 23.

61 Meynier, *La justice en Limousin au temps de la Libération*, p. 41.

62 Simonin, *Le déshonneur dans la république*, p. 448.

63 *Journal officiel de la République française*, *Lois et décrets*, 17 août 1947, p. 8,058.

64 *Journal officiel de la République française*, 29 août 1947, p. 8,566.

65 *Journal officiel de la République française*, 10 février 1949, p. 1,498.

66 *Journal officiel de la République française*, 6 janvier 1951, p. 262.

67 *Journal officiel de la République française*, 7 août 1953, p. 6,942.

3장 사법적 망각: 관용이냐, 복권이냐?

* 이 글은 이용우, 〈망각, 관용, 복권: 전후戰後 프랑스의 대독협력자 사면〉, 《동국사학》 48, 2010을 수정, 보완한 것이다.

1 이용우, 〈초법적 숙청과 사법적 숙청—해방후 프랑스의 부역자 처벌〉, 《역사학보》 181, 2004, 280~283쪽.

2 이용우, 《프랑스의 과거사 청산—숙청과 기억의 역사, 1944~2004》, 역사비평사, 2008, 85~86쪽.

3 Stéphane Gacon, "L' amnistie de la Collaboration", Marc Olivier Baruch, dir., *Une poignée de misérables*(Paris: Fayard, 2003), p. 466; Jacqueline Lévy-Valensi, dir., *Camus à Combat*(Paris: Gallimard, 2002), p. 289.

4 *Journal officiel de la République française, Lois et décrets*, 17 avril 1946, pp. 3,222~3,223.

[5] *Journal officiel de la République française*, 17 août 1947, p. 8,058.
[6] *Journal officiel de la République française*, 17 août 1947, p. 8,058.
[7] *Journal officiel de la République française*, 29 août 1947, p. 8,566.
[8] *Journal officiel de la République française*, 10 février 1949, p. 1,498.
[9] *Journal officiel de la République française*, 10 février 1949, p. 1,498.
[10] Stéphane Gacon, *L'amnistie de la Commune à la guerre d'Algérie*(Paris: Seuil, 2002), p. 204에서 재인용.
[11] Georges Bidault, "Oublier tout ce qui peut être oublié", *L'Aube*, 5–6 mars 1949, p. 1; 7 mars 1949, p. 1, 4.
[12] 이는 1949년 3월 29일의 기자회견에서 발언한 것이다. Henry Rousso, "Vichy, le grand fossé", *Vingtième Siècle*, n° 5(janvier–mars 1985), p. 68에서 재인용.
[13] Jean–Paul Cointet, *Expier Vichy*(Paris: Perrin, 2008), p. 441; Gacon, *L'amnistie*, pp. 225~226.
[14] *Sondages de l'opinion publique française*, n° 48, juin–juillet 1949, p. 707.
[15] *Le Figaro*, 21 juin 1949, p. 1.
[16] *Sondages de l'opinion publique française*, n° 48, juin–juillet 1949, p. 708.
[17] *Combat*, 21, 22, 23–24, 25, 26, 27, 28, 30 avril, 2, 3, 4, 6, 7–8 mai 1949.
[18] *Combat*, 21 avril 1949, p. 1.
[19] *Combat*, 23–24 avril 1949, p. 1.
[20] *Combat*, 25 avril 1949, p. 1.
[21] *Combat*, 3 mai 1949, p. 1.
[22] *Combat*, 23–24 avril 1949, p. 3.
[23] *Combat*, 26 avril 1949, p. 1.
[24] *Combat*, 7–8 mai 1949, p. 1.
[25] *Combat*, 21 avril 1949, p. 1.
[26] *Combat*, 7–8 mai 1949, p. 3.
[27] Robert Aron, *Histoire de l'épuration*, t. 3, volume II: *Le monde de la presse, des arts, des lettres... 1944–1953*(Paris: Fayard, 1975), pp. 356~357.
[28] Robert Aron, *Le monde de la presse, des arts, des lettres... 1944–1953*, p. 358에서 재인용.
[29] Robert Aron, *Le monde de la presse, des arts, des lettres... 1944–1953*, pp. 358~359.
[30] Aron, *Histoire de l'épuration*, pp. 360~362.
[31] Aron, *Histoire de l'épuration*, pp. 362~363; Gacon, *L'amnistie*, p. 229.
[32] Gacon, *L'amnistie*, p. 231.
[33] *Journal officiel de la République française, L'Assemblée nationale, Débats parlementaires*, 25 octobre 1950, p. 7,109, pp. 7,111~7,112.
[34] *Journal officiel de la République française, L'Assemblée nationale, Débats parlementaires*, p. 7,103, 7,109, 7,113.
[35] *Journal officiel de la République française, L'Assemblée nationale, Débats parlementaires*, p. 7,103, 7,108, 7,114.

36 *Journal officiel de la République française, L'Assemblée nationale, Débats parlementaires*, p. 7,103.

37 *Journal officiel de la République française, L'Assemblée nationale, Débats parlementaires*, p. 7,114.

38 *Journal officiel de la République française, L'Assemblée nationale, Débats parlementaires*, p. 7,102.

39 *Journal officiel de la République française, L'Assemblée nationale, Débats parlementaires*, p. 7,113.

40 *Journal officiel de la République française, L'Assemblée nationale, Débats parlementaires*, p. 7,104, 7,107.

41 *Journal officiel de la République française, L'Assemblée nationale, Débats parlementaires*, p. 7,109, 7,111.

42 *Journal officiel de la République française, L'Assemblée nationale, Débats parlementaires*, pp. 7,111~7,112.

43 *Journal officiel de la République française, L'Assemblée nationale, Débats parlementaires*, p. 7,113.

44 *Journal officiel de la République française*, 5 novembre 1950, p. 7,475.

45 *Journal officiel de la République française*, 8 novembre 1950, p. 7,497, pp. 7,499~7,500, 7,510, 7,512.

46 Cointet, *Expier Vichy*, p. 462; Henry Rousso, *Le syndrome de Vichy de 1944 à nos jours*(Paris: Seuil, 1990), p. 67.

47 *Journal officiel de la République française*, 6 janvier 1951, p. 260.

48 *Journal officiel de la République française*, 6 janvier 1951, p. 260.

49 *Journal officiel de la République française*, 6 janvier 1951, pp. 260~261.

50 *Journal officiel de la République française*, 6 janvier 1951, p. 261.

51 *Journal officiel de la République française*, 6 janvier 1951, p. 261.

52 *Journal officiel de la République française*, 6 janvier 1951, p. 262.

53 Sylvie Guillaume, *La France contemporaine 1946-1990, chronologie commentée*, tome I, *La IVe* république(Paris: Perrin, 1990), p. 299.

54 Gacon, *L'amnistie*, p. 235.

55 Guillaume, *La France contemporaine*, p. 299; Rousso, "Vichy, le grand fossé", p. 69.

56 *Le Monde*, 9 août 1951, p. 4.

57 *Le Monde*, 9 août 1951, p. 4; 24 août 1951, p. 4; 25 août 1951, p. 5.

58 *Le Monde*, 26 décembre 1951, p. 12; 28 décembre 1951, p. 4; Gacon, *L'amnistie*, p. 238.

59 Gacon, *L'amnistie*, pp. 238~239.

60 Le Comité d' Action de la Résistance, *Résolution du Comité d'Action de la Résistance*, BDIC Archives, 1952.

61 *Journal officiel de la République française*, 12 juillet 1952, pp. 3,898~3,899.

62 *Journal officiel de la République française*, 25 octobre 1950, p. 7,109.

63 *Journal officiel de la République française*, 12 juillet 1952, p. 3,905, 3,911.

64 *Journal officiel de la République française*, 12 juillet 1952, p. 3,900.

65 *Journal officiel de la République française*, 29 octobre 1952, p. 4,503.

66 *Journal officiel de la République française*, 29 octobre 1952, pp. 4,506~4,509; *Le Monde*, 30 octobre 1952, p. 5.

67 *Le Monde*, 23-24 novembre 1952, p. 4. 고티에의 제안은 406 대 205표로, 맹조의 제안은 405

대 208표로 각각 거부되었다.

68 *Le Monde*, 23–24 novembre 1952, p. 4.

69 *Le Monde*, 23–24 novembre 1952, p. 4; *Le Monde*, 26 novembre 1952, p. 12.

70 *Le Monde*, 27 novembre 1952, p. 5.

71 *Le Monde*, 12 mars 1953, p. 5.

72 *Le Monde*, 12 mars 1953, p. 5.

73 *Le Monde*, 9 juillet 1953, p. 7.

74 *Le Monde*, 10 juillet 1953, p. 4; 11 juillet 1953, p. 11.

75 *Le Monde*, 26–27 juillet 1953, p. 5.

76 *Journal officiel de la République française*, 7 août 1953, pp. 6,942~6,944.

77 필자가 이 도표를 그리는 데 사용한 수치들의 출처는 다음과 같다. Cointet, *Expier Vichy*, p. 507; Peter Novick, *The Resistance versus Vichy. The Purge of Collaborators in Liberated France*(New York: Columbia University Press, 1968), pp. 187~188; *Le Monde*, 25 octobre 1952, p. 12.

78 Cointet, *Expier Vichy*, p. 444.

4장 강점기 프랑스의 유대인 박해와 홀로코스트 협력

* 이 글은 이용우, 〈반유대주의와 국가적 협력 – 독일 강점기 프랑스의 유대인 박해, 1940~1944〉, 《서양사론》 101, 2009를 수정, 보완한 것이다.

1 *Les collections de l'Histoire*, n° 3(octobre 1998), p. 40.

2 François et Renée Bédarida, "La persécution des Juifs", *La France des années noires*, tome 2(Paris: Seuil, 2000), p. 150.

3 Michael R, Marrus and Robert O. Paxton, *Vichy France and the Jews*(Stanford: Stanford University Press, 1995[초판은 1981]), p. xvii.

4 이 분야에 대한 고전은 여전히, 캐나다 역사가인 매러스와 미국 역사가 팩스턴–《비시 프랑스》의 저자로 유명한–의 1981년 저작이다. Michael R, Marrus and Robert O. Paxton, *Vichy France and the Jews*(New York: Basic Books, 1981). 한편, 프랑스 강제이송 유대인 자녀협회 회장이자 변호사인 세르주 클라르스펠드는 방대한 사료집을 첨부한 역사서를 1983~85년에 내놓았고 2001년에는 더욱 방대한 사료집을 출간했다. Serge Klarsfeld, *Vichy–Auschwitz*, tome 1. *Le rôle de Vichy dans la Solution finale de la question juive en France–1942*(Paris: Fayard, 1983); tome 2. *Le rôle de Vichy dans la Solution finale de la question juive en France–1943~1944*(Paris: Fayard, 1985); *Le calendrier de la persécution des Juifs de France*, tome 1. *juillet 1940–août 1942*(Paris: Fayard, 2001); tome 2. *septembre 1942–août 1944*(Paris: Fayard, 2001). 최근에는 프랑스의 역사가 로랑 졸리가 자신의 박사논문을 기반으로 '유대인문제총국'의 역사를 다룬 주목할 만한 저작을 내놓

았다. Laurent Joly, *Vichy dans la "Solution finale". Histoire du commissariat général aux Questions juives(1941~1944)*(Paris: Grasset, 2006).

5 1940년 9월 27일과 1941년 4월 26일의 독일점령당국명령 전문全文은 Klarsfeld, *Le calendrier de la persécution des Juifs de France*, tome 1. *juillet 1940~août 1942*, pp. 26~28, 84~85에, 비시 정부의 두 유대인지위법 전문은 Dominique Rémy, *Les lois de Vichy*(Paris: Romillat, 1992), pp. 87~89, 116~122에 각각 수록되어 있다.

6 이는 기본적으로 1935년 나치 독일의 제국국적법 시행령의 유대인 규정을 따른 것이다. 로버트 S. 위스트리치, 송충기 옮김, 《히틀러와 홀로코스트》, 을유문화사, 2004, 94~95쪽.

7 독일점령당국 쪽은 '인종'이라는 표현에 대해 프랑스 여론의 반감을 고려하여 그러한 용어를 쓰지 않았던 반면, 비시 정부 쪽은 오히려 독일당국을 의식하여 인종이라는 표현을 넣었던 것으로 볼 수 있다.

8 Klarsfeld, *Le calendrier de la persécution des Juifs de France*, tome 1, p. 28.

9 Rémy, *Les lois de Vichy*, pp. 87~89.

10 Klarsfeld, *Le calendrier de la persécution des Juifs de France*, tome 1, p. 85.

11 Rémy, *Les lois de Vichy*, pp. 117~118.

12 Klarsfeld, *Le calendrier de la persécution des Juifs de France*, tome 1, p. 28.

13 Rémy, *Les lois de Vichy*, p. 122.

14 Rémy, *Les lois de Vichy*, p. 118, 121.

15 Marrus and Paxton, *Vichy France and the Jews*, pp. 98~99.

16 Bédarida, "La persécution des Juifs", pp. 159~160.

17 Robert O. Paxton, *Vichy France: Old Guard and New Order, 1940~1944*(New York: A.A. Knopf, 1972, 2001), pp. 173~174; Marrus and Paxton, *Vichy France and the Jews*, p. 5, pp. 12~14; Richard H. Weisberg, *Vichy law and the Holocaust in France*(New York: New York University Press, 1996), pp. 1~4, 38.

18 Marrus and Paxton, *Vichy France and the Jews*, pp. 81~83; Bertram M. Gordon, ed., *Historical Dictionary of World War Ⅱ France*(Westport: Greenwood Press, 1998), p. 79.

19 Klarsfeld, *Le calendrier de la persécution des Juifs de France*, tome 1, p. 82.

20 Rémy, *Les lois de Vichy*, p. 123.

21 Henry Rousso, *La collaboration*(Paris: MA, 1987), p. 73; Marrus and Paxton, *Vichy France and the Jews*, p. 94.

22 Gordon, ed., *Historical Dictionary of World War II France*, p. 16; Marrus and Paxton, *Vichy France and the Jews*, p. 7.

23 Klarsfeld, *Le calendrier de la persécution des Juifs de France*, tome 1, p. 165.

24 Marrus and Paxton, *Vichy France and the Jews*, p. 101.

25 Marrus and Paxton, *Vichy France and the Jews*, p. 153.

26 Rémy, *Les lois de Vichy*, p. 91. 이 법은 또한 해당 도의 지사가 이들에게 "강제거주지"를 할당할 수도 있음을 규정했다.

[27] Marrus and Paxton, *Vichy France and the Jews*, pp. 165~166, 172~174.

[28] Marrus and Paxton, *Vichy France and the Jews*, p. 166; Klarsfeld, *Vichy–Auschwitz*, tome 1, p. 28.

[29] Anne Grynberg, *Les camps de la honte. Les internés juifs des camps français(1939~1944)*(Paris: Découvert, 1999), pp. 11~12; Marrus and Paxton, *Vichy France and the Jews*, pp. 166~167; Klarsfeld, *Vichy–Auschwitz*, tome 1, p. 29.

[30] Marrus and Paxton, *Vichy France and the Jews*, pp. 10~11.

[31] Marrus and Paxton, *Vichy France and the Jews*, pp. 172~176; Klarsfeld, *Vichy–Auschwitz*, tome 1, p. 29.

[32] Klarsfeld, *Vichy–Auschwitz*, tome 1, p. 11, 15, 18; Marrus and Paxton, *Vichy France and the Jews*, p. 223.

[33] Klarsfeld, *Vichy–Auschwitz*, tome 1, pp. 25~28.

[34] Klarsfeld, *Vichy–Auschwitz*, p. 32; Marrus and Paxton, *Vichy France and the Jews*, p. 226.

[35] Klarsfeld, *Vichy–Auschwitz*, tome 1, pp. 19~20, 26; Marrus and Paxton, *Vichy France and the Jews*, p. 243.

[36] 이는 세르주 클라르스펠드가 추산한 수치다. 74회에 걸친 상세한 이송 현황표는 Klarsfeld, *Memorial to the Jews deported from France, 1942~1944*(New York: Beate Klarsfeld Foundation, 1983), p. xxvi; *Vichy–Auschwitz*, tome 1, p. 191; *Vichy–Auschwitz*, tome 2, p. 393; *Le calendrier de la persécution des Juifs de France*, tome 2, pp. 1,916~1,919에 실려 있다.

[37] Klarsfeld, *Memorial to the Jews deported from France*, p. xxiii; *Vichy–Auschwitz*, tome 2, p. 394.

[38] Klarsfeld, *Memorial to the Jews deported from France*, p. xxvi.

[39] Marrus and Paxton, *Vichy France and the Jews*, p. 227; Joly, *Vichy dans la "Solution finale"*, p. 330; Klarsfeld, *Memorial to the Jews deported from France*, p. xxvi.

[40] Joly, *Vichy dans la "Solution finale"*, p. 333; Klarsfeld, *Memorial to the Jews deported from France*, p. xxvi.

[41] Joly, *Vichy dans la "Solution finale"*, pp. 334~335, 339~341, 343~345, 348; Marrus and Paxton, *Vichy France and the Jews*, p. 228, pp. 233~234.

[42] Marrus, "Pierre Laval et les enfants juifs", *Les collections de l'Histoire*, n° 3(octobre 1998), pp. 60~63; Joly, *Vichy dans la "Solution finale"*, pp. 351~352; Marrus and Paxton, *Vichy France and the Jews*, p. 263, pp. 267~269.

[43] Joly, *Vichy dans la "Solution finale"*, pp. 353~354, 357~358.

[44] Klarsfeld, *Le calendrier de la persécution des Juifs de France*, tome 1, p. 523; Joly, *Vichy dans la "Solution finale"*, p. 359; Marrus and Paxton, *Vichy France and the Jews*, pp. 250~252.

[45] Marrus and Paxton, *Vichy France and the Jews*, pp. 256~257; Joly, *Vichy dans la "Solution finale"*, p. 349, 351.

[46] Klarsfeld, *Le calendrier de la persécution des Juifs de France*, tome 1, pp. 896~899, 931~932; Marrus and Paxton, *Vichy France and the Jews*, pp. 258~259.

47 Klarsfeld, *Memorial to the Jews deported from France*, p. xxvi.

48 Rémy, *Les lois de Vichy*, p. 196.

49 Rémy, *Les lois de Vichy*, p. 205.

50 Marrus and Paxton, *Vichy France and the Jews*, p. 305.

51 Klarsfeld, *Le calendrier de la persécution des Juifs de France*, tome 2, pp. 1,363~1,364.

52 Klarsfeld, *Le calendrier de la persécution des Juifs de France*, pp. 1,383~1,384.

53 Julian Jackson, *France, The Dark Years, 1940~1944*(Oxford: Oxford University Press, 2001), p. 361; Marrus and Paxton, *Vichy France and the Jews*, p. 307.

54 8차례 가운데 4차례는 아우슈비츠, 두 차례는 마이다네크와 소비부르, 나머지 두 차례는 소비부르로 이송되었다. Klarsfeld, *Memorial to the Jews deported from France*, p. xxvi.

55 Klarsfeld, *Le calendrier de la persécution des Juifs de France*, tome 2, p. 1,487, 1,491, 1,498; Marrus and Paxton, *Vichy France and the Jews*, p. 308; Jackson, *France, The Dark Years, 1940~1944*, p. 361. 이 시기에 프랑스 경찰의 협력이 전혀 없었던 것은 아니었다. 1944년 1월 보르도에서 프랑스의 지방경찰은 독일 측의 협력 요구에 따라 288명의 유대인(프랑스 국적보유자 포함)을 체포하는 데 가담했다. Marrus and Paxton, *Vichy France and the Jews*, p. 332.

56 Klarsfeld, *Memorial to the Jews deported from France*, p. xxvi.

57 Klarsfeld, *Le calendrier de la persécution des Juifs de France*, tome 2, p. 1921. 폴란드 출신이 약 25,000명으로 가장 많았고 다음은 프랑스가 24,700명, 독일이 7,000명, 러시아 4,000명, 루마니아와 오스트리아가 각각 3,000명, 그리스가 1,500명, 터키가 1,300명, 헝가리가 1,200명이었다.

58 Joly, *Vichy dans la "Solution finale"*, p. 845; Bédarida, "La persécution des Juifs", p. 175.

59 *Les collections de l'Histoire*, n° 3(octobre 1998), p. 40; Joly, *Vichy dans la "Solution finale"*, p. 847.

60 Paxton, *Vichy France*, p. 365에서 재인용.

61 André Kaspi, "Vichy a-t-il sauvé les juifs?", *Les collections de l'Histoire*, n° 3(octobre 1998), p. 56.

62 André Kaspi, "Vichy a-t-il sauvé les juifs?", p. 59; Paxton, "La spécificité de la persécution des Juifs en France", *Annales. Économies, Sociétés, Civilisations*, 48e années, n° 3(mai-juin 1993), p. 619; Bédarida, "La persécution des Juifs", p. 181.

63 Paxton, "La spécificité de la persécution des Juifs en France", p. 616.

5장 반세기 만의 단죄: 비시 경찰 총수 부스케

* 이 글은 이용우, 〈부스케 사건—무산된 비시 재판(1949~1993)〉, 《프랑스사 연구》 31, 2014를 수정, 보완한 것이다.

1 Serge Klarsfeld, *Memorial to the Jews deported from France, 1942~1944*(New York: Beate Klarsfeld

Foundation, 1983), p. xxvi.

2 Jean-Pierre Husson, "L' Itinéraire d' un haut fonctionnaire: René Bousquet", Jean-Pierre Azéma et François Bédarida, dir., *Vichy et les Français*(Paris: Fayard, 1992), pp. 287~301; Henry Rousso, "Une justice impossible: l' épuration et la politique antijuive de Vichy", *Vichy. L'événement, la mémoire, l'histoire*(Paris: Gallimard, 2001), pp. 633~677.

3 Denis Peschanski et Henry Rousso, "Dans sa défense, Bousquet falsifie-t-il l' histoire?"; Henry Rousso, "Pourquoi la Haute Cour l' a-t-elle acquitté?", Supplement à *Libération*, 13 juillet 1993, pp. 46~48, 50~51.

4 Richard J. Golsan, "Memory and Justice Abused: The 1949 Trial of René Bousquet", *Vichy's Afterlife*(Lincoln: University of Nebraska Press, 2000), pp. 24~42; "Introduction", Richard J. Golsan, ed., *Memory, the Holocaust, and French Justice. The Bousquet and Touvier Affairs*(Hanover: Dartmouth College, 1996), pp. 1~49.

5 Pascale Froment, *René Bousquet*(Paris: Stock, 1994).

6 *Collaboration: Codification des textes législatifs relatifs à sa répression et à l'indignité nationale*(Paris: Administration-Rédaction, 1945), p. 292.

7 최고재판소에서 판결을 받은 모든 사람의 이름, 직위, 선고일, 선고형량은 Gérard Chauvy, *Les acquittés de Vichy*(Paris: Perrin, 2003), pp. 287~294에 수록되어 있다.

8 Rousso, "Une justice impossible", p. 663.

9 *Collaboration: Codification des textes législatifs*, p. 292.

10 Froment, *René Bousquet*, pp. 495~496.

11 Rousso, "Une justice impossible", p. 666; Froment, *René Bousquet*, pp. 502~504, 509; Rousso, "Pourquoi la Haute Cour l' a-t-elle acquitté?", p. 51.

12 Froment, *René Bousquet*, p. 505, pp. 508~509; Éric Conan, "La vraie vie de René Bousquet", *L'Express*, 28 septembre 1990, Serge Klarsfeld, dir., *La traque des criminels nazis*(Paris: Tallandier, 2013), pp. 306~307.

13 Froment, *René Bousquet*, pp. 512~513.

14 이 판결문은 Froment, *René Bousquet*, pp. 513~514에 전문이 수록되어 있다. 또한 1993년 7월 13일자 《리베라시옹》지의 부록 〈부스케 사건 소송자료〉에도 전문이 게재되었다(p. 35).

15 〈경악할 만한 1949년 재판〉은 부스케 피살 직후인 1993년 6월 9일자의 《르 피가로》지(p. 28)에 실린 논설 제목이다. 언론인 에릭 코낭Éric Conan도 1990년 9월 28일자 《렉스프레스》지에서 동일한 표현을 썼다. Klarsfeld, dir., *La traque des criminels nazis*, p. 305.

16 이용우, 〈초법적 숙청과 사법적 숙청—해방 후 프랑스의 부역자 처벌〉, 《역사학보》 181, 2004, 292쪽.

17 *Sondages de l'opinion publique française*, n° 48, juin-juillet 1949, p. 707.

18 *Le Figaro*, 21 juin 1949, p. 1.

19 Froment, *René Bousquet*, p. 510.

20 Robert Aron, *Histoire de l'épuration*, t. 3, volume II: *Le monde de la presse, des arts, des lettres...*

1944~1953(Paris: Fayard, 1975), pp. 356~357.

21 Conan, "La vraie vie de René Bousquet", pp. 295~296, 305; Rousso, "Pourquoi la Haute Cour l'a-t-elle acquitté?", p. 51.

22 이용우, 《프랑스의 과거사 청산—숙청과 기억의 역사, 1944~2004》, 역사비평사, 2008, 153~155쪽.

23 Golsan, ed., *Memory, the Holocaust, and French Justice*, pp. xxi~xxii; *Le Monde*, 26 septembre 1990, p. 12.

24 Golsan, ed., *Memory, the Holocaust, and French Justice*, p. xxvi; Annette Lévy-Willard, "Quinze ans d'une interminable affaire", Supplement à *Libération*, 13 juillet 1993, p. 7.

25 Lévy-Willard, "Quinze ans d'une interminable affaire", p. 7.

26 *Le Monde*, 13 septembre 1989, p. 9.

27 *Le Monde*, 15 septembre 1989, p. 13.

28 *Le Monde*, 13 septembre 1989, p. 9.

29 *Le Monde*, 13 septembre 1989, p. 9; *Le Figaro*, 9 juin 1993, p. 8.

30 *Le Monde*, 23 mars 1990, p. 10; 26 septembre 1990, p. 1, 12; 28 septembre 1990, p. 44; 21~22 octobre 1990, p. 1, 8; 24 octobre 1990, p. 13.

31 *Le Monde*, 20 novembre 1990, p. 42; 21 novembre 1990, p. 13; 23 novembre 1990, p. 42; 28 novembre 1990, p. 14; 2 février 1991, p. 15; 5 avril 1991, p. 9.

32 *Le Monde*, 26 septembre 1990, p. 1.

33 *Le Monde*, 21~22 octobre 1990, p. 8.

34 *Libération*, 22 octobre 1990, p. 31.

35 *Le Monde*, 26 septembre 1990, p. 12.

36 *Libération*, 22 octobre 1990, p. 31.

37 *Libération*, 22 octobre 1990, p. 56.

38 *Le Monde*, 26 septembre 1990, p. 12.

39 *Le Monde*, 21~22 octobre 1990, p. 8.

40 *Le Monde*, 9 juin 1993, p. 1.

41 *Libération*, 9 juin 1993, p. 6.

42 *Le Monde*, 10 juin 1993, p. 28; *Libération*, 9 juin 1993, p. 6; *Le Figaro*, 9 juin 1993, p. 8. 이 세 일간지에 반응이 실린 25명(단체 포함)은 세르주 클라르스펠드, 아메트 자이드만Amette Zaidman(프랑스 강제이송 유대인 자녀협회 총서기), 조제프 시트뤼크Joseph Sitruk(프랑스 대랍비), 장 칸Jean Kahn(CRIF 의장), 피에르 아이덴바움Pierre Aidenbaum(LICRA 의장), 인권동맹La Lique des droits de l'homme, 인종주의 반대-민족간 우애 운동Le Mouvement contre racisme et pour l'amitié entre les peuples, 샤를 리브만, 조에 노르드만, 제라르 불랑제, 피에르 메에뉴리Pierre Méhaignerie(법무부장관), 알랭 크리빈Alain Krivine(혁명공산주의동맹 대변인), 루이 부스케, 파트릭 캉텡, 파트릭 드브지앙Patrick Devedjian(RPR 의원/앙토니 시장), 피에르 마조Pierre Mazeaud(RPR 의원/하원 법사위원장), 라디슬라스 포니아토프스키Ladislas Poniatowski(공

화당 대변인), 장피에르 슈벤느망Jean-Pierre Chevènement(시민운동 의장), 로베르 팡드로Robert Pandraud(전 안전부장관), 앙리 에마뉘엘리Henri Emmanuelli(전 하원의장), 조르주 아주Georges Hage(공산당 의원), 앙리 아무루Henri Amouroux(역사가), 프랑스 유대인 학생연합Union des étudiants juifs de France(UEJF), 테오 클랭Théo Klein(전 CRIF 의장), 르 에루 드 프랑스Le Hérout de France(유대인 우파조직)다.

43 *Le Monde*, 10 juin 1993, p. 28; *Le Figaro*, 9 juin 1993, p. 8.

44 *Le Monde*, 10 juin 1993, p. 28.

45 *Le Monde*, 10 juin 1993, p. 28.

46 *Le Figaro*, 10 juin 1993, p. 10.

47 *Le Monde*, 10 juin 1993, p. 14.

48 *Le Monde*, 13 septembre 1989, p. 9.

49 *Le Monde*, 21~22 octobre 1990, p. 1, 8.

50 *Le Monde*, 23 novembre 1990, p. 42.

51 *Libération*, 9 juin 1993, p. 3.

52 *Le Monde*, 10 juin 1993, p. 12.

53 Klarsfeld, dir., *La traque des criminels nazis*, p. 311.

54 *Le Monde*, 15 avril 1992, p. 10.

55 이용우, 《프랑스의 과거사 청산》, 143쪽.

56 *Le Monde*, 9 juin 1993, p. 1.

57 *Le Monde*, 10 juin 1993, p. 14.

58 *Le Monde*, 18 juillet 1992, p. 8; *Libération*, 17 juillet 1992, pp. 18~19.

59 *Le Monde*, 10 juin 1993, pp. 14~15; *Libération*, 10 juin 1993, p. 37.

60 *Le Monde*, 12 juin 1993, p. 26.

61 Supplement à *Libération*, 13 juillet 1993, "Le Dossier Bousquet", pp. 12~26, 34~45. 이 두 문서의 발췌문은 Sorj Chalandon et Pascale Nivelle, *Crimes contre l'himanité. Barbie–Touvier–Bousquet–Papon*(Paris: Plon, 1998), pp. 229~247, 249~280에도 수록되었는데 필자가 참조한 것은 이 책에 수록된 문서임을 밝혀둔다.

62 *Le Monde*, 14 juillet 1993, p. 26.

63 Chalandon et Nivelle, *Crimes contre l'himanité*, pp. 251~252, p. 256.

64 Chalandon et Nivelle, *Crimes contre l'himanité*, p. 252, pp. 255~256, 263~264, 280.

65 Chalandon et Nivelle, *Crimes contre l'himanité*, pp. 271~272, 274.

66 Chalandon et Nivelle, *Crimes contre l'himanité*, pp. 266~267, 274.

67 Chalandon et Nivelle, *Crimes contre l'himanité*, p. 275.

68 Chalandon et Nivelle, *Crimes contre l'himanité*, pp. 264~265, 275, 280.

69 Chalandon et Nivelle, *Crimes contre l'himanité*, p. 252, pp. 260~261.

70 Peschanski et Rousso, "Dans sa défense, Bousquet falsifie-t-il l' histoire?", pp. 46~48,

71 Chalandon et Nivelle, *Crimes contre l'himanité*, p. 231.

72 Chalandon et Nivelle, *Crimes contre l'hmanité*, pp. 231~232.

73 Chalandon et Nivelle, *Crimes contre l'hmanité*, pp. 232~233.

74 Chalandon et Nivelle, *Crimes contre l'hmanité*, pp. 233~234.

75 Chalandon et Nivelle, *Crimes contre l'hmanité*, pp. 237~238.

76 Chalandon et Nivelle, *Crimes contre l'hmanité*, p. 239.

77 Chalandon et Nivelle, *Crimes contre l'hmanité*, pp. 239~240.

78 Chalandon et Nivelle, *Crimes contre l'hmanité*, p. 240.

79 Chalandon et Nivelle, *Crimes contre l'hmanité*, pp. 240~241.

80 Chalandon et Nivelle, *Crimes contre l'hmanité*, pp. 241~247.

81 Chalandon et Nivelle, *Crimes contre l'hmanité*, p. 241.

82 Chalandon et Nivelle, *Crimes contre l'hmanité*, p. 247.

6장 반세기 만의 사과: 벨디브 사건

* 이 글은 이용우, 〈벨디브Vél' d' Hiv의 기념: 비시, 공화국, 프랑스(1992~1995)〉, 《이화사학연구》 48, 2014를 수정, 보완한 것이다.

1 Jean-Pierre Azéma, "Vichy aussi, c' est la France", *L'Histoire*, n° 331(mai 2008), p. 78.

2 Éric Conan et Henry Rousso, *Vichy, un passé qui ne passe pas*(Paris: Gallimard, 1996): Ch. I-"Le Vél' d' Hiv' ou la commémoration introuvable"; "Prolongements" 1995년의 시라크 연설에 대한 논의는 그 연설이 있기 전에 출간된 초판(1994)에는 없다가 1996년판에 〈연장延長〉이라는 제목의 추가된 장에 포함되었다.

3 Serge Barcellini, "Sur deux journées nationales commémorant la déportation et les persécutions des "Années noires"", *Vingtième Siècle. Revue d'histoire*, n° 45(janvier-mars 1995).

4 Annette Wieviorka, "Le Vel' d' Hiv' : histoire d' une commémoration", *Travail de mémoire 1914~1998*(Paris: Éditions Autrement, 1999).

5 Peter Carrier, *Holocaust Monuments and National Memory Cultures in France and Germany since 1989. The Origins and Political Function of the Vél' d'hiv' in Paris and the Holocaust Monument*(New York: Berghahn Books, 2005); Rebecca Clifford, *Commemorating the Holocaust. The Dilemmas of Remembrance in France and Italy*(Oxford: Oxford University Press, 2013).

6 11명의 명단은 다음과 같다. 제라르 쇼미엔Gérard Chomienne, 베티 뒤고우송Betty Dugowson, 미셸 그랭베르그Michèle Grinberg, 쥘리에트 칸Juliette Kahane, 클로드 카츠Claude Katz, 장피에르 르 당테크Jean-Pierre Le Dantec, 미셸 뮐레르Michel Muller, 로베르 페팽Robert Pepin, 에블린 로샹Eveline Rochant, 안나 세니크Anna Senik, 탈릴라 타기에프Talila Taguiev. *Le Monde*, 17 juin 1992, p. 10.

[7] *Le Monde*, 17 juin 1992, p. 10.《르몽드》지의 이날 기사에는 이들을 포함해서 1차 서명자 명단으로 227명의 이름이 실렸다.

[8] *Le Monde*, 17 juin 1992, p. 10. 이 청원서의 전문은 Conan et Rousso, *Vichy, un passé qui ne passe pas*, pp. 50~52와 Carrier, *Holocaust Monuments and National Memory Cultures*, p. 61에도 실려 있다.

[9] *Libération*, 11~12 juillet 1992, p. 23; *Le Figaro*, 16 juillet 1992, p. 7.

[10] 1980~90년대 프랑스의 반인륜범죄 재판에 대해서는 이용우,《프랑스의 과거사 청산》, 역사비평사, 2008의 2부 〈반세기 만의 과거사 청산〉(151~187쪽)을 보라.

[11] *Le Monde*, 15 avril 1992, p. 10.

[12] *Le Monde*, 15 avril 1992, p. 9, 13.

[13] *Le Monde*, 29 avril 1992; *Libération*, 28 avril 1992. 이 항의문은 François Bédarida, dir., *Touvier, Vichy et le crime contre l'humanité*(Paris: Seuil, 1996), pp. 19~20에도 수록되었다.

[14] *Le Monde*, 16 juillet 1992, p. 6.

[15] *Le Monde*, 16 juillet 1992, p. 8. 이 문건의 전문은 〈42 벨디브 위원회의 2차 청원서〉라는 제목으로 Carrier, *Holocaust Monuments and National Memory Cultures*, p. 62에도 수록되어 있다.

[16] *Le Figaro*, 15 juillet 1992, p. 9; Carrier, *Holocaust Monuments and National Memory Cultures*, p. 52; Conan et Rousso, *Vichy, un passé qui ne passe pas*, p. 64.

[17] Clifford, *Commemorating the Holocaust*, p. 128.

[18] 당시 목격자들은 이러한 야유가 주로 우파 시온주의 청년조직인 '베타르Bétar', 좌파 반反파시즘 조직인 '라르프롱Ras l' front', '프랑스 유대인 학생연합UEJF' 소속의 젊은이들로부터 나왔다고 진술했다. *Le Monde*, 18 juillet 1992, p. 8; Clifford, *Commemorating the Holocaust*, pp. 129~130.

[19] *Le Monde*, 18 juillet 1992, p. 8; *Libération*, 17 juillet 1992, p. 18; Conan et Rousso, *Vichy, un passé qui ne passe pas*, pp. 64~65; Clifford, *Commemorating the Holocaust*, pp. 129~130.

[20] *Le Monde*, 18 juillet 1992, p. 8.

[21] *Libération*, 17 juillet 1992, p. 1; *Le Figaro*, 17 juillet 1992, p. 1; *Le Quotidien de Paris*, 17 juillet 1992, p. 1.

[22] 바뎅테르의 연설문 전문은 *Le Monde*, 18 juillet 1992, p. 9에 실렸다.

[23] *Le Monde*, 19~20 juillet 1992, p. 6. 이 문건은 Carrier, *Holocaust Monuments and National Memory Cultures*, p. 63에도 수록되어 있다.

[24] *Le Monde*, 17 juillet 1992, p. 9; 18 juillet 1992, p. 8; 19~20 juillet 1992, p. 1, 6; 23 juillet 1992, p. 7; *Libération*, 16 juillet 1992, p. 3.

[25] *Le Monde*, 19~20 juillet 1992, p. 6.

[26] *Le Monde*, 17 juillet 1992, p. 9.

[27] *Le Monde*, 17 juillet 1992, p. 2.

[28] *Le Quotidien de Paris*, 17 juillet 1992, p. 1.

[29] *Le Monde*, 19~20 juillet 1992, p. 6.

[30] *Libération*, 18~19 juillet 1992, p. 17.

[31] *Libération*, 18~19 juillet 1992, p. 17; *Le Monde*, 18 juillet 1992, p. 8.

[32] Jean Daniel, "Signe et persiste...", *Le Nouvel Observateur*, 23~29 juillet 1992, pp. 42~43.

[33] *Le Monde*, 17 juillet 1992, p. 9.

[34] *Le Quotidien de Paris*, 17 juillet 1992, p. 1.

[35] *Le Figaro*, 17 juillet 1992, p. 24.

[36] *Le Quotidien de Paris*, 17 juillet 1992, p. 1.

[37] Jacques Julliard, "La France coupable?", *Le Nouvel Observateur*, 23~29 juillet 1992, p. 45.

[38] *Le Figaro*, 17 juillet 1992, p. 24.

[39] Julliard, "La France coupable?", p. 45.

[40] *Le Figaro*, 17 juillet 1992, p. 24.

[41] *Le Quotidien de Paris*, 17 juillet 1992, p. 1.

[42] Conan et Rousso, *Vichy, un passé qui ne passe pas*, p. 78, pp. 88~89; Barcellini, "Sur deux journées nationales commémorant la déportation et les persécutions des "Années noires"", p. 93; Clifford, *Commemorating the Holocaust*, pp. 134~135.

[43] Conan et Rousso, *Vichy, un passé qui ne passe pas*, pp. 57~59.

[44] *Le Monde*, 23 juillet 1992, p. 7.

[45] *Le Figaro*, 13 novembre 1992, p. 8; *Libération*, 12 novembre 1992, p. 29.

[46] *Libération*, 12 novembre 1992, p. 29.

[47] *Le Monde*, 15~16 novembre 1992, p. 1.

[48] *Libération*, 13 novembre 1992, p. 23; *Le Figaro*, 13 novembre 1992, p. 8.

[49] *Libération*, 12 novembre 1992, p. 29; *Le Figaro*, 13 novembre 1992, p. 8.

[50] *Le Figaro*, 13 novembre 1992, p. 8; *Libération*, 13 novembre 1992, p. 23.

[51] *Le Monde*, 15~16 novembre 1992, p. 6.

[52] *Le Figaro*, 16 novembre 1992, p. 8.

[53] *Le Monde*, 14 novembre 1992, p. 12.

[54] *Le Monde*, 15~16 novembre 1992, p. 1, 6; Conan et Rousso, *Vichy, un passé qui ne passe pas*, pp. 82~83.

[55] Jean-Pierre Chevènement, "La République n' est pas coupable", *Le Monde*, 18 décembre 1992, p. 2.

[56] *Le Monde*, 1 décembre 1992, p. 8. 베레고부아가 거명한 이름들은 모두 레지스탕스 지도자의 이름이다.

[57] Daniel Bensaïd, "Pas coupable, mais responsable...", *Le Monde*, 31 décembre 1992, p. 2.

[58] Alfred Grosser, "Les données occultées", *Le Monde*, 18 décembre 1992, p. 2.

[59] *Le Monde*, 14 novembre 1992, p. 12; *Libération*, 13 novembre 1992, p. 23.

[60] *Le Monde*, 14 novembre 1992, p. 12.

[61] *Le Monde*, 1 décembre 1992, p. 8.

[62] 대통령령 전문은 《프랑스 공화국 관보》 1993년 2월 4일자만이 아니라 *Le Monde*, 5 février 1993, p. 8에도 실렸다. 필자는 《르몽드》지에 실린 것을 참조했다.

63 *Le Monde*, 5 février 1993, p. 22; 6 février 1993, p. 14; *Libération*, 4 février 1993, p. 40.

64 *Le Monde*, 5 février 1993, p. 22; 9 février 1993.

65 *Le Monde*, 5 février 1993, p. 22; 6 février 1993, p. 14.

66 *Le Monde*, 5 février 1993, p. 1, 8.

67 *Le Monde*, 6 février 1993, p. 14; Conan et Rousso, *Vichy, un passé qui ne passe pas*, p. 89.

68 Clifford, *Commemorating the Holocaust*, p. 1, 139.

69 Conan et Rousso, *Vichy, un passé qui ne passe pas*, pp. 94~95.

70 Conan et Rousso, *Vichy, un passé qui ne passe pas*, p. 87; Barcellini, "Sur deux journées nationales commémorant la déportation et les persécutions des "Années noires"", p. 97.

71 최근의 연구 성과에 따르면 이때 검거된 유대인의 수는 13,152명이 아니라 12,884명이다. Azéma, "Vichy aussi, c' est la France", p. 78.

72 벨디브 위원회의 구성원 중 하나였던 안나 세니크는 2005년 2월 역사가 클리포드와 가진 인터뷰에서 이 조각상에 대해 "풀밭 위에 소풍 온 사람들이란 인상"을 주는 "웃기는 동상"이라고까지 평했다. Clifford, *Commemorating the Holocaust*, p. 190.

73 *Le Monde*, 18~19 juillet 1993, p. 6.

74 *Le Monde*, 19 juillet 1994, p. 22.

75 시라크의 연설문 전문은 Conan et Rousso, *Vichy, un passé qui ne passe pas*, pp. 444~449에 수록되어 있다. 필자가 인용한 것은, 말미의 두 단락이 누락되었지만 몇몇 수치를 정정한 것으로 보이는 Maurice Rajsfus, *La Rafle du Vel d'Hiv*(Paris: PUF, 2002), pp. 122~125에 수록된 연설문이다.

76 *L'Événement du Jeudi*, 27 juillet-2 août 1995, p. 16. 반대 입장은 18퍼센트였고 나머지 10퍼센트는 응답하지 않았다.

77 *Le Monde*, 18 juillet 1995, p. 6.

78 *Le Monde*, 18 juillet 1995, p. 6. 클라르스펠드는 "시라크는 다른 세대"이고 "미테랑의 이력을 갖지 않았"음을 강조했다. 시라크는 1932년 생으로, 전후戰後세대는 아니었지만 독일강점기에 대독협력을 하기에도, 레지스탕스 활동을 하기에도 너무 어렸다.

79 *Le Monde*, 18 juillet 1995, p. 11.

80 *Le Figaro*, 17 juillet 1995, p. 5.

81 *L'Express*, 20 juillet 1995, p. 24.

82 *Le Monde*, 18 juillet 1995, p. 6.

83 *Libération*, 18 juillet 1995, p. 11; *Le Monde*, 19 juillet 1995.

84 *Libération*, 20 juillet 1995, p. 11.

85 *Le Monde*, 19 juillet 1995; *Libération*, 18 juillet 1995, p. 11; 20 juillet 1995, p. 11.

86 *Le Figaro*, 19 juillet 1995, p. 6.

87 *Le Figaro*, 20 juillet 1995, p. 6.

88 *Le Figaro*, 19 juillet 1995, p. 6.

89 *Libération*, 25 juillet 1995, p. 11.

90 *Le Monde*, 22 juillet 1995.

91 *Le Monde*, 18 juillet 1995, p. 6.

92 *Le Monde*, 20 juillet 1995.

93 *Le Monde*, 20 juillet 1995.

94 *L'Événement du Jeudi*, 27 juillet–2 août 1995, p. 16.

95 *L'Événement du Jeudi*, 27 juillet–2 août 1995, p. 16. 앞서 언급한 《목요일의 사건》지의 여론조사는 1995년 7월까지도 여전히, 벨디브 사건에 대해 "모른다"는 답변이 37퍼센트에 달하고 "유대인들이 프랑스 경찰/비시에 의해 검거되고 강제이송된" 사건으로 알고 있다는 답변이 17퍼센트에 불과하다는 사실을 보여준다.

96 1992년 10월 의회에 제출되었다가 대통령령의 공포로 유야무야되었던 르 가렉의 법안은 결국 8년 뒤에 통과되었다. 2000년 2월 29일 국민의회에 의해 만장일치로 채택된 이 법안의 명칭은 "프랑스 국가의 인종주의적, 반유대주의적 범죄의 희생자들을 추모하고 프랑스의 '의인'들에게 경의를 표하는 국가기념일"로, 1993년 2월의 대통령령보다 훨씬 진일보한 것이었다. *Le Monde*, 1 mars 2000; *L'Humanité*, 29 février 2000, p. 7.

7장 레지스탕스의 탄생: '인류박물관'과 '북부해방'을 중심으로

* 이 글은 이용우, 〈레지스탕스의 탄생—'인류박물관'의 조직과 '북부해방'을 중심으로〉, 《프랑스사 연구》 27, 2012를 수정, 보완한 것이다.

1 François Marcot, dir., *Dictionnaire historique de la Résistance*(Paris: Robert Laffont, 2006), p. 485.

2 Jean-François Sirinelli, dir., *Dictionnaire historique de la vie politique française au XXe siècle*(Paris: PUF, 1995), p. 697.

3 Olivier Wieviorka et Christophe Prochasson, dir., *La France du XXe siècle. Documents d'histoire*(Paris: Seuil, 2004), p. 370.

4 '인류박물관' 조직에 대한 역사서로는 미국 역사가 마틴 블루멘슨Martin Blumenson의 《빌데 사건: 프랑스 레지스탕스의 시작*The Vildé Affair: Beginnings of the French Resistance*》(Boston: Houghton Mifflin Company, 1977), 프랑스 역사가 안 오즈뉘Anne Hogenhuis의 《레지스탕스의 학자들: 보리스 빌데와 인류박물관 망*Des savants dans la Résistance. Boris Vildé et le réseau du musée de l'Homme*》(Paris: CNRS Éditions, 2009), 역시 프랑스 역사가인 쥘리앙 블랑Julien Blanc의 《레지스탕스의 시작: 인류박물관을 중심으로, 1940~1941*Au commencement de la Résistance. Du côté du musée de l'Homme 1940~1941*》(Paris: Seuil, 2010)이 있다. 대중적 역사가 블루멘슨의 저작은 최근에 오즈뉘와 블랑의 책들이 나오기 전까지 30여 년간 이 주제를 다룬 유일한 책이었는데 연구서라기보다는 역사소설에 가까운 형식을 취하고 있다. 접근법과 형식, 분석의 깊이 등으로 볼 때 이 세 권 가운데 블랑의 저작이 이 주제에 대한 거의 유일한 본격적인 연구서라고 할 수 있다. 그 밖에 인류박물관 조직의 주요 구성원이었던 제르멘 틸리옹Germaine Tillion이 1958년에 발표한 논문

〈점령지구의 초기 레지스탕스: "인류박물관-오에-빌데" 망을 중심으로Première Résistance en zone occupée. Du côté du réseau《musée de l' Homme-Hauet-Vildé》〉(*Revue d'histoire de la Deuxième Guerre mondiale*, n° 30, avril 1958)와 역시 주요 구성원이었던 아녜스 윙베르Agnès Humbert가 해방 직후 출간한 일기《우리의 전쟁: 레지스탕스 일기(1940~1945)*Notre guerre. Journal de Résistance 1940~1945*》(Paris: Émile-Paul Frères, 1946)가 이 주제에 대한 주요 문헌이다.

한편, '북부해방' 조직을 다룬 문헌은 훨씬 빈약하다. 역사가 알리아 아글랑Alya Aglan의《희생된 레지스탕스: '북부해방' 운동의 역사*La Résistance sacrifiée: Histoire du mouvement《Libération-Nord》*》(Paris: Flammarion, 1999)가 이 주제에 대한 유일한 역사서이자 연구서다. 따라서 이 조직의 지도자 크리스티앙 피노Christian Pineau가 1960년에 출간한 회고록《단순한 진실(1940~1945)*La simple vérité*》(Paris: René Julliard, 1960)의 가치가 더더욱 크다. 필자는 이상의 문헌들 외에 두 조직의 기관지인《레지스탕스》지 제1~3호와《해방》지 제1~60호를 분석했다.

5 이 조직에 대한 합의된 명확한 명칭은 아직까지도 없는 실정이다. 1942년 1~2월 이 조직의 구성원들에 대한 재판이 벌어질 때 독일점령당국 군사재판소는 '인류박물관 사건'이나 (그 지도자 이름을 따) '빌데Vildé 사건'이라고 명명했고(Julien Blanc, "Du côté du musée de l' Homme: Nouvelles approches de la Résistance pionnière en zone occupée", *Guerres mondiales et conflits contemporains*, n° 242, avril 2011, p. 53), 해방 후인 1946년 정부 차원에서 레지스탕스 조직들에 대한 공식적 조사 및 승인이 이루어질 때 붙여진 명칭은 "인류박물관-오에-빌데 망"이었다. Julien Blanc, *Au commencement de la Résistance. Du côté du musée de l'Homme 1940~1941*(Paris: Seuil, 2010), p. 121.

6 Blanc, *Au commencement de la Résistance*, pp. 77~78; Marcot, dir., *Dictionnaire historique de la Résistance*, p. 543.

7 Blanc, *Au commencement de la Résistance*, pp. 78~80.

8 Blanc, *Au commencement de la Résistance*, p. 92.

9 Blanc, *Au commencement de la Résistance*, p. 80, 93.

10 Blanc, *Au commencement de la Résistance*, p. 98, 100, 104, 107.

11 Blanc, *Au commencement de la Résistance*, pp. 93~94; Marcot, dir., *Dictionnaire historique de la Résistance*, p. 134.

12 Blanc, *Au commencement de la Résistance*, p. 96, 100.

13 Blanc, *Au commencement de la Résistance*, p. 95, 101, 103.

14 Blanc, *Au commencement de la Résistance*, pp. 100~103.

15 Blanc, *Au commencement de la Résistance*, pp. 96~97, 104~105; Blanc, "Du côté du musée de l' Homme", p. 63.

16 Blanc, *Au commencement de la Résistance*, p. 96, pp. 105~106.

17 Blanc, *Au commencement de la Résistance*, pp. 86~90, 107~109; Blanc, "Du côté du musée de l' Homme", p. 64.

18 Blanc, "Du côté du musée de l' Homme", p. 64; Blanc, *Au commencement de la Résistance*, pp. 90~91, 117.

19 Blanc, "Du côté du musée de l' Homme", p. 70.

20 Henri Noguères, *Histoire de la Résistance en France*, t. 1(Paris: Robert Laffont, 1967), p. 475; Alya Aglan, *La Résistance sacrifiée: Histoire du mouvement 《Libération-Nord》*(Paris: Flammarion, 2006), p. 28, 30, pp. 33~38.

21 이 선언문 전문은 Noguères, *Histoire de la Résistance en France*, t. 1, pp. 475~481과 Christian Pineau, *La simple vérité*(Paris: René Julliard, 1960), pp. 593~601에 수록되어 있다.

22 Aglan, *La Résistance sacrifiée*, p. 28; Marcot, dir., *Dictionnaire historique de la Résistance*, p. 503.

23 Noguères, *Histoire de la Résistance en France*, t. 1, p. 477.

24 Noguères, *Histoire de la Résistance en France*, t. 1, p. 479.

25 Pineau, *La simple vérité*, p. 86.

26 Pineau, *La simple vérité*, p. 86, 88; Aglan, *La Résistance sacrifiée*, p. 39.

27 Aglan, *La Résistance sacrifiée*, p. 40.

28 Aglan, *La Résistance sacrifiée*, pp. 43~44, 46; Pineau, *La simple vérité*, p. 90.

29 Aglan, *La Résistance sacrifiée*, p. 45.

30 Aglan, *La Résistance sacrifiée*, pp. 45~46.

31 Aglan, *La Résistance sacrifiée*, p. 119.

32 *Libération*, n° 52, 30 novembre 1941, Henri Michel et Boris Mirkine-Guetzévitch, *Les Idées politiques et sociales de la Résistance*(Paris: PUF, 1954), p. 194.

33 *Libération*, n° 52, 30 novembre 1941.

34 Aglan, *La Résistance sacrifiée*, p. 123.

35 Aglan, *La Résistance sacrifiée*, p. 120.

36 Jacqueline Sainclivier, "Les débuts de la Résistance en zone occupée: essai de typologie", Jean-Marie Guillon et Pierre Laborie, *Mémoire et histoire: La Résistance*(Toulouse: Editions Privat, 1995), p. 162.

37 Pierre Milza, dir., *Sources de la France du XXe siècle*(Paris: Larousse, 1997), pp. 196~197.

38 Sainclivier, "Les débuts de la Résistance en zone occupée", pp. 162~163.

39 Sainclivier, "Les débuts de la Résistance en zone occupée", p. 165.

40 Sainclivier, "Les débuts de la Résistance en zone occupée", p. 164; Blanc, *Au commencement de la Résistance*, p. 160, 163.

41 Marcot, dir., *Dictionnaire historique de la Résistance*, pp. 140~141, p. 766.

42 Marcot, dir., *Dictionnaire historique de la Résistance*, p. 700, 741.

43 Marcot, dir., *Dictionnaire historique de la Résistance*, pp. 715~716, 727, 769.

44 Blanc, "Du côté du musée de l' Homme", p. 67; Blanc, *Au commencement de la Résistance*, pp. 95~96, 243~244.

45 Blanc, "Du côté du musée de l' Homme", p. 67.

46 Agnès Humbert, *Notre guerre. Journal de Résistance 1940~1945*(Paris: Tallandier, 2004), p. 47.

47 Humbert, *Notre guerre.*, p. 44, pp. 47~48.

48 Humbert, *Notre guerre*, pp. 48~50.

49 Blanc, *Au commencement de la Résistance*, pp. 181~182, 187; Blanc, "Du côté du musée de l' Homme", p. 66.

50 Pineau, *La simple vérité*, p. 89, 92, 96.

51 Blanc, *Au commencement de la Résistance*, pp. 186~187. 총 다섯 호 가운데 마지막 호를 제외하고는 모두 이러한 역할분담에 의해 간행되었다. 빌데가 체포된 뒤인 1941년 3월 말에 나온 마지막 호는 피에르 브로솔레트Pierre Brossolette에 의해 제작되었다. 한편, 1942년 2월 독일점령 당국 군사재판소의 '빌데 사건' 재판에서 빌데의 변호인과 재판부는 빌데가 첫 두 호만 제작했다고 언명했다. Anne Hogenhuis, *Des savants dans la Résistance. Boris Vildé et le réseau du musée de l'Homme*(Paris: CNRS Éditions, 2009), p. 205, 210.

52 Blanc, *Au commencement de la Résistance*, pp. 238~240. '400~500부'라는 발행부수는 윙베르의 1940년 11월 말 일기에 나온 수치다(Humbert, *Notre guerre*, p. 54). 블랑은 "몇 백 부"라고만 적고 있다(Blanc, *Au commencement de la Résistance*, p. 238).

53 《레지스탕스》지 제1호부터 제4호까지는 프랑스 국립도서관의 전자도서관 사이트(http://gallica.bnf.fr)에 업로드되어 있다. 또한 제1호 전체와 제2호 제1면은 Daniel Cordier, *Jean Moulin, L'inconnu du Panthéon*, t. III. *De Gaulle, capitale de la Résistance, novembre 1940-décembre 1941*(Paris: Éditions J.-Cl. Lattès, 1993), pp. 1,141~1,147에 수록되어 있고, 특히 제1호 제1면의 논설은 이 책 외에 Marcot, dir., *Dictionnaire historique de la Résistance*, pp. 1,035~1,036과 Noguères, *Histoire de la Résistance en France*, t. 1, p. 482에도 실려 있다.

54 *Résistance*, n° 1, 15 décembre 1940, p. 1.

55 *Résistance*, n° 1, 15 décembre 1940, p. 1.

56 *Résistance*, n° 1, 15 décembre 1940, p. 2.

57 *Résistance*, n° 1, 15 décembre 1940, p. 3.

58 *Résistance*, n° 1, 15 décembre 1940, p. 4.

59 *Résistance*, n° 1, 15 décembre 1940, pp. 5~6.

60 *Résistance*, n° 1, 15 décembre 1940, p. 6.

61 *Résistance*, n° 2, 30 décembre 1940, p. 1.

62 *Résistance*, n° 2, 30 décembre 1940, pp. 2~4.

63 *Résistance*, n° 2, 30 décembre 1940, p. 4.

64 *Résistance*, n° 3, 31 janvier 1941, p. 2.

65 *Résistance*, n° 3, 31 janvier 1941, pp. 3~5.

66 레지스탕스 신문들로는 《라르크*L'Arc*》지 제19호, 《라 부아 드 파리*La Voix de Paris*》지 제4호, 《팡타그뤼엘*Pantagruel*》지 제6호, 《라 나시옹 리브르*La nation libre*》지 제1호, 《프로포 드 로퀴페 *Propos de l'occupé*》지, 《레트르 프랑세*Lettre français*》지 제7호의 발췌문들이 실렸다. *Résistance*, n° 3, 31 janvier 1941, p. 6.

67 Hogenhuis, *Des savants dans la Résistance*, p. 210.

68 Michel et Mirkine-Guetzévitch, *Les Idées politiques et sociales de la Résistance*, p. 81.

69 Aglan, *La Résistance sacrifiée*, p. 78.

70 Pineau, *La simple vérité*, p. 89.

71 Aglan, *La Résistance sacrifiée*, p. 100; Marcot, dir., *Dictionnaire historique de la Résistance*, p. 714.

72 필자가 입수해서 분석한 《해방》지는 제1, 5, 7, 8, 10, 11, 13~44, 52, 55~57, 59, 60호다. 이 가운데 제1호는 Cordier, *Jean Moulin, L'inconnu du Panthéon*, t. III, pp. 1,139~1,141에, 제10, 52, 57호는 Michel et Mirkine-Guetzévitch, *Les Idées politiques et sociales de la Résistance*, pp. 123~124, 193~194에 각각 수록되어 있고, 나머지는 모두 프랑스 국립도서관의 전자도서관 사이트(http://gallica.bnf.fr)에 올라와 있다. 첫 60호로 분석 대상을 제한한 이유는 이 장의 주제 자체가 초기 레지스탕스인데다가 창간호부터 제61호(1942년 2월 1일)까지가 피노에 의해 단독 제작된 것이어서 분석 대상으로서 동질적이고 제61호 자체는 입수할 수 없었기 때문이다.

73 *Libération*, n° 1, 1 décembre 1940, p. 1, Cordier, *Jean Moulin, L'inconnu du Panthéon*, t. III, p. 1,139.

74 역사가 아글랑은 피노가 "정치-경제 기사"는 프랑수아 베르트발, "군사정보"는 브레쿠르 대위라는 필명을 썼다고 보았는데(Aglan, *La Résistance sacrifiée*, pp. 64~65) 이는 잘못된 분석이다. 필자가 분석한 바에 따르면, 베르트발이라는 필명으로 쓴 제1면의 사설은 군사 정보를 포함하여 거의 모든 주제를 다루었고 브레쿠르 대위라는 필명의 기사도 군사 정보에 국한되지 않았다.

75 〈표 3〉은 필자가 입수한 《해방》지 제1, 5, 7, 8, 10, 11, 13~44, 52, 55~57, 59, 60호의 모든 기사를 분석하고 주제별로 집계하여 작성한 것이다.

76 *Libération*, n° 11, 9 février 1941, p. 1; n° 13, 23 février 1941, p. 1.

77 *Libération*, n° 5, 29 décembre 1940, p. 2; n° 11, 9 février 1941, p. 2; n° 13, 23 février 1941, p. 2; n° 15, 9 mars 1941, p. 2; n° 16, 15 mars 1941, p. 2; n° 23, 11 mai 1941, p. 2.

78 *Libération*, n° 5, 29 décembre 1940, p. 1.

79 *Libération*, n° 1, 1 décembre 1940, p. 2; n° 13, 23 février 1941, p. 2; n° 14, 2 mars 1941, p. 1; n° 26, 1 juin 1941, p. 2; n° 27, 8 juin 1941, p. 2; n° 29, 22 juin 1941, p. 2; n° 34, 27 juillet 1941, p. 2; n° 35, 3 août 1941, p. 1; n° 37, 17 août 1941, p. 1; n° 41, 14 septembre 1941, p. 2.

80 *Libération*, n° 1, 1 décembre 1940, p. 2, Cordier, *Jean Moulin, L'inconnu du Panthéon*, t. III, p. 1,140.

81 *Libération*, n° 5, 29 décembre 1940, p. 1.

82 *Libération*, n° 7, 12 janvier 1941, p. 1.

83 *Libération*, n° 7, 12 janvier 1941, p. 2.

84 *Libération*, n° 11, 9 février 1941, p. 1.

85 *Libération*, n° 7, 12 janvier 1941, p. 1.

86 *Libération*, n° 11, 9 février 1941, p. 1.

87 *Libération*, n° 20, 20 avril 1941, p. 1.

88 *Libération*, n° 24, 18 mai 1941, p. 1.

89 *Libération*, n° 5, 29 décembre 1940, p. 2.

90 *Libération*, n° 22, 4 mai 1941, p. 1.

91 *Libération*, n° 7, 12 janvier 1941, p. 2.

[92] *Libération*, n° 5, 29 décembre 1940, p. 2.
[93] *Libération*, n° 8, 19 janvier 1941, p. 2.
[94] *Libération*, n° 11, 9 février 1941, p. 2.
[95] *Libération*, n° 14, 2 mars 1941, p. 2.
[96] Claude Bellanger et al., dir., *Histoire générale de la presse française*, t. IV(Paris: PUF, 1975), p. 107; Marcot, dir., *Dictionnaire historique de la Résistance*, p. 135; Blanc, "Du côté du musée de l' Homme", pp. 70~71.
[97] Aglan, *La Résistance sacrifiée*, p. 336.
[98] Marcot, dir., *Dictionnaire historique de la Résistance*, p. 503.

8장 초기 레지스탕스의 비시-페탱 인식

* 이 글은 이용우, 〈프랑스 초기 레지스탕스의 비시-페탱 인식(1940~1942)〉, 《프랑스사 연구》 25, 2011을 수정, 보완한 것이다.

[1] 필자가 분석한 48편의 글은 앙리 프르네Henri Frenay의 〈민족해방운동선언문〉과 신문 3종, 즉 《정보선전회보*Bulletin d'information et de propagande*》, 《레 프티트 젤 드 프랑스*Les Petites Ailes de France*》, 《베리테*Vérités*》, 그리고 조직 '리베르테'의 기관지 《리베르테*Liberté*》, 가브리엘 코셰Gabriel Cochet의 소식지들, 《해방(북부)》, 《레지스탕스》, 《발미*Valmy*》, 《라 프랑스 콩티뉘*La France continue*》, 《해방(남부)*Libération-Sud*》, 《카이에 뒤 테무아냐주 크레티앵*Cahiers du Témoignage chrétien*》, 《데팡스 드 라 프랑스》, 《레 프티트 젤*Les Petites Ailes*》, 《르 프랑-티뢰*Le Franc-Tireur*》, 《콩바》, 이상 총 15종의 정기간행물에 실린 글들과 프랑스 공산당의 선언문들 및 논설이다.
[2] 1990년대 이후 프랑스의 많은 역사가들은 바로 그러한 점을 강조하고 있다. 드니 페샹스키Denis Peschanski와 로랑 두주Laurent Douzou에 따르면 초기(1940~41) 레지스탕스 조직들의 "다수"는 "원수주의자maréchaliste"(페탱 원수元帥 개인을 전적으로 신임하는 사람을 지칭하는 용어)이거나 "비시파 레지스탕스vichysto-résistant"였고, 도미니크 베이옹Dominique Veillon 역시, 처음부터 독일과 비시 정부 둘 다에 맞섰던 레지스탕스는 "소수파"였다고 지적했다. Denis Peschanski, "La résistance, l' occupant et Vichy"; "Vichysto-résistants", François Marcot, dir., *Dictionnaire historique de la Résistance*(Paris: Robert Laffont, 2006), p. 556, 845; Laurent Douzou et Denis Peschanski, "Les premiers résistants face à l' hypothèque Vichy(1940~1942)", L. Douzou, R. Frank et al., dir., *La Résistance et les Français: villes, centres et logiques de décision*(Paris: ENS Cachan, 1995), p. 430; Dominique Veillon, "The Resistance and Vichy", Sarah Fishman et al., ed., *France at War. Vichy and the Historians*(Oxford: Berg, 2000), p. 161.
[3] Jean-Louis Cavelliez, "Les débuts de la Résistance dans la région de Toulouse", Jean-Marie Guillon

et Pierre Laborie, dir., *Mémoire et histoire: La Résistance*(Toulouse: Editions Privat, 1995), p. 130.

4 Henri Frenay, "La Libération Nationale", Daniel Cordier, *Jean Moulin, L'inconnu du Panthéon*, t. III. *De Gaulle, capitale de la Résistance, novembre 1940–décembre 1941*(Paris: Éditions J.-Cl. Lattès, 1993), pp. 1,286~1,287, 1,289.

5 *Liberté*, n° 1, 25 novembre 1940, Cordier, *Jean Moulin*, t. III, p. 1,133.

6 *Liberté*, n° 3, 10 janvier 1941, Claude Bellanger et al., dir., *Histoire générale de la presse française*, t. IV. *De 1940 à 1958*(Paris: PUF, 1975), pp. 157~158.

7 Général Cochet, "Appel à la résistance", 6 septembre 1940, Cordier, *Jean Moulin*, t. III, p. 1,097.

8 Douzou et Peschanski, "Les premiers résistants face à l' hypothèque Vichy(1940~1942)", p. 431.

9 Frenay, "La Libération Nationale", p. 1,287.

10 Marcot, dir., *Dictionnaire historique de la Résistance*, p. 556. 이러한 구분을 처음 제안한 역사가는 장피에르 아제마Jean-Pierre Azéma다.

11 Frenay, "La Libération Nationale", p. 1,286.

12 Frenay, "La Libération Nationale", p. 1,287.

13 Frenay, "La Libération Nationale", p. 1,287.

14 *Vérités*, n° 9, 25 août 1941, Cordier, *Jean Moulin*, t. III, pp. 1,163~1,164.

15 *Liberté*, n° 1, 25 novembre 1940, p. 1,133, 1,135.

16 Général Cochet, "Appel à la résistance", p. 1,097.

17 *Liberté*, n° 1, 25 novembre 1940, pp. 1,133~1,134.

18 *Vérités*, n° 9, 25 août 1941, p. 1,165.

19 *Vérités*, n° 15, 25 octobre 1941, Henri Michel, *Les courants de pensée de la Résistance*(Paris: PUF, 1962), p. 160.

20 *Libération*, n° 24, 18 mai 1941, Michel, *Les courants de pensée de la Résistance*, p. 160.

21 *Résistance*, n° 1, décembre 1940, Cordier, *Jean Moulin*, t. III, p. 1,143.

22 *Libération*, n° 25, 25 mai 1941, Michel, *Les courants de pensée de la Résistance*, p. 161.

23 Robert O. Paxton, *Vichy France: Old Guard and New Order 1940~1944*(New York: Columbia University Press, 2001), pp. 92~101; Julian Jackson, *France, The Dark Years 1940~1944*(Oxford: Oxford University Press, 2001), pp. 174~175.

24 Paxton, *Vichy France*, pp. 127~128; Jackson, *France, The Dark Years 1940~1944*, pp. 182~183.

25 *Défense de la France*, n° 4; n° 6; n° 7, 1 janvier 1942, Marie Granet, dir., *Le journal《Defense de la France》*(Paris: PUF, 1961), p. 18, pp. 30~31.

26 *Défense de la France*, n° 1, 15 août 1941; n° 2, 10 septembre 1941; n° 3, 20 novembre 1941; n° 4; n° 6; n° 8, 13 janvier 1942, pp. 1~16, 18, 30, 41~42.

27 *Défense de la France*, n° 4, p. 18.

28 프르네가 1941년 6월에 만든 비슷한 제목의 신문 《레 프티트 젤 드 프랑스*Les Petites Ailes de France*》지와 혼동해서는 안 될 것이다.

29 André Caudron, *Les Petites ailes : Journal et réseau automne 1940*~été 1941(Paris: MEMOR, 1992), pp.

41~42.

30 *Les Petites Ailes*, n° 1, Cordier, *Jean Moulin*, t. III, p. 1,125.

31 Caudron, *Les Petites ailes*, pp. 43~44.

32 Marcot, dir., *Dictionnaire historique de la Résistance*, p. 140; Claude Bellanger et al., dir., *Histoire générale de la presse française*, t. IV. *De 1940 à 1958*(Paris: PUF, 1975), p. 108; Renée Bédarida, "1940~1941: catholiques résistants en zone occupée", Guillon et Laborie, dir., *Mémoire et histoire*, p. 177.

33 *Valmy*, n° 1, janvier 1941, Cordier, *Jean Moulin*, t. III, pp. 1153~1154. 이 시에서 "가족과는 멀리 떨어져 있고"라는 구절은 1940년 5~6월 독일군의 침공시 포로가 되어 독일로 끌려간 185만 명의 프랑스 군인들의 처지를 가리키는 것으로 보인다.

34 Bédarida, "1940~1941: catholiques résistants en zone occupée", p. 177; Bellanger et al., dir., *Histoire générale de la presse française*, t. IV, p. 108.

35 베르히테스가덴은 독일 남동부 바이에른 주의 도시로, 당시 이곳에 외교회담이 여러 차례 열린 히틀러 별장이 있었으므로 '베르히테스가덴의 깡패'는 히틀러를 지칭한다.

36 *La France continue*, n° 1, 10 juin 1941, Claude Bellanger, *La Presse clandestine 1940~1944*(Paris: A. Colin, 1961), pp. 69~70.

37 Claude Bellanger, *La Presse clandestine 1940~1944*, p. 70.

38 Claude Bellanger, *La Presse clandestine 1940~1944*, p. 70.

39 *La France continue*, n° 3, 14 juillet 1941, Bellanger, *La Presse clandestine 1940~1944*, p. 71; Bellanger et al., dir., *Histoire générale de la presse française*, t. IV, p. 109. 이 신문은 1942년 초까지 총 13호가 간행되었고, 발행부수는 초기의 3,000부에서 이후 15,000부까지 늘었다.

40 Marcot, dir., *Dictionnaire historique de la Résistance*, pp. 126~127; Bertram M. Gordon, ed., *Historical Dictionary of World War II France*(Westport: Greenwood Press, 1998), p. 224.

41 *Libération (zone Sud)*, n° 1, juillet 1941, Marcot, dir., *Dictionnaire historique de la Résistance*, p. 1040.

42 *Libération (zone Sud)*, n° 2, août 1941, Marcot, dir., *Dictionnaire historique de la Résistance*, pp. 1040~1041.

43 *Cahiers du Témoignage chrétien*, n° 1, novembre 1941, Renée Bédarida, *Les Armes de l'esprit, Témoignage Chrétien 1941–1944*(Paris: Éditions ouvrières, 1977), pp. 309~310; Marcot, dir., *Dictionnaire historique de la Résistance*, p. 706.

44 *Le Franc-Tireur*, n° 2, janvier 1942, Harry R. Kedward, *Resistance in Vichy France: A Study of Ideas and Motivation in the Southern Zone, 1940–42*(Oxford: Oxford University Press, 1978), p. 146.

45 Maurice Thorez et Jacques Duclos, "Peuple de France !", Henri Noguères, *Histoire de la Résistance en France de 1940 à 1945*, t. 1(Paris: Robert Laffont, 1967), pp. 461~462, 466. 이 성명서는 이른바 '1940년 7월 10일 성명서'로 알려져 있는데 실제로는 7월 말경에 작성된 것으로 보인다. Denis Peschanski, "Les avatars du communisme français de 1939 à 1941", Jean-Pierre Azéma et François Bédarida, dir., *La France des années noires*, t. 1. *De la défaite à Vichy*(Paris: Seuil, 2000), p.

446; Jackson, *France, The Dark Years*, p. 421.

46 Thorez et Duclos, "Peuple de France!", p. 463. "이 인민은 프랑스가 영국 제국주의의 노예가 되는 것을 규탄할 수 있었지만……"

47 Kedward, *Resistance in Vichy France*, pp. 48~49; Jean-Jacques Becker, "La ligne du parti communiste", *L'Histoire*, n° 80(juillet 1985), p. 36; Jean-Pierre Azéma, *De Munich à la Libération 1938~1944*(Paris: Seuil, 2002), pp. 128~130; Peschanski, "Les avatars du communisme français de 1939 à 1941", pp. 446~447; Jackson, *France, The Dark Years*, pp. 420~421.

48 Maurice Thorez, "Les vrais traîtres", *The Communist International*, No. 9(September 1940), Stéphane Courtois, *Le PCF dans la guerre: De Gaulle, la Résistance. Staline*(Paris: Ramsay, 1980), p. 549.

49 Courtois, *Le PCF dans la guerre*, p. 545.

50 PCF, "Pour la formation d'un Front national de l'indépendance de la France", 15 mai 1941, Courtois, *Le PCF dans la guerre*, pp. 555~557, 563.

51 Azéma, *De Munich à la Libération*, p. 131; Peschanski, "Les avatars du communisme français de 1939 à 1941", p. 451; Jackson, *France, The Dark Years*, pp. 422~423.

52 Azéma, *De Munich à la Libération*, p. 115, 380; Jackson, *France, The Dark Years*, p. 179; Kedward, *Resistance in Vichy France*, pp. 119~120.

53 *Tour d'horizon*, n° 129. 16 mai 1941, Kedward, *Resistance in Vichy France*, p. 120.

54 Jackson, *France, The Dark Years*, p. 180.

55 *Bulletin d'information et de propagande*, 27 mai 1941, Kedward, *Resistance in Vichy France*, p. 123.

56 *Les Petites Ailes de France*, 10 juin 1941, Kedward, *Resistance in Vichy France*, p. 123.

57 Philippe Pétain, "Message du 12 août 1941", *Discours aux Français 17 juin 1940~20 août 1944*(Paris: Albin Michel, 1989), p. 164, pp. 170~171.

58 Pétain, "Message du 12 août 1941", p. 165, 169.

59 *Vérités*, n° 9, 25 août 1941, pp. 1,163~1,164.

60 *Vérités*, n° 12, 25 septembre 1941, Douzou et Peschanski, "Les premiers résistants face à l'hypothèque Vichy(1940~1942)", p. 436.

61 Azéma, *De Munich à la Libération*, pp. 203~204, 236, 380; Jackson, *France, The Dark Years*, p. 182.

62 Pétain, "Message du 21 septembre 1941"; "Appel du 22 octobre 1941", *Discours aux Français*, pp. 184~185, 203~204.

63 *Liberté*, n° 10, 1 octobre 1941, Kedward, *Resistance in Vichy France*, p. 142.

64 *Vérités*, n° 16, 5 novembre 1941, Kedward, *Resistance in Vichy France*, p. 142.

65 Kedward, *Resistance in Vichy France*, p. 142; Douzou et Peschanski, "Les premiers résistants face à l'hypothèque Vichy(1940~1942)", p. 438.

66 *Combat*, n° 2, décembre 1941, Kedward, *Resistance in Vichy France*, p. 146.

67 Douzou et Peschanski, "Les premiers résistants face à l'hypothèque Vichy(1940~1942)", p. 438; Kedward, *Resistance in Vichy France*, pp. 239~240; Peschanski, "Vichysto-résistants", p. 846.

68 *Combat*, mars 1942, Kedward, *Resistance in Vichy France*, p. 238.

69 *Combat*, n° 3, mai 1942, Peschanski, "Vichysto-résistants", p. 846.

70 *Combat*, n° 3, mai 1942, Kedward, *Resistance in Vichy France*, p. 238.

9장 칼뤼르 사건과 아르디 재판

* 이 글은 이용우, 〈칼뤼르 사건과 아르디 재판〉, 《이화사학연구》 46, 2013을 수정, 보완한 것이다.

1 *Le Monde*, 21 janvier 1947.

2 *Le Figaro*, 26 mars 1947, p. 1.

3 Daniel Cordier, *Jean Moulin. La République des catacombes*(Paris: Gallimard, 1999), p. 1,571.

4 Henri Noguères, *Histoire de la Résistance en France*, t. 3(Paris: Robert Laffont, 1972), pp. 409~473.

5 Dominique Veillon et Jean-Pierre Azéma, "Le point sur Caluire", *Jean Moulin et la Résistance en 1943, Les cahiers de l'IHTP*, n° 27(juin 1994), pp. 127~143.

6 Dominique Veillon et Éric Alary, "Caluire: un objet d'histoire entre mythe et polémique", Jean-Pierre Azéma, dir., *Jean Moulin face à l'histoire*(Paris: Flammarion, 2000), pp. 184~194.

7 Cordier, *Jean Moulin, L'inconnu du Panthéon*, t. 1(Paris: J.-Cl. Lattès, 1989), pp. 243~262.

8 Cordier, *Jean Moulin. La République des catacombes*, pp. 1,433~1,600.

9 일간지로는 *Le Monde, L'Humanité, Le Figaro, Combat, Libération, Carrefour, Ce Soir, Franc-Tireur, L'Aube, L'Aurore, France-Soir, Paris-Presse, Le Parisien*, 주간지로는 *Samedi Soir, Action, La Défense, La Marseillaise*를 분석했다.

10 Cordier, *Jean Moulin, L'inconnu du Panthéon*, p. 244, 247; Jean-Pierre Azéma, "Jean Moulin et le rendez-vous de Caluire", *L'Histoire*, n° 171(novembre 1993), p. 39.

11 Noguères, *Histoire de la Résistance en France*, t. 3, p. 419, 421.

12 Cordier, *Jean Moulin, L'inconnu du Panthéon*, p. 248; Michèle et Jean-Paul Cointet, dir., *Dictionnaire historique de la France sous l'Occupation*(Paris: Tallandier, 2000), p. 365.

13 François Marcot, dir., *Dictionnaire historique de la Résistance*(Paris: Robert Laffont, 2006), p. 626.

14 Azéma, "Jean Moulin et le rendez-vous de Caluire", p. 37; Marcot, dir., *Dictionnaire historique de la Résistance*, p. 625.

15 Noguères, *Histoire de la Résistance en France*, t. 3, pp. 451~458.

16 Cordier, *Jean Moulin. La République des catacombes*, p. 1,563.

17 Cordier, *Jean Moulin. La République des catacombes*, pp. 1,443~1,444; Veillon et Azéma, "Le point sur Caluire", p. 136.

18 Cordier, *Jean Moulin. La République des catacombes*, pp. 1,444~1,448.

19 Azéma, "Jean Moulin et le rendez-vous de Caluire", p. 37; Noguères, *Histoire de la Résistance en*

France, t. 3, pp. 461~462.

20 Cordier, *Jean Moulin. La République des catacombes*, p. 1,437; Veillon et Azéma, "Le point sur Caluire", p. 128.

21 Veillon et Azéma, "Le point sur Caluire", p. 128.

22 Cordier, *Jean Moulin. La République des catacombes*, p. 1,452, pp. 1,457~1,458.

23 Cordier, *Jean Moulin. La République des catacombes*, pp. 1,453~1,454; Veillon et Azéma, "Le point sur Caluire", p. 129.

24 Cordier, *Jean Moulin. La République des catacombes*, p. 1,459; Veillon et Azéma, "Le point sur Caluire", p. 129, 134.

25 "Rapport Flora", Marseille, 19 juillet 1943. 필자는 파리의 몽파르나스 역에 위치한 〈르클레르 장군-파리 해방 박물관 및 장 물랭 박물관〉 자료연구센터에서 이 문서(독일 측 문서이므로 원본은 독일어로 작성되었을)의 불역본을 발견하고 촬영, 분석했다. 필자가 접한 이 문서는 매우 낡은 상태로 보아 수십 년 전에 타자로 친 것으로 추정된다. 기묘하게도 아르디의 가명에 해당하는 "106. 디도"라는 부분이 이 문서에는 누락되어 있어서 이 부분은 코르디에의 책(Cordier, *Jean Moulin. La République des catacombes*)에 수록된 것을 함께 참조했음을 밝혀둔다.

26 "Rapport Flora", Marseille, 19 juillet 1943, p. 6.

27 "Rapport Flora", Marseille, 19 juillet 1943, p. 24; Cordier, *Jean Moulin. La République des catacombes*, pp. 1,460~1,461.

28 Cordier, *Jean Moulin. La République des catacombes*, p. 1,463.

29 Cordier, *Jean Moulin. La République des catacombes*, p. 1,486.

30 Cordier, *Jean Moulin. La République des catacombes*, pp. 1,487~1,488에서 재인용.

31 필자가 입수한 재판 기록에서 아르디 신문訊問 부분은 141쪽에 달했다. BDIC, F rés 334/55/1, Procès René Hardy, Audiences du 20~24 janvier 1947, Cour de justice de Paris, Interrogatoire.

32 Cordier, *Jean Moulin. La République des catacombes*, p. 1,490.

33 BDIC, F rés 334/55/2, Procès René Hardy, Dépositions, pp. 14~15.

34 BDIC, F rés 334/55/2, Procès René Hardy, Dépositions, pp. 49~53.

35 BDIC, F rés 334/55/2, Procès René Hardy, Dépositions, pp. 160~171.

36 BDIC, F rés 334/55/2, Procès René Hardy, Dépositions, pp. 137~140.

37 BDIC, F rés 334/55/2, Procès René Hardy, Dépositions, pp. 118~119, 123.

38 Musée Jean Moulin, Témoignage de Bénouville, 22 janvier 1947.

39 BDIC, F rés 334/55/3, Déposition de Henri Frenay, pp. 90~91.

40 BDIC, F rés 334/55/3, Déposition de Jean Bossé, p. 75.

41 BDIC, F rés 334/55/3, Déposition de Max Heilbronn, p. 3.

42 *L'Humanité*, 24 janvier 1947, p. 2.

43 Cordier, *Jean Moulin. La République des catacombes*, pp. 1,497~1,499.

44 *L'Humanité*, 21 janvier 1947, p. 2.

45 *L'Humanité*, 22 janvier 1947, p. 1.

[46] *L'Humanité*, 22 janvier 1947, p. 2; *L'Humanité*, 23 janvier 1947, p. 2; 24 janvier 1947, p. 2; 25 janvier 1947, p. 1.
[47] *L'Humanité*, 24 janvier 1947, p. 2.
[48] *L'Humanité*, 25 janvier 1947, p. 1.
[49] *L'Humanité*, 22 janvier 1947, p. 1.
[50] *L'Humanité*, 23 janvier 1947, p. 2.
[51] *L'Humanité*, 24 janvier 1947, p. 2.
[52] *L'Humanité*, 25 janvier 1947, p. 2.
[53] *Le Monde*, 21 janvier 1947, p. 8.
[54] *Le Monde*, 22 janvier 1947, p. 1.
[55] *Le Monde*, 22 janvier 1947, p. 1.
[56] *Le Monde*, 23 janvier 1947, p. 5; 24 janvier 1947, p. 4.
[57] *Le Monde*, 25 janvier 1947, p. 1.
[58] *Samedi Soir*, 18 janvier 1947.
[59] *Action*, 7 février 1947, p. 3, 7.
[60] Cordier, *Jean Moulin. La République des catacombes*, pp. 1,515~1,516.
[61] Cordier, *Jean Moulin. La République des catacombes*, pp. 1,518~1,520.
[62] Cordier, *Jean Moulin. La République des catacombes*, p. 1,521.
[63] Cordier, *Jean Moulin. La République des catacombes*, p. 1,523.
[64] *Ce Soir*, 27 mars 1947, p. 1; *France-Soir*, 27 mars 1947, p. 3.
[65] *Ce Soir*, 27 mars 1947, p. 1.
[66] Cordier, *Jean Moulin. La République des catacombes*, p. 1,523.
[67] René Hardy, *Derniers mots*(Paris: Fayard, 1984), p. 420.
[68] *L'Humanité*, 25 mars 1947, p. 1.
[69] *L'Humanité*, 25 mars 1947, p. 1.
[70] *L'Humanité*, 25 mars 1947, p. 2.
[71] *L'Humanité*, 26 mars 1947, p. 1.
[72] *L'Humanité*, 28 mars 1947, p. 1.
[73] *L'Aurore*, 25 mars 1947.
[74] *Le Figaro*, 26 mars 1947, p. 1.
[75] *Le Monde*, 27 mars 1947, p. 4; *Combat*, 27 mars 1947, p. 3.
[76] *L'Aurore*, 24 avril 1947.
[77] *France~Soir*, 27 mars 1947, p. 3.
[78] *Le Monde*, 27 mars 1947, p. 4.
[79] *L'Aurore*, 27 mars 1947, p. 1.
[80] *Combat*, 27 mars 1947, p. 1.
[81] *France~Soir*, 27 mars 1947, p. 1.

82 *Paris~Presse*, 2 avril 1947, p. 1.

83 *L'Aurore*, 27 mars 1947, p. 1.

84 *Samedi Soir*, 5 avril 1947, p. 1.

85 *L'Humanité*, 1 avril 1947, p. 1; *Ce Soir*, 1 avril 1947, p. 1; *Paris–Presse*, 1 avril 1947, p. 1; 2 avril 1947, p. 1, 3; 4 avril 1947, p. 1.

86 *France–Soir*, 27 mars 1947, p. 1.

87 *L'Humanité*, 3 avril 1947.

88 *Combat*, 27 mars 1947.

89 *Samedi Soir*, 5 avril 1947.

90 4월 24일부터 29일까지, 그리고 5월 2일부터 6일까지, 끝으로 5월 8일, 이렇게 12일간 공판이 이루어졌다.

91 Cordier, *Jean Moulin. La République des catacombes*, p. 1,538; *Combat*, 8 mai 1947.

92 이 기소장은 가르송 변호사가 자신의 변론을 출간한 책에 전문全文이 수록되어 있다. Maurice Garçon, *Plaidoyer pour René Hardy*(Paris: Fayard, 1950), pp. 7~68.

93 BDIC, F rés 334/56/1; Garçon, *Plaidoyer pour René Hardy*, p. 7.

94 Garçon, *Plaidoyer pour René Hardy*, p. 44, 67.

95 Garçon, *Plaidoyer pour René Hardy*, p. 68.

96 *Le Monde*, 26 avril 1950, p. 5; *Combat*, 25 avril 1950, p. 8; 27 avril 1950, p. 1, 8; Cordier, *Jean Moulin. La République des catacombes*, p. 1,540.

97 Cordier, *Jean Moulin. La République des catacombes*, pp. 1,541~1,542.

98 Musée de Jean Moulin, Déposition de Claude Bourdet, Tribunal militaire de Paris, Audience du 2 mai 1950, pp. 3~4.

99 Musée de Jean Moulin, Déposition de Maurice Chevance–Bertin, pp. 81~83.

100 Musée de Jean Moulin, Déposition de Lydie Bastien, pp. 124~126.

101 *Le Monde*, 5 mai 1950, p. 7.

102 BDIC, F rés 334/55/6, pp. 88~89; *Le Monde*, 9 mai 1950, p. 6.

103 BDIC, F rés 334/55/6, p. 89.

104 Garçon, *Plaidoyer pour René Hardy*, p. 73.

105 Cordier, *Jean Moulin. La République des catacombes*, pp. 1,554~1,555.

106 Garçon, *Plaidoyer pour René Hardy*, pp. 187~188.

107 코르디에의 평가에 따르면 가르송의 "재능은 기적을 이루었고 다시 한 번 절망적 상황을 도약대로 변화시켰다."(Cordier, *Jean Moulin. La République des catacombes*, p. 1,553)

108 *L'Aurore*, 9 mai 1950.

109 "끄나풀"이라는 용어는 5월 2일에만 썼던 반면, 5월 3, 4, 6, 8, 9일자에는 "배반자"가 쓰였다.

110 *L'Humanité*, 2 mai 1950, p. 1.

111 *L'Humanité*, 6 mai 1950, p. 6.

112 *L'Humanité*, 9 mai 1950, p. 6.

113 *L'Humanité*, 9 mai 1950, p. 1, 6.

114 *L'Humanité*, 10 mai 1950, p. 6.

115 *Le Monde*, 26 avril 1950, p. 5.

116 *Le Monde*, 4 mai 1950.

117 *Le Monde*, 5 mai 1950.

118 *Le Monde*, 5 mai 1950.

119 *Combat*, 26 avril 1950, p. 1.

120 *Combat*, 29~30 avril 1950, p. 1.

121 *Combat*, 3 mai 1950, p. 1.

122 *Combat*, 9 mai 1950, p. 1, 8.

123 *Libération*, 9 mai 1950, p. 1, 3.

124 *L'Aurore*, 9 mai 1950.

125 *Le Figaro*, 9 mai 1950, p. 10.

126 René Hardy, *Derniers mots*(Paris: Fayard, 1984).

127 Dominique Veillon et Jean-Pierre Azéma, "Le point sur Caluire", *Jean Moulin et la Résistance en 1943, Les cahiers de l'IHTP*, n° 27(juin 1994).

10장 1993년의 장 물랭 사건

* 이 글은 이용우, 〈레지스탕스의 역사와 기억: 1993년의 '장 물랭 사건'을 중심으로〉, 《역사교육》 124, 2012를 수정, 보완한 것이다.

1 "Sondages: les héros des Français", *L'Histoire*, n° 242(avril 2000), p. 35. 이 조사는 주어진 명단에서 복수複數의 인물을 택할 수 있는 방식이었다. 잔 다르크는 1980년의 조사에서는 31퍼센트, 1999년의 조사에서는 24퍼센트를 각각 차지했다.

2 이 기록은 3년 뒤 부스케(31세)에 의해 깨진다.

3 Jean-François Sirinelli, dir., *Dictionnaire historique de la vie politique française au XXe siècle*(Paris: PUF, 1995), pp. 697~698; Bertram M. Gordon, ed., *Historical Dictionary of World War II France*(Westport: Greenwood Press, 1998), pp. 250~251, 86~87.

4 Pierre Vidal-Naquet, *Le trait empoisonné. Réflexions sur l'affaire Jean Moulin*(Paris: Découverte, 2002), p. 8.

5 Thierry Wolton, *Le Grand Recrutement*(Paris: Grasset, 1993).

6 그 전까지 '장 물랭 사건'은 1943년 6월 장 물랭의 체포를 둘러싼 정황을 주로 지칭하는 것(앞 장에서 본 '칼뤼르 사건'의 동의어)이어서 이번 사건은 '제2의 장 물랭 사건'이라 할 만했다.

7 Wolton, *Le Grand Recrutement*.

8 Wolton, *Le Grand Recrutement*, p. 9.

9 Wolton, *Le Grand Recrutement*, pp. 9~11.

10 Wolton, *Le Grand Recrutement*, pp. 174, 176~177, 186, 188~189, 199~206, 210, 230, 236, 264~284, 296~302.

11 Wolton, *Le Grand Recrutement*, pp. 265~284. 아리는 로뱅송의 암호명이고 막스는 물랭의 암호명이다.

12 *L'Histoire*, n° 166(mai 1993), p. 11; *Le Figaro Magazine*, 6 février 1993, p. 12.

13 로뱅송 문서는 볼통의 《대모집》 부록(pp. 316~371)에 수록되어 있다. 수록된 부분은 볼통에 따르면 "원래 문서의 3분의 2"에 해당하는 발췌본이다.

14 Wolton, *Le Grand Recrutement*, pp. 275~276.

15 Wolton, *Le Grand Recrutement*, pp. 277~278.

16 Wolton, *Le Grand Recrutement*, p. 277.

17 Wolton, *Le Grand Recrutement*, p. 376. 볼통은 그의 책 부록에 1946년 11월 19일의 트레퍼 심문서 전문을 실었다. 372쪽에는 러시아어로 된 원문의 사본 첫 페이지를, 373~377쪽에는 프랑스어 번역본 전문을 실었다.

18 Wolton, *Le Grand Recrutement*, pp. 281~283.

19 Colonel Passy, *Missions secrètes en France*(Paris: Plon, 1951), pp. 413~414, Henri Frenay, *L'énigme Jean Moulin*(Paris: Robert Laffont, 1977), p. 9에서 재인용.

20 Henri Frenay, *La nuit finira*(Paris: Éditions Michalon, 2006), p. 813.

21 Henri Frenay, *La nuit finira*, p. 814.

22 Frenay, *L'énigme Jean Moulin*, p. 219.

23 Frenay, *L'énigme Jean Moulin*, p. 221.

24 Frenay, *L'énigme Jean Moulin*, p. 220.

25 Éric Conan et Henry Rousso, *Vichy, un passé qui ne passe pas*(Paris: Gallimard, 1996), p. 310.

26 *Le Figaro Magazine*, 6 février 1993, pp. 6~8, 10, 12, 14, 16.

27 *Le Figaro Magazine*, 6 février 1993, p. 7.

28 Henri-Christian Giraud, *De Gaulle et les communistes*(Paris: Albin Michel, 1988~1989), 2 tomes.

29 *Le Figaro Magazine*, 6 février 1993, p. 14, 16.

30 *Le Figaro Magazine*, 6 février 1993, p. 16.

31 *Le Figaro Magazine*, 6 février 1993, p. 16.

32 *Le Figaro Magazine*, 6 février 1993, p. 8.

33 *Le Nouvel Observateur*, 18 au 24 février 1993, p. 88.

34 *Le Nouvel Observateur*, 18 au 24 février 1993, p. 88.

35 *Le Nouvel Observateur*, 18 au 24 février 1993, p. 89.

36 *Le Nouvel Observateur*, 25 février au 3 mars 1993, p. 90.

37 *L'Histoire*, n° 166(mai 1993), pp. 7~15.

38 *L'Histoire*, n° 166(mai 1993), pp. 11~12.

39 *L'Histoire*, n° 166(mai 1993), p. 12.

[40] *L'Histoire*, n° 166(mai 1993), pp. 12~14.

[41] *L'Histoire*, n° 166(mai 1993), p. 14.

[42] *L'Histoire*, n° 166(mai 1993), p. 14.

[43] Stéphane Courtois, "Archives du communisme: mort d' une mémoire, naissance d' une histoire", *Le Débat*, n° 77(novembre~décembre 1993), pp. 145~156.

[44] Courtois, "Archives du communisme: mort d' une mémoire, naissance d' une histoire", pp. 153~154.

[45] *Le Monde*, 5, 10 février, 20, 29 mai, 19 juin, 12, 26 novembre 1993; *L'Humanité*, 9 février, 18 juin 1993; *Le Quotidien de Paris*, 12 février 1993; *Le Figaro*, 19 février, 18 juin 1993; *La Croix*, 26 février 1993; *Le Figaro Magazine*, 6, 20~21, 27~28 février 1993; *Le Nouvel Observateur*, 18~24 février, 25 février au 3 mars 1993; *L'Express*, 20 mai, 10 juin 1993; *L'Histoire*, n° 166(mai 1993), n° 167(juin 1993); *Le Débat*, n° 77(novembre~décembre 1993); *Commentaire*, vol. 16, n° 62(été 1993).

[46] Daniel Cordier, *L'inconnu du Panthéon*, t. 3: *De Gaulle, capitale de la Résistance(1940-1942)*(Paris: Jean-Claude Lattès, 1993).

[47] Pierre Vidal-Naquet, *Le trait empoisonné. Réflexions sur l'affaire Jean Moulin*(Paris: Découverte, 1993).

[48] Daniel Schneidermann, "Manipulations", *Le Monde*, 5 février 1993, p. 21.

[49] Jean Lacouture, "Des sorcières de haut vol", *Le Nouvel Observateur*, 18 au 24 février 1993, p. 89.

[50] Gilles Perrault, *L'Orchestre rouge*(Paris: Fayard, 1967).

[51] Gilles Perrault, "Quand Trepper mentait...", *Le Nouvel Observateur*, 18 au 24 février 1993, p. 91.

[52] Lacouture, "Des sorcières de haut vol", p. 89.

[53] *L'Humanité*, 9 février 1993, p. 7.

[54] Étienne Borne, "La honte et la gloire", *La Croix*, 26 février 1993.

[55] *Le Figaro*, 19 février 1993.

[56] Schneidermann, "Manipulations", p. 21.

[57] Lacouture, "Des sorcières de haut vol", p. 89.

[58] Borne, "La honte et la gloire", *La Croix*, 26 février 1993.

[59] Jean-Pierre Rioux, "Le 《scoop》 et l' Histoire", *Le Monde*, 10 février 1993.

[60] Michèle et Jean-Paul Cointet, dir., *Dictionnaire historique de la France sous l'occupation*(Paris: Tallandier, 2000), pp. 203~204; Daniel Cordier, *L'inconnu du Panthéon*, t. 1: *Une ambition pour la République(1899-1936)*; t. 2: *Le choix d'un destin(1936-1940)*(Paris: Jean-Claude Lattès, 1989).

[61] Cordier, *L'inconnu du Panthéon*, t. 3: *De Gaulle, capitale de la Résistance(1940-1942)*(Paris: Jean-Claude Lattès, 1993).

[62] Cordier, "Histoire et calomnie: réponse à Thierry Wolton", *L'Express*, 20 mai 1993, pp. 92~95.

[63] *L'Express*, 10 juin 1993, p. 92.

[64] "Défense de Jean Moulin", *L'Histoire*, n° 167(juin 1993), pp. 50~55.

[65] Cordier, *L'inconnu du Panthéon*, t. 3, p. 49, 61.

[66] Wolton, *Le Grand Recrutement*, pp. 387~390.

67 "Défense de Jean Moulin", p. 53; Cordier, *L'inconnu du Panthéon*, t. 3, p. 49, 61.

68 *L'Express*, 10 juin 1993, pp. 90~92.

69 *L'Express*, 10 juin 1993, p. 92.

70 Cordier, "Histoire et calomnie", pp. 92~94; Cordier, *L'inconnu du Panthéon*, t. 3, p. 53, 56; "Défense de Jean Moulin", p. 53.

71 Cordier, "Histoire et calomnie", pp. 93~94; Cordier, *L'inconnu du Panthéon*, t. 3, p. 55, 57.

72 Cordier, "Histoire et calomnie", p. 95; "Défense de Jean Moulin", p. 53; Cordier, *L'inconnu du Panthéon*, t. 3, p. 51.

73 Cordier, "Histoire et calomnie", p. 95.

74 Cordier, *L'inconnu du Panthéon*, t. 3, pp. 64~65; "Défense de Jean Moulin", pp. 53~54.

75 Vidal-Naquet, *Le trait empoisonné. Réflexions sur l'affaire Jean Moulin*(Paris: Découverte, 2002)(초판은 1993).

76 Vidal-Naquet, *Le trait empoisonné. Réflexions sur l'affaire Jean Moulin*, p. 10.

77 Vidal-Naquet, *Le trait empoisonné. Réflexions sur l'affaire Jean Moulin*, pp. 7~8.

78 Vidal-Naquet, *Le trait empoisonné. Réflexions sur l'affaire Jean Moulin*, p. 93.

79 Vidal-Naquet, *Le trait empoisonné. Réflexions sur l'affaire Jean Moulin*, p. 152.

80 *Le Monde*, 26 novembre 1993.

81 이 논문은 비달나케의 저작 《독설》 2002년도판에 부록(pp. 161~170)으로 실렸다.

82 *Le Monde*, 26 novembre 1993.

83 *Le Monde*, 26 novembre 1993.

84 Vidal-Naquet, *Le trait empoisonné*, p. 163.

85 Vidal-Naquet, *Le trait empoisonné*, pp. 166~167.

86 *Les Cahiers de l'Institut d'histoire du temps présent*, n° 27(juin 1994): *Jean Moulin et la Résistance en 1943*.

87 Robert Frank, "Introduction", *Les Cahiers de l'Institut d'histoire du temps présent*, n° 27(juin 1994), p. 7.

88 Jean-Pierre Azéma, "Jean Moulin et la Résistance: essai historiographique", *Les Cahiers de l'Institut d'histoire du temps présent*, n° 27(juin 1994), p. 16.

89 François Bédarida, "L'histoire de la Résistance et l'《affaire Jean Moulin》", *Les Cahiers de l'Institut d'histoire du temps présent*, n° 27(juin 1994), p. 159.

90 Bédarida, "L'histoire de la Résistance et l'《affaire Jean Moulin》", pp. 160~162.

91 Bédarida, "L'histoire de la Résistance et l'《affaire Jean Moulin》", p. 163.

92 *L'Express*, 10 juin 1993, pp. 90~92; *Le Monde*, 26 novembre 1993.

93 크리젤은 1945년, 퓌레는 1947년에 프랑스 공산당에 각각 입당했고, 전자는 1957년, 후자는 1959년에 탈당했다. 쿠르투아는 1968~71년에 마오주의 조직인 〈공산주의 만세〉(1969년부터는 〈혁명 만세〉로 개칭)에서 활동했으며 1982년에 크리젤과 함께 공산주의사 학술지인 《코뮈니슴》지를 창간했다. Jacques Julliard et Michel Winock, dir., *Dictionnaire des intellectuels francais*(Seuil, 1996), p. 519, 655; Christian Amalvi, dir., *Dictionnaire biographique des historiens français et francophones*(Paris: Boutique de l'Histoire, 2004), p. 117, 168.

94 Conan et Rousso, *Vichy, un passé qui ne passe pas*, p. 338. 이 책의 영역본[*Vichy: An Ever-Present Past*(Hanover: University Press of New England, 1998)]은 "전마오주의자"가 볼통임을 밝혔다(p. 168).

11장 1997년의 오브락 사건

* 이 글은 이용우, 〈1997년 프랑스의 '오브락 사건'〉, 《역사학보》 220, 2013을 수정, 보완한 것이다.

1 Gérard Chauvy, *Aubrac. Lyon 1943*(Paris: Albin Michel, 1997).

2 Jean-Pierre Azéma, "Il n' y a pas d' affaire Aubrac", *L'Histoire*, n° 211(juin 1997).

3 Jean-Marie Guillon, "L' Affaire Aubrac, ou la dérive d' une certaine façon de faire l' histoire", *Modern & Contemporary France*, Vol. 7-1(1999).

4 Susan Rubin Suleiman, "History, Heroism, and Narrative Desire: The 'Aubrac Affair' and National Memory of the French Resistance", *South Central Review*, Vol. 21-1(2004); Donald Reid, "Resistance and Its Discontents: Affairs, Archives, Avowals, and the Aubracs", *The Journal of Modern History*, Vol. 77-1(2005).

5 Table ronde au Journal "Libération" avec les Aubrac, 17 mai 1997; Tribunal de Grande Instance de Paris, 17eme chambre, N° d' affaire 9714202417, Jugement du 02 avril 1998.

6 Lucie Aubrac, *Ils partiront dans l'ivresse*(Paris: Seuil, 1984).

7 Suleiman, "History, Heroism, and Narrative Desire", p. 60.

8 Chauvy, "Les troits mystères Aubrac", *Historia*, n° 603(mars 1997), pp. 42~50.

9 Stéphane Courtois, "La France a moins besoin de légendes que de vérités", *L'événement du Jeudi*, 3-9 avril 1997, p. 62.

10 Patrick Girard, "Y a-t-il une affaire Aubrac?", *L'événement du Jeudi*, 3-9 avril 1997, p. 62.

11 Chauvy, *Aubrac. Lyon 1943*.

12 Chauvy, *Aubrac. Lyon 1943*, p. 13, pp. 19~21, 28. 이 문서는 쇼비의 책 부록(pp. 371~422)에 전문이 수록되었다.

13 Michel Fratissier, *Jean Moulin ou la Fabrique d'un héros*(Paris: L' Harmattan, 2011), p. 604; Suleiman, "History, Heroism, and Narrative Desire", pp. 55~57.

14 Chauvy, *Aubrac. Lyon 1943*, p. 19.

15 Chauvy, *Aubrac. Lyon 1943*, p. 28.

16 Chauvy, *Aubrac. Lyon 1943*, p. 385, 387.

17 Chauvy, *Aubrac. Lyon 1943*, p. 380, 382.

18 Chauvy, *Aubrac. Lyon 1943*, pp. 412~413.

19 Chauvy, *Aubrac. Lyon 1943*, pp. 401, 404~405.

[20] Chauvy, *Aubrac.Lyon 1943*, p. 417.

[21] 이 두 문서 가운데 하나 역시 바르비의 1989년 12월 심문조서다. 다른 하나는 1943년 5월의 칼텐브루너Kaltenbrunner 보고서다.

[22] Chauvy, *Aubrac.Lyon 1943*, p. 267.

[23] Chauvy, *Aubrac.Lyon 1943*, pp. 49~50, 67~69, 79.

[24] Chauvy, *Aubrac.Lyon 1943*, pp. 267~268.

[25] *Le Figaro*, 3 avril 1997.

[26] Patrick Girard, "Y a-t-il une affaire Aubrac?", *L'événement du Jeudi*, 3-9 avril 1997, p. 56.

[27] Patrick Girard, "Y a-t-il une affaire Aubrac?", pp. 56, 59~60, 62.

[28] *L'événement du Jeudi*, 3-9 avril 1997, p. 59.

[29] *L'événement du Jeudi*, 3-9 avril 1997, p. 61.

[30] *L'événement du Jeudi*, 3-9 avril 1997, pp. 62~63.

[31] *L'événement du Jeudi*, 3-9 avril 1997, pp. 62~63.

[32] *Le Monde*, 4 avril 1997, p. vi.

[33] *Le Figaro Magazine*, 12 avril 1997, pp. 154~155.

[34] *L'Histoire*, n° 211(juin 1997), pp. 79~80.

[35] *Historia*, n° 604(avril 1997), p. 9.

[36] *L'Histoire*, n° 211(juin 1997), p. 80.

[37] *Le Monde*, 4 avril 1997, p. vi.

[38] *Libération*, 8 avril 1997, p. 30.

[39] *Le Figaro Magazine*, 12 avril 1997, p. 152.

[40] *Le Monde*, 9 mai 1997, p. 11.

[41] *Le Monde*, 23 mai 1997.

[42] *Libération*, 8 avril 1997, pp. 31~32.

[43] Chauvy, *Aubrac.Lyon 1943*, p. 16.

[44] *Libération*, 9 juillet 1997, p. ii, iv.

[45] Dominique Veillon et Jean-Pierre Azéma, "Le point sur Caluire", *Jean Moulin et la Résistance en 1943, Les cahiers de l'IHTP*, n° 27(juin 1994).

[46] Table ronde au Journal "Libération" avec les Aubrac, 17 mai 1997, p. 8. 이 원탁회의의 회의록 전문은《리베라시옹》지 7월 9일자에 실렸는데 필자는 〈르클레르 장군-파리 해방 박물관 및 장 물랭 박물관〉 자료연구센터에서 그 신문에 실리기 직전의 편집본을 입수했고 여기서 인용한 쪽수는 모두 이 편집본의 쪽수임을 밝혀둔다.

[47] Table ronde au Journal "Libération" avec les Aubrac, 17 mai 1997, p. 8.

[48] Table ronde au Journal "Libération" avec les Aubrac, 17 mai 1997, p. 16.

[49] Table ronde au Journal "Libération" avec les Aubrac, 17 mai 1997, pp. 10~11, 15~16.

[50] Table ronde au Journal "Libération" avec les Aubrac, 17 mai 1997, pp. 9~10, 15~16.

[51] Table ronde au Journal "Libération" avec les Aubrac, 17 mai 1997, pp. 11~14.

52 Table ronde au Journal "Libération" avec les Aubrac, 17 mai 1997, p. 17, 19.

53 Table ronde au Journal "Libération" avec les Aubrac, 17 mai 1997, pp. 19~21.

54 Table ronde au Journal "Libération" avec les Aubrac, 17 mai 1997, pp. 20~25.

55 Table ronde au Journal "Libération" avec les Aubrac, 17 mai 1997, pp. 26~31.

56 Table ronde au Journal "Libération" avec les Aubrac, 17 mai 1997, pp. 34~36.

57 Table ronde au Journal "Libération" avec les Aubrac, 17 mai 1997, p. 37.

58 Table ronde au Journal "Libération" avec les Aubrac, 17 mai 1997, pp. 37~38.

59 Table ronde au Journal "Libération" avec les Aubrac, 17 mai 1997, pp. 46~47.

60 Table ronde au Journal "Libération" avec les Aubrac, 17 mai 1997, pp. 38~40, 46.

61 Table ronde au Journal "Libération" avec les Aubrac, 17 mai 1997, pp. 40~46.

62 Table ronde au Journal "Libération" avec les Aubrac, 17 mai 1997, pp. 48~52.

63 그러한 전략에 동참했지만 보다 신중했던 베이옹은 5회만 발언했다.

64 Table ronde, pp. 3~5.

65 7월 10일에는 오브락 부부가, 7월 11일에는 코르디에, 베이옹, 루소, 7월 12일에는 베다리다, 베르낭, 아귈롱, 두주가 각각 후기를 발표했고 아제마는 8월 28일에야 관련 글을 실었다.

66 *Libération*, 10 juillet 1997, pp. 30~31.

67 *Libération*, 10 juillet 1997, p. 31.

68 *Libération*, 11 juillet 1997, p. 30.

69 *Libération*, 11 juillet 1997.

70 *Libération*, 12 juillet 1997.

71 *Libération*, 28 août 1997.

72 Chauvy, "Ma réponse au débat avec les Aubrac", *Libération*, 24 juillet 1997.

73 Antoine Prost, "Les historiens et les Aubrac: une question de trop", *Le Monde*, 12 juillet 1997.

74 Claire Andrieu et Diane de Bellescize, "Les Aubrac, jouets de l' histoire à l' éstomac", *Le Monde*, 17 juillet 1997.

75 1993년 6월 파리의 학술대회("장 물랭과 1943년의 레지스탕스"), 1993년 12월 툴루즈의 학술대회("기억에서 역사로: 레지스탕스"), 1994년 9~10월 렌의 학술대회("레지스탕스와 프랑스인들: 전략의 무게, 레지스탕스와 사회").

76 11명의 역사가는 두주와, 8일 전 《르몽드》지에 비판의 글을 실었던 앙드리외 외에 크리스티앙 부주아르Christien Bougeard, 로베르 프랑크Robert Frank, 장마리 기옹Jean-Marie Guillon, 피에르 라보리Pierre Laborie, 프랑수아 마르코François Marcot, 로베르 망슈리니Robert Mencherini, 드니 페샹스키Denis Peschanski, 자클린 생클리비에르Jacqueline Sainclivier, 세르주 볼리코프Serge Wolikow다.

77 Claire Andrieu et al., "Déplorable leçon d' histoire", *Libération*, 25 juillet 1997.

78 Serge Klarsfeld, "Affaire Aubrac: Serge Klarsfeld répond à Jean-Pierre Azéma", *Libération*, 1er septembre 1997.

79 Reid, "Resistance and Its Discontents", p. 132.

80 1997년 6월 19일, 9월 18일, 12월 4일, 1998년 2월 5, 6, 12, 13, 19일, 4월 2일(Tribunal de Grande Instance 1998, 3~4, 40).

81 Tribunal de Grande Instance, pp. 38~40.

82 Tribunal de Grande Instance, pp. 7~27.

83 Tribunal de Grande Instance, p. 29.

84 *Le Monde*, 16 février 1998.

85 Tribunal de Grande Instance, pp. 30~38.

86 Guillon, "L' Affaire Aubrac", p. 3. 필자가 참조한 논문은 학술지에 실린 출간본이 아니라, 〈르 클레르 장군—파리 해방 박물관 및 장 물랭 박물관〉 자료연구센터에서 발견한, 학술지에 투고하기 전의 원고이며 여기서 인용한 쪽수도 이 원고의 쪽수임을 밝혀둔다.

87 Reid, "Resistance and Its Discontents", p. 136. 이는 아제마가 《르 데바*Le Débat*》 지 1998년 11~12월호에서 피력한 입장이다.

찾아보기

【ㄱ】

【ㄴ】

【ㄷ】

【ㄹ】

【ㅁ】

【ㅂ】

【ㅅ】

【ㅇ】

【ㅈ】

【ㅊ】

【ㅋ】

【ㅌ】

【ㅍ】

【ㅎ】

미완의 프랑스 과거사

⊙ 2015년 9월 15일 초판 1쇄 인쇄
⊙ 2015년 9월 19일 초판 1쇄 발행
⊙ 글쓴이 이용우
⊙ 펴낸이 박혜숙
⊙ 책임편집 정호영
⊙ 영업 · 제작 변재원
⊙ 펴낸곳 도서출판 푸른역사
우 110-040 서울시 종로구 통의동 82
전화: 02)720-8921(편집부) 02)720-8920(영업부)
팩스: 02)720-9887
전자우편: 2013history@naver.com
등록: 1997년 2월 14일 제13-483호

ISBN 979-11-5612-051-3 93900